Die Regulierung von Online-Plattformen und der kartellrechtliche Missbrauchstatbestand

Schriften zum Privat-, Wirtschafts- und Verfahrensrecht

Herausgegeben von Barbara Völzmann-Stickelbrock

Band 09

Zur Qualitätssicherung und Peer Review der vorliegenden Publikation

Die Qualität der in dieser Reihe erscheinenden Arbeiten wird vor der Publikation durch den Herausgeber der Reihe geprüft.

Notes on the quality assurance and peer review of this publication

Prior to publication, the quality of the work published in this series is reviewed by the editor of the series.

Anna Chub

Die Regulierung von Online-Plattformen und der kartellrechtliche Missbrauchstatbestand

PETER LANG

Berlin - Bruxelles - Chennai - Lausanne - New York - Oxford

Bibliografische Information der Deutschen Nationalbibliothek
Die Deutsche Nationalbibliothek verzeichnet diese Publikation in der Deutschen Nationalbibliografie; detaillierte bibliografische Daten sind im Internet über http://dnb.d-nb.de abrufbar.

Zugl.: Hagen, Fernuniv., Diss., 2024

D 708
ISSN 2193-262X
ISBN 978-3-631-90848-8 (Print)
E-ISBN 978-3-631-90852-5 (E-PDF)
E-ISBN 978-3-631-90853-2 (E-PUB)
DOI 10.3726/b21176

Verlegt durch:

Peter Lang GmbH, Berlin, Deutschland

info@peterlang.com www.peterlang.com

Diese Publikation wurde begutachtet.

Vorwort

Die vorliegende Arbeit ist von der FernUniversität in Hagen im Sommersemester 2023 als Dissertation angenommen worden. Mein besonderer Dank gilt meinem Doktorvater, Herrn Professor Dr. Bernhard Kreße, LL.M., Maître en droit, sowohl für seine motivierende und herausragende Betreuung als auch im Besonderen für die wertvollen Anregungen und den konstruktiven Austausch, deren ich stets gewiss sein durfte. Professorin Dr. Völzmann-Stickelbrock schulde ich besonderen Dank für die zügige Erstellung des Zweitgutachtens und möchte mich aufrichtig und herzlich für die Aufnahme meiner Abhandlung in ihrer herausragenden Schriftenreihe bedanken.

Einen großen Dank möchte ich auch denjenigen Personen aussprechen, die mich mit viel verständnisvoller Unterstützung durch die gesamte Promotionszeit begleitet haben.

Meiner Mutter ist diese Arbeit gewidmet.

Inhaltsverzeichnis

Kapitel 1: Einführung

A. Einleitung

„Alle Wege führen nach Luxemburg", so oder so ähnlich dürften die „Plattformgiganten" den Weg ihrer Geschäftsmodelle[1] künftig außerhalb der „All-IP-Welt"[2] begreifen. Aber auch auf nationaler Ebene sind Online-Plattformen seit Jahrzehnten im Blickpunkt des Bundeskartellamts: Corint Media legte im Jahr 2021 gegen den neuen Google Dienst „Google News Showcase" Beschwerde beim Bundeskartellamt ein. In dem eingeleiteten Verfahren wurde untersucht, ob mit der angekündigten Einbindung des Google-News-Showcase-Angebots (GNS[3]) in die allgemeine Suche eine Selbstbevorzugung Googles bzw. eine Behinderung konkurrierender Angebote Dritter droht. Ausschlaggebend war in diesem Zusammenhang insbesondere, wie die Bedingungen für den Zugang zu dem GNS-Angebot ausgestaltet waren.[4] Das Bundeskartellamt hat entschieden, dass Google der erweiterten Missbrauchsaufsicht nach § 19a GWB durch die Kartellbehörde unterfällt.[5]

Aus Sicht des Verbrauchers könnte dieses Ergebnis zunächst überraschen,[6] werden sog. Onlineplattformdienste, wie im Falle der Suchmaschine Google oder des sozialen Netzwerks Facebook[7], dem Nutzer vermeintlich ohne eine monetäre Gegenleistung[8] zur Verfügung gestellt.[9] Nichtsdestotrotz

---

1 *Dewenter/Löw/Rösch*, ZfbF-Sonderheft, Band 75/20, 36.

2 *Körber*, WuW 2015, 120.

3 *Pohlmann/Lindhauer/Peter*, NZKart 2021, 544.

4 Pressemitteilung des Bundeskartellamtes vom 04.06.2021, abrufbar unter: https://www.bundeskartellamt.de/SharedDocs/Meldung/DE/Pressemitteilungen/2021/04_06_2021_Google_Showcase.html, zuletzt aufgerufen am: 01.03.2024.

5 Pressemitteilung des Bundeskartellamtes vom 05.01.2022, abrufbar unter: https://www.bundeskartellamt.de/SharedDocs/Publikation/DE/Pressemitteilungen/2022/05_01_2022_Google_19a.pdf?__blob=publicationFile& v=2, zuletzt aufgerufen am: 01.03.2024.

6 *Podszun/Kersting*, ZRP 2019, 34.

7 OLG Düsseldorf, Urt. v. 4.12.2020 – 7 U 131/19, GRUR-RS 2020, 41440, Rn. 5, Rn. 70.

8 *Topel, in*: FS Wiedemann, S. 57.

9 *Metzger*, AcP 216 (2016), 818; *Nagel/Horn*, ZWeR 2021, 80 ff.

erwirtschaften diese Unternehmen derart hohe Gewinne, dass sie zu den wertvollsten Unternehmen gezählt werden.[10]

Das Geschäftsmodell der so genannten „Internetgiganten“[11] basiert auf einem Erkenntnishorizont algorithmenbasierter Klassifikationen auf Grundlage von enormen Big-Data-Archiven.[12] Google ist in der Lage, alle zwei Tage etwa fünf Exabyte an Daten zu erzeugen, was der Menge an Informationen entspricht, die von den Anfängen der Zivilisation bis zum Jahr 2003 erzeugt wurden.[13] Die Analyse der gesammelten Nutzerdaten ermöglicht eine dynamische Anpassung der zur Verfügung gestellten Dienste.[14] Gewonnene Erkenntnisse können zur besseren Personalisierung einer Dienstleistung genutzt werden:[15]

Die Suchmaschine Google beispielsweise kann aufgrund eines immensen Aufkommens an Suchanfragen bessere Trefferlisten als konkurrierende Suchmaschinen für Nutzer erstellen. Ihre automatisierte Auswertung der generierten Klicks von Trefferlisten erlaubt es ihr, den Service für die Nutzer stetig zu verbessern.[16] Für datengetriebene Geschäftsmodelle der Internetgiganten, die zu weiten Teilen auf der Vermarktung zielgerichteter Online-Werbung basieren, ist die Auswertung von Nutzerdaten zur Anzeige personalisierter Werbung für die Monetisierung der gesamten Plattform von großer Bedeutung.[17]

Hinter einer Online-Plattform steht eine hochleistungsfähige digitale Infrastruktur,[18] die gewisse Vorteile mit sich bringt: Während in herkömmlichen

---

10 *Dewenter/Löw/Rösch*, ZfbF-Sonderheft, Band 75/20, 36: 2018 zählen u.a. *Apple, Alphabet, Microsoft, Amazon u. Facebook* zu den zehn wertvollsten Unternehmen; *Satzky*, in: FS Schmidt, Band 2, S. 306; *Wiebe, in:* FS Kirchner, S. 425: Börsenwert von Facebook wird mit 100 Mrd. Dollar geschätzt und damit höher als das größte deutsche Unternehmen Siemens.

11 *Podszun/Kersting*, ZRP 2019, 34.

12 *Martini*, Blackbox Algorithmus – Grundfragen einer Regulierung Künstlicher Intelligenz, S. 333; *Stender-Vorwachs/Steege*, NJOZ 2018, 1361; zum Begriff und Unterscheidungen zwischen deskriptiven Algorithmen und Blackboxalgorithmen siehe näher: *Bundeskartellamt/Autorité de la concurrence*, Algorithms and Competition, 2019, S. 1.

13 *Choi/Jeon/Kim*, Journal of Public Economics 2019, Band 173(C), 113 ff.

14 BGH, Beschl. v. 23.6.2020 – KVR 69/19, GRUR 2020, 1318 Rn. 45 – *Facebook*; *Pohlmann, in:* Zimmer, Regulierung für Algorithmen und Künstliche Intelligenz 2021, S. 314.

15 Immenga/Mestmäcker/*Fuchs*, GWB § 18 Rn. 71.

16 *Zimmer*, in: FS Schmidt, Band 2, S. 686.

17 Immenga/Mestmäcker/*Fuchs*, GWB § 18 Rn. 71; *Topel, in*: FS Wiedemann, S. 57–61.

18 Vgl. *Zimmer*, in: FS Schmidt, Band 2, S. 685.

Einkaufszentren die Aufnahme von Geschäften aufgrund der Platzkapazität nicht endlos ist, können digitale Plattformenanbieter eines Online-Marktplatzes wie Ebay[19] aufgrund unbegrenzter Platzkapazität weitaus mehr Anbieter aufnehmen.[20] Für den Nutzer sind Wohlfahrtsgewinne[21] eine erfreuliche Folge der Senkung von Transaktions- und Suchkosten[22], ohne oder gegen einen geringfügigen Preis:[23] Die Vielfalt von Informationen im Internet schafft für Internetnutzer Suchkosten eigener Art, indem Verbraucher vor eine kaum überschaubare Informationsfülle des Internets gestellt werden.[24] Als Informationsintermediäre erleichtern Online-Plattformen ihren Nutzern das Auffinden, den Vergleich und die Bewertung von Informationen. Online-Plattformen stehen grundsätzlich allen zur Nutzung offen, insbesondere unabhängig vom Ort, an dem sich das Unternehmen oder der Einzelne befindet.[25]

Es überrascht daher nicht, dass diese datengetriebenen Geschäftsmodelle[26] in der Lage sind, eine steigende Anzahl an weiteren Nutzern anzuziehen. Dieser starke Anreiz ermöglicht einen rasanten Aufstieg der digitalen Plattformen.[27] Für Unternehmen sind diese hohen Nutzerzahlen für die Erschließung neuer Vertriebskanäle,[28] und um einen erleichterten Zugang zu neuen Kundengruppen in der digitalen Welt zu erlangen, mittlerweile unumgänglich,[29] um sich von den nicht mehr in allen Segmenten gewinnträchtigen analogen Marktstrukturen zu befreien.[30]

---

19 Zur Funktionsweise eines auf Datensammlung basierten Online-Marktplatzes vgl.: EuGH, Urteil vom 12.7.2011 – C-324/09, GRUR 2011, 1025 – *L'Oréal/eBay.*

20 *Engert,* AcP 218 (2018), 307–308.

21 *Janal,* ZEuP 2021, 237.

22 Vgl. *Belleflamme/Peitz,* Industrial Organization – markets and strategies, Cambridge, S. 162 ff.

23 *Evans/Schmalensee,* in: Blair/Sokol, The Oxford Handbook of International Antitrust Economics 2014, Band 1., S. 405–406.

24 *Schweitzer/Fetzer/Peitz,* ZEW Discussion Paper Nr. 16–042, 29.5.2016, 10.

25 *Schweitzer/Fetzer/Peitz,* ZEW Discussion Paper Nr. 16–042, 29.5.2016, 4.

26 *Dewenter/Löw/Rösch,* ZfbF-Sonderheft, Band 75/20, 36.

27 *Busch,* GRUR 2019, 788–789.

28 Vgl. Kommission, Bericht der Kommission an den Rat und das Europäische Parlament – Abschlussbericht über die Sektoruntersuchung zum elektronischen Handel, vom 10.5.2017 COM(2017) 229 final, Rn. 4; *Busch,* GRUR 2019, 788–789.

29 *Voigt/Reuter,* DB 2020, 1393: Vor dem Hintergrund, dass „die Masse der verfügbaren Angebote im Markt" die Erschließung neuer Kunden erschwert.

30 Vgl. *Birnstiel/Bauer, in:* Internet of Things, Rechtshandbuch 2021, § 14 Rn. 1.

Grenzüberschreitende Informationsströme sind mittlerweile die am schnellsten wachsende Komponente des Handels in der EU.[31] Studien belegen, dass allein zwischen dem Jahr 2008 und 2012 Datenströme um 49 % zugenommen haben, während der Handel mit Waren und Dienstleistungen gleichzeitig nur um 2,4 % wuchs.[32] Das algorithmenbasierte Matching-System erlebt eine unendliche Fütterung an neuen Daten, welche die meisten Unternehmen gewillt sind preiszugeben,[33] um in die gewinnträchtige digitale „Plattformwirtschaft“[34] einzutreten.[35] Die Plattformbetreiber können daher diese günstigen Effekte der Plattformwirtschaft für sich nutzen, um den Zugang zu ihren Plattformen davon abhängig zu machen, dass der Informationsaustausch[36] zwischen den Nutzern offengelegt wird. Andernfalls besteht die Gefahr, dass der Plattformbetreiber den Zugang zu seinem Plattformdienst verwehrt.[37]

Diese Stellung der Plattformbetreiber als Zugangstore[38] zu erheblichen Datenmengen und Nutzergruppen verwischt die grundlegende Struktur einer freien Marktwirtschaft, die als zentrale Säule der Ökonomie in der analogen Welt gilt. Die Problematik wird auf europäischer Ebene insbesondere im Anwendungsbereich des Art. 102 AEUV verortet, weil der Anwendungsbereich dieser Norm nicht auf bestimmte Formen des Verhaltens begrenzt ist. Als wesentlicher Pfeiler des europäischen Wettbewerbsregimes[39] gewann die Missbrauchsaufsicht auf den Online-Plattformmärkten an großer Bedeutung.

---

31 Kommission, commission staff working document on the free flow of data and emerging issues of the European data economy, vom 10.1.2017 SWD(2017) 2 final, S. 8.

32 Ebenda.

33 *Pohlmann, in:* Zimmer, Regulierung für Algorithmen und Künstliche Intelligenz 2021, S. 314.

34 VO (EU) 2019/1150 v. 20.6.2019 zur Förderung von Fairness und Transparenz für gewerbliche Nutzer von Online-Vermittlungsdiensten, ABl. EU L 186/57 v. 11.7.2019 – Erwägungsgrund (2): Es wird auch der Begriff der „Online-Plattformwirtschaft“ genutzt.

35 *Voigt/Reuter,* DB 2020, 1393; *Zurth,* ZWeR 2021, 362.

36 *Birnstiel/Bauer, in:* Internet of Things, Rechtshandbuch 2021, § 14 Rn. 20.

37 BGH, Beschl. v. 23.6.2020 – KVR 69/19, GRUR 2020, 1318 Rn. 110 – *Facebook; Basedow,* ZEuP 2021, 221; *Birnstiel/Bauer, in:* Internet of Things, Rechtshandbuch 2021, § 14 Rn. 107 ff.; *Schweitzer,* ZEuP 2019, 11.

38 Wird teilweise auch als „Zugangstor zum Internet“ bezeichnet: *Zimmer,* in: FS Schmidt, Band 2, S. 691; BT-Drs. 19/15196, S. 52 f.; *Franck/Linardatos,* CRC TR 224, Discussion Paper, Nr. 173, Project B 05, 2020, 1 (9).

39 MüKoEuWettbR/*Bien*, AEUV Art. 102 Rn. 3.

Verfahren gegen Google und Facebook sind aufgrund der sich entwickelnden Monopolisierungstendenzen allesamt Missbrauchsverfahren.[40] Das Wettbewerbsrecht hat dafür Sorge zu tragen, dass Marktstellungen angreifbar bleiben. Neben der Fusionskontrolle bildet insbesondere die Missbrauchsaufsicht bei Monopoltendenzen das Mittel der Wahl.[41]

Schwierigkeiten bereitet dabei der Aspekt, dass für das kartellrechtliche Normengebilde der Missbrauchsaufsicht des Art. 102 AEUV im Hinblick auf die Markt- und Wettbewerbsrelevanz vielfach auf Preisstrukturen[42] abgestellt wird. Der Preis ist für die Abgrenzung des relevanten Marktes im Anwendungsbereich des Art. 102 AEUV ein wesentlicher Faktor, um die Austauschbarkeit von Gütern oder Dienstleistungen zu ermitteln.[43] Der Fokus ist auch bei der Anwendung der übrigen Tatbestandsmerkmale des Art. 102 AEUV auf eine Preislage gerichtet. So wird beispielsweise der Marktanteil eines Unternehmens grundsätzlich anhand seines Anteils an verkauften Gütern in Relation zum Gesamtumsatz auf dem gesamten Markt gemessen.[44] Bei der Untersuchung, ob ein marktbeherrschendes Unternehmen seine Marktmacht nach Art. 102 AEUV missbräuchlich ausnutzt, prüft die Kartellrechtspraxis die Angemessenheit einer Verhaltensweise vorwiegend anhand von Preisvergleichen.[45] Online-Plattformen konnten aufgrund ihrer (vermeintlich) unentgeltlichen Dienstleistungen von einer kartellrechtlichen Überprüfung daher lange verschont bleiben. Denn bislang wurde die Anwendung des Kartellrechts durch traditionelle Märkte geprägt. Die Besonderheiten von Plattformen der digitalen Wirtschaft geben daher im Bereich der Missbrauchsaufsicht Anlass zu einem Überdenken hergebrachter Beurteilungsmaßstäbe. Wenn einzelne große Online-Plattformen ein solches Erfolgsmodell darstellen, so stellt sich unweigerlich die Frage, aus welchem Grund ihr Erfolgsmodell nicht bestreitbar zu sein scheint, obwohl der Internetzugang allen uneingeschränkt freisteht.[46]

---

40 *Day/Stemler,* Iowa Law Review, Band 105, Heft 1, 2019, 61 ff.; *Nagel/Horn,* ZWeR 2021, 81 ff.; *Podszun/Kersting,* ZRP 2019, 34.

41 *Zimmer,* in: FS Schmidt, Band 2, S. 687.

42 Zum Begriff der Preisstrukturen für den Aspekt des Ausbeutungsmissbrauchs siehe näher: Immenga/Mestmäcker/*Fuchs*, Art. 102 AEUV Rn. 173.

43 MüKoEuWettbR/*Füller*, AEUV Art. 102 Rn. 91.

44 MüKoEuWettbR/*Bien*, AEUV Art. 102 Rn. 240.

45 MüKoEuWettbR/*Bien*, AEUV Art. 102 Rn. 376 ff.

46 *Haucap/Wenzel,* in: Kruse/Dewenter, Wettbewerbsprobleme im Internet, S. 7.

B. Ziele der Untersuchung

Lange Zeit hatte die Wettbewerbspolitik keine eindeutige Antwort auf die stark wachsende digitale Macht[47] der Online-Plattformbetreiber. Erst seit 2019 gibt es ernsthafte regulatorische Bestrebungen sowohl auf nationaler als auch auf europäischer Ebene: Unter dem Stichwort „Wettbewerbspolitik für das digitale Zeitalter" hat die Kommission das Augenmerk des europäischen Wettbewerbsrechts auf digitale Plattformen vorangetrieben, um datengetriebenen Geschäftsmodellen[48] Grenzen zu setzen.[49]

Änderungen auf europäischer Ebene, wie die Implementierung der Verordnung zur Förderung von Fairness und Transparenz für gewerbliche Nutzer von Online-Vermittlungs- und Onlinesuchdiensten (P2B-VO)[50] und das Gesetz über digitale Märkte (Digital Markets Act)[51], bilden einen wesentlichen Schnittpunkt der Untersuchung zu dem traditionellen kartellrechtlichen Instrument der Missbrauchsaufsicht.

Regulierungsinitiativen auf europäischer und nationaler Ebene zeigen nicht nur die Aktualität der Thematik auf, sondern auch das bestehende Interesse an einer effektiven Lösung für den digitalen Binnenmarkt im Umgang „mit mächtigen digitalen Plattformen".[52] Der eingeschlagene Weg hat neue Diskussions- und Problemfelder eröffnet, da Sonderregeln in anderen Bereichen immer weiter abgebaut wurden, weshalb die aktuellen Tendenzen nicht kritiklos blieben.[53]

Das Kartellrecht dient der Förderung und Erhaltung der liberalen Marktwirtschaft und begegnet damit unerwünschten Entwicklungen wie dem Missbrauch der Marktmacht und der Bildung von Kartellen. Das Kartellrecht bildet seinen Ursprung als Reaktion auf diese negativen Folgen des freien Marktes

---

47 *Mendelsohn*, MMR 2021, 857.

48 *Kremer*, in: Laue/Kremer, Das neue Datenschutzrecht in der betrieblichen Praxis, § 2 Zulässigkeit der Verarbeitung Rn. 24.

49 *Völcker/Benditz*, EuZW 2020, 268.

50 VO (EU) 2019/1150 v. 20.6.2019 zur Förderung von Fairness und Transparenz für gewerbliche Nutzer von Online-Vermittlungsdiensten, ABl. EU L 186/57 v. 12.7.2019.

51 VO (EU) 2022/1925 v. 14.09.2022 über bestreitbare und faire Märkte im digitalen Sektor und zur Änderung der Richtlinie (EU) 2019/1937 und (EU) 2020/1828 (Gesetz über digitale Märkte), ABl. EU L 265/1 v. 14.9.2022.

52 *Beckmann/Müller*, in: Hoeren/Sieber/Holznagel MMR-HdB, Teil 10 Kartellrecht Rn. 182.

53 *Körber*, MMR 2020, 295.

und wird als allgemeine, staatliche Regulierung wettbewerbswidrigen Verhaltens verstanden.[54]

In der heutigen digitalen Ära haben sich durch Technologieunternehmen und Online-Plattformen neue Herausforderungen für den Wettbewerb ergeben. Inwieweit allein die staatliche Regulierung von digitalen Märkten insbesondere durch die Missbrauchskontrolle dazu beitragen kann, Innovationen weiter voranzutreiben und den Verbraucherschutz zu stärken, soll die nachfolgende Analyse beleuchten.

Schwerpunkt der Analyse soll dabei sein, hinsichtlich welcher (Online-) Aktivitäten[55] der Plattformen eine Plattformregulierung[56] einen rechtlich effizienteren Rahmen geschaffen hat.[57] Hierbei soll das besondere Augenmerk auf den aktuellen normativen Tendenzen auf europäischer Ebene liegen. Zu den vergangenen Bestrebungen, die Missbrauchskontrolle an wirtschaftlichen Bewertungen auszurichten (sog. more economic approach[58]), haben weitere ökonomische Ansätze normativen Einklang in die juristische Betrachtungsweise gefunden, wie die Theorie der Bestreitbarkeit der Märkte,[59] auf die ebenfalls näher eingegangen wird.

Kernfrage ist dabei, inwieweit die Missbrauchskontrolle dennoch ein flexibles und effektives Instrument für neue dynamische Herausforderungen der digitalen Wirtschaft darstellt. Ausschlaggebend ist dabei, inwieweit aufgezeigte Problemstellungen de lege lata oder de lege ferenda auf europäischer Ebene gelöst werden können.

C. Gang der Untersuchung

Der Schwerpunkt der Ausarbeitung liegt auf Online-Plattformen, die auf mehreren Märkten gleichzeitig operieren. Nicht betrachtet wird in dieser Ausarbeitung daher ein möglicher Wettbewerb zwischen den jeweiligen Anbietern auf

---

54 *Krell,* in: FS Schmidt, Band 1, S. 731–732.

55 VO (EU) 2019/1150 v. 20.6.2019 zur Förderung von Fairness und Transparenz für gewerbliche Nutzer von Online-Vermittlungsdiensten, ABl. EU L 186/57 v. 11.7.2019.

56 *Haucap,* Wirtschaftsdienst 2020 Jg. 100, Heft 13, 24: Unterscheidung zwischen einer kartellrechtlichen Marktmachtbegrenzung ex-post und einer Plattformregulierung ex ante.

57 *Hayungs,* VuR 2020, 403.

58 Immenga/Mestmäcker/*Fuchs,* AEUV Art. 102 Rn. 8 ff.

59 *Fritzsche, in:* FS Kirchner, S. 466; *Schweitzer,* ZEuP 2021, 512: So in der Diskussion der Zielsetzung im Rahmen des neu eingeführten Digital Market Act.

einer Plattform (Intra-Plattformwettbewerb), die unabhängig von dem Plattformdienstleister agieren. Der besondere Fall von Plattformverboten im Vertrieb ist nicht Gegenstand der Untersuchung.

An die Einführung im ersten Kapitel, werden im zweiten Kapitel zunächst ökonomisch relevante Grundlagen erörtert, die für die Ausformungen mehrseitiger Online-Plattformen relevant sind. Dies soll helfen die grundlegenden Eigenschaften der digitalen Plattformökonomie im Vergleich zu analogen Märkten zu verdeutlichen. Die zentrale Aufgabe der Kartellrechtspraxis besteht im Kern darin, ein zulässiges von einem unzulässigen Verhalten abzugrenzen. Für diese Aufgabe müssen auch die Erkenntnisse der Wettbewerbsökonomie mitberücksichtigt werden. Die Untersuchung wird jedoch auch zeigen, dass die ökonomischen Grundsätze nicht ausnahmslos formal rechtlich übernommen werden können, was beispielweise der nationale Gesetzgeber in der 10. GWB-Novelle gleichwohl getan hat.

Die Bedeutung mehrseitiger Plattformen in der digitalen Ökonomie soll dazu dienen normative Problemfelder in der Missbrauchskontrolle zu identifiziert, die im dritten Kapitel unter Zugrundelegung weitergehender Erkenntnisse im Hinblick auf digitale, mehrseitige Plattformen, vertieft behandelt werden. Ausschlaggebend hierfür ist, dass der Preiswettbewerb in diesen spezifischen Strukturen der Online-Plattformwirtschaft eine nur nachrangige Rolle spielt, um die Wettbewerbsverzerrung zu qualifizieren. Im vierten Kapitel werden einschlägige normative Neuerungen dargestellt und entsprechend bewertet. Grundgedanken des hier bevorzugten Ansatzes einer normativen Neugestaltung und ihre Eckpfeiler, stellt das letzte Kapitel der Ausarbeitung dar. Die Untersuchung schließt daher mit einem eigenen Vorschlag ab.

Kapitel 2: Digitale Ökonomie

A. Plattformökonomik

I. Digitale Plattformen[60]

Aktivitäten der (Online-)Plattformen einzuordnen hat nicht nur Bezugspunkte zur ökonomischen Wettbewerbsanalyse[61], sie sind Gegenstand einer Betrachtungsweise aus vielen fachlichen und (wirtschafts-)wissenschaftlichen Perspektiven, die aufgrund ihrer divergierenden Ausrichtungen unterschiedliche Rückschlüsse für das sie prägende Umfeld der digitalen Ökonomie zulassen, weshalb es an einer einheitlichen Definition für den Begriff der digitalen Ökonomie[62] bislang fehlt.[63]

Dennoch lassen sich einige Gemeinsamkeiten für das Begriffsverständnis der digitalen Ökonomie finden: Bei der digitalen Wirtschaft handelt es sich um eine Querschnittsbranche, die im Kern alle Wirtschaftszweige umfasst, in denen zur Umsetzung von Geschäftsprozessen eine IP-Adresse genutzt wird. Zum einen zählen hierzu Unternehmen, die mit reinen Internetdienstleistungen und virtuellen Gütern[64] wirtschaften, zum anderen werden Anteile klassischer Branchen hinzugezählt, bei denen Geschäftsprozesse bzw. Transaktionen durch Internettechnologien unterstützt werden.[65]

Den Kern der digitalen Wirtschaft stellen daher neben reinen Datendiensten für den Zugang zum Internet[66] End-User-Interaktionsplattformen, B2B-Handelsplattformen[67], B2C E-Commerce, Online Services, und der originärer Web-Content dar.[68]

---

60 *Engert*, AcP 218 (2018), 305: Grenzt zwischen allgemeinen Plattformen und einem engen Begriff für digitale Plattformen.

61 *Dewenter/Rösch/Terschüren*, NZKart 2014, 387.

62 *Schulze/Staudenmayer, in:* EU Digital Law 2020, S. 1.

63 *Schulze/Staudenmayer, in:* EU Digital Law 2020, S. 1; *Paal/Kumkar*, NJW 2021, 809: Es wird daher auch der Begriff der „Digitalwirtschaft“ verwendet, teils auch: Internetökonomie, so z.B. *Jakl*, MMR 2019, 711, sowie der Begriff der „Internet-Ökonomie“, so beispielsweise *Conde Gallego*, GRUR Int. 2006, 22.

64 *Völkle*, MMR 2021, 542: So beispielsweise Non-Fungible-Token (NFT).

65 *Bundesverband Digitale Wirtschaft e.V.*, 2012, S. 6.

66 Regulär bei Telefon- und Kabelunternehmen, siehe hierzu: MüKoBGB/*Wagner*, BGB § 823 Rn. 837.

67 *Podszun/Bongartz*, BB 2020, 2882.

68 MüKoBGB/*Wagner*, BGB § 823 Rn. 837; *Schneider/Kremer*, WRP 2020, 1128.

Die Welt digitaler Plattformen ist neben der großen Vielfalt, insbesondere durch ihre Dynamik geprägt.[69] Die Stärke der Plattformdienste liegt in der Schnelllebigkeit der Innovationskraft[70], die ihren Ursprung in der dritten industriellen Revolution hat. Der technologische Fortschritt in diesem Bereich lässt sich als Basis eines steigenden Wirtschaftswachstums in der digitalen Wirtschaft begreifen.[71] Dieser zeichnete sich neben der Erschließung erneuerbaren Energien und Energiespeicher auch durch die Nutzung neuer Informations- und Kommunikationstechnologien (IKT) aus.[72]

Diese „mikroelektronische Revolution" begann Mitte der 1970er Jahre und läutete das Zeitalter der Computertechnologie ein,[73] einhergehend mit der Erfindung und dem Zugang zum Internet, die schließlich wegweisend für die Entwicklung der digitalen Ökonomie waren und ihre Entwicklung weiter vorantreiben.[74]

Der Internetzugang stand ursprünglich ausschließlich Großunternehmen zur Verfügung und diente vorrangig als ein weiterer Informationskanal, bis er auch zur Beeinflussung der strategischen Ausrichtung genutzt wurde, um neue unternehmerische Zielsetzungen zu ermöglichen. Diese waren vor allem Effizienzsteigerungen, die Verbesserung des Kundenmanagements und die Verbesserung der Wettbewerbsposition durch Datengewinnung und Auswertung. Geringe Distributionskosten im Internet, die primär einen fixen Charakter und geringe variable Kosten aufweisen, führten neben weiteren Faktoren zur Skalierbarkeit der eigenen Geschäftsmodelle.[75]

Neben der so gewonnenen Skalierbarkeit der bestehenden Geschäftsmodelle, bildeten die IKT auch eine Grundlage für neue Geschäftsmodelle und Strategien mit dem Ziel den Kunden neue bedarfsorientierte Lösungen anzubieten.[76]

---

69 *Hannappel/Rehm/Roth*, Otto-Wolff-Discussion Paper 6/2017, 3-9; *Schweitzer/Fetzer/Peitz*, ZEW Discussion Paper Nr. 16–042, 29.5.2016, 4.

70 *Schweitzer/Peitz*, NJW 2018, 275.

71 *Engert*, AcP 218 (2018), 307; *Ezrachi*, Oxford Legal Studies Research Paper Nr. 17/2018, 1.

72 *Rifkin*, Die dritte industrielle Revolution, 2011, S. 49.

73 *Bell*, Merkur-Zeitschrift Heft 491, 1990, 28.

74 *Stähler*, Geschäftsmodelle in der digitalen Ökonomie, 2002, S. 3.

75 *Bakos*, Communications of the ACM, 08.1998/Band 41, Nr. 8, 35 ff; *Haucap*, Wirtschaftsdienst 2020 Jg. 100, Heft 13, 21.

76 *Dewenter/Löw/Rösch*, ZfbF-Sonderheft, Band 75/20, 36; *Stähler*, Geschäftsmodelle in der digitalen Ökonomie, 2002, S. 3.

Seit etwa 2005 befindet sich das Internet in einer weiteren Entwicklungsphase, dem Web 2.0. Inhalte, die vorher eigentümlich von Unternehmen erhoben, ausgewertet und aus ihrer Sphäre, d.h. erst durch einen weiteren Schritt bereitgestellt wurden, werden seither überwiegend von Nutzern, sog. Social Software, selbst generiert und hochgeladen,[77] was den wesentlichen Unterschied zu der ursprünglichen Internet- und Datennutzung ausmacht.[78]

Auf diese Weise konnte sich im Verhältnis zwischen Verbraucher und Unternehmer (sog. B2C-Geschäft)[79] das Geschäftsmodell „Leistungen gegen Daten" etablieren. Für die Bereitstellung eines digitalen Dienstes verlangt der Anbieter vom Nutzer die Einwilligung in die Datenverarbeitung seiner personenbezogenen Daten zu einem möglichst breit gefassten Zweck.[80] Die so entstandene zweiseitige Rolle des Nutzers führte zu der Bezeichnung Prosument (engl. Prosumer), eine Wortschöpfung aus den Wörtern Produzent und Konsument, die sich in der Literatur bereits in den 1980er Jahren finden lässt und im Internetzeitalter an Bedeutung gewann.[81]

In mitten dieser Entwicklung formierten sich digitale Plattformdienste: ein Geschäftsmodell, das Anbieter und Nachfrager über eine zentrale Plattform zusammenbringt,[82] um eine Interaktion zwischen Marktteilnehmern zu ermöglichen oder zu vereinfachen.[83] Soziale Netzwerke ermöglichen beispielsweise eine IT-gestützte Vernetzung der Nutzer, sowohl für private als auch für geschäftliche Zwecke, was eine der wesentlichen Ausprägungen des Webs 2.0 darstellt.[84] Im Wandel der digitalen Ökonomie entwickelte sich der Begriff der Plattformökonomik[85]. Bereits zu Beginn der 2000er Jahre wurde im Bereich der modernen Plattformökonomik, insbesondere im Hinblick auf

---

77 *Schweitzer/Peitz,* NJW 2018, 275.

78 *Brühl,* Wirtschaft des 21. Jahrhunderts, Herausforderungen in der Hightech-Ökonomie, 2015, S. 23 ff.

79 MüKoBGB/*Lorenz,* BGB § 474 Rn. 22.

80 *Schweitzer/Peitz,* NJW 2018, 275, 277.

81 *Brühl,* Wirtschaft des 21. Jahrhunderts, Herausforderungen in der Hightech-Ökonomie, 2015, S. 23 ff.; *Schneider/Kremer,* WRP 2020, 1128.

82 *Wambach,* WPZ Analyse Nr. 14, 2017, 7.

83 *Brühl,* Wirtschaft des 21. Jahrhunderts, Herausforderungen in der Hightech- Ökonomie, 2015, S. 23 ff.; *Hannappel/Rehm/Roth,* Otto-Wolff-Discussion Paper 6/2017, 3-4; *Schweitzer/Fetzer/Peitz,* ZEW Discussion Paper Nr. 16–042, 29.5.2016, 4.

84 *Brühl,* Wirtschaft des 21. Jahrhunderts, Herausforderungen in der Hightech-Ökonomie, 2015, S. 23 ff.

85 VO (EU) 2019/1150 v. 20.6.2019 zur Förderung von Fairness und Transparenz für gewerbliche Nutzer von Online-Vermittlungsdiensten, ABl. EU L 186/57

wettbewerbsökonomische Fragestellungen,[86] Grundlagenforschung betrieben.[87]

Globale Konzerne stellen ihre digitalen Lösungen und Leistungen unter Kostenminimierung bereit, da sie mit etablierten Unternehmen in allen Wirtschaftszweigen durch Online-Dienste[88] zunehmend in Konkurrenz geraten sind. Dadurch wurde der Druck, wettbewerbsfähig zu bleiben, immens erhöht.[89]

Um die Innovationsdynamik im Bereich digitaler Plattformen zu verdeutlichen, lohnt sich ein Blick auf die Auktionsplattformen über sog. Non-Fungible-Token (NFT), auf denen digitale Kunstwerke für Rekordsummen gehandelt werden.[90] Anders als in der physischen Welt kann eine Datei im Gegensatz zu einem physischen Kunstwerk problemlos unendlich oft repliziert werden,[91] ohne einen Unterschied zur Originaldatei aufzuweisen. Ein Picasso-Gemälde als Unikat wird bei einer hohen Nachfrage wegen eines absolut begrenzten Angebots zu einem hohen Preis gehandelt, weshalb niemand für eine digitale, durch einfaches Herunterladen abrufbare Version des Picasso-Gemäldes einen hohen Preis zahlen würde.[92] Neu ist dabei die Möglichkeit digitale Kunstwerke mit einem Non-Fungible-Token (NFT) zu versehen, wodurch es eine einzigartige Eigenschaft erlangt, da NFT nicht reproduzierbar sind.[93]

Durch diesen Vorgang können digitale Güter als quasi dematerialisiert zu einem entsprechenden Preisniveau gehandelt werden.[94] Sie erhalten also einen in der physischen Welt entsprechenden Sachwert.[95] Dieses Phänomen des Handelns virtueller Güter fand sich vormals in den Onlinespielen wieder,

---

v. 11.7.2019 – Erwägungsgrund (2): Spricht von „Online-Plattformwirtschaft“; *Budzinski*, Ilmenau Economics Discussion Papers Nr. 103, 2016, 2.

86 *Hannappel/Rehm/Roth*, Otto-Wolff-Discussion Paper 6/2017, 1.

87 *Armstrong*, RAND Journal of Economics, Band 37, Heft 3, 2006, 668–691; *Demange/Gale*, Econometrica, Band 53, Heft 4, 1985, 873–888; *Rochet/Tirole*, RAND Journal of Economics, Band 33, Heft 4, 2002, 549–570; vgl. *Rochet/Tirole*, Journal of the European Economic Association 2003, Band 1 (4), 990 ff.; *Rochet/Tirole*, RAND Journal of Economics, Band 37, Heft 3, 2006, 645–667.

88 Bundeskartellamt, Arbeitskreis Kartellrecht – Digitale Ökonomie, 2015, S. 4.

89 *Brühl*, Wirtschaft des 21. Jahrhunderts, Herausforderungen in der Hightech-Ökonomie, 2015, S. 10 ff.

90 *Heine/Stang*, MMR 2021, 755 ff.

91 *Schweitzer/Peitz*, NJW 2018, 276.

92 *Völkle*, MMR 2021, 542.

93 *Heine/Stang*, MMR 2021, 756: Wobei das NFT auch als Auflage erstellt werden kann.

94 *Heine/Stang*, MMR 2021, 757.

95 Vgl. *Heine/Stang*, MMR 2021, 755–756.

die mittlerweile mit bis zu tausenden Spielern gleichzeitig über das Internet gespielt werden, wozu auch die sog. Massen-Mehrspieler-Online-Rollenspiele zählen. Virtuelle Güter, wie Waffen- oder Werkzeugitems werden z.B. über den Plattformdienst Ebay oder anderen professionellen Börsen für echtes Geld gehandelt. Der Handel mit real nicht existierenden Gegenständen hat vor allem in den USA bereits zu Umsätzen im mehrstelligen Millionenbereich geführt.[96]

Diese bis heute andauernde Entwicklung nutzen globale Konzerne, um ihre digitalen Leistungen weiter auszubreiten, was dazu führt, dass viele Geschäftsmodelle in der digitalen Welt, kostengünstiger, einfacher und effizienter funktionieren.[97] Die Entstehung dieser hohen Veränderungs- und Innovationsrate[98] führt zu grundlegenden, wirtschaftlichen Veränderungen in unterschiedlichsten Geschäftszweigen, insbesondere im Hinblick auf die Wettbewerbsfähigkeit.[99]

Im Fokus bleibt dabei, dass Nutzer dieser Dienste Informationen wie beispielsweise über ihre Suchanfragen oder Zeit und Ort des Aufrufes einer Webseite bereitstellen. Dadurch generieren Plattformdienste große Mengen an Daten. Die Vernetzung von Endkunden führt zu einer erheblichen Informationsgewinnung der Plattformdienste. Diese Datenmengen werden aufbereitet und analysiert (Big Data[100]).[101]

Diese rasante Entwicklung läutet das Zeitalter der „Industrie 4.0" ein und umfasst das „Internet der Dinge"[102] in Form von unterschiedlichen Systemen, die so miteinander vernetzt sind, dass sie einen eigenständigen Informationsaustausch ermöglichen.[103] Die Auswertung von Big-Data erschafft neue Algorithmen[104], die in der Lage sind, den Umgang der Kunden mit bestimmten

---

96 *Völzmann-Stickelbrock*, in: FS Eisenhardt, S. 327.

97 *Zimmer,* in: FS Schmidt, Band 2, S. 685: Konzentrationstendenzen können für Verbraucher vorteilhaft sein. Neben einem „Preis von Null" kann die Konzentration auf ein großes soziales Netzwerk auf den Vorteil haben, dass sie ihre Freunde nicht auf verschiedenen Plattformen zusammensuchen müssen.

98 Zu den Begrifflichkeiten: *„High-Speed-Economy" o. „Smart-Economy" siehe: Brühl,* Wirtschaft des 21. Jahrhunderts, Herausforderungen in der Hightech-Ökonomie, 2015, S. 10 ff.

99 *Brühl,* Wirtschaft des 21. Jahrhunderts, Herausforderungen in der Hightech-Ökonomie, 2015, S. 10 ff.; *Stender-Vorwachs/Steege*, NJOZ 2018, 1361.

100 *Schweitzer/Peitz,* NJW 2018, 275.

101 *Schweitzer/Peitz,* NJW 2018, 275.

102 *Bräutigam, in:* Internet of Things, Rechtshandbuch 2021, § 1 Rn. 5.

103 *Bräutigam, in:* Internet of Things, Rechtshandbuch 2021, § 1 Rn. 4.

104 *Bundeskartellamt/Autorité de la concurrence*, Algorithms and Competition, 2019, S. 1; *Schweitzer/Peitz,* NJW 2018, 275; *Zurth,* ZWeR 2021, 326.

Bedarfsgütern in Echtzeit auszuwerten.[105] Dieser Innovationsgang bot weiteren Plattform-Geschäftsmodellen eine wesentliche Basis, die unter ständiger Entwicklung der Internetmöglichkeiten auf vielen Ebenen automatisiert ablaufen konnten.[106]

Das große Ziel ist hierbei, Big Data zu nutzen, um den Bedarf des Kunden/Nutzers[107] bereits weit vor dem eigentlichen Bewusstsein darüber, dass dieser Bedarf besteht, festzustellen. Dem Kunden wird dieser Bedarf, beispielsweise durch personalisierte Werbung,[108] suggeriert, um das Nutzerverhalten zu beeinflussen.[109]

So ermöglichen Algorithmen mit ihren enormen Rechenkapazitäten neue Preisbestimmungsmethoden: Preise können nicht nur auf einzelne Konsumenten passgenau zugeschnitten werden, sog. personalisierte Preise. Unternehmen können auf Veränderungen bei Konkurrenzpreisen ohne zeitliche Einbußen und daher sofort reagieren.[110]

Vor diesem Hintergrund werden die vormals bewunderten Innovationsträger, wie Google oder Amazon[111], inzwischen als eine Gefahr sowohl in rechtlicher Hinsicht[112] als auch auf gesellschaftlicher Ebene gesehen.[113] Es entstand daher eine Diskrepanz zwischen dem Streben nach technologischer Innovation und dem Bestreben, die Wettbewerbsfairness zu stärken, um allen

---

105 So im Fall Sesam-Kreditinstitut (Zhima) von Alibaba: Es wird nicht nur der Umgang der Kunden mit Geld und ihren Spielvorlieben bewertet, sondern auch eine Auswertung der persönlichen Kontakte ermöglicht, um auf eine etwaige Kreditwürdigkeit zu schließen.

106 *Belz/Bieger,* Dienstleistungskompetenz und innovative Geschäftsmodelle, 2000, S. 183 ff.; *Voigt/Reuter,* DB 2020, 1393: „Großteil der wirtschaftlichen Tätigkeit findet online statt."; *Schweitzer/Peitz,* NJW 2018, 275; *Dewenter/Löw/Rösch,* ZfbF-Sonderheft, Band 75/20, 36.

107 *Schwartmann/Benedikt/Reif,* MMR 2021, 99: „Beim Online-Marketing so z.B. durch Einsatz von Cookies, die Nutzerinteressen auch Session übergreifend zu ermitteln und so möglichst zielgenaue Onlinewerbung auszuspielen."; *Zurth,* ZWeR 2021, 362.

108 *Malirsch,* Big-Data, 2013, S. 9; *Nagel/Horn,* ZWeR 2021, 80; *Ohst,* in: Wandtke/Ohst, Medienrecht Praxishdb., 3. Aufl. 2014, S. 184; *Wandtke,* MMR 2017, 7.

109 *Paal,* GRUR 2019, 47; *Schanze,* in: FS Schmidt, Band 2, S. 360.

110 *Paal,* GRUR 2019, 47; *Zurth,* ZWeR 2021, 362.

111 *Budzinski,* Ilmenau Economics Discussion Papers Nr. 103, 2016, 7.

112 *Podszun/Kersting,* ZRP 2019, 34.

113 *Brühl,* Wirtschaft des 21. Jahrhunderts, Herausforderungen in der Hightech-Ökonomie, 2015, S. 10 ff; *Danckert/Mayer,* MMR 2010, 219; *Ingold,* MMR 2020, 83.

Marktbeteiligten die starken Vorteile der digitalen Plattformen zu ermöglichen.[114] Plattformdienste rückten immer mehr in den Blickpunkt ernsthafter regulatorischer Maßnahmen.[115]

Hinsichtlich wettbewerbspolitischer und regulativer Maßnahmen lassen sich Unterschiede bei der Behandlung traditioneller und digitaler Plattformmärkte feststellen,[116] weshalb eine ökonomische Betrachtungsweise für ein umfängliches Verständnis dieser Märkte für kartellrechtliche Verfahren unabdingbar ist.[117] Erst hierdurch können systematische Unterschiede zwischen digitalen und analogen Plattformen im Hinblick auf die Wettbewerbsintensität festgestellt werden.[118]

II. Analoge und digitale Plattformen

Unterschiedliche Ansätze in der Begriffsbestimmung der (Online-) Plattformen erschweren ein einheitliches Verständnis, treffen sich jedoch in einigen wesentlichen Merkmalen.[119]

---

114 *Haucap,* Wirtschaftsdienst 2020 Jg. 100, Heft 13, 21.

115 VO (EU) 2019/1150 zur Förderung von Fairness und Transparenz für gewerbliche Nutzer von Online-Vermittlungsdiensten, ABl. EU L 186/57 v. 11.7.2019; Richtlinie (EU) 2019/1 des Europäischen Parlaments und des Rates zur Stärkung der Wettbewerbsbehörden der Mitgliedsstaaten im Hinblick auf eine wirksame Durchsetzung der Wettbewerbsvorschriften und zur Gewährleistung des reibungslosen Funktionierens des Binnenmarktes, ABl. EU L 11/3 v. 11.7.2019; Gesetz zur Änderung des Gesetzes gegen Wettbewerbsbeschränkungen für ein fokussiertes, proaktives und digitales Wettbewerbsrecht 4.0 und andere Bestimmungen (GWB Digitalisierungsgesetz) vom 18.1.2021, BGBl. 2021 I 2; Verordnung (EU) 2022/1925 über bestreitbare und faire Märkte im digitalen Sektor und zur Änderung der Richtlinie (EU) 2019/1937 und (EU) 2020/1828 (Gesetz über digitale Märkte), ABl. EU L 265/1 v. 12.10.2022.

116 Vgl. Kommission, Evaluierung der Bekanntmachung der Kommission vom 9. Dezember über die Definition des relevanten Marktes im Sinne des Wettbewerbsrechts der Gemeinschaft, SWD (2021) 200 final v. 12.7.2021, S. 26 ff.

117 *Evans/Schmalensee,* in: Blair/Sokol, The Oxford Handbook of International Antitrust Economics 2014, Band 1., S. 404 ff.; *Haucap/Stühmeier,* DICE Discussion Paper, Nr. 199, 2015, 1.

118 *Hannappel/Rehm/Roth,* Otto-Wolff-Discussion Paper 6/2017, 4.

119 *Budzinski,* Ilmenau Economics Discussion Papers Nr. 103, 2016, 4; *Schwickert/Pfeiffer,* Arbeitspapiere WI Nr. 5/2000, 5.

Das Bundeskartellamt definiert (Online-)Plattformen als: „Organisation[en], die zwei (oder mehr) Seiten bedienen und direkte Interaktion[120] zwischen diesen Seiten ermöglichen".[121] Entscheidend ist dabei, dass die Plattform nur als sog. Intermediär[122] auftritt, ohne selbst an der eigentlichen Transaktion zwischen den beiden Nutzerseiten beteiligt zu sein, was beispielsweise bei Vermittlungsplattformen anzutreffen ist.[123] Im Unterschied zu einem regulären Händler haben sowohl analoge als auch digitale Plattformen daher grundsätzlich keinen unmittelbaren Einfluss auf strategische Entscheidungen und relevante Interaktionsparameter, wie z.B. Preissetzung für die angebotenen Produkte und/oder Dienstleistungen[124], da das Vertragsverhältnis ausschließlich zwischen den beiden Nutzergruppen der Plattform geschlossen wird.[125] Der Intermediär hat allein die Funktion der Selektion und Ordnung der Fülle an Information im Internet. Je stärker Dienste an den Relevanzkriterien und Präferenzen der Nutzer orientiert sind, d.h. je höher der Grad der Übereinstimmung einer Sucheingabe mit einem Suchergebnis eines Nutzers ist, umso höher ist der Nutzen eines Intermediäres für die Nutzer.[126]

Am Beispiel des sozialen Netzwerks Facebook wird die Stellung einer (digitalen) Plattform als eine Organisationseinheit, die eine Interaktion zweier Nutzerseiten ermöglicht und zwei Seiten ihrer Plattform bedient,[127] deutlich:

---

120 Die vom Bundeskartellamt aufgestellte Definition ist nicht unumstritten, vgl. *Topel, in*: FS Wiedemann, S. 62 m.W.N.

121 Bundeskartellamt, Arbeitskreis Kartellrecht – Digitale Ökonomie, 2015, S. 10; so auch von einem engen Begriff der Plattform in der Digitalökonomie: *Engert*, AcP 218 (2018), 305.

122 Zum Begriff: *Evans*, Yale Journal on Regulation, Band 20, Heft 2, 2003, 332 ff.; MüKoBGB/*Wagner*, BGB § 823 Rn. 837; *Schwartmann/Hermann/Mühlenbeck*, MMR 2019, 498: *Medienintermediär; Grünwald*, MMR 2020, 822: *Informationsintermediär.*

123 *Hagiu*, Review of Network Economics 2007, Band 6, Heft 2, 115–133; *Haucap*, Wirtschaftsdienst 2020 Jg. 100, Heft 13, 21.

124 *Luchetta*, Is the Google platform a two-sided market, 23rd European Regional Conference of the International Telecommunication Society, 2012, S. 83–118.

125 *Wagner/Zenger*, MMR 2013, 343: Am Beispiel von eBay – es handelt sich lediglich um einen „Marktplatz", im Verhältnis zwischen Verkäufer und Bieter (sog. Marktverhältnis) entfalten eBay-AGB auf Grund der Relativität der Schuldverhältnisse keine unmittelbare Wirkung, da ein Kaufvertrag über die angebotene Ware mit eBay nicht zustande kommt.

126 *Schweitzer/Fetzer/Peitz*, ZEW Discussion Paper Nr. 16–042, 29.5.2016, 9.

127 *Nagel/Horn*, ZWeR 2021, 80 ff.

Auf der einen Seite des Netzwerks bedienen sich Nutzer der Kommunikations- und Selbstdarstellungsmöglichkeiten des sozialen Netzwerks ohne Zahlung einer monetären Gegenleistung. Im Rahmen ihrer Interaktion im Netzwerk richten sie ihre Aufmerksamkeit[128] auch auf die dargestellte Display- und Textwerbung, die von Facebook auf die Seite implementiert wird.[129] Auf der anderen Seite nutzen Werbepartner von Facebook diese Werbeflächen, um Nutzer auf ihr Produkt oder ihre Dienstleistung aufmerksam zu machen. Zur Personalisierung dieser Werbung stellt Facebook den Werbetreibenden eigene Tools zur Verfügung, so beispielsweise Werbeanzeigemanager.[130] Dadurch agiert Facebook als Intermediär, da er dritten Unternehmen ermöglicht, mit ihrer Werbung Nutzer von der anderen Seite der Plattform zu erreichen.[131]

Facebook erwirtschaftet dabei den überwiegenden Teil seiner Umsätze auf dieser von Werbepartnern finanzierten Seite des Netzwerks.[132] Die unentgeltlich erbrachte Leistung gegenüber der einen Nutzergruppe ist daher Teil einer insgesamt auf Erwerbszwecke angelegten Geschäftstätigkeit.[133]

Die Aufgabe von Plattformen besteht daher überwiegend darin, diese unterschiedlichen Gruppen miteinander zu verbinden: Airbnb ist einer der größten Vermittler für Übernachtungen, ein eigenes Hotel betreibt Airbnb jedoch nicht. Uber vermittelt Transportdienstleistungen, eigene Taxen stellt Uber hierfür nicht zur Verfügung. Der wohl größte Versandhändler Amazon ist selbst nicht Inhaber der Ladengeschäfte für Produkte, die auf der Plattform gehandelt werden.[134] Zusammenfassend agieren diese Plattformdienste im Ausgang vermittelnd und betätigen sich daher zumeist als Intermediäre.[135]

Das Phänomen eines Intermediärs ist dabei nicht neu, denn auch der traditionelle analoge Marktplatz stellt eine derartige Plattform dar. Ein Marktplatz

---

128 *Budzinski,* WUW 2021, 397; *Nagel/Horn,* ZWeR 2021, 79 ff.

129 *Wiebe, in:* FS Kirchner, S. 425: „Dabei wird die Werbung gezielt auf die Interessen der Nutzer zugeschnitten, sog. Behavioral advertising.“.

130 Vgl. *Satzky,* in: FS Schmidt, Band 2, S. 304.

131 BGH, Beschl. v. 23.6.2020 – KVR 69/19, GRUR 2020, 1318 Rn. 28 – *Facebook:* sog. „Targeting“; MüKoBGB/*Wagner,* BGB § 823 Rn. 837; zur Zulässigkeit von Werbeblockern vgl. u.a.: BGH, Urt. v. 19.4.2018 – I ZR 154/16, GRUR 2018, 1251.

132 *Nagel/Horn,* ZWeR 2021, 80.

133 BGH, Beschl. v. 23.6.2020 – KVR 69/19, GRUR 2020, 1318 Rn. 28 – *Facebook.*

134 EuGH, Urteil vom 20.12.2017 – C-434/15 *Asociación Profesional Elite Taxi/ Uber Systems Spain SL,* EuZW 2018, 131; *Dewenter/Löw/Rösch,* ZfbF-Sonderheft, Band 75/20, 36.

135 *Haucap,* DICE Ordnungspolitische Perspektiven, 2012 (Nr. 32), 1.

bietet Anbietern und Nachfragern einen physischen Ort, an dem sie zusammenkommen. Der Austausch zwischen diesen beiden Gruppen soll dadurch vereinfacht werden.[136] Daher bilden digitale Plattformen teilweise bloß eine Alternative zu analogen Plattformen, so z.B. eBay als Internetflohmarkt[137] oder Amazon Marketplace als Marktplatz.[138] Beiden Plattformarten ist immanent, dass sie jeweils auf Netzwerkeffekte[139] ausgerichtet sind. Dies könnte dazu verleiten, dass man analoge und digitale Plattformen in ihrer Funktion unterschiedslos gleichstellt. Digitale Plattformen ermöglichen jedoch die Etablierung gänzlich neuer Geschäftsmodelle, wie das beschriebene Modell des sozialen Netzwerks Facebook im Bereich der Fernkommunikation.[140]

Am Beispiel einer innerstädtischen Fußgängerzone wird der weitergehende Funktionszweck von digitalen Plattformen deutlich:

Die Stadt kann aufgrund ihr zustehender Befugnisse gewisse Rahmenbedingungen festlegen (Aufstellen von Bänken, Autofahrverbote im Fußgängerbereich), sodass der Fußgängerzone eine gewisse Marktkoordination zukommt. Sie kann jedoch nur in einem sehr begrenzten Umfang entscheiden, welche Geschäfte in die Fußgängerzone Einzug finden. Ein Einkaufszentrum kann dagegen frei entscheiden, welche Geschäfte es aufnimmt. Es stellt eine typische Plattform in der analogen Welt dar.[141]

Traditionelle Plattformen schaffen dementsprechend nicht nur eine physische Infrastruktur, sondern können auch darüber entscheiden, wer einen Zugang zur Plattform erhält, wohingegen digitale Plattformen üblicherweise zusätzlich Dienstleistungen (mit-) erbringen, wie bspw. Bewertungs- oder Zahlungssysteme. Sie agieren daher als eine unabdingbare Schnittstelle zwischen dem Anbieter und dem Endabnehmer. Eine gezielte Koordinierung der Infrastruktur ist daher grundsätzlich nicht verlangt.[142] Als unabdingbare Schnittstelle schaffen sie nichtsdestotrotz Abhängigkeiten.

---

136 *Hannappel/Rehm/Roth*, Otto-Wolff-Discussion Paper 6/2017, 1.

137 *Budzinski*, Ilmenau Economics Discussion Papers Nr. 103, 2016, 2.

138 Ebenda.

139 Siehe näher hierzu: Kap. 2.A.II.2.

140 *Hannappel/Rehm/Roth*, Otto-Wolff-Discussion Paper 6/2017, 1.

141 *Budzinski*, Ilmenau Economics Discussion Papers Nr. 103, 2016, 2.

142 *Filistrucchi/Geradin/van Damme/Affeldt*, JCLE, Band 10, Heft 2, 293; *Hannappel/Rehm/Roth*, Otto-Wolff-Discussion Paper 6/2017, 1; vgl. Hierzu, dass die Qualifizierung der Fußgängerzone als Plattform bereits unterschiedlich bewertet wird; MüKoBGB/*Wagner*, BGB § 823 Rn. 837 ff.

Aufgrund der Vielseitigkeit der Geschäftsmodelle und der individuellen technischen Ausprägung von Online-Plattformdiensten hat sich weitestgehend etabliert, diese für wissenschaftliche Untersuchungen in bestimmte Kategorien einzuordnen. So erfolgt die erste Einordnung in Transaktions- und Nicht-Transaktionsplattformen.[143] Hinsichtlich der weiteren Unterteilung gibt es ebenfalls verschiedene Ansätze. Zu den Nicht-Transaktionsplattformen gehören werbefinanzierte Aufmerksamkeitsplattformen wie soziale Netzwerke. Zu Transaktionsplattformen kommt eine besondere Gruppe der Matchingplattformen wie Partnerbörsen hinzu.[144] Primär geht es um solche Internetdienste, die für sog. „match-making“[145] verantwortlich sind, einen Vermittlungsdienst, der von mindestens zwei Kundengruppen genutzt wird und auf das Zusammenführen von „zueinander passenden Geschäftspraktiken“ ausgerichtet ist, um für den Endabnehmer, nutzbringend zu sein.[146]

Diese Unterscheidungen können jedoch nicht schematisch angewandt werden. Amazon ist vorrangig eine Verkaufs- und daher Transaktionsplattform. Nichtsdestotrotz kann sie als Nicht-Transaktionsplattform genutzt werden, indem ausschließlich die Produktsuche genutzt wird, um das Angebot zu sondieren.[147]

Schlussfolgernd ist ein wesentliches Merkmal von Online-Plattformen, dass ein zusätzlicher Nutzen[148] zu den analogen Plattformen zu beobachten ist. Die steigende Anzahl der Nutzer führt zu einer enormen Skalierbarkeit der Geschäftsmodelle. Auf den Plattformen vorherrschende Anziehungskraft auf bestehende und potentielle Nutzer geht von sog. direkten[149] und indirekten Netzwerkeffekten aus. Diese können sowohl positiv als auch negativ, einseitig

---

143 *Dewenter/Rösch/Terschüren*, NZKart 2014, 389; *Filistrucchi/Geradin/van Damme/Affeldt*, JCLE, Band 10, Heft 2, 299 ff.; Immenga/Mestmäcker/*Körber*, FKVO Art. 2 Rn. 65.

144 *Dewenter/Linder*, List Forum für Wirtschafts- und Finanzpolitik 2017, Band 43, Heft 2, 70.

145 Apple Pay stellt beispielsweise zwar eine Plattform dar, es handelt sich jedoch nicht um eine Matchmaking-Plattform, weshalb die indirekten Netzwerkeffekte nicht bei allen Plattformen ausschlaggebend sind: *McColgan*, NZKart 2020, 515.

146 *Voigt/Reuter*, DB 2020, 1393: Hinweis auf den Wortlaut der P2B-VO, Art. 2 Abs. 1 Nr. 2 u. 5; *Engert*, AcP 218 (2018), 331.

147 *Brauneck*, GRUR Int. 2018, 105.

148 Die Leistungen, die für die Internalisierung der Netzwerkeffekte angeboten werden, können stark variieren: *Hannappel/Rehm/Roth*, Otto-Wolff-Discussion Paper 6/2017, 3.

149 *Schweitzer/Fetzer/Peitz*, ZEW Discussion Paper Nr. 16–042, 29.5.2016, 4.

und wechselseitig wirken.[150] Aufgrund ihrer besonderen Relevanz für die wettbewerbsrechtliche Analyse und insbesondere für einschlägige Regulierungsinitiativen werden sie nachfolgend gesondert behandelt, um ihre Funktion für die Plattformdienste zu verdeutlichen. Ihre Entstehung, die Auswirkungen im Hinblick auf Datengewinnung und wie der zusätzliche Nutzen generiert wird, wird nachfolgend näher dargestellt.

B. Die Bedeutung von Netzwerkeffekten im Internet und ihre Auswirkungen

I. Allgemeines

Jedes lukrative Geschäftsmodell geht mit der Frage einher, welcher zusätzliche Nutzen generiert wird. Den zentralen Vorteil der digitalen Plattformen bilden die sog. (Skalen- und insbesondere) Netzwerkeffekte.[151]

Einflussfaktoren und die Bedeutsamkeit der Netzwerkeffekte in ökonomischer, wie auch in wettbewerbsrechtlicher Hinsicht verdeutlichen die Feststellungen des BGH in der Sache Facebook[152]:

„Je mehr Daten Facebook zur Verfügung stehen, umso genauer ist die Vorhersehbarkeit des Nutzerverhaltens." Folge dessen ist „eine treffsichere Weiterentwicklung des Dienstes und eine genaue Anpassung künftiger oder anderer Geschäftszwecke und Technologien." Diese stetige Erhöhung von „Quantität und Qualität" des bereitgestellten Daten- und Datenanalyseangebots hat zur Folge, „dass die Wahrscheinlichkeit geringer wird, dass Wettbewerber mit diesem Angebot mithalten können."[153] „Zusätzlich erzeugen direkte Netzwerkeffekte eine Marktzugangsschranke, was dazu führt, dass Wettbewerber im Wettbewerb um die zur Amortisation des Netzwerks erforderlichen Werbeverträge unterliegen."[154]

---

150 *Hannappel/Rehm/Roth*, Otto-Wolff-Discussion Paper 6/2017, 2.

151 Paschke/Berlit/Meyer/Kröner – *Paschke*, Hamburger Kommentar Gesamtes Medienrecht, GWB § 18 Rn. 31–32.

152 BGH, Beschl. v. 23.6.2020 – KVR 69/19, GRUR 2020, 1318 – *Facebook;* BKartA, Beschl. v. 6.2.2019, B6-22/16, BeckRS 2019, 4895 – *Facebook.*

153 BGH, Beschl. v. 23.6.2020 – KVR 69/19, GRUR 2020, 1318 Rn. 45 – *Facebook.*

154 BGH, Beschl. v. 23.6.2020 – KVR 69/19, GRUR 2020, 1318 Rn. 45 – *Facebook*: In der so gezogenen Schlussfolgerung sind es nicht die direkten Netzwerkeffekte, sondern indirekten Netzwerkeffekte, die die Plattform internalisiert; *Hannappel/Rehm/Roth*, Otto-Wolff-Discussion Paper 6/2017, 3; *Schweitzer/Fetzer/Peitz*, Discussion Paper Nr. 16–042, 29.5.2016, 4.

Dem lässt sich entnehmen, dass gerade um diese Anziehungskraft herum weitere Ursachen- und Kausalvorgänge herrschen und in Gang gesetzt werden, die das lukrative Geschäftsmodell prägen.[155] Denn Netzwerkeffekte können auch dann vorliegen, wenn es keine Plattform gibt, die eine gezielte Koordinierung initialisiert, wie am Beispiel der Fußgängerzone aufgezeigt.[156] Netzwerkeffekte finden sich jedoch in der Regel auf zweiseitigen oder mehrseitigen Märkten wieder; dies stellt zugleich ihr wesentliches Merkmal dar.[157] Dabei haben auf Daten basierte Erhöhungen der Netzwerkeffekte und durch Datensammlung entstehende Datenexternalitäten in mehrseitigen Online-Plattformmärkten eine große Bedeutung für Expansionsstrategien der Unternehmen.[158] Allgemein lassen sich (in diesem Beispiel indirekte) Netzwerkeffekte anhand der Theorie der Anzeigen-Auflagen-Spirale[159] verdeutlichen:

In der analogen Welt generiert die Tageszeitung durch eine steigende Anzahl an Lesern ein höheres Interesse von Werbekunden, d.h. Absatzmarkt (Tageszeitung zu den Lesern) und Werbemarkt (Tageszeitung zu den Werbekunden) stehen in der Marktentwicklung in einem unmittelbaren Wechselspiel. Denn das Interesse des Werbemarktes steigt deshalb, weil mehr potenzielle Kunden durch die Plattform Tageszeitung erreicht werden. Die Tageszeitung erreicht durch dieses Wechselspiel mehrerer Marktseiten, die sich gegenseitig im Hinblick auf einen stetig steigenden Zuwachs an Lesern immer weiter bedingen, weshalb sie durch die so erzeugte Qualität und Quantität an Kundenstamm einen höheren Preis für die Schaltung der Werbeanzeigen verlangen kann. Damit steigen auch die Gewinne und weitere Investitionsmöglichkeiten der Plattform Zeitung.[160] Netzwerkeffekte wirken ab einem bestimmten Zeitpunkt selbstverstärkend.[161]

---

155 So beispielsweise neu wachsenden Geschäftsmodelle, vgl. hierzu näher: *Evans/Schmalensee,* in: Blair/Sokol, The Oxford Handbook of International Antitrust Economics 2014, Band 1., S. 405 ff.

156 Vgl. 2.A.II.2.

157 *Katz/Shapiro,* American Economic Review, Band 75, Nr. 3, 1985, 424–440; nicht unumstritten, vgl.: *Köster,* WZB Discussion Paper Nr. FS IV 98–10, 1 ff.

158 BKartA, B6-113/15 Arbeitspapier, S. 15 ff.; *Schweitzer/Fetzer/Peitz,* Discussion Paper Nr. 16–042, 29.5.2016, 5.

159 Siehe hierzu etwa: *Paal,* JZ 2010, 648.

160 *Schröder,* Anzeigen-Auflagen-Spirale, Medien von A bis Z, 2006, S. 26 ff.

161 BKartA, B6-113/15 Arbeitspapier, S. 24; dagegen: BegrRegE, BT-Drucks. 18/10207, S. 50; *Clement/Schreiber/Bossauer/Pakusch,* Internet-Ökonomie, 2019, S. 61, S. 108 ff.; Immenga/Mestmäcker/*Fuchs,* GWB § 18 Rn. 144.

Neben weiteren Faktoren wie einer ausgeprägten Fixkostendegression kann es zu Konzentrationsentwicklungen kommen.[162] Während Größenvorteile auf der Angebotsseite sinkende Durchschnitts- und Grenzkosten der Produktion widerspiegeln, sind Netzwerkeffekte ein Merkmal der Nachfrageseite.[163] Unterschieden wird dabei im Wesentlichen zwischen direkten und indirekten, positiven und negativen Netzwerkeffekten, die in ihrer besonderen Ausprägung nachfolgend näher erläutert werden.

II. Direkte Netzwerkeffekte

Formal betrachtet bestehen Netze aus Verbindungen, die Knotenpunkte miteinander verbinden. Der Struktur eines Netzes ist immanent, dass viele Komponenten für die Erbringung eines typischen Dienstes erforderlich sind. Daher ergänzen sich die Netzkomponenten gegenseitig.[164] Die Verbrauchernachfrage bezieht sich auf eine Gruppe komplementärer Produkte, die erst in Kombination einen Wert darstellen. Hierfür müssen sie miteinander kompatibel sein. Häufig haben die Komponenten für sich genommen nur einen geringen Wert. Die horizontale Kompatibilität ermöglicht die Verbindung von einem vom Verbraucher erworbenen Produkts mit den Produkten anderer.[165]

Der Begriff Netzwerk wird verwendet, um die Gemeinschaft der Nutzer zu beschreiben, deren Nutzen sich durch die Merkmale des von ihnen verwendeten Produkts gegenseitig bedingt.[166] Diese gegenseitige Beeinflussung ist ein Ausfluss der Interdependenzen. Das bedeutet, dass jedes Individuum die Konsequenzen seines Handelns auf alle anderen Individuen berücksichtigt.[167]

Netzwerke können eine besondere Art sog. externer Effekte hervorbringen.[168] Externe Effekte stellen ein Geschehen außerhalb des Marktes dar, da der Markt. bzw. das Preissystem die Auswirkungen der ökonomischen Entscheidung für oder gegen das Produkt bzw. das zusammengesetzte Gut, preislich

162 Vgl. *Paal*, JZ 2010, 648.

163 *Khan*, Columbia Law Review, Band 119, Nr. 4, 2019, 1034.

164 *Economides*, International Journal of Industrial Organization, Band 14, Heft 6, 1996, 673–675.

165 *Church/Gandal/Krause*, Review of Network Economics 2008, Band 7, Heft 3, 343 ff.

166 *Belleflamme/Peitz*, Industrial Organization – markets and strategies, Cambridge, S. 573: „*(...) the term network [to] describe the community of users whose benefits are made interdependent by the nature of the product they use.*“.

167 Vgl. *Kolmar*, Grundlagen der Mikroökonomik, 2021, S. 119–176: Die Effekte seines Handelns auf andere Individuen kann das Individuum internalisieren.

168 *Shy*, Review of Industiral Organization, Band 38, Nr. 2, 2011, 119–121.

nicht widerspiegeln kann.[169] Direkte bzw. einfache Netzwerkeffekte bezeichnen die Relation zwischen dem Nutzen und der Anzahl der Nutzer eines (gleichen) Produkts oder einer Dienstleistung.[170]

Wesentliches Merkmal der direkten Netzwerkeffekte ist, dass der jeweilige Wert einer Dienstleistung/eines Produkts direkt (positiv oder negativ) von der Anzahl weiterer Nutzer derselben Dienstleistung/Produkts bzw. derselben Art der Nutzer beeinflusst wird. Sie erhalten einen positiven oder negativen Wert dadurch, dass sie direkt mit diesem zusätzlichen (neuen) Mitglied interagieren können.[171] Sie können beispielsweise durch die gemeinsame Nutzung einer sie verbindenden Technologie einfacher miteinander kommunizieren. Für die Analyse von positiven direkten Netzwerkeffekten wird daher oft auf die Beschreibung der Nachfrage nach Telekommunikationsdiensten zurückgegriffen:[172]

Die Telekommunikation ist ein Netz, zu dem der Verbraucher einen Zugang erhält, wenn er sich anmeldet und technisch vereinfacht eine Verbindung kauft. Damit ein Anruf getätigt werden kann, müssen sowohl der Anrufer als auch der Angerufene über eine solche Verbindung verfügen.[173] Der Nutzen eines jeden Nutzers steigt mit der Gesamtzahl der anderen Nutzer, die über dasselbe Netz erreichbar sind.[174]

Der Gesamtnutzen eines Telefondienstes durch einen einzigen Nutzer konvergiert dagegen gegen Null. Kein Nutzer wäre bereit, für einen Telefondienst und einen Telefonapparat einen Preis zu zahlen, wenn keine anderen Nutzer über das Netz erreicht werden könnten. Erst das Hinzutreten weiterer Nutzer steigert den Nutzen, da erst hierdurch die Erreichbarkeit weiterer Personen ermöglicht wird. Selbiges gilt für Faxgeräte. Unternehmen nutzen nur deshalb Faxgeräte, weil andere Unternehmen Faxübertragungen senden oder empfangen können.[175] Ein zusätzliches Individuum in einem Netz schafft eine neue Systemkombination von Ergänzungen, die von den bestehenden Teilnehmern

---

169 *Topel, in*: FS Wiedemann, S. 61.

170 BegrRegE, BT-Drucks. 18/10207, S. 49; LMRKM/*Kühnen*, GWB § 18 Rn. 106.

171 Vgl. *Shy*, Review of Industiral Organization, Band 38, Nr. 2, 2011, 121 ff.

172 *Shy*, Review of Industiral Organization, Band 38, Nr. 2, 2011, 121 ff.

173 *Church/Gandal/Krause,* Review of Network Economics 2008, Band. 7, Heft 3, 343 ff.

174 *Budzinski,* Ilmenau Economics Discussion Papers Nr. 103, 2016, 5; *Shy*, Review of Industrial Organization, Band 38, Nr. 2, 2011, 121 ff.

175 *Katz/Shapiro,* Joural of Economic Perspectives – Band 8, Nr. 2, 1994, 96; *Shy*, Review of Industrial Organization, Band 38, Nr. 2, 2011, 121 ff.

zu einem neuen Gut verbunden werden können. Durch die steigende Anzahl an Nutzern erhält das Produkt so einen wachsenden Nutzen.[176] Vier Teilnehmende können theoretisch sechs Verbindungen erreichen. Der Gesamtnutzen eines Netzwerks (sechs Verbindungen) kann daher schneller steigen als die Nutzerzahl (vier Nutzer). Hierbei spricht man auch von sich selbstverstärkenden Netzwerkeffekten.[177]

In der digitalen Ökonomie lässt sich dieses Konstrukt analog u.a. auf Kommunikationsdienste wie WhatsApp und Skype,[178] und soziale Netzwerke wie Facebook (META) übertragen.[179]

Allerdings ist die Wertesteigerung eines Netzwerks allein durch die steigende Nutzeranzahl auf eine gewisse Obergrenze begrenzt. Ab einer individuellen Nutzergröße verspricht der Beitritt weiterer Mitglieder nicht länger den gleichen Zugewinn, weil das Bedürfnis des Einzelnen nach Kommunikation und Vernetzbarkeit ab einer bestimmten Größe erreicht ist. Ab einer für jedes Netzwerk individuellen Größe findet daher der positive direkte Netzwerkeffekt sein natürliches Ende: Die Nutzensteigerung eines Netzwerks von über 50 Millionen Nutzern kann daher schon bei einer Teilnehmerzahl von 100 Nutzern erreicht sein.[180]

In diesem Zusammenhang wird auch der Begriff der „identitätsbasierten" Netzwerkeffekte relevant.[181] Diese liegen dann vor, wenn der Nutzen nicht nur in der Gesamtheit aller verfügbaren Personen besteht, sondern es vorrangig um die Identität der erreichbaren Nutzer geht. Als Beispiel dient hierfür der Plattformdienst Facebook (META). Die Befragung des BKartA ergab, dass für 85,8 % der Befragten nicht allein die Kommunikationsmöglichkeit mit irgendwelchen Nutzern ausschlaggebend ist, sondern dass Freunde diese Nutzer

---

176 *Katz/Shapiro*, Joural of Economic Perspectives – Band 8, Nr. 2, 1994, 96; *Shy*, Review of Industrial Organization, Band 38, Nr. 2, 2011, 121 ff.

177 Vgl. *Förderer*, Erfolgsmodell Digitale Plattformen, 2021, S. 33.

178 *Mohr*, EuZW 2019, 267.

179 Zum Dienstanbieter Skype vgl. näher: *Täuscher/Hilbig/Abdelkafi*, in: Schallmo, Digitale Transformation von Geschäftsmodellen, Geschäftsmodellelemente mehrseitiger Plattformen, S. 183.

180 Problematisch, soweit das Bundeskartellamt von „ausgeprägten direkten Netzwerkeffekten" spricht, wenn es diese quantitativ für Nutzer nicht belegen kann und ausschließlich auf die absolute Netzwerkgröße abstellt, vgl.: BKartA Beschl. v. 6.2.2019, B6-22/16, BeckRS 2019, 4895 Rn. 401 ff. – *Facebook; Windrum/Swann*, MERIT Working Paper 1999, Nr. 9, 1 ff., 10 ff.

181 BGH, Beschl. v. 23.6.2020 – KVR 69/19, GRUR 2020, 1318 Rn. 44 – *Facebook*.

sind.[182] Gerade die Anwesenheit dieser Nutzer führt zu einer positiven Werteentwicklung des Produktes. Die individuelle Netzwerkgröße korreliert im Nutzen daher nicht notwendig mit der Gesamtgröße eines Netzwerks.

Am aktuell beliebten Musikstreaming-Dienst Spotify lässt sich zudem ein weiteres Phänomen der direkten Netzwerkeffekte beobachten. Usern werden Dienste zur Verfügung gestellt, wie das Erstellen der Playlists, Abonnieren von Podcasts und Bewertungssysteme, es können Inhalte geteilt und Freunden vorgeschlagen werden. Die Interaktionsmöglichkeiten der Nutzer führen dazu, dass anderen Usern aufgrund geteilter Inhalte ein weiterer Nutzen entsteht, da sie auf das Repertoire der anderen Nutzer zurückgreifen können.[183] Daran lässt sich beobachten, dass Plattformen in der Lage sind gezielt Netzwerkeffekte zu internalisieren, um Informationen zu sammeln und den Wert der Plattform für Nutzer weiter zu steigern.

III. Indirekte Netzwerkeffekte, Daten-Netzwerkeffekte und externe Informationseffekte

Wird kein Nutzen aus dem Produkt oder einer Dienstleistung direkt von derselben Nutzerart gezogen, können nichtsdestotrotz sog. indirekte Vorteile entstehen. Indirekte bzw. gekreuzte Netzwerkeffekte bilden ein, in der wettbewerbsökonomischen- und rechtlichen Betrachtung[184] neben direkten Netzwerkeffekten sogar das bedeutendere, Merkmal der mehrseitigen Märkte.[185] Sie sind anzutreffen, wenn das Nachfrageverhalten einer Kundengruppe (eine der Seiten der Plattform) von der Anzahl einer anderen Kundengruppe (eine weitere/zusätzliche Seite der Plattform) abhängt.[186] Präziser lässt sich dieser Effekt

---

182 BGH, Beschl. v. 23.6.2020 – KVR 69/19, GRUR 2020, 1318 Rn. 43 – *Facebook*; BKartA, Beschl. v. 6.2.2019, B6-22/16, BeckRS 2019, 4895 – *Facebook*.

183 Am Beispiel von Instant Messenger Diensten vgl. näher: *Belleflamme/Peitz*, Industrial Organization – markets and strategies, Cambridge, S. 573 ff.

184 Siehe hierzu näher die wesentlichen Gründe für die Novellierung des GWB, insbesondere vor dem Hintergrund der „Digitalwirtschaft 4.0", BegrRegE, BT-Drucks. 18/10207, S. 50 ff.

185 Vgl. *Barley/Wambach/Dewenter/Hildebrandt*, ifo Schnelldienst, 10/2018, 21 ff.; *Evans/Noel*, Columbia Law Review, Band 2005, Nr. 3, 2005, 120 ff., 134; die Existenz mindestens eines *indirekten* Netzwerkeffekts wird teilweise als die ausschlaggebende Eigenschaft aller mehrseitigen Märkte verstanden; LG Berlin, Urt. v. 8.4.2021 – 16 O 73/21 Kart – Immobilien-Plattform, NZKart 2021, 463.

186 *Belleflamme/Peitz*, Industrial Organization – markets and strategies, Cambridge, S. 573 ff.; *Schneider/Kremer*, WRP 2020, 1128; *Busch*, in: P2B-VO, Art. 6 Rn. 2.

damit umschreiben, dass die Teilnehmer eines Netzwerkes indirekt von der Größe des gesamten Netzwerks, d.h. auch des verbundenen Netzwerks, profitieren.[187] Aus diesem Grund spricht man auch davon, dass indirekte Netzwerkeffekte sog. Größenvorteile beinhalten.[188] In einem Kreditkartennetz beispielsweise profitiert ein Nutzer nicht direkt davon, wenn eine weitere Person eine Kreditkarte besitzt (eine der Seiten der Plattform). Die zusätzliche Person ermutigt jedoch mehr Händler, eine Kreditkarte zu akzeptieren, so dass es aus Sicht des Karteninhabers eine größere Auswahl und Vielfalt an Händlern gibt (eine weitere/zusätzliche Seite der Plattform), die diese Karte akzeptieren.[189]

Klassische Online-Plattformdienste, die durch indirekte Netzwerkeffekte gekennzeichnet sind, stellen vor allem Online-Suchmaschinen[190] (Google) und Online-Vermittlungsdienste[191] (AirBnB, Booking.com, Parship, Uber), insbesondere E-Commerce- Plattformen (Amazon, eBay) dar. Den Unterschied zwischen direkten und indirekten Netzwerkeffekten veranschaulicht das Beispiel des Online-Plattformdienstes Amazon[192]:

Auf den ersten Blick scheint sich der Nutzen eines gewerblichen Nutzers durch weitere gewerbliche Nutzer nicht zu erhöhen, sondern aufgrund neuer Wettbewerber abzunehmen. Da es sich um ein und dieselbe Seite der Plattform handelt, der Nutzen dieser Seite der Plattform jedoch nicht unmittelbar durch die steigende Anzahl von Nutzern derselben Plattformseite steigt, wirken die direkten Netzwerkeffekte nicht unmittelbar positiv, sondern sogar negativ.[193]

Mittelbar jedoch profitiert der gewerbliche Nutzer aufgrund des vielfältigen Angebots durch weitere gewerbliche Nutzer von der steigenden Anzahl

187 BegrRegE, BT-Drucks. 18/10207, S. 50 ff.: Teilweise Zusatznutzen ausschließlich von der Größe des anderen Netzwerks abhängig; *Schneider/Kremer,* WRP 2020, 1128; a.A. *Mohr,* EuZW 2019, 267, mit u.a. nicht gänzlich zutreffend Verweis auf: Monopolkommission, Wettbewerbspolitik: Herausforderung digitale Märkte, Sondergutachten 68 Rn. 140–141.

188 Vgl. Kap. 2.B.I.

189 *Haucap/Wenzel,* in: Kruse/Dewenter, Wettbewerbsprobleme im Internet, S. 10–11.

190 Zur Definition vgl. Art. 2 Nr. 5 P2B-VO.

191 Zu den Anforderungen siehe insbesondere Art. 2 Nr. 2. P2B-VO i.V.m. Richtlinie (EU) 2015/1535 über ein Informationsverfahren auf dem Gebiet der technischen Vorschriften und der Vorschriften für die Dienste der Informationsgesellschaft, ABl. L 241 vom 17.09.2015.

192 *Haucap,* DICE Ordnungspolitische Perspektiven, 2012 (Nr. 32), 3.

193 *Evans/Schmalensee,* in: Blair/Sokol, The Oxford Handbook of International Antitrust Economics 2014, Band 1, S. 405; vgl. *Rochet/Tirole,* Journal of the European Economic Association 2003, Band 1 (4), 990: Beispielsweise durch Prämien.

potenzieller Abnehmer, weil so die Attraktivität der Plattform für Abnehmer aufgrund des vielfältigen Angebots steigt.[194] In gleicher Weise profitieren Kunden, bei gleichbleibenden Bedingungen, von weiteren Kunden, weil dadurch die Attraktivität für weitere Verkäufer steigt und durch weiteren Beitritt an Neu-Verkäufern ein größeres Sortiment für Kunden bereitgestellt werden kann.[195] Mittelbar positive und unmittelbar negative direkte Netzwerkeffekte können bei mehrseitigen Plattformen zu indirekten positiven Netzwerkeffekten führen.

Diese wechselseitige Steigerung des Nutzens durch indirekte Netzwerkeffekte können daher zum verbesserten Angebot an komplementären Produkten und Dienstleistungen führen.[196]

Indirekte Netzwerkeffekte können sowohl nur einseitig[197] als auch wechselseitig wirken,[198] so zum Beispiel bei dem Fahrdienstvermittler Uber oder dem Streamingdienst Spotify:[199] Hier entstehen wechselseitig indirekte Netzwerkeffekte. Die steigende Kundenanzahl profitiert durch die steigende Anzahl an Fahrern, da sich beispielsweise die Wartezeiten verringern. Wenn viele Kunden den Fahrdienst in Anspruch nehmen, erhöht sich auf der anderen Seite der Nutzen der Fahrer, da sie potenziell mehr Umsatz erwirtschaften können. Ähnliche wechselseitige indirekte Netzwerkeffekte sind auch auf Internetplattformen eBay[200] und AirBnB zu erblicken.[201] Die Beteiligten jeder Gruppe sind an

---

194 *Busch*, in: P2B-VO, Art. 6 Rn. 2.

195 Vgl. *Hamelmann/Haucap/Wey*, DICE Ordnungspolitische Perspektiven, 2015 (Nr. 72), 11.

196 *Haucap*, DICE Ordnungspolitische Perspektiven, 2012 (Nr. 32), 2.

197 Teilweise wird der Begriff „*asymmetrische Netzwerkeffekte*" verwendet, vgl. *Podszun*, GRUR 2020, 1269, gemeint sind damit insbesondere einseitige indirekte Netzwerkeffekte, die gleichzeitig negative Netzwerkeffekte für die Nutzerseite erzeugen.

198 *Armstrong*, RAND Journal of Economics, Band 37, Heft 3, 2006, 668–691; *Evans/Noel*, Columbia Law Review, Band 2005, Nr. 3, 2005, 120 ff., 134.

199 Das Modell lässt sich insoweit übertragen, als dass User von Spotify indirekt von der höheren Anzahl an Künstlern profitieren. Je größer das Netzwerk „User" wird, umso mehr profitiert die „Seite Künstler". Hierdurch steigt auch die Produktion an neuen Inhalten. User profitieren daher sowohl von steigender Künstleranzahl als auch von größer werdender Breite an Inhalten. Spotify wiederum profitiert von möglichen Werbeeinnahmen, die wiederum in Entwicklung erfolgen können, um die Plattformnutzbarkeit zu verbessern oder günstigere Abo-Gebühren zu schaffen. Dies schafft wiederum eine Anziehungskraft beider Nutzergruppen zur Plattform.

200 Vgl. *Haucap/Wenzel*, in: Kruse/Dewenter, Wettbewerbsprobleme im Internet, S. 7 ff.

201 *Haucap/Stühmeier*, DICE Discussion Paper, Nr. 199, 2015, 4.

der Präsenz der anderen Gruppe interessiert, wodurch gruppenübergreifende externe Effekte entstehen, die die strategische Entscheidung der Plattform insbesondere bei der Preisgestaltung beeinflussen:[202]

Indirekte Netzwerkeffekte sind wirkungsbasiert eine Form sog. externer Effekte.[203] In der Wirtschaftswissenschaft können diese Effekte auch als eine Form des Marktversagens auftreten, soweit das ökonomische Preissystem ihre Auswirkungen nicht deutlich widerspiegeln kann. Mehrseitige Online-Plattformen sind in der Lage diese externen Effekte zu internalisieren, indem sie beispielsweise das Angebot der Leistung an eine der Nutzergruppen unentgeltlich zur Verfügung stellen, um indirekte Netzwerkeffekte in das Marktgeschehen einzubeziehen.[204]

Einseitig indirekte Netzwerkeffekte treten typischerweise bei sog. „Aufmerksamkeitsplattformen"[205] wie sozialen Netzwerken auf, z.B. auf Instagram und Facebook: Werbekunden profitieren von einer großen Anzahl an Nutzern, denen sie ihre Werbebotschaft auf der Plattform vermitteln können. Für Facebook-Nutzer sinkt hingegen intuitiv der Nutzen durch Präsenz weiterer Werbekunden, weswegen es für die Plattform profitabel sein kann, die Werbefläche zu

---

202 *Song,* American Economic Journal: Microeconomics 2021, Band 13, Nr. 2, 35–67.

203 Im Hinblick auf Netzwerke werden unbeabsichtigte Nebenwirkungen zum Teil synonym als externe Effekte und Externalitäten, genauer Netzwerkeffekte und Netzwerkexternalitäten, bezeichnet. Externalität ist genauer genommen ein Nebeneffekt, d.h. ein tatsächlicher Vorgang in der Realität. Ein externer Effekt ist dabei das Gesamtergebnis oder die Folge des Nebeneffekts, die bei Netzwerken regelmäßig zusammenfallen. Streng genommen handelt es sich bei Netzwerkexternalitäten um das Konzept, dass eine Wertsteigerung durch eine bestehende Nutzeranzahl für einen bestimmten Nutzer bedingt ist, dagegen bei Netzwerkeffekten, um die konkreten Folgen des Grundprinzips „Wertsteigerung durch Steigerung der Nutzeranzahl", d.h. der Effekt tritt ein, wenn neue Nutzer beitreten oder abwandern. Netzwerkexternalität ist dabei also das allgemeine Konzept, dass der Wert von einem Netzwerk von der Anzahl der Benutzer abhängt, während der Netzwerkeffekt die tatsächlichen Veränderungen im Wert des Netzwerks aufgrund von Zu- oder Abgängen von Nutzern beschreibt. Da beide Begriffe bei Netzwerken jedoch den Wert des Netzwerks betreffen, werden sie synonym verwendet. Denkbar sind Fälle, in denen der Begriff „Netzwerkeffekt" ausschließlich dazu verwendet wird, um speziell auf die Dynamik und das Wachstum eines Netzwerks aufgrund der Nutzeranzahl hinzuweisen.

204 *Topel,* in: FS Wiedemann, S. 59.

205 Immenga/Mestmäcker/*Fuchs,* GWB § 18 Rn. 144; ohne Unterscheidung zwischen einseitigen und wechselseitigen Netzwerkeffekten: *Nagel/Horn,* ZWeR 2021, 80.

begrenzen und aufgrund der Begrenzung die Preise für Werbeflächen zu erhöhen,[206] Selbstverstärkungseffekte sind daher weniger wahrscheinlich.[207]

Mehrseitige Plattformdienste können aus strategischer Sicht auch miteinander verbunden werden. Ein Betriebssystem, welches Computernutzer und Anbieter von Software-Anwendungen verbindet, kann auf seinem System eine eigene Streaming-Media-Softwareanwendung vorinstallieren, die Computernutzer und Anbieter von Inhalten verbindet.[208] Zu beobachten ist vermehrt, dass mehrseitige Plattformdienste neben dem Kerndienst in Märkte ihrer gewerblichen Nutzer vordringen und durch die Integration selbst zu dieser Händlergruppe gehören:[209] Sie treten dadurch unmittelbar in Wettbewerb mit den auf der Plattform agierenden Nutzern.

Auf diese Weise errichten etablierte Plattformanbieter insbesondere im digitalen Sektor über ihre Kernplattformdienste hinaus sog. digitale Ökosysteme,[210] um die eigene Position marktübergreifend zu stärken. Einen Wettbewerbsvorteil bietet dabei die gemeinsame, plattformübergreifende Sammlung und Nutzung von Daten.[211] In diesem Zusammenhang wird teilweise von Daten-Netzwerkeffekten gesprochen, als eine weitere Auswirkung von Netzwerkeffekten in datengetriebenen Geschäftsmodellen, die für digitale Plattformbetreiber charakteristisch ist. Die gewonnenen Daten können aufgrund der steigenden Nutzeraktivität den Wert einer Plattform für den Nutzer steigern. Durch Datenauswertung können Inhalte und Empfehlungen für den Nutzer besser angepasst werden.[212] Es entstehen weitere positive externe Effekte, die Plattformdienste dazu nutzen, die Nutzererfahrung anderer zu verbessern:[213]

Die Nutzung von Online-Diensten gewährt den Plattformbetreibern den Zugriff auf alle durch die Nutzung erzeugten personen- und

---

206 *Dewenter/Linder*, List Forum für Wirtschafts- und Finanzpolitik 2017, Band 43, Heft 2, 71 ff.

207 BKartA, B6-113/15 Arbeitspapier, S. 24; Immenga/Mestmäcker/*Fuchs*, GWB § 18 Rn. 144; dagegen: BegrRegE, BT-Drucks. 18/10207, S. 50.

208 *Evans/Schmalensee*, in: Blair/Sokol, The Oxford Handbook of International Antitrust Economics 2014, Band 1., 432 ff.

209 Vgl. BKartA, B6-113/15 Arbeitspapier, S. 16 ff.

210 MüKoBGB/*Metzger*, BGB vor § 327 Rn. 16; *Podszun*, Handwerk in der digitalen Ökonomie, S. 31 ff.

211 *Monopolkommission*, Empfehlungen für einen effektiven und effizienten Digital Markets Act, Sondergutachten 82, S. 2.

212 *Johnson/Laurell/Ots/Sandström*, Technological Forecasting & Social Change, Band 179 (2022) 121636, 2.1.

213 *Choi/Jeon/Kim*, Journal of Public Economics, 2019, Band 173(C), 120 ff.

nichtpersonenbezogenen Daten, und zwar netzwerkübergreifend. Die wichtigste Folge davon sind sog. externe Informations- bzw. Dateneffekte aufgrund „persönlicher digitaler Spuren“: Insbesondere die Entscheidung von Nutzern, ihre personenbezogenen Daten weiterzugeben, ermöglicht es Unternehmen, die Zugang zu einer großen Menge an solchen Informationen haben, mehr über andere Personen zu erfahren, selbst wenn diese Personen sich dafür entscheiden, ihre Daten nicht preiszugeben. Diese Auswirkung wird Informationsexternalität bzw. externer Informations- oder Dateneffekt genannt. Informations- und Datenexternalitäten haben sich durch die erheblichen Fortschritte in der Big-Data-Analytik verstärkt, weil sie es den Unternehmen ermöglichen, auf Grundlage der Datenmenge, genauere Rückschlüsse auf Verbraucher zu ziehen, die ihre Daten nicht weitergeben. Aus ökonomischer Sicht können diese negativen Effekte durch positive externe Effekte aufgewogen werden.[214]

Unternehmen, für die Mehrseitigkeit des Dienstes, Netzwerk- und Datennetzwerkeffekte charakteristisch sind, werden insbesondere Monopoltendenzen, zumindest aber eine marktbeherrschende Stellung für sog. Netzwerkgüter (network goods)[215] unterstellt, weshalb ihre Verhaltensweisen in den Fokus der Missbrauchskontrolle gerückt sind. Ob und inwieweit diese Besonderheiten im Rahmen der Missbrauchskontrolle ausschlaggebend sind, wird nachfolgend unter Zugrundelegung der generellen Auslegung der Ziele und tatbestandlichen Voraussetzungen von Art. 102 AEUV näher beleuchtet.

---

214 *Choi/Jeon/Kim*, Journal of Public Economics, 2019, Band 173(C), 113 ff.

215 *Belleflamme/Peitz*, Industrial Organization – markets and strategies, Cambridge, S. 573.

Kapitel 3. Wettbewerbsschutz in der EU und Plattformdienste

A. Das Missbrauchsverbot im Europäischen Kartellrechtssystem

Art. 3 Abs. 1 lit. b) AEUV normiert, dass der Europäischen Union eine ausschließliche Zuständigkeit für die Festlegung der erforderlichen Wettbewerbsregeln für das Funktionieren des Binnenmarkts zukommt.[216] Das Kartellrechtssystem der Europäischen Union beruht auf drei Säulen, unter denen das Missbrauchsverbot nach Art. 102 AEUV einen der Kernbausteine der Wirtschaftsverfassung des Unionsrechts[217] bildet, indem es den einseitigen Missbrauch einer beherrschenden Stellung auf dem Binnenmarkt oder einem wesentlichen Teil desselben untersagt.[218] Das deutsche Äquivalent der Missbrauchsaufsicht ist in § 19 GWB geregelt.[219]

Während Art. 101 AEUV durch das Verbot wettbewerbsbeschränkender Vereinbarungen als erste Säule des Systems unverfälschten Wettbewerb im Binnenmarkt sicherzustellen dient, bildet Art. 102 AEUV die zweite tragende Säule, welche einseitige Verhaltensweisen marktmächtiger Unternehmen für das Bestreben den Wettbewerb im Binnenmarkt zu sichern, sanktioniert.[220] Insgesamt wird das Kartellrecht, da es an die Marktmacht der Akteure anknüpft, als dasjenige Mittel verstanden, das die wirtschaftliche Macht zähmt, was seinen Ursprung in dem Konzept des Ordoliberalismus hat.[221] Das Ziel, den europäischen Binnenmarkt durch Abbau nationaler Beschränkungen der Mitgliedsstaaten zu stärken, soll nicht durch Wettbewerbsverzerrungen privater Akteure gefährdet werden.[222]

---

216 EuGH, Urteil v. 17.2.2011 – C-52/09, EuZW 2011, 339 Rn. 21 – *Konkurrensverket/TeliaSonera Sverige AB*; *Osterrieth/Schönig*, in: Fezer/Büscher/Obergfell, Lauterkeitsrecht: UWG, Band 1, Zweiter Teil Allgemeine Marktbehinderung, Rn. 101.

217 In Anlehnung an die h.L. jedoch zu der nicht unumstrittenen Frage des Begriffs „Verfassung" im Kontext des Unionsrechts, siehe näher: *Müller*, in: FS Roth, S. 504.

218 *Brömmelmeyer*, in: Pechstein/Nowak/Häde, Frankfurter Kommentar EUV/GRC/AEUV/, AEUV Art. 102 Rn. 1; *Emmerich*, in: Dauses/Ludwigs, EU-WirtschaftsR-HdB, H.I.§ 3. Art. 102, Rn. 1.

219 *Birnstiel/Bauer*, in: Internet of Things, Rechtshandbuch 2021, § 14 Rn. 67.

220 Immenga/Mestmäcker/*Fuchs*, AEUV Art. 102 Rn. 40.

221 *Fehling*, in: FS Schmidt, Band 1, S. 321; *Podszun/Kersting*, ZRP 2019, 34.

222 *Müller*, in: FS Roth, S. 502–503.

Wesentliche Zielsetzung im Hinblick auf den Anwendungsbereich des Art. 102 AEUV ist es, den Restwettbewerb[223] vor Risiken einer Konzentration von Markmacht einzelner Unternehmen zu schützen.[224] Anders als beispielsweise im US-amerikanischen Recht, Sec. 2 Sherman Antitrust Act,[225] ist nicht bereits die Begründung eines Monopols verboten, sondern die missbräuchliche Ausnutzung der marktbeherrschenden Stellung.[226] Die Zielsetzung ist daher nicht, eine marktbeherrschende Stellung als solche zu verhindern, sondern einen wirksamen Wettbewerb im Binnenmarkt aufrechtzuerhalten.[227] Eine marktbeherrschende Stellung eines Unternehmens verstößt als solche daher nicht gegen das Wettbewerbsrecht. Das Streben nach oder das Innehaben einer dominanten Position auf dem Markt ist nicht per se missbräuchlich. Einseitige Verhaltensweisen sind daher im Kartellrecht grundsätzlich erlaubt.[228]

Dies ist auch der wesentliche Unterschied zu der ökonomischen Betrachtungsweise. Aus volkswirtschaftlicher Sicht ist der Monopolist zumeist unerwünscht, weil er aus seiner Stellung heraus in der Lage ist, weniger als volkswirtschaftlich effizient zu produzieren.[229]

Das Missbrauchsverbot des Art. 102 AEUV sanktioniert dagegen nur die missbräuchliche Ausnutzung einer marktbeherrschenden Stellung auf dem Binnenmarkt oder einem wesentlichen Teil desselben durch ein oder mehrere Unternehmen, soweit dies dazu führen kann, den Handel zwischen Mitgliedsstaaten zu beeinträchtigen. Ausgangspunkt ist, dass bei einem funktionierenden Wettbewerb einseitige Verhaltensspielräume zu Lasten der Marktgegenseite nicht möglich sind. Diese ist in der Lage, zwischen Anbietern frei zu wählen und kann dadurch einseitige Verhaltensweisen eines Unternehmens

223 *Kreße,* Die Auktion als Wettbewerbsverfahren, S. 245.

224 *Brömmelmeyer,* in: Pechstein/Nowak/Häde, Frankfurter Kommentar EUV/GRC/AEUV/, AEUV Art. 102 Rn. 1.

225 15 U.S.C. § 1–7 (1980); *Emmerich,* in: Dauses/Ludwigs, EU-WirtschaftsR-HdB, H.I.§ 3. Art. 102, Rn. 5; Immenga/Mestmäcker/*Fuchs,* AEUV Art. 102 Rn. 40.

226 *Körber,* MMR 2020, 290.

227 *Zurth,* ZWeR 2021, 361.

228 EuGH, Urt. v.17.2.2011 –C-52/09, EuZW2011, 339 Rn. 24 - *Konkurrensverket / TeliaSonera Sverige AB*; Kommission, Prioritätenmitteilung, ABl. 24.2.2009, Nr. C 45/7, Rn. 1.

229 *Mankiw/Taylor,* Grundzüge der Volkswirtschaftslehre, 2021, S. 390 ff.; *Belleflamme/Peitz,* Industrial Organization - markets and strategies, Cambridge, S. 573 ff.: Mit ökonomischen Untersuchungen zu sog. „net work goods"; *Economides,* International Journal of Industrial Organization, Band 14, Heft 6, 1996, 682–683.

sanktionieren[230] und zügeln. Wesentliches Ziel des Art. 102 AEUV ist es, einen Restwettbewerb für leistungsschwächere Konkurrenten zu erhalten, um Mitbewerber vor dem Ausscheiden aus dem Markt zu bewahren.[231]

Ein missbräuchliches Verhalten ist dabei auch dann zu untersagen, wenn nur die wettbewerbswidrigen Auswirkungen auf dem Gebiet der Union spürbar sind, sog. Auswirkungsprinzip.[232] Das marktbeherrschende Unternehmen trägt wegen seiner Stellung im Markt eine besondere Verantwortung dafür, dass sein Verhalten den wirksamen unverfälschten Wettbewerb im europäischen Binnenmarkt nicht beeinträchtigt.[233]

Die Besonderheit des Missbrauchsverbots ist, dass es nicht durch Ausnahmetatbestände durchbrochen wird. Die Norm enthält anders als Art. 101 Abs. 3 AEUV keine Freistellungsmöglichkeiten,[234] und ist daher „self-executing", da jede missbräuchliche Ausnutzung eines marktbeherrschenden Unternehmens unter den Verbotstatbestand gestellt wird.[235] Die materielle Beweislast für das Vorliegen des Verbotstatbestandes tragen grundsätzlich die Wettbewerbsbehörden, Art. 2 VO (EG) Nr. 1/2003.

Mögliche objektive Rechtfertigungsgründe, so beispielsweise aus Gründen der Gesundheits- oder der Sicherheitspolitik,[236] oder

---

230 *Kreße*, WuB 2021, 32.

231 EuGH, Urt. v.17.2.2011 –C-52/09, EuZW2011, 339 Rn. 23 - *Konkurrensverket / TeliaSonera Sverige AB*; Immenga/Mestmäcker/*Fuchs*, AEUV Art. 102 Rn. 5; *Emmerich*, in: Dauses/Ludwigs, EU-WirtschaftsR-HdB, H.I.§ 3. Art. 102, Rn. 6: Wettbewerb als Institution; Arbeitsunterlagen über die Faktoren, die geeignet sind, den Wettbewerb zu beeinflussen, 02.08.1955, *Schulze/Hoeren*, Dokumente zum Europäischen Recht, Band 3, Kartellrecht (bis 1957), Heidelberg 2000, S. 129: Aus historischer Sicht war die Errichtung des Binnenmarktes der europäischen Union der Grundbaustein „zur rationellsten Verteilung der Erzeugung auf dem höchsten Leistungsstande". Dieses Ziel sollte dadurch erreicht werden, dass die Volkswirtschaften einem stärkeren Wettbewerb ausgesetzt werden, als er nur auf nationalen Märkten wirksam ist.

232 EuG, Urt. v. 12.6.2014 - T-286/09, BeckRS 2014, 80984 Rn. 264, 289 - *Intel/Kommission; Kilian/Wendt*, Europäisches Wirtschaftsrecht, 2023, S. 192 Rn. 68; *Wurmnest/Lund*, NZKart 2015, 76.

233 EuGH, Urt. v.17.2.2011 –C-52/09, EuZW2011, 339 Rn. 24 - *Konkurrensverket / TeliaSonera Sverige AB*; Kommission, Prioritätenmitteilung, ABl. 24.2.2009, Nr. C 45/7, Rn. 1; a.A. MüKoEuWettbR/*Säcker*, 1. Teil Grundlagen Rn. 1036.

234 *Schröter/Bartl*, in: Schröter/Jakob/Klotz/Mederer, Art. 102 AEUV Rn. 28.

235 *Bechtold/Bosch/Brinker*, in: Bechtold/Bosch/Brinker, Art. 102 AEUV Rn. 4.

236 EuGH, Urteil vom 16. 09. 2008 - C-468/06, PharmR 2008, 541 Rn. 77 - *GSK AEVE; Emmerich*, in: Dauses/Ludwigs, EU-WirtschaftsR-HdB, H.I.§ 3. Art. 102, Rn. 9.

Effizienzvorteile[237] werden daher unmittelbar bei der Auslegung des Missbrauchsbegriffs berücksichtigt.[238] Die materielle Beweislast hierfür trägt allerdings der Adressat der Maßnahme.[239]

Dieses System, einen unverfälschten Wettbewerb zu gewährleisten, war vormals in Art. 3 Abs. 1 lit. g) EG unmittelbar verankert[240] und findet sich seit dem Inkrafttreten des Vertrags von Lissabon im Protokoll Nr. 27 über den Binnenmarkt und den Wettbewerb wieder, weshalb der EuGH seit dem Inkrafttreten des AEUV in seiner Rechtsprechung auf diesen entsprechend verweist.[241] Vor dem Hintergrund des Schutzes des Wettbewerbs als Institution[242] wird Art. 102 AEUV weit ausgelegt.[243]

Art. 102 AEUV ist unmittelbar anwendbares Primärrecht,[244] weshalb es sowohl von den nationalen Gerichten als auch von den nationalen Kartellbehörden von Amts wegen zu berücksichtigen ist,[245] und nach Art. 3 VO (EG) Nr. 1/2003[246] parallel zu den nationalen Regelungen Anwendung findet.[247] Für die öffentliche Durchsetzung des Art. 102 AEUV sorgen daher nationale Wettbewerbsbehörden der Mitgliedstaaten und die Kommission parallel zueinander, vgl. Art. 105 Abs. 1 AEUV im Einklang mit der Verordnung (EG) Nr. 1/2003 des Rates, soweit durch beispielsweise sekundärrechtliches Regulierungsrecht

---

237 *Scholz,* in: Wiedemann KartellR-HdB, § 22 Das Verbot des Missbrauchs marktbeherrschender Stellungen im EU-Kartellrecht (Art. 102 AEUV) Rn. 78: Mittlerweile von den EG Gerichten anerkannt, erstmals im Fall *British Airways.*

238 EuGH, Urteil vom 16.09.2008 – C-468/06, PharmR 2008, 541 Rn. 77 – *GSK AEVE; Emmerich,* in: Dauses/Ludwigs, EU-WirtschaftsR-HdB, H.I.§ 3. Art. 102, Rn. 9.

239 Siehe näher zum Behinderungsmissbrauch und der Beweislastverteilung: Kommission, Prioritätenmitteilung, ABl. 24.2.2009, Nr. C 45/7, Rn. 31.

240 *Osterrieth/Schönig,* in: Fezer/Büscher/Obergfell, Lauterkeitsrecht: UWG, Zweiter Teil Allgemeine Marktbehinderung, Band 1, Rn. 101 f: Art. 3 Abs. 3 AEUV spricht nur noch über die „Errichtung eines Binnenmarktes".

241 EuGH, Urt. v.17.2.2011 –C-52/09, EuZW2011, 339 Rn. 20 – *Konkurrensverket / TeliaSonera Sverige AB; Emmerich,* in: Dauses/Ludwigs, EU-WirtschaftsR-HdB, H.I.§ 3. Art. 102, Rn. 3; Immenga/Mestmäcker/*Fuchs,* AEUV Art. 102 Rn. 1.

242 *Müller,* in: FS Roth, S. 508.

243 *Emmerich,* in: Dauses/Ludwigs, EU-WirtschaftsR-HdB, H.I.§ 3. Art. 102, Rn. 6.

244 *Müller,* in: FS Roth, S. 504.

245 Immenga/Mestmäcker/*Ritter/Wirtz,* AEUV Art. 103 Rn. 1.

246 VERORDNUNG (EG) Nr. 1/2003 DES RATES vom 16. Dezember 2002 zur Durchführung der in den Artikeln 81 und 82 des Vertrags niedergelegten Wettbewerbsregeln.

247 Art. 3 Abs. 1 VO (EG) Nr. 1/2003; *Zurth,* ZWeR 2021, 361.

nichts anderes geregelt ist.[248] Die Kommission und die nationalen Wettbewerbsbehörden werden vor diesem Hintergrund als „Europäisches Wettbewerbsnetz“ bezeichnet, das bei der Anwendung der Wettbewerbsregeln der Union eng zusammenarbeitet.[249] Soweit allerdings der EuGH und das EuG der EU-Kommission bei der Anwendung des Art. 102 AEUV (Beurteilungs-)Spielräume zubilligen, was zumeist bei komplexen wirtschaftlichen Beurteilungen zu beobachten ist, versetzt es die Kommission in die Lage, mit ihren Leitentscheidungen in weitem Umfang auch die Praxis der nationalen Gerichte zu beeinflussen.[250]

Anders als im Rahmen des Kartellverbots nach Art. 101 AEUV, welches die nationalen Behörden und Gerichte nach Art. 3 VO (EG) Nr. 1/2003 exakt wie das Unionskartellrecht anwenden müssen, können die Mitgliedsstaaten zum Missbrauchsverbot nach Art. 102 AEUV strengere Regeln erlassen.[251] Im Hinblick auf das deutsche Pendant des § 19 GWB orientiert sich die Auslegung als logische Konsequenz der Zwischenstaatlichkeitsklausel am Unionskartellrecht,[252] soweit die deutschen Kartellbehörden die Anwendbarkeit des europäischen Kartellrechts und die Verletzung des Art. 102 AEUV feststellen, § 20 Abs. 3 GWB.[253] Aus Art. 102 AEUV i.V.m. Art. 2 Abs. 1, Art. 3 Abs. 1 lit. b) AEUV ergibt sich eine zwingende Verpflichtung der Mitgliedstaaten keine Maßnahmen zu ergreifen, die den Missbrauch einer marktbeherrschenden Stellung ermöglichen oder erleichtern könnten,[254] um auf diese Weise Handelshemmnissen vorzubeugen.[255]

---

248 *Fehling*, in: FS Schmidt, Band 1, S. 317.

249 RICHTLINIE (EU) 2019/1 vom 11. Dezember 2018 zur Stärkung der Wettbewerbsbehörden der Mitgliedstaaten im Hinblick auf eine wirksamere Durchsetzung der Wettbewerbsvorschriften und zur Gewährleistung des reibungslosen Funktionierens des Binnenmarkts ABl. EU L 11/3 v. 14.1.2019, Erwägungsgrund (2); VO (EWG) Nr. 17/62, Erste Durchführungsverordnung zu den Artikeln 85 und 86 des Vertrages, ABl. 1962 Nr. 13, 204, abgelöst durch die Verordnung (EG) Nr. 1/2003 des Rates vom 16.12.2002 (VO 1/2003).

250 *Fehling*, in: FS Schmidt, Band 1, S. 318.

251 Art. 3 Abs. 2, VO (EG) Nr. 1/2003; *Zurth*, ZWeR 2021, 361.

252 *Zurth*, ZWeR 2021, 361.

253 *Lübbert/Schöner*, in: Wiedemann KartellR-HdB, § 23 Das Verbot des Missbrauchs (§ 19 GWB) Rn. 111.

254 LMRKM/*Huttenlauch*, AEUV Art. 102 Rn. 1.

255 *Osterrieth/Schönig*, in: Fezer/Büscher/Obergfell, Lauterkeitsrecht: UWG, Zweiter Teil Allgemeine Marktbehinderung, Band 1, Rn. 101 f.

Art. 119 AEUV postuliert in diesem Zusammenhang, dass die Tätigkeit der Mitgliedsstaaten und der Union im Sinne des Art. 3 AEUV dem Grundsatz einer offenen Marktwirtschaft mit freiem Wettbewerb verpflichtet ist, Art. 119 Abs. 1 AEUV, wozu nach Abs. 3 die Einhaltung stabiler Preise richtungsweisend ist. Durch einen Wettbewerb mit niedrigen Preisen, hoher Qualität und größerer Auswahl sollen vor allem Verbraucher profitieren.[256] Diese verstärkte Ausrichtung am Verbraucherschutz hat die Kommission in ihrer Prioritätenmitteilung[257] für Fälle von Behinderungsmissbräuchen im Rahmen der Anwendung von Art. 102 AEUV im Jahre 2009 hervorgehoben.[258]

Festzustellen gilt daher zunächst, ob und inwiefern den „Internetgiganten" eine marktbeherrschende Stellung zukommt, um überhaupt bestimmen zu können durch welche Handlungen, gegenüber welchen Nutzergruppen eine missbräuchliche Ausnutzung der Marktmacht vorliegt.[259]

Damit überhaupt eine marktbeherrschende Stellung des Adressaten bejaht werden kann, muss der relevante Markt bestimmt werden,[260] denn marktbeherrschende Stellungen bestehen nicht „im Allgemeinen". Der Schwerpunkt soll dabei auf der Betrachtung eines sog. Angebotsmarktes[261] liegen.

B. Bestimmung des sachlich relevanten Marktes

Neben der Unternehmenseigenschaft[262] setzt Art. 102 AEUV als wesentliche Voraussetzung das Vorliegen einer beherrschenden Stellung auf dem Binnenmarkt oder einem wesentlichen Teilmarkt desselben voraus. Das Tatbestandsmerkmal Marktmacht ist (grundsätzlich) der zentrale ökonomische Bezugspunkt[263] für das kartellrechtliche Instrumentarium der Missbrauchskontrolle.[264]

---

256 Ebenda.

257 Kommission, Prioritätenmitteilung, ABl. 24.2.2009, Nr. C 45/7.

258 *Osterrieth/Schönig*, in: Fezer/Büscher/Obergfell, Lauterkeitsrecht: UWG, Zweiter Teil Allgemeine Marktbehinderung, Band 1, Rn. 101 f.

259 Zur Marktabschottung durch Zugangsverweigerung auf B2B-Plattformen siehe näher: *Podszun*, Handwerk in der digitalen Ökonomie, S. 54 ff.

260 *Paal*, GRUR 2019, 45.

261 Siehe hierzu näher Kap. 1.B.I.1.

262 Siehe hierzu näher: *Jung*, in: Grabitz/Hilf/Nettesheim, AEUV Art. 102 Rn. 33, zum sog. Lerner-Index u. own-price elasticity of demand; zum Konzept der „wirtschaftlichen Einheit" vgl. näher: *Behrens*, in: FS Schmidt, Band 1, S. 90 ff.

263 *Müller*, in: FS Roth, S. 502–503.

264 Siehe hierzu näher: *Jung*, in: Grabitz/Hilf/Nettesheim, AEUV Art. 102 Rn. 34; nicht unumstritten bei zweiseitigen Märkten: *Podszun/Schwalbe*, NZKart 2017,

Da Art. 102 AEUV an die beherrschende Stellung eines Unternehmens anknüpft, wird daraus der Schluss gezogen, dass dem europäischen Wettbewerbsrecht das so genannte Marktmachtkonzept zugrunde liegt, nach welchem sich wirtschaftliche Macht grundsätzlich nur auf einem bestimmten Markt, dem so genannten relevanten Markt, bilden kann.[265] Dem System des unverfälschten Wettbewerbs ist immanent, dass die Ermittlung der beherrschenden Stellung eines Unternehmens die Abgrenzung eines Marktes voraussetzt, um überhaupt beurteilen zu können, ob ein unverfälschter Wettbewerb herrscht oder nicht, d.h. auf einem Markt agierende Unternehmen sich wechselseitig im Hinblick auf einen hinreichenden Wettbewerbsdruck[266] bedingen können.[267]

102; zu den unterschiedlichen Begrifflichkeiten im Rahmen der Wettbewerbsverfassung siehe näher: *Müller,* in: FS Roth, S. 501 ff.

265 EuGH Urt. v. 9.11.1983 – 322/81, BeckRS 2004, 70794 Rn. 37 – *Michelin*; EuGH Urt. v. 11.4.1989 – C-66/86, BeckRS 2004, 73511 Rn. 35 – *Ahmed Saeed; Emmerich,* in: Dauses/Ludwigs, EU-WirtschaftsR-HdB, H.I.§ 3. Art. 102, Rn. 7; *Jung,* in: Grabitz/Hilf/Nettesheim, AEUV Art. 102 Rn. 33 ff.; *Peeperkorn/Verouden,* in: Faull/Nikpay, The EU Law of Competition, Rn. 1.130 ff.

266 Vgl. Kommission, Entscheidung v. 11.3.2008, M.4731 – *Google/DoubleClick,* Rn. 207 ff.

267 *Säcker,* Schriftenreihe Kartell- und Regulierungsrecht, Freiheit durch Recht, Kapitel B.4. S. 413; a.A. *Schröter/Ulrich,* in: Schröter/Jakob/Klotz/Mederer, AEUV Art. 102 Rn. 124 ff, u.a. m.V.a. EuGH, Urt. v. 13.11.1975 – C-26/75, BeckRS 2004, 72716 – *General Motors Continental*: Weder der EuGH noch die Kommission haben auf die Feststellung eines abgrenzbaren Marktes verzichtet, sondern die öffentlich rechtliche Ausschließlichkeitsbefugnis von General Motors Continental *(GMC)* zum Anlass genommen den Markt insoweit eng zu umgrenzen, als dass der „inter-brand-Wettbewerb", d.h. den unter verschiedenen Kraftfahrzeugmarken nicht berücksichtigt wurde. Da GMC eine ausschließliche Befugnis *(ähnlich einer Beleihung)* zur Erteilung der Betriebserlaubnis für ihre Fahrzeuge im Rahmen einer Delegierung durch öffentlich rechtliche Vorschriften übertragene Pflicht zustand und daher auch Parallelimporte durch ihre Preissetzungspraktiken mangels einer normativen Begrenzung frei beeinflussen konnte, handelte es sich daher um ein durch Rechtsakt festgesetztes Monopol, welches gleichwohl auf einem bestimmten Markt agiert. Es ist sicherlich so, dass wenn der gesamte Fahrzeugmarkt betrachtet worden wäre, man zu dem Ergebnis käme durch die Preissetzungspraktik schmälert GMC möglicherweise seinen eigenen Absatz, wenn die eigene Einfuhrmenge diejenige der Parallelimporteure nicht ausgleichen kann. Wie auch die Kommission betont, stellt dieser Fall einen Sonderfall im Vergleich zu den üblichen Anwendungsfällen dar. Aus diesem Grund ist dieser schon nicht dahingehend verallgemeinerungsfähig eine Marktabgrenzung sei entbehrlich. Im Gegenteil betont die Rechtsprechung bei einem *gesetzlichen Monopol (also einem*

Andernfalls ließe sich nicht feststellen, ob einem einzigen Unternehmen ein Verhaltensspielraum zusteht, der ihm erlaubt, sich dem Wettbewerbsdruck zu entziehen.[268] Erst wenn die Größe des gesamten Marktes umrissen ist, kann die erforderliche Ermittlung der Marktanteile erfolgen.[269] Die Marktdefinition dient daher der Definition einer Gruppe von Erzeugnissen, die aufgrund ihrer Substituierbarkeit derart im Wettbewerb zueinander stehen, dass sie wechselseitig einen (preis-)disziplinierenden Effekt ausüben.[270]

Ob Unternehmen einem wechselseitig starken Wettbewerbsdruck ausgesetzt sind, oder ob ein Unternehmen für einen abgrenzbaren Wirtschaftssektor in der Lage ist, sich anderen Wettbewerbern gegenüber unabhängig zu verhalten,[271] ist anhand des relevanten Marktes in sachlicher (gegenständlicher) und räumlicher sowie gegebenenfalls zeitlicher Hinsicht zu bestimmen.[272]

Die vorliegende Analyse begrenzt sich auf die Marktabgrenzung in sachlicher Hinsicht, weil diese die grundlegenderen Schwierigkeiten beinhaltet. In räumlicher Hinsicht betreffen die internetbasierten Plattformdienste zumeist grenzüberschreitende Märkte, womit regelmäßig der Handel zwischen den Mitgliedsstaaten und daher das Unionsinteresse[273] betroffen sein wird.[274] Verhaltensweisen, die nicht im Gebiet der Union stattgefunden haben, deren wettbewerbswidrige Auswirkungen aber auf dem Unionsmarkt zu spüren sind, können durch die Anwendung des sog. qualifizierten Auswirkungsgrundsatzes nach Art. 102 AEUV durch die Kommission verfolgt werden.[275]

Monopol kraft Gesetzes), dass eine Prüfung stattfinden muss, ob das Unternehmen tatsächlich eine beherrschende Stellung auf einem abgrenzbaren Markt einnimmt und dessen wesentliche Bedeutung, vgl.: EuGH Urt. v. 17.7.1997 – C-242/95, BeckRS 2004, 75377 Rn. 36 ff.

268 Vgl. EuGH, Urt. v. 14.2.1978 – 27/76, BeckRS 2004, 72814 Rn. 63/66 – *United Brands*; *Emmerich,* in: Dauses/Ludwigs, EU-WirtschaftsR-HdB, H.I.§ 3. Art. 102, Rn. 14.

269 *Brauneck*, GRUR Int. 2018, 104.

270 EuG, Urt. v. 14.9.2017 – T-751/15, NZKart 2017, 596 – *Contact Software.*; *von Dietze/Janssen*, Kartellrecht in der anwaltlichen Praxis, 3. Teil. Wettbewerbsbeschränkendes Verhalten marktbeherrschender Unternehmen, Rn. 414; *Schweitzer/Fetzer/Peitz*, Discussion Paper Nr. 16–042, 29.5.2016, 40.

271 *Jung*, in: Grabitz/Hilf/Nettesheim, AEUV Art. 102 Rn. 34.

272 *Emmerich,* in: Dauses/Ludwigs, EU-WirtschaftsR-HdB, H.I.§ 3. Art. 102, Rn. 15.

273 EuG, Urt. v. 14.9.2017 – T-751/15, NZKart 2017, 594 Rn. 33 – *Contact Software.*

274 *Paal,* Suchmaschinen, Marktmacht und Meinungsbildung, 2012, S. 52.

275 EuGH, Urt. v. 6.9.2017 – C-413/14, GRUR Int. 2018, 69 Rn. 18 – *Intel; Behrens,* in: FS Schmidt, Band 1, S. 92 ff.

Digitalen Plattformen werden zwar häufig Konzentrationstendenzen aufgrund von Netzwerkeffekten unterstellt. Nichtsdestotrotz bereitet der Nachweis einer marktbeherrschenden Stellung i.S.d. Art. 102 AEUV Schwierigkeiten, da bei Konzentrationstendenzen nicht per se eine (nachweisbare) Marktbeherrschung vorliegt.[276] Wie der Wettbewerbsdruck für Online-Plattformen vertretbar ermittelt werden kann, wird daher nachfolgend näher beleuchtet. Zunächst werden die herkömmlichen Abgrenzungskriterien dargestellt, um zu ermitteln, ob sie auch für mehrseitige Märkte eine plausible Lösung bieten. Mögliche Schwierigkeiten der sachlichen Marktabgrenzung auf mehrseitigen (Online-) Plattformen werden dabei anhand der Kernattribute derselben beleuchtet.

I. Traditionelle (einseitige) Märkte

1. Einleitung

Nach dem oben Gesagten dient die Marktabgrenzung in sachlicher Hinsicht vor allem der Individualisierung des einschlägigen Produkt- oder Dienstleistungssektors.[277] Eine Einschränkung erfährt die klassisch juristische Betrachtungsweise durch das ökonomische Kriterium der Entgeltlichkeit.[278] Aus ökonomischer Sicht ist unter „Markt“ eine Transaktionsplattform zu verstehen, auf der ein Austausch von Angebot und Nachfrage stattfindet,[279] die zu einer Preisgestaltung führt.[280] Wie sich jedoch beide Begriffe genauer – der des juristischen und des ökonomischen Marktes – bedingen, ist nicht einheitlich geklärt.[281]

Viele der streitgegenständlichen Geschäftsmodelle mehrseitiger Märkte sind dabei zumindest gegenüber einer Nutzergruppe auf die Erbringung einer unentgeltlichen Leistung[282] ausgerichtet.[283] Zum Teil wird von keiner der Nutzerseiten stets ein monetäres Entgelt verlangt, sondern nur gelegentlich:[284]

276 *Heinz*, in: FS Schroeder, S. 313.

277 *Jung*, in: Grabitz/Hilf/Nettesheim, AEUV Art. 102 Rn. 36.

278 *Podszun/Franz*, NZKart 2015, 121.

279 *Vögele/Brauchkmann/Siegert*, in: Vögele/Borstell/Bernhardt Verrechnungspreise, Kap. H Berechnung, Benchmarking, Profit Split für Gewinnmethoden Rn. 243.

280 *Belleflamme/Peitz*, Industrial Organization – markets and strategies, Cambridge, S. 3.

281 Siehe hierzu näher: *Podszun/Franz*, NZKart 2015, 125 ff.

282 *Podszun/Schwalbe*, NZKart 2017, 99; *Topel*, in: FS Wiedemann, S. 57.

283 OLG Düsseldorf, 09.01.2015, VI Kart 1/14 (V), NZKart 2015, 148, Rn. 27 – *HRS*.

284 BKartA Fallbericht v. 06.02.2019 – B6-22/16, S. 19 – *Facebook; Satzky*, in: FS Schmidt, Band 2, S. 305.

Behance ist eine Online-Plattform für Künstler, Designer und Fotografen, die ihre Arbeiten potentiellen Arbeitgebern präsentieren können. Die Online-Plattform ist für alle Nutzer kostenlos. Mit einem Premium-Abonnement erhalten Kreative Zugang zu weiteren Funktionen auf der Plattform, wie die Möglichkeit einer Liveübertragung über die Plattform.[285]

Schwierigkeiten bereitet dies unmittelbar für die Marktabgrenzung anhand üblicher Abgrenzungskriterien, die Preise mit in die Bewertung einbeziehen. Eigenständige Methoden zur Marktabgrenzung und zur Marktbeherrschung bei mehrseitigen Märkten existieren nicht.[286] Ob sich die Besonderheiten mehrseitiger Märkte unter die üblichen Methoden zur Marktabgrenzung einordnen lassen, wird nachfolgend näher dargestellt.

2. *Bedarfsmarktkonzept – funktionale Austauschbarkeit*

Grundsätzlich wird der sachlich relevante Markt aus Sicht der Marktgegenseite abgegrenzt.[287] Mit welchen Produkten das betreffende Unternehmen selbst konkurrieren will, ist daher irrelevant.[288] Nach traditioneller juristischer Betrachtungsweise wird seitens der Kommission[289] und der Unionsgerichte zur Abgrenzung des sachlich relevanten Marktes auf einseitigen Märkten auf das sog. Bedarfsmarktkonzept[290] zurückgegriffen.[291] Maßgeblich kommt es hierbei auf die Sicht des Abnehmers an, ob er auf ein anderes Produkt ausweichen

---

285 Siehe zum Konzept der Plattform Behance: https://help.behance.net/hc/en-us/articles/1260805801950-FAQ-How-do-subscriptions-on-Behance-work-, zuletzt aufgerufen am: 01.03.2024.

286 *Dewenter/Rösch/Terschüren*, NZKart 2014, 389.

287 *Von Dietze/Janssen*, Kartellrecht in der anwaltlichen Praxis, 3. Teil. Wettbewerbsbeschränkendes Verhalten marktbeherrschender Unternehmen, Rn. 417.

288 BGH, Beschl. v. 23.6.2020 – KVR 69/19, GRUR 2020, 1318 Rn. 22 – *Facebook; Steinvorth*, in: Wiedemann KartellR-HdB, § 20 Materielle Fusionskontrolle Rn. 16; vgl. in diesem Zusammenhang insbesondere die Einwendungen von Nestele bez. der aufgestellten Kriterien der Kommission zu der Bestimmung des Marktes: Kommission, Entscheidung v. 22.7.1992, IV/M.190, ABl. 1992 L 356/1, *Nestle/Perrier*; So auch BGH, Beschl. v. 23.6.2020 – KVR 69/19, GRUR 2020, 1318 Rn. 22 – *Facebook*.

289 Kommission, Bekanntmachung der Kommission über die Definition des relevanten Marktes, ABl. 1997 C 372, Rn. 5.

290 Immenga/Mestmäcker/*Fuchs*, AEUV Art. 102 Rn. 48; *Paal*, GRUR 2019, 45.

291 EuG, Entsch. v. 27.10.1994, T-34/92, BeckEuRS 1994, 203797 Rn. 51 – *Fiatagri*; EuG, Entsch. v. 5.7.2001, T-25/99, BeckEuRS 2001, 353788 Rn. 26 – *Roberts*; EuG, Entsch. v. 15.12.2010, T-427/08, GRUR Int. 2011, 527 Rn. 67 – *CEAHR*; Kommission, Entscheidung v. 22.7.1969, 69/243/EWG, ABl. 1969 L 195/1 – *Clima Chappée/*

kann, das Produkt daher für austauschbar (substituierbar) hält. Denn Vorteile der Marktwirtschaft sollen in erster Linie dem Abnehmer zugutekommen.[292] Nach der klassischen Definition sind danach „sämtliche Erzeugnisse, die sich nach ihren Eigenschaften, ihrem wirtschaftlichen Verwendungszweck und ihrer Preislage so nahestehen, dass der verständige Verbraucher sie als für die Deckung eines bestimmten Bedarfs geeignet abwägend miteinander vergleicht und als gegeneinander austauschbar anzieht, marktgleichwertig."[293]

Ausschlaggebend für diese sog. funktionale Austauschbarkeit (Äquivalenz) auf einem Angebotsmarkt sind zunächst objektive Eigenschaften des Erzeugnisses. Unterschieden wird zwischen Angebotsmärkten, welche das Verhältnis zwischen dem Hersteller eines bestimmten Produktes gegenüber seinen Kunden bestimmen, und Nachfragemärkten, auf denen das betreffende Unternehmen gegenüber bestimmten Lieferanten wegen seiner Einkaufsmacht marktbeherrschend sein kann.[294] Diese in der Wertschöpfungskette unterschiedlichen Abnehmer werden bei der Bewertung gleichermaßen Nachfrager genannt.[295]

An der Eigenschaft des Erzeugnisses – Ware und/oder Dienstleistung – orientiert sich sodann der Verwendungszweck. Kann ein Erzeugnis unterschiedlichen Verwendungszwecken dienen und unterschiedliche Bedürfnisse[296] decken, so kann es gleichzeitig unterschiedlichen Märkten angehören. Aus der Substituierbarkeit des Verwendungszwecks folgt daher nicht zwingend, dass ein einheitlicher Markt für diese Produkte vorliegt:[297]

So können der PC und die Schreibmaschine für den Zweck des maschinellen Schreibens verwendet werden. Aus heutiger Sicht wäre eine Austauschbarkeit wegen den weitergehenden objektiven Eigenschaften eines PCs in

---

Buderus; Entsch. v. 20.12.1974, 75/76/EEC, ABl. 1974 L 29/20 (23) – *Rank/SOPELEM.*

292 EuGH, Entsch. v. 26.11.1998 C-7/97, GRUR Int. 1999, 264 Rn. 32 – *Oscar Bronner*; vgl. EuGH, Entsch. v. 11. 12. 1980 – Rechtssache 31/80, GRUR Int. 1981, 317 Rn. 25 – *L'Oréal; Brömmelmeyer,* in: Pechstein/Nowak/Häde, Frankfurter Kommentar EUV/GRC/AEUV/, AEUV Art. 102 Rn. 33.

293 *Klein,* WuW 2010, 174.

294 *von Dietze/Janssen,* Kartellrecht in der anwaltlichen Praxis, 3. Teil. Wettbewerbsbeschränkendes Verhalten marktbeherrschender Unternehmen, Rn. 418.

295 *von Dietze/Janssen,* Kartellrecht in der anwaltlichen Praxis, 3. Teil. Wettbewerbsbeschränkendes Verhalten marktbeherrschender Unternehmen, Rn. 419.

296 Vgl. EuGH, Urt. v. 13.2.1979 – 85/76, BeckRS 2004, 73814 Rn. 28 – *Hoffmann-LaRoche*, spricht von: „Befriedigung eines gleichbleibenden Bedarfs".

297 EuGH, Urt. v. 13.2.1979 – 85/76, BeckRS 2004, 73814 Rn. 28 – *Hoffmann-La Roche.*

Gegenüberstellung zu einer Schreibmaschine aber kaum mehr nachvollziehbar.[298] Ausschlaggebend bleiben für die funktionale Austauschbarkeit daher insbesondere die objektiven Eigenschaften der Erzeugnisse.[299] Eine nur begrenzte Austauschbarkeit mittels eines objektiven Verwendungszwecks genügt daher nicht. Die entsprechende Wettbewerbskonformität wird dabei anders als im Rahmen der Fusionskontrolle des Art. 2 FKVO nicht aus der Ex-ante-, sondern aus der Ex-post-Sicht bestimmt.[300]

Neben den objektiven Eigenschaften und dem Verwendungszweck spielt der Preis bei der Austauschbarkeit grundsätzlich nur eine nachrangige Rolle. Er kann jedoch wie bei der Erfassung eines Luxussegments ausschlaggebend für die Substituierbarkeit sein.[301]

Das Bedarfsmarktkonzept stößt bei Märkten, die durch eine hohe Innovationsdynamik gekennzeichnet sind, auf Kritik, da es bei diesen nicht berücksichtigen kann, dass erst bestimmte Verhaltensweisen der Nutzer die Produktinnovationen[302] überhaupt erst in Gang setzen. Dadurch können objektive Eigenschaften eines Produkts einer enormen Änderungsintensität unterliegen. Die Kritik ist berechtigt: Unterliegen objektive Eigenschaften eines Produkts einer enormen objektiven Änderungsintensität, hat dies Auswirkungen auf das Anbieterverhalten. Berücksichtigt die sachliche Marktabgrenzung das Anbieterverhalten jedoch nur über den Verwendungszweck und nur in einem geringen Maße,[303] können falsche Rückschlüsse für die Substituierbarkeit gezogen werden.

Digitale Märkte weisen neben ihrer Mehrseitigkeit insbesondere schnelllebige Dynamiken auf,[304] da sie durch ein innovatives Wettbewerbsumfeld geprägt sind.[305] Neue und insbesondere disruptive Technologien und Geschäftsmodelle können Marktstrukturen schnell verändern.[306] Eine Änderungsintensität, die über einen längeren Zeitraum besteht, kann wiederum über eine weitreichendere Einbeziehung des Verwendungszwecks oder des Preisniveaus

---

298 *Beckmann/Müller*, in: Hoeren/Sieber/Holznagel MMR-HdB, Teil 10 Kartellrecht Rn. 50.

299 *Bechtold/Bosch*, in: Bechtold/Bosch, GWB § 18 Rn. 8.

300 *Jung*, in: Grabitz/Hilf/Nettesheim, AEUV Art. 102 Rn. 34.

301 *Steinvorth*, in: Wiedemann KartellR-HdB, § 20 Materielle Fusionskontrolle Rn. 29.

302 Siehe näher hierzu Abschnitt B.I., S. 7 die Stellung des Nutzers als *Porsumer*.

303 Vgl. *Mayen*, MMR 2001, 497.

304 Vgl. Kap. 2.A.I.

305 Monopolkommission, Wettbewerb 2018, XXII Hauptgutachten, Rn. 726 ff.

306 *Heinz*, in: FS Schroeder, S. 313.

berücksichtigt werden. Dann wäre der Zweck des Erzeugnisses in einem größeren Umfang in die Substituierbarkeit einzubeziehen, weshalb man insgesamt zu einer tendenziell weitergehenden Einbeziehung der Angebotssubstituierbarkeit und zu einer entsprechen prognostischen Marktabgrenzung gelangen würde.[307]

3. *Hypothetischer Monopolistentest – SSNIP-Test*

Ausgehend davon, möglichst enge Substitute derjenigen Güter, die Gegenstand einer wettbewerbsrechtlichen Untersuchung sind,[308] nach Verwendungszweck, Eigenschaft und/oder Preislage zu identifizieren, bedient sich die Kommission zur Eingrenzung des sachlichen Marktes des sog. SSNIP-Tests (Small but Significant Non-transitory Increase of Price[309]), der im deutschen Sprachgebrauch als Hypothetischer Monopolistentest (HMT) bezeichnet wird.[310]

Erstmals in der Entscheidung betreffend das Fusionsverfahren von Nestle/Perrier[311] sprach sich die Kommission für die zusätzliche Anwendung des SSNIP-Tests und gegen eine ausschließliche Betrachtung nach dem Bedarfsmarktkonzept aus.[312] Hauptfunktion des SSNIP-Tests ist es, in wenig eindeutigen Fällen eine Grundlage für aussagekräftige Marktanteile zu schaffen. Das Bedarfsmarktkonzept stellt bei der Substitutionswirkung von Gütern auf einen relativ geringen Teil der Konsumenten ab, was in vielen Fällen dazu führt, dass ein zu enger Markt abgegrenzt wird. Wird ein Markt zu eng abgegrenzt, sind kleine Preiserhöhungen unrentabel, weil die erwirtschaftete Gewinnmarge das Abwandern von Konsumenten, auf die bei der Substitutionswirkung nicht abgestellt wurde, nicht ausgleichen kann. Die errechneten Marktanteile wären nicht aussagekräftig.[313] Es kommt daher auf die Austauschbarkeit für eine bestimmte Anzahl an Abnehmern (sog. marginale Nachfrage) an, sodass der

---

307 Vgl. zu weitergehenden Besonderheiten: *Körber*, WuW 2015, 120, 124 ff; *Podszun/Franz*, NZKart 2015, 125.

308 Vgl. zur funktionalen Austauschbarkeit und daher einer engeren Betrachtung als rein objektiven Verwendungszweck Kap. 3.B.I.1.

309 *Ewald*, in: Wiedemann KartellR-HdB, § 7 Grundzüge der Wettbewerbsökonomie Rn. 76; *Podszun/Schwalbe*, NZKart 2017, 102.

310 *Klein*, WuW 2010, 169; *Steinvorth*, in: Wiedemann KartellR-HdB, § 20 Materielle Fusionskontrolle Rn. 24.

311 Kommission, Entscheidung v. 22.7.1992, IV/M.190, ABl. 1992 L 356/1, *Nestle/Perrier.*

312 Kommission, Entscheidung v. 22.7.1992, IV/M.190, ABl. 1992 L 356/2 ff., *Nestle/Perrier:* „Preiskreuzelastizität".

313 *Klein*, WuW 2010, 169 ff.

Wegfall genau dieser Abnahmegruppe Preiserhöhungen nicht mehr rentabel macht.[314] Im Gegensatz dazu orientiert sich das Bedarfsmarktkonzept ausschließlich an dem Verhalten des durchschnittlichen Verbrauchers.[315]

Im Rahmen des SSNIP-Tests wird im Kern untersucht, ob die Marktgegenseite bei einer kleinen, aber bleibenden Erhöhung der relativen Preise im Bereich zwischen 5 % und 10 % für die betreffenden Produkte auf andere Produkte ausweichen würde, sog. Kreuzpreiselastizität. Diese Preiserhöhung wird in der Regel für mindestens ein Jahr angesetzt.[316] Die Marktgegenseite wird entweder den Preis akzeptieren oder auf ein anderes Produkt ausweichen. In diesem Fall gehören diese Produkte zum selben sachlich relevanten Markt wie das Produkt, dessen Preis erhöht wurde. Sodann wird der Preis für das Ersatzprodukt erhöht. Dieser Vorgang wird so lange wiederholt, bis die Zahl der insgesamt verkauften Produkte sich trotz der Erhöhung nicht mehr ändert. Es findet sich keine Ausweichmöglichkeit mehr für den Verbraucher, sodass der Markt abschließend bestimmt ist.[317]

Der wesentliche Unterschied zu dem Bedarfsmarktkonzept liegt nach dem Vorangegangenen darin, dass der SSNIP-Test insbesondere auf die Preisveränderungen auf der Anbieterseite abstellt. Preisintensität spielt eine größere Rolle. Der Gedanke dahinter ist, dass einem Wettbewerber mit hinreichend starker Wettbewerbskraft meist eine unangreifbare Monopolstellung zukommt, die ihm erlaubt, den Produktpreis gewinnsteigernd zu erhöhen, ohne dass gleichzeitig Ausweichmöglichkeiten für Nachfrager auf ein anderes Produkt bestehen.[318] Für die Anwendung dieses ökonomischen Instruments spricht seitens der Kommission die Tatsache, dass neben dem Nachfrageverhalten[319] auch das Anbieterverhalten in die Entscheidung einfließt.[320] Liegen die Preise allerdings bereits über den Grenzkosten, so folgt hieraus, dass der SSNIP-Test keine verlässliche Beurteilung mehr liefern kann,[321] weil ein dominantes Unternehmen

314 Streinz/*Eilmansberger/Kruis*, AEUV vor Art. 101 Rn. 48–49.

315 *Klein*, WuW 2010, 174 ff.

316 *Podszun/Schwalbe*, NZKart 2017, 102.

317 *von Dietze/Janssen*, Kartellrecht in der anwaltlichen Praxis, 3. Teil. Wettbewerbsbeschränkendes Verhalten marktbeherrschender Unternehmen Rn. 419.

318 *Ewald*, in: Wiedemann KartellR-HdB, § 7 Grundzüge der Wettbewerbsökonomie Rn. 76.

319 Vgl. zum Bedarfsmarktkonzept, das vorrangig auf die Substituierbarkeit aus Nachfragesicht abstellt Kap. 3.B.I.1.

320 *Mayen*, MMR 2001, 497.

321 *Podszun/Schwalbe*, NZKart 2017, 98 ff.

den Preis bereits so hoch angesetzt hat, dass jeder weitere Preisanstieg zwangsläufig verlustbringend wäre.[322]

Das Bedarfsmarktkonzept ist im unmittelbaren Vergleich weniger preisorientiert und kann dazu führen, dass der Markt zu eng begrenzt wird. Dagegen ist der SSNIP-Test darauf begrenzt, die maximale Größe des sachlich relevanten Marktes anzuzeigen. Ist das marktbeherrschende Unternehmen jedoch bereits in der Lage, das Preisniveau über den Wettbewerbspreis zu setzen, könnten weitere Produkte aus dem hochpreisigen Segment miteinbezogen werden: Bei einem zu hohen Preis weichen Verbraucher auf Produkte aus, die sie bei einem niedrigen Preis nicht berücksichtigen würden.[323] Dies kann dazu führen, dass ein zu großer Markt angezeigt wird.[324]

Zusammenfassend kann festgehalten werden, dass man bei traditionellen einseitigen Märkten davon ausgeht, dass die Nachfrage vom Preis des Produkts sowie von den Preisen der Komplementäre und Substitute abhängt.[325]

Problematisch ist die Anwendung des SSNIP-Tests für die Marktabgrenzung mehrseitiger Märkte, soweit einer Nutzerseite die Nutzung des Dienstes ohne monetäre Gegenleistung zur Verfügung gestellt wird.[326] Bei unentgeltlichen Leistungsbeziehungen,[327] ist eine Preiserhöhung von Null im Ergebnis Null.[328] Deckungsbeiträge werden auf der Seite der Werbekunden erwirtschaftet.[329] Die Analyse anhand einer hypothetischen prozentualen Preiserhöhung ist daher für diejenige Seite, die nicht bepreist wird, nicht möglich. Aufgrund der Nachfrageinterdependenzen werden Preissetzungsanreize auf die Nachfrageseite, von der starke indirekte Netzwerkeffekte ausgehen, beschränkt, sodass die dem SSNIP-Test zugrunde liegende Analyse nicht isoliert für eine Nachfragegruppe der Plattform durchgeführt werden kann.[330]

---

322 Streinz/*Eilmansberger/Kruis*, AEUV vor Art. 101 Rn. 50.

323 MüKoEuWettbR/*Kerber/Schwalbe*, 1. Teil Grundlagen Rn. 271–272: Wird als sog. „Cellophane fallacy“ bezeichnet.

324 *von Dietze/Janssen*, Kartellrecht in der anwaltlichen Praxis, 3. Teil. Wettbewerbsbeschränkendes Verhalten marktbeherrschender Unternehmen, Rn. 420.

325 *Evans/Schmalensee*, in: Blair/Sokol, The Oxford Handbook of International Antitrust Economics 2014, Band 1, S. 411.

326 BeckOK InfoMedienR/*Kumkar*, AEUV Art. 101 Rn. 97.

327 Streinz/*Eilmansberger/Kruis*, AEUV vor Art. 101 Rn. 56.

328 *Podszun/Schwalbe*, NZKart 2017, 102–103.

329 *Dewenter/Rösch/Terschüren*, NZKart 2014, 387 ff.; *Podszun/Schwalbe*, NZKart 2017, 98–99.

330 *Dewenter/Rösch/Terschüren*, NZKart 2014, 390 ff.

Dies führt dazu, dass andere strategischen Parameter in die Wettbewerbsanalyse miteingezogen werden müssen, wie Qualität, Innovation, Kapazität.[331] Dieses Phänomen ist anzutreffen in analogen staatlich regulierten Märkten. Sind Preise in einem Segment reguliert, weicht das Unternehmen für den Wettbewerb im Markt auf andere Parameter, wie Produktqualität aus:

Ein Beispiel hierfür ist der Bereich verschreibungspflichtiger Medikamente. Bezüglich der Preisentscheidung sind Krankenkassen Kunden. Erstattungsfähigkeit und Höhe der Kosten wird mit den Krankenkassen verhandelt. Die Nachfrage wird wiederum durch Ärzte bestimmt, die das Medikament verschreiben und daher prägend für die Mengenentscheidung sind. Ihre Entscheidung fällt – da Kostenträger die Krankenkassen sind – auf Grundlage einer Qualitätsbeurteilung für oder gegen ein Medikament. Der Preis spielt nur dann eine Rolle, wenn es sich um gleiche Qualität potentieller Medikamente (so bei Generika) handelt.[332] Daher wird vorgeschlagen, den SSNIP-Test für die unentgeltliche Seite auf eine Qualitätsreduktion anstelle einer Preiserhöhung zu modifizieren. Ein geeignetes Qualitätsmerkmal für dynamische Märkte zu finden stößt allerdings auf Umsetzungsprobleme.[333]

Ist dagegen ein Qualitätsmerkmal gleichwohl gefunden, wird in Anlehnung an Märkte mit hoher Innovationsrate, wie beispielsweise im Bereich der Pharmazie,[334] vorgeschlagen, für eine bessere Beurteilung der Wettbewerbsverhältnisse den potentiellen Wettbewerb um den Markt, mit einzubeziehen. So liegt beispielsweise dem Patentschutz, der Branchen im Bereich der Pharmazie weitestgehend prägt, der Gedanke zugrunde, dass begrenzter Wettbewerb im Markt zu mehr Wettbewerb um den Markt führt.[335]

331 Zu mehrseitigen Märkten siehe näher: *Evans/Schmalensee,* in: Blair/Sokol, The Oxford Handbook of International Antitrust Economics 2014, Band 1, S. 411 ff.

332 *Friederiszick*, Marktabgrenzung und Marktmacht, Recht und Ökonomie im Europäischen Wettbewerbsrecht, 2006 S. 35 ff.; vgl. für die nationale Ebene den ähnlich gelagerten Fall im Hinblick auf die Leistungsbeziehung des gesetzlich versicherten Patienten zu dem behandelnden Krankenhaus: BGH, Beschluss vom 16.1.2008 – KVR 26/07 (OLG Düsseldorf), NJW-RR 2008, 1426.

333 Vgl. hierzu näher für Internetsuchmaschinen: *Dewenter/Rösch/Terschüren,* NZKart 2014, 390 ff.

334 Vgl. Streinz/*Eilmansberger/Kruis*, AEUV vor Art. 101 Rn. 58.

335 *Friederiszick*, Marktabgrenzung und Marktmacht, Recht und Ökonomie im Europäischen Wettbewerbsrecht, 2006, S. 36 ff.; problematisch ist dieser Ansatz jedoch, soweit wie für die Plattform Google das Argument der Unentgeltlichkeit genutzt wird, um das Vorliegen eines Marktes zu verneinen und lediglich einen potentiellen Markt anzunehmen, wie: *Podszun,* Google und das Leistungsschutzrecht

Ähnlich verhält es sich bei mehrseitigen Online-Plattformdiensten: Direkte und indirekte Netzwerkeffekte führen ab einer gewissen Größe des Netzwerks zu sich selbst verstärkenden Effekten, die ein Angebot attraktiver machen (sog. „positives Feedback"), was zu einem Wettbewerb um den Markt führt, der an die Stelle des klassischen Wettbewerbs auf dem Markt tritt. Am Ende steht möglicherweise nur ein Unternehmen, das den Markt für sich gewinnt (sog. „Winner-takes-it-all-Märkte").[336]

Die empirische Nachweisbarkeit für ein Tipping eines mehrseitigen digitalen Marktes ist allerdings nicht hinreichend belegt und stützt sich eher auf theoretische Grundlagen. Die kartellrechtliche Einordnung eines Tipping bereitet unter dem Gesichtspunkt von direkten und indirekten Netzwerkeffekten daher große Schwierigkeiten. Zum anderen ist kartellrechtlich ein Monopol kein Zustand, den die Zielsetzungen des Art. 102 AEUV wie gezeigt[337] per se missbilligen.[338] Unter dem Gesichtspunkt des marktwirtschaftlichen Leistungsprinzips kann das Kippen eines Marktes zugunsten eines Unternehmens Ausdruck des Leistungswettbewerbs sein und ist insbesondere wettbewerbspolitisch nicht zu beanstanden.[339]

Die Besonderheit in innovativen Technologiemärkten ist darin zu sehen, dass eine Nutzerkonzentration dazu führt, dass ein Ausweichen auf eine andere Plattform wegen des geringeren Bekanntheitsgrades und der Auffindbarkeit anderer Plattformen, alternativlos erscheinen kann. Ist eine Abwanderung von Nutzergruppen belegt,[340] kann dies für unentgeltliche Märkte ein Indiz dafür sein, dass ein bestimmter Qualitätsfaktor die Substitutionswirkung maßgeblich beeinflusst und daher andere Parameter als Preise im Wettbewerb ausschlaggebend sind.[341] Diese Märkte sind daher einem Innovationsdruck

---

für Presseverleger aus kartellrechtlicher Perspektive, S. 4, ein potentieller Markt bildet kein Wettbewerbsverhältnis ab.

336 *Esser,* in: FS Wiedemann, S. 286.

337 Vgl. Kap. 3.A.

338 Vgl. zum Parallelproblem im GWB: *Esser,* in: FS Wiedemann, S. 286–287.

339 BegrRegE, BT-Drucks. 18/10207, S. 85; *Esser,* in: FS Wiedemann, S. 288, m.W.N.

340 Vgl. für die Abwanderung von Facebook zu Tiktok: Pew Research Center, November 2022, „Connection, Creativity and Drama: Teen Life on Social Media in 2022", abrufbar unter https://www.pewresearch.org/inter net/2022/11/16/connection-creativity-and-drama-teen-life-on-social- me dia-in-2022/, zuletzt aufgerufen am: 01.03.2024 und Pew Research Center, September 2022, „Social Media and News Fact Sheet", abrufbar unterhttps://www.pewresearch.org/journalism/fact-sheet/social-media-and- news-fact-sheet/, zuletzt aufgerufen am: 01.03.2024.

341 Kommission, Entscheidung v. 27.6.2017 – AT.39740, C(2017) 4444 – *Google Shopping,* Rn. 158.

ausgesetzt, sodass ein Nachlassen von Innovationsbereitschaft eines Unternehmens, wie beispielsweise der Qualität der Benutzeroberfläche, zur Abwanderung von Nutzern führen kann.[342]

II. Marktnachfrage auf Online-Plattformen unter Berücksichtigung von Netzwerkeffekten und der Theorie zweiseitiger/mehrseitiger Märkte

1. Einleitung

Die Schwierigkeiten einer Marktabgrenzung in Fällen mehrseitiger Märkte, die sich auf europäischer Ebene insbesondere an der Bekanntmachung der Kommission über die Definition des relevanten Marktes im Jahre 1997[343] orientiert, zeigt die einschlägige Evaluierung derselben.[344] Der Evaluierungsprozess soll Aufschluss darüber geben, ob die Bekanntmachung der Marktdefinition auch vor dem Hintergrund der fortschreitenden Digitalisierung einer Aktualisierung unterworfen werden soll.[345]

Die Ergebnisse des Evaluierungsprozesses zeigen, dass die Bekanntmachung aus dem Jahre 1997 nicht alle Entwicklungen der Rechtsprechung auf europäischer Ebene abdeckt.[346] Dies gilt insbesondere für Bereiche der sich „rasch entwickelnden Märkte", für asymmetrische Beschränkungen und für einen nicht auf monetäre Gegenleistung ausgerichteten Wettbewerb. Die Marktabgrenzung ist im digitalen Kontext komplexer geworden, was die ursprüngliche Bekanntmachung nicht vollständig berücksichtigen kann, insbesondere im Hinblick auf mehrseitige Plattformen und Ökosysteme in der digitalen Wirtschaft. Neue Hindernisse wie neuartige Markteintrittsschwellen können unmittelbare Folge für die Bewertung von Portabilität, Interoperabilität, Datenschutzfragen, Netzwerkeffekte, Single- und Multi-Homing sein. Darüber

342 Vgl. *Kersting/Dworschak*, ifo Schnelldienst, 16/2014, 9; *Topel*, in: FS Wiedemann, S. 58–59.

343 Kommission, Bekanntmachung der Kommission über die Definition des relevanten Marktes, ABl. 1997 C 372, Rn 5.

344 Kommission, Evaluierung der Bekanntmachung der Kommission vom 9. Dezember über die Definition des relevanten Marktes im Sinne des Wettbewerbsrechts der Gemeinschaft, SWD (2021) 200 final v. 12.7.2021.

345 Kommission, Evaluierung der Bekanntmachung der Kommission vom 9. Dezember über die Definition des relevanten Marktes im Sinne des Wettbewerbsrechts der Gemeinschaft, SWD (2021) 200 final v. 12.7.2021, S. 1.

346 *Robertson*, Concurrences Nr. 1–2021, Art. Nr. 98669, 84–92.

hinaus sind bei der Substitutionsbewertung nichtpreisliche Erwägungen stärker zu berücksichtigen.[347]

Die bereits aufgezeigten Schwächen[348] der traditionellen kartellrechtlichen Marktabgrenzung auf einseitigen Märkten zeigen sich auf digitalen Plattformen verstärkt. Die Marktabgrenzung stellt daher bei digitalen Plattformen aufgrund der innovativen Geschäftsmodelle eine besondere Herausforderung dar, weil sie nicht mit den herkömmlichen Marktbeziehungen uneingeschränkt vergleichbar sind.[349]

Wenngleich sich eine neuartige Bewertung der wettbewerbsrechtlichen Analyse vor diesem Hintergrund aufdrängt, hat die Evaluierung von grundlegenden Änderungen im Hinblick auf die Marktabgrenzung abgeraten. Die Rolle der Marktabgrenzung sei weiterhin unabdingbar, in einzelnen Bereichen aufgrund der neuartigen Anwendungsschwierigkeiten allerdings anzupassen, so vor allem im Bereich der Digitalisierung.[350]

Vor diesem Hintergrund sollen nachfolgend die hervorgehobenen ökonomische Faktoren, die für die kartellrechtliche Analyse der Marktabgrenzung für mehrseitige Plattformmärkte maßgeblich sind, dargestellt werden.

2. *Zweiseitige/mehrseitige Märkte*

Eine einheitliche Definition für mehrseitige Märkte ist wegen der Vielgestaltigkeit der Plattformen nicht vorhanden.[351] Im Gegensatz zu einseitigen Märkten ist für mehrseitige Märkte charakteristisch, dass eine weitere Nachfragegruppe hinzukommt.[352] Die Plattform bedient wie gezeigt[353] mehrere Gruppen von Nachfragern, zwischen welchen direkte und indirekte oder nur indirekte Netzwerkeffekte bestehen.[354]

---

347 Kommission, Evaluierung der Bekanntmachung der Kommission vom 9. Dezember über die Definition des relevanten Marktes im Sinne des Wettbewerbsrechts der Gemeinschaft, SWD (2021) 200 final v. 12.7.2021, S. 3.

348 Siehe hierzu Kap. 3.B.I.2.u.3.

349 *Schweitzer/Fetzer/Peitz*, Discussion Paper Nr. 16–042, 29.5.2016, 4.

350 Kommission, Evaluierung der Bekanntmachung der Kommission vom 9. Dezember über die Definition des relevanten Marktes im Sinne des Wettbewerbsrechts der Gemeinschaft, SWD (2021) 200 final v. 12.7.2021, S. 3–4.

351 *Evans/Schmalensee*, in: Blair/Sokol, The Oxford Handbook of International Antitrust Economics 2014, Band 1, S. 409 ff.

352 *Dewenter/Rösch/Terschüren*, NZKart 2014, 387.

353 Siehe hierzu ausführlich: Kap. 2.B.

354 *Höppner/Grabenschröer*, NZKart 2015, 162 ff; *Dewenter/Rösch/Terschüren*,

Der Ansatz von zwei- oder mehrseitigen Märkten ist hierbei nicht neu, denn beispielsweise Strombörsen, Printmedien und Kartenzahlungssysteme bedienen sich als Intermediär mindestens zwei verschiedener, über Netzwerkeffekte miteinander verbundener, Märkte.[355] Wesentliches Merkmal mehrseitiger Märkte ist deshalb, worin in der wirtschaftswissenschaftlichen und kartellrechtlichen Analyse zumindest weitestgehend Konsens besteht,[356] dass sich diese durch zumindest einseitig wirkende indirekte Netzwerkeffekte auszeichnen. Die Theorie der mehrseitigen Märkte entstand auf den Forschungsergebnissen zu externen Netzwerkeffekten.[357]

Einen wesentlichen Unterschied zwischen einseitigen und zweiseitigen Plattformen bildet dabei insbesondere das Vorliegen von indirekten Netzwerkeffekten:[358] Ausgehend von einer Kategorisierung der Plattformen gilt für Inhalte-Anbieter, Suchanbieter und Kommunikationsdienste, dass sich diese gezielt über Werbung finanzieren. Im Mittelpunkt dieser Geschäftsmodelle der Plattformdienste steht die gezielte Ausnutzung von einseitigen, indirekten Netzwerkeffekten, d.h. die Verbindung zwischen dem Rezipienten und Werbekunden.[359] Diese Plattformen werden auch als Nicht-Transaktionsplattformen qualifiziert.[360]

Die Marktabgrenzung hat also zu berücksichtigen, ob es sich um mehrere einseitige und im wesentlichen Teil unabhängige Märkte handelt, auf denen das digitale Unternehmen operiert oder um einen mehrseitigen digitalen Plattformdienst. Für das Vorhandensein eines mehrseitigen Marktes ist es nicht erforderlich, dass von zwei oder mehr Nutzerseiten positive indirekte

---

NZKart 2014, 387 ff.: Dabei kann die Plattform zwischen den Nutzern in der Rolle des sog. Intermediär auftreten.

355 Vgl. *Rochet/Tirole*, Journal of the European Economic Association 2003, Band 1 (4), 990–1029; *Song*, American Economic Journal: Microeconomics 2021, Band 13, Nr. 2, 35.

356 Basis der Abstraktion einer Norm bilden gemeinsame Grundsätze, sowohl in der wirtschafts- als auch in der rechtswissenschaftlichen Analyse, siehe hierzu näher: *Säcker*, Schriftenreihe Kartell- und Regulierungsrecht, Freiheit durch Recht, Kapitel B.10. S. 635.

357 *Dewenter/Rösch/Terschüren*, NZKart 2014, 387: Gehen weiter und sehen in indirekten Netzwerkeffekten sogar den Grundbaustein für die Entstehung zweiseitiger Märkte; *Roson*, Review of Network Economics 2005, Band 4, Heft 2, 2005, 142.

358 *Dewenter/Löw/Rösch*, ZfbF-Sonderheft, Band 75/20, 35; *Podszun/Schwalbe*, NZKart 2017, 100; *Schweitzer/Fetzer/Peitz*, Discussion Paper Nr. 16–042, 29.5.2016, 4.

359 *Dewenter/Rösch*, Einführung in die neue Öknomie der Medienmärkte, 2015, S. 118.

360 BKartA, B6-113/15 Arbeitspapier, S. 20 ff.

Netzwerkeffekte ausgehen. Anders ausgedrückt: Die Nachfrage einer Gruppe hängt von der Nachfrage der anderen Gruppe ab, jedoch nicht zwingend auch andersherum.[361] Eine der Nutzerseiten kann ausschließlich unmittelbar direkt wertsteigernd wirken.[362] Klassisches Beispiel hierfür sind soziale Netzwerke:

Auf diesen Plattformen wirken auf der privaten Nutzerseite direkte Netzwerkeffekte.[363] Für die weitere Nutzerseite der Werbekunden sind dagegen indirekte Netzwerkeffekte ausschlaggebend. Nur wenn die Plattform auf dem Markt der privaten Nutzer erfolgreich ist, kann sie auf dem Markt der werbetreibenden Unternehmen ebenfalls einen Erfolg erzielen. Für alle mehrseitigen Märkte dieser Art gilt: Ist die Anzahl der Nachfrager zu gering, so kommen keine Anbieter. Das Besagte kann auch in beide Richtungen gehen: Ist die Anzahl der Anbieter zu gering, so kommen keine Nachfrager.[364] Diese Abhängigkeiten führen dazu, dass erst eine gewisse Anzahl an Nutzern einer Gruppe für die andere Gruppe wertbildend ist. In einem solchen Fall spricht man davon, dass die Plattform das sog. „Henne-Ei-Problem" zu lösen hat.[365]

Einen näheren Einblick in die „Henne-Ei-Problematik" verschafft zurzeit der Aufbau eines dezentralisierten Netzwerks durch Helium Systems Inc.[366] zur Errichtung – technisch vereinfacht – einer Infrastruktur für die Bereitstellung und Nutzung eines drahtlosen Mobilfunks, das unabhängig von der herkömmlichen Netzwerkstruktur fungiert: Eine Seite des Netzwerks bildet die Nutzergruppe, deren Bedürfnis nach einer dezentralen Netzwerkstruktur gedeckt werden soll. Dies sind gewerbetreibende Kunden (Nutzergruppe 1), wie beispielsweise E-Scooter-Sharing-Unternehmen in den Innenstädten. Um das notwendige flächendeckende Netzwerk auszubauen, benötigt das Unternehmen Hotspots. Hier kommt die weitere Seite des mehrseitigen Dienstes hinzu: Die notwendigen Hotspots werden durch vorwiegend private Nutzer (Nutzergruppe 2) dieser Plattform mittels Bereitstellung spezieller Router zur Datengewinnung und Signalübertragung erzeugt, nicht durch Helium Systems

361 *Filistrucchi/Gerardin/van Damme/Keunen, u. a.*, Mergers in Two-Sided Markets – A Report tot he Netherlands Competition Authority 88 (2010), S. 14.

362 Siehe hierzu ausführlich Kap. 2.B.

363 *Song*, American Economic Journal: Microeconomics 2021, Band 13, Nr. 2, 37 ff.

364 *Clement/Schreiber/Bossauer/Pakusch*, Internet-Ökonomie, 2019, S. 264.

365 *Caillaud/Jullien*, RAND Journal of Economics, Band 34, Heft 2, 2003, 310: „chicken-or-egg problem".

366 Zum Konzept Helium Inc. siehe: https://www.helium.com/ecosystem, zuletzt aufgerufen am: 01.03.2024.

Inc. selbst, sog. Peer-to-Peer-Netzwerk[367]. Diese erzeugen Datenpakete, die durch Helium Systems Inc. an die gewerblichen Kunden (Nutzergruppe 1) vertrieben werden. Der Mehrwert für gewerbliche Kunden ist dabei, dass die Verbindungskosten nur noch einen Bruchteil derjenigen Kosten betragen, die durch Nutzung originären Mobilfunks entstünden. Mangels einer SIM-Karte für die Datenübertragen und einer Datenobergrenze sind die Gebühren niedriger als beim herkömmlichen Anbieter. Dies liegt u.a. daran, dass ein wie sonst üblich notwendiger und kostenintensiver Ausbau von Funkmasten und deren Instandhaltung unterbleiben kann. Nutzer der Datenpakete erhalten für ihre Datenpakete, die gleichzeitig generierte Krypto-Währung Helium.[368]

Unabhängig von den technischen Einzelheiten muss dafür jedoch zuerst eine gewisse Anzahl an Nutzern (Nutzergruppe 2) bestehen, damit das Netzwerk genügend und dauerhaft Datenpakete für eine stabile Nutzung für die andere Seite der Plattform (Nutzergruppe 1), generieren kann. Der Betreiber muss daher die Plattform in der Regel mit einer der Marktseiten ausbauen.[369] Erst mit Erreichen einer sog. kritischen Masse[370] auf der gewählten Marktseite wird die Plattform für beide Nutzergruppen interessant,[371] und ihr Wert steigt.[372] Mehrseitigkeit der Plattformen schafft die entscheidende Erlösquelle in den einschlägigen Geschäftsmodellen.[373]

Schwierigkeiten bereitet eine einheitliche Einordnung der Plattformen, weil Netzwerkeffekte je nach Geschäftsmodell unterschiedlich ausgerichtet sind: So herrschen auf Facebook vorwiegend positive direkte Netzwerkeffekte. Die Öffnung einer weiteren Seite dient ausschließlich den Werbeerträgen, die wiederum der Finanzierung der gesamten Plattform dienen. Im Falle der Bereitstellung des Dienstes einer der Nutzerseiten zu einem monetären Nullpreis[374] geht die

---

367 *Garewal,* Practial Blockchains and Cryptocurrencies, 2020, S. 279– 312; Auer-Reinsdorff/Conrad/*Kociok,* IT-R-HdB, § 27 Rn. 78; Rechner-Rechner-Verbindung.

368 Hierzu näher: https://www.helium.com/solutions, zuletzt aufgerufen am: 01.03.2024.

369 *Clement/Schreiber/Bossauer/Pakusch,* Internet-Ökonomie, 2019, S. 264.

370 *Belleflamme/Peitz,* Industrial Organization – markets and strategies, Cambridge, S. 591.

371 *Clement/Schreiber/Bossauer/Pakusch,* Internet-Ökonomie, 2019, S. 236.

372 *Podszun,* Handwerk in der digitalen Ökonomie, S. 31.

373 *Evans/Schmalensee,* in: Blair/Sokol, The Oxford Handbook of International Antitrust Economics 2014, Band 1, S. 405–406.

374 Kommission, Evaluierung der Bekanntmachung der Kommission vom 9. Dezember über die Definition des relevanten Marktes im Sinne des Wettbewerbsrechts der Gemeinschaft, SWD (2021) 200 final v. 12.7.2021, S. 3.

Problemstellung rund um die Angaben und Abgabe/Zugang (zu) persönlicher(n) Daten als monetäre Größe oder als Nutzungspreis miteinher.[375]

Zu viel Werbung kann allerdings zu sog. negativen Netzwerkeffekten und einer Abwanderung der Nutzergruppe führen:[376] Daher wirken hier vorwiegend direkte Netzwerkeffekte und einseitig positive indirekte Netzwerkeffekte. Zuwächse auf der Seite der Werbetreibenden führen nicht unmittelbar zu positiven Veränderungen der privaten Nutzergruppe. Hier sind indirekte Netzwerkeffekte entweder nicht vorhanden oder aufgrund einer marginalen Werbenachfrage nur vergleichsweise gering.[377]

Demgegenüber stehen Plattformen, auf denen vorwiegend positive indirekte Netzwerkeffekte in beide Richtungen der jeweiligen Nutzergruppen wirken und direkte Netzwerkeffekte kaum oder gar nicht vorhanden sind. Diese Plattformen werden zumeist als Transaktionsplattformen qualifiziert.[378]

Aus diesem Grund wird vorgeschlagen, für die Marktabgrenzung Plattformen zu kategorisieren, je nachdem welche Art der Netzwerkeffekte für die Skalierung maßgebend ist. So kann zwischen Plattformen mit starken positiven direkten[379] und vorwiegend starken positiven indirekten Netzwerkeffekten unterschieden werden.[380] Umstritten ist dabei, insbesondere für Plattformen mit stark ausgeprägten wechselseitigen indirekten Netzwerkeffekten, ob ein

---

375 Siehe hierzu ausführlich: *Riehm*, in: FS Taeger, S. 55- 79; kritisch: *Podszun/Franz*, NZKart 2015, 121; Aus diesem Grund entbehrt es einer Marktabgrenzung nicht, wie zum Teil vertreten wird. Auch spielen Netzwerkeffekte keine produktumgrenzende Rolle. Es gibt nur keinen Markt für Intermediärstellung.

376 *Schweitzer/Fetzer/Peitz*, Discussion Paper Nr. 16-042, 29.5.2016, 4-5.

377 Vgl. hierzu näher am Beispiel des Zeitungsmarktes: *Affeldt/Filistrucchi/Klein*, The Economic Journal, Band 123, Nr. 572, 2013, 510, 516-517, 519-521.

378 BKartA, B6-113/15 Arbeitspapier, S. 20 ff.

379 Wobei für die Mehrseitigkeit zumeist noch ein einseitiger indirekter Netzwereffekt hinzutritt, vgl. *Casey/Töyli*, Technovation, Band 32, 2012, S. 703 ff.

380 *Schweitzer/Fetzer/Peitz*, Discussion Paper Nr. 16-042, 29.5.2016, 5; BKartA, B6-113/15 Arbeitspapier, S. 16 ff.: Mit Verweis auf die Henne-Ei-Problematik, die wohl nur bei mehrseitigen digitalen Plattformen mit ausschließlich wechselseitigen indirekten Netzwerkeffekten eine Rolle spiele. Vor dem Hintergrund der sich dynamisch entwickelnden Geschäftsmodelle im digitalen Sektor dürfte diese Unterscheidung zweifelhaft sein. Sie kann insbesondere Modelle nicht erklären, in denen es um die Erschließung der kostenintensiveren Gruppe geht, wie im Verlags- oder WLAN-Markt, vgl. hierzu näher: *Casey/Töyli*, Technovation, Band 32, 2012, 703 ff.

einziger, plattformseitenübergreifender Markt ermittelt werden muss, oder ob für die jeweiligen Plattformseiten ein separater Markt zu bestimmen ist.[381]

Für die Frage des einschlägigen Ansatzes einer Abgrenzung und Folgeprobleme für weitere Tatbestandsvoraussetzungen des Art. 102 AEUV werden jedoch weitere Faktoren als Vorfrage relevant, die nachfolgend näher dargestellt werden. Dies hängt damit zusammen, dass neben Merkmalen wie Größe und Qualität bei mehrseitigen Plattformen die Nachfrage einer Gruppe, wie gezeigt,[382] auch von der Anzahl weiterer Nutzergruppen der Plattform abhängt.[383] Anders als bei einseitigen Märkten, kann das Übergehen der Nachfrageabhängigkeit in einer ökonomischen Modellierung zu falschen Ergebnissen führen.[384] Aus kartellrechtlicher Sicht spielen die mittelbaren Auswirkungen der Internalisierung von Netzwerkeffekten insbesondere für die rechtliche Bestimmung von Marktzutrittsschranken im Rahmen der Marktmacht oder der Berücksichtigung der Angebotsumstellungsflexibilität bei der Marktabgrenzung eine gewichtige Rolle, weshalb auf diese ökonomische Kriterien, die im Zusammenhang mit Netzwerkeffekten eine kartellrechtliche Relevanz erfahren, nachfolgend näher eingegangen wird.

3. *Weitere Folgen der Gewinnung von Netzwerkeffekten für zweiseitige Märkte unter Berücksichtigung der kritischen Masse*

Traditionelle Marktabgrenzungskriterien scheitern im Wesentlichen an der Preisbezogenheit eines Erzeugnisses. In traditionellen ökonomischen Modellen übersteigen die langfristigen Gleichgewichtspreise beim unvollkommenen Wettbewerb die Grenzkosten, nicht aber unbedingt in Modellen für mehrseitige Plattformen.[385] Die grundlegende Struktur der mehrseitigen Märkte hat zur Konsequenz, dass sich die Grenzkosten nicht in den optimalen Preisen widerspiegeln. Denn Preise, die unter den Grenzkosten liegen, können auf mehrseitigen Märkten gewinnmaximal[386]

---

381 *Schweitzer/Haucap/Kerber/Welker,* Modernisierung der Missbrauchsaufsicht für marktmächtige Unternehmen, 2018, S. 119.

382 Vgl. insbesondere Kap. 2.B.II. u. III.

383 *Evans/Schmalensee,* in: Blair/Sokol, The Oxford Handbook of International Antitrust Economics 2014, Band 1, S. 411.

384 Vgl. insbesondere Kap. 2.B.II. u. III.

385 *Evans/Schmalensee,* in: Blair/Sokol, The Oxford Handbook of International Antitrust Economics 2014, Band 1, S. 405.

386 Vgl. *Frank,* WuW 2015, 372; *Klasse/Wiethaus,* WuW, 361.

sein:[387]

So kann es vorteilhaft sein, für die jeweiligen Kundengruppen unterschiedliche Preise zu verlangen.[388] Diese aus der Henne-Ei-Problematik entstehende Preisstruktur hat zur Folge, dass die Subventionierung einer Marktseite geradezu notwendig wird, um die sog. kritische Masse zu erzeugen, sog. Quersubventionierung: Per Definition liegt eine Quersubventionierung dann vor, wenn ein Unternehmen für einige Güter niedrigere Gewinne oder sogar Verluste in Kauf nimmt, um Konkurrenten abzuwehren. Diese niedrigeren Gewinne oder Verluste werden durch höhere Gewinne bei anderen Gütern des Unternehmens im selben (Verluste betreffenden) Markt subventioniert.[389]

Dieses Phänomen der Quersubventionierung kann beispielsweise aus dem Bezahlmodell der Online-Plattform Google im Pressemarkt beobachtet werden (GNS[390]). Plattformen wollen zur Gewinnerzielung eine höhere Nutzerzahl generieren. Attraktivität gewinnt die Plattform durch eine Vielzahl an ansprechenden Presseveröffentlichungen. Die Veröffentlichung ist für die Plattform daher ein wesentliches Vorprodukt. Ein von mehreren Bezahlmodellen im Pressesegment ist dabei, dass die Plattform die Presseverleger für die Veröffentlichung bezahlt, um Nutzer anzuziehen. Damit bepreist sie eine der zwei Seiten ihres Plattformdienstes.[391]

Welche Preisstruktur oder welches Preismodell letztendlich auf einem speziellen Markt verwendet wird, hängt unmittelbar davon ab, wie ein Plattformbetreiber die Henne-Ei-Problematik angeht.[392]

a. Preisdifferenzierung

Ein zentraler Punkt in Bezug auf die Mehrseitigkeit einer Plattform ist, dass anders als bei einseitigen Märkten das mehrseitige Nettopreisniveau für den Wettbewerb und Wohlfahrtsgewinne von Bedeutung ist.[393] Ausgangspunkt ist

---

387 Vgl. *Evans*, Yale Journal on Regulation, Band 20, Heft 2, 2003, 332 ff.; *Rochet/Tirole*, Journal of the European Economic Association 2003, Band 1 (4), 990 ff.; *Roson*, Review of Network Economics 2005, Band 4, Heft 2, 152.

388 BegrRegE, BT-Drucks. 18/10207, S. 50.

389 *Mankiw/Taylor*, Grundzüge der Volkswirtschaftslehre, 2021, S. 474.

390 *Pohlmann/Lindhauer/Peter*, NZKart 2021, 544.

391 *Pohlmann/Lindhauer/Peter*, NZKart 2021, 467.

392 Vgl. *Evans*, Yale Journal on Regulation, Band 20, Heft 2, 2003, 332; *Rochet/Tirole*, Journal of the European Economic Association 2003, Band 1 (4) 990 ff.; *Roson*, Review of Network Economics 2005, Band 4, Heft 2, 142.

393 *Katz/Sallet*, Yale l. J., 2018, Band 127, Nr. 7, 2167–2169.

das Ertragsmodell einer Plattform.[394] Soweit es um die Senkung von Transaktionskosten der Nutzer geht, wird sich der Plattformbetreiber zur Förderung der Marktseite entscheiden, an der er am meisten partizipiert.[395]

Es kann daher in vielen Fällen für die Plattform vorteilhaft sein, die eine Seite unter- und die andere Seite oberhalb der Grenzkosten zu bepreisen.[396] Es kann sogar rentabel sein, auf einem der beiden Märkte durch eine „Unterbepreisung" Verluste hinzunehmen, um auf dem anderen Markt einen kompensierenden Gewinn zu realisieren.[397] Im Vordergrund steht daher das gesamte Transaktionsvolumen auf der Plattform.[398]

Die Bepreisung unter den Grenzkosten führt in der digitalen Ökonomie häufig dazu, dass auf einer Marktseite überhaupt kein monetärer Preis gezahlt wird.[399] So erhalten Informationssuchende auf einer Suchmaschine die Ergebnisse monetär kostenfrei. Teilweise wird dabei vertreten, dass sie jedoch mit ihrer Aufmerksamkeit[400] für die angezeigte Werbung und der Preisgabe ihrer Daten (Interessen, Geodaten, Metadaten etc.) zahlen.[401] Hinsichtlich eines bezifferten Preises repräsentieren in solchen Geschäftsmodellen Werbekunden das gesamte Ertragsmodell, indem sie beispielsweise dann zahlen, wenn ein Informationssuchender auf die Werbeanzeige klickt[402], im Sinne einer Kommission für eine erfolgreiche Vermittlung.[403] Als Faustregel für die asymmetrische Bepreisung gilt: Jene Seite, von der die stärkeren indirekten Netzwerkeffekte ausgehen, wird niedriger bepreist, sodass eine Subventionierung im finanziellen Sinne durch die andere Seite stattfindet.[404] Diese profitiert stärker von einer steigenden Nutzerzahl auf der anderen Seite, die in der Regel preissensitiver

394 *Evans/Schmalensee,* in: Blair/Sokol, The Oxford Handbook of International Antitrust Economics 2014, Band 1, S. 411.

395 *Engert,* AcP 218 (2018), 309–310.

396 *Schweitzer,* ZEuP 2021, 509–510.

397 Vgl. *Casey/Töyli,* Technovation, Band 32, 2012, 703 ff.

398 *Engert,* AcP 218 (2018), 309–310.

399 Vgl. auch *Parker/van Alstyne,* Management Since, Band 51, Nr. 10, 2005, 1494–1504.

400 Nicht unumstritten, kritisch hierzu siehe: *Pdszun/Franz,* NZKart 2015, 121–122; bejahend für Medienmärkte: *Budzinski,* WuW 2021, 397.

401 Streng genommen handelt es sich um nicht durch positive Effekte kompensierten Verlust oder Kosten, vgl. dazu näher: *Choi/Jeon/Kim,* Journal of Public Economics, 2019, Band 173(C), 113 ff.

402 *Dewenter/Rösch/Terschüren,* NZKart 2014, 391 ff.

403 *Haucap,* DICE Ordnungspolitische Perspektiven, 2012 (Nr. 32), 3.

404 *Budzinski,* Ilmenau Economics Discussion Papers Nr. 103, 2016, 8.

ist.[405] Eine sorgfältige Preisgestaltung, die die Unterschiede in der Kreuzpreiselastizität der Nachfrage zwischen den Nutzergruppen berücksichtigt, versetzt die Plattform in die Lage, eine Seite des Marktes zu subventionieren, während die Plattform auf der anderen Seite Gewinne erzielt.[406]

Oft wird das Beispiel für Online-Dating-Plattformen genutzt: Die Unentgeltlichkeit der Nutzerseite der weiblichen Akteure dient allein dem Ziel, die Nutzergruppe der männlichen Akteure aufzubauen, die für den Ertrag der gesamten Plattform sorgt.[407]

Die Wahl der Subventionierung soll auf diese Weise positive Kreisläufe erzeugen, die sich selbst verstärken, sog. Rückkopplungseffekte. Trifft die Plattform dagegen eine falsche Entscheidung und schöpft einer Seite durch die Quersubventionierung zu viel Wert ab, kann ein negativer Rückkopplungseffekt entstehen, und das Wertesystem zerstört sich selbst.[408]

Der letzte hier erläuterte Ansatz unterscheidet innerhalb der Plattformökonomie[409] zwischen Transaktions- und Nicht-Transaktionsplattformen. Bei einer Transaktionsplattform steht eine beobachtbare Transaktion im Mittelpunkt, die durch die Plattform als Intermediär ermöglicht wird. Beide Kundengruppen, die mit der Plattform verbunden sein müssen, zielen auf die Durchführung der Transaktion ab. Dabei wirken typischerweise positive indirekte Netzwerkeffekte wechselseitig.[410] Für die Plattform gilt auch hier zu Beginn das „Henne-Ei-Problem"[411] zu lösen. Beide Kundengruppen bedingen einander derart, dass es auf beiden Seiten einer kritischen Masse bedarf, um attraktiv für die jeweils andere Seite zu sein.[412]

Eine Nicht-Transaktionsplattform dient ebenfalls als Mittler zweier oder mehr Seiten, die jedoch auf keine direkte Transaktion auf der Plattform abzielt.

---

405 *Evans/Schmalensee*, in: Blair/Sokol, The Oxford Handbook of International Antitrust Economics 2014, Band 1, S. 411; *Haucap/Wenzel*, DICE Ordnungspolitische Perspektiven, 2011 (Nr. 16), 200–211.

406 *Rochet/Tirole*, Journal of the European Economic Association 2003, Band 1 (4), 990 ff.

407 Vgl. *Topel*, in: FS Wiedemann, S. 51.

408 *Casey/Töyli*, Technovation, Band 32, 2012, 704: Man spricht dabei auch davon, dass die Plattform „ausblutet".

409 *Kettemann/Schulz/Fertmann*, ZRP 2021, 138.

410 In der Literatur wird diskutiert, ob es sich um eine Plattform handelt, wenn indirekte Netzwerkeffekte nur einseitig wirken, vgl. *Dewenter/Rösch/Terschüren*, NZKart 2014, 387 ff.

411 *Caillaud/Jullien*, RAND Journal of Economics, Band 34, Heft 2, 2003, 309–328.

412 *Filistrucchi/Geradin/van Damme/Affeldt.*, JCLE, Band 10, Heft 2, 293 ff.

Hierbei wirken positive indirekte Netzwerkeffekte meist nur einseitig, d.h. nur eine Nutzergruppe profitiert von der steigenden Anzahl der anderen Nutzergruppe, beispielsweise auf der Plattform Google: Die Nutzergruppe der Suchenden haben keinen steigenden Nutzen für ihre Suchanfragen durch die Anwesenheit von Werbekunden.[413] Die Zielgenauigkeit des Suchalgorithmus wird mithilfe der Informationen über das Suchverhalten der Nutzergruppe von Suchenden verbessert, um auf diese Weise die passenden Suchergebnisse zu gewährleisten. Die Wertsteigerung erfolgt unmittelbar in der Nutzergruppe der Suchenden. Die kritische Masse muss daher vorwiegend auf einer Seite, und zwar derjenigen, auf der die direkten Netzwerkeffekte herrschen, erzielt werden, um für die andere Seite – die der Werbekunden – indirekt nutzbringend zu sein.[414]

Netzwerkeffekte können jedoch nicht nur positiv für den betreffenden Plattformdienst wirken, sondern negative Folgen für Konkurrenten bilden, weshalb sie überhaupt wettbewerbsrechtliche Relevanz aufweisen.[415] Aus diesem Grund werden diese nachfolgend näher beleuchtet.

b. Negative Netzwerkeffekte, Umstellungskosten und Multi-Homing

Die digitale Infrastruktur ermöglicht es Online-Plattformdiensten, bestimmte negative Netzwerkeffekte, die regelmäßig in der analogen Welt entstehen und verhaltensdisziplinierend wirken, zu vermeiden: Entscheidet sich ein Einkaufszentrum für die Aufnahme weiterer Geschäfte und deshalb einer Vergrößerung der Gesamtfläche, kann das Auffinden der einzelnen Anbieter einen größeren Aufwand zur Folge haben, sodass die Vergrößerung des „Netzwerks Händler" einen negativen Effekt auf das Netzwerk „Suchende Kunden" haben kann.[416]

---

413 Nicht überzeugend in diesem Zusammenhang: *Engert*, AcP 218 (2018), 310 ff., soweit darauf abgestellt wird, dass die Preisstruktur daran ausgerichtet wird, ob es sich um eine Transaktions- oder Informationsplattform handelt, wobei es dem Letzteren um eine reine Förderung der Transaktion ginge. Fehlende Transaktionen dürften auch für eine Informationsplattform zu einem Nutzerrückgang führen, da es sich um Innovationsmärkte handelt – und mittelbar zu einer Veränderung der Preisstruktur führen; Weshalb die Unterscheidung in Transaktions- und Nichttransaktionsmärkte ausschließlich für die Preisstruktur gerade nicht verfängt, siehe näher: *Katz/Sallet,* Yale l. J., 2018, Band 127, Nr. 7, 2142 ff.

414 *Dewenter/Rösch/Terschüren,* NZKart 2014, 391 ff.

415 BGH, Beschl. v. 23.6.2020 – KVR 69/19, GRUR 2020, 1318 Rn. 45 – *Facebook.*

416 Vgl. *Engert*, AcP 218 (2018), 307.

Negative Auswirkungen von Netzwerkeffekten können jedoch auch gezielt dazu genutzt werden, den Wettbewerber zu schwächen oder einem potentiellen Wettbewerber den Eintritt in den Markt zu erschweren: Einem Nutzer können für den Wechsel von einer Anwendung zu einer nicht kompatiblen Anwendung Kosten entstehen, sog. Wechselkosten/Umstellungskosten („Switching-Costs"). Diese Kosten entstehen beispielsweise, wenn Nutzer sich von ihrem etablierten Netz von Nutzern trennen müssen, bevor sie in der Lage sind, vollständig Zugang zu einem neuen Netz von Nutzern zu erhalten. Ähnliche Kosten entstehen für Verbraucher oder Unternehmen, wenn sie zu einer wenig beliebten, inkompatiblen Hardware wechseln, für die noch keine ausreichende Anzahl an Softwareanwendungen besteht. Netzwerkeffekte und Umstellungskosten hängen daher unmittelbar zusammen.[417]

In diesem Zusammenhang wird bei zweiseitigen (Online-)Märkten und Netzwerkeffekten der Begriff des Multihoming[418] in Abgrenzung zum Singlehoming relevant.[419] Multihoming liegt vor, wenn eine Seite – nicht notwendigerweise die Verbraucherseite – des mehrseitigen Marktes parallel mindestens zwei Plattformen nutzt, die gleiche oder ähnliche Dienstleistungen anbieten.[420] Beispielhaft hierfür ist der Fall, dass ein Nutzer neben dem Musikstreamingdienst „Spotify" auch „DEEZER"[421] verwendet.[422]

Problematisch ist, dass positive Netzwerkeffekte eine negative Folge für Konkurrenzanwendungen haben können. Sie begrenzen ebenso wie gewöhnliche angebotsseitige Größenvorteile tendenziell die Zahl der lebensfähigen mehrseitigen Plattformen auf jedem Markt.[423]

---

417 *Shy,* Review of Industiral Organization, Band 38, Nr. 2, 2011, 119.

418 Kommission, Entscheidung v. 21.8.2007, Az. COMP/M.4523, – 5.1.1. Rn. 13, *Travelport/Worldspan.*

419 *Engert,* AcP 218 (2018), 306.

420 Vgl. BKartA, B6-113/15 Arbeitspapier, S. 111.

421 *Holzmüller,* ZUM 2017, 301–302; MüKoBGB/*Metzger,* BGB § 327e Rn. 60; „Deezer" stellt neben Spotify, Apple Music usw. einen eigenständigen Musik-Streaming-Dienst dar. Dabei handelt es sich um Dienste, die Musikkonsumen ten Audiodateien auf unterschiedliche technische Art zur Verfügung stellen.

422 *Dewenter/Rösch,* Einführung in die neue Öknomie der Medienmärkte, 2015, S. 119.

423 *Evans/Schmalensee,* in: Blair/Sokol, The Oxford Handbook of International Antitrust Economics 2014, Band 1, S. 416 ff.; vgl. *Casey/Töyli,* Technovation, Band 32, 2012, 703 ff.: Insbesondere dann, wenn zwischen den Plattformbetreibern hinreichender Wettbewerb herrscht und ein Plattformbetreiber daher kein Interesse an einer Kooperation mit anderen Plattformbetreibern im gleichen Segment hat.

Dieses Phänomen ist beispielsweise bekannt im Bereich der Verwendung von ERP(Enterprise Resource Planning)-Systemen:[424] Diese Systeme stellen eine Nutzung standardisierter Formate zur Verfügung, wodurch der Austausch von Geschäftsdokumenten zwischen verschiedenen ERP-Systemen und daher Anwendern vereinfacht wird. In der Automobilindustrie üben starke Anwender (erste Nutzergruppe – z.B. Automobilbauer) in der einschlägigen Wertschöpfungskette häufig Druck auf kleinere Unternehmen (zweite Nutzergruppe – z.B. Zulieferer) aus, um zu bezwecken, dass diese ebenfalls auf ein ähnliches ERP-System wechseln, um sich so die Anwendungsvorteile zu erhalten.[425]

Im digitalen Sektor sind zentrale Plattformdienste in der Lage, ähnliche Drucksituationen in der Wertschöpfungskette zu erzeugen: Hardwareanbieter können technische Hindernisse errichten, um einen Anbieterwechsel zwischen (digital abrufbaren) Software-Anwendungen für den Nutzer unmöglich zu machen. Gleichzeitig werden eigene Software-Dienstleistung vorinstalliert, um ausschließlich das eigene Produkt anzubieten.[426] Auf diese Weise kann das Multi-Homing begrenzt werden.

Obschon in vielen Bereichen indirekte Netzwerkeffekte von Bedeutung sind, sind Monopoltendenzen selten anzutreffen, so dass beispielsweise zahlreiche Zeitschriften oder Partnervermittlungsbörsen zu verzeichnen sind. Ein wesentlicher Grund hierfür ist, dass die konkurrierenden Plattformen in der Regel differenzierte Produkte anbieten und in einigen Fällen Nutzer „Multi-Homing" betreiben.[427]

Multi-Homing hängt wiederum stark von den Wechselkosten ab. Ziel der Online-Plattformdienste ist es, einen Wechsel des Kunden zu konkurrierenden Plattformen mit viel Aufwand zu verbinden. Wechselkosten können dabei sowohl bezifferte Kosten sein als auch empfundene Wechselkosten, d.h. der Aufwand für einen Nutzer, einen kostenfreien Dienst aufzugeben, um auf

---

424 *Blocher,* in: Internet of Things, Rechtshandbuch 2021, § 12 Rn. 2, sog. Enterprise-Ressource-Planning.

425 *Buxmann/Diefenbach/Hess,* Die Softwareindustrie, S. 21.

426 Vgl. Vorschlag für eine VERORDNUNG DES EUROPÄISCHEN PARLAMENTS UND DES RATES über bestreitbare und faire Märkte im digitalen Sektor (Gesetz über digitale Märkte) 2020/0374 (COD), 15.12.2020, COM (2020) 842 final, 5. Weitere Angaben, S. 27, Erwägungsgrund 41; Erwägungsgrund (49), (50) VO (EU) 2022/1925 DMA.

427 *Evans/Schmalensee,* in: Blair/Sokol, The Oxford Handbook of International Antitrust Economics 2014, Band 1, S. 416.

einen anderen Dienst zu wechseln und einen eigenen Mehrwert für sich zu schaffen.[428] Multi-Homing und der Wechselaufwand für Nutzer werden bei der Bewertung der Marktmacht und deren missbräuchlichen Ausnutzung relevant. Durch bestimmte Praktiken kann es dazu kommen, dass Multi-Homing erheblich erschwert wird und daher das alleinige Bestehen der Möglichkeit eines Multi-Homings auf eine bereits bestehende Marktstellung keine erheblichen Auswirkungen hat.[429]

Die Verhinderung des Multi-Homings kann auf einem durch positive Netzwerkeffekte ausgeprägten Markt dazu genutzt werden, Mitbewerber durch bestimmte Praktiken daran zu hindern, ebenfalls zu wachsen und zu skalieren, was einen wirksamen Wettbewerb behindern kann:[430] Ein Musterbeispiel bilden sog. Bestpreis- oder Meistbegünstigungsklauseln. Derartige Klauseln verwendet der Plattformbetreiber u.a. dafür, um z.B. bei Buchungsplattformen gewerblichen Plattformnutzern zu untersagen, günstigere Angebote auf anderen Buchungsplattformen zu schalten.[431]

Vom Multi-Homing einer der Seiten eines mehrseitigen Plattformdienstes können insbesondere die wettbewerbsfähigen Preise abhängen, indem niedrigere Preise dazu genutzt werden, eine Seite zu einer „Exklusivbeziehung" zu „lenken":[432] Nutzt eine beträchtliche Anzahl an Einzelhändlern beispielsweise sowohl die Kreditkarte des Anbieters A als auch des Anbieters B (= Multi-Homing auf der Seite der Werbetreibenden) und senkt Anbieter A die transaktionsbedingte Gebühr für die Einzelhändler, wird der Händler die teurere Karte des Anbieters B nur für den Fall ablehnen, wenn und solange ein großer Teil der privaten Kunden des Anbieters B auch die Karte des Anbieters A nutzen (= Multi-Homing auf der Seite der privaten Nutzer).[433]

Dem Plattformbetreiber ist bewusst, dass das Multi-Homing einer Seite Auswirkungen haben kann auf die Nutzung des mehrseitigen Dienstes durch

---

428 *Georgi/Hadwich*, Management von Kundenbeziehungen, 2010, S. 14: Sog. *Switching-Costs.*

429 BGH, Beschl. v. 23.6.2020 – KVR 69/19, GRUR 2020, 1318 Rn. 45 – *Facebook.*

430 Beispielsweise durch Behinderung der Erzielung von eigenen Netzwerkeffekten, vgl. Kammergericht, Kartellsenat, Hinweisbeschluss v. 11.2.2022 – U 4/21 Kart – Tipping-Gefahr, NZKart 2022, 216 Rn. 147 ff.; *Körber*, MMR 2020, 293.

431 *Busch*, GRUR 2019, 795.

432 *Rochet/Tirole*, Journal of the European Economic Association 2003, Band 1 (4), 993.

433 *Rochet/Tirole*, Journal of the European Economic Association 2003, Band 1 (4), 993–994.

die andere Seite. Aufgrund von hierdurch bedingten Rückläufen von Einnahmen kann es zur Begrenzung von Quersubventionierung kommen.[434] Dies kann negative Auswirkungen auf die Gesamtnutzerzahl der konkurrierenden Plattform und ihr Transaktionsvolumen haben.

Hat der Plattformdienst in seinem Modell eine Gruppe als Single-Homing-Nutzer qualifiziert und die andere Nutzergruppe als Multi-Homing-Nutzer, wird er um den Single-Homing-Nutzer intensiv konkurrieren, um sich indirekte Netzwerkeffekte zu erhalten. Eine Möglichkeit ist es für die Seite der Single-Homing-Nutzer die Preise zu senken.[435]

Zusammenfassend können daher positive indirekte Netzwerkeffekte auf einem Plattformdienst für Konkurrenten negative Effekte[436] auslösen. Kann der Nutzer auf einen anderen Dienstanbieter ohne Einbußen ausweichen,[437] ist die Bedeutung positiver Netzwerkeffekte relativiert. Das problemlose und häufige Wechseln zu einem anderen Anbieter kann hohe Wechselkosten sogar mittelbar oder unmittelbar relativieren, sodass Lock-in-Effekte reduziert werden.[438]

In welchen Konstellationen Lock-in-Effekte entstehen können und Pfadabhängigkeiten begründet werden, wird nachfolgend dargestellt.

c. Negative Netzwerkeffekte: Pfadabhängigkeit und Lock-in-Effekt

Unter dem Begriff Lock-in-Effekt[439] (dt. Einschließungs-Effekt oder Bindungseffekt) wird im Grundsatz eine durch technische Gegebenheiten erzwungene Kundenbindung an ein Produkt oder eine Dienstleistung verstanden, die ausschließlich über einen bestimmten Hersteller oder Dienstleister bezogen werden können. Diese Bindung an einen Hersteller oder einen Dienstleister erfolgt

---

434 *Rochet/Tirole,* Journal of the European Economic Association 2003, Band 1 (4), S. 1018.

435 *Evans/Schmalensee,* in: Blair/Sokol, The Oxford Handbook of International Antitrust Economics 2014, Band 1, S. 417 ff.: Zu diesem Phänomen tritt hinzu, dass zumeist die Gruppe, die *Single-Homing* betreibt als differenziert/heterogen angesehen wird, dagegen die *Multi-Homing* Nutzergruppe als homogen, was zu endogenen Wettbewerbsengpässen führen kann.

436 *Belleflamme/Peitz,* Industrial Organization – markets and strategies, Cambridge, S. 21 ff.

437 Vgl. Kommission, Entscheidung v. 11.3.2008, M.4731 – *Google/DoubleClick,* Rn. 207–210.

438 Vgl. Kommission, Entscheidung v. 11.3.2008, M.4731 – *Google/DoubleClick,* Rn. 207.

439 *Birnstiel/Bauer,* in: Internet of Things, Rechtshandbuch 2021, § 14 Rn. 87.

meist unbewusst beim Eintritt in ein Vertragsverhältnis oder durch Inanspruchnahme der Dienstleistung.[440]

Beziehungsspezifische Investitionen führen zu einer Abhängigkeit, die die Marktkräfte innerhalb dieser Beziehung ausschalten kann. Passt ein Zulieferer seine Produktionsstätte in einem hohen Maß an die speziellen Vorgaben von Werkstücken eines bestimmten Automobilherstellers an, so ist er zwangsläufig an die Abnahme durch denselben angewiesen. Zwingt der Automobilhersteller den Zulieferern ex post Handelskonditionen auf, die die ursprünglichen Investitionen nicht mehr decken, spricht man von „versunkenen Kosten" („sunk costs")[441]. Durch den Lock-in-Effekt ist die Änderung der Technologie mit einem erheblichen finanziellen Verlust verbunden, sodass der Zulieferer die ungünstigen Konditionen akzeptieren wird, was als sog. Hold-Up-Problem bezeichnet wird. Je mehr sich die Investitionen im Verlaufe der Zeit amortisieren, umso geringer wird der Lock-in-Effekt.[442]

Diese Grundsätze lassen sich jedoch nicht ausnahmslos auf alle möglichen Geschäftsmodelle mehrseitiger (Online-)Plattformen anwenden:[443] Bei mehrseitigen Plattformen bildet der Lock-in-Effekt vordergründig den dauerhaften Einschluss eines Nutzers an ein Netzwerk.[444] Während ein Wechsel von einer Suchmaschine zu einer anderen ohne großen Einarbeitungsaufwand für den Nutzer möglich ist, kann dies bei personalisierten Dienstleistungen anders zu beurteilen sein.[445] Der vollständige Wechsel von einem großen sozialen Netzwerk zu einem mit wenigen Kontakten kann bestehende Kontaktmöglichkeiten behindern, die sich nicht so schnell amortisieren.[446] Ausgeprägte Netzwerkeffekte können so einen Lock-in-Effekt bilden, ohne einen unmittelbaren Einfluss der Plattform.

---

440 *Ewerhart/Schmitz,* MPRA Paper, Nr. 6944, 2008, 3 ff.

441 Kommission, Entscheidung vom 21.6.1994, IV/M.430 – *Procter&Gamble/VP* Schickedanz, ABl. 1994 L 354, S. 55, Rn. 138; *Knieps,* in: Knieps/Brunekreeft, Zwischen Regulierung und Wettbewerb: Netzsektoren in Deutschland, 2000, S. 10: Auch als „irreversible Kosten" bezeichnet.

442 Ebenda.

443 *Rochet/Tirole,* Journal of the European Economic Association 2003, Band 1 (4), 993.

444 *Birnstiel/Bauer,* in: Internet of Things, Rechtshandbuch 2021, § 14 Rn. 87; BKartA Fallbericht v. 06.02.2019 – B6-22/16, S. 7 – *Facebook.*

445 Auer-Reinsdorff/Conrad/*Conrad/Licht* IT-R-HdB, § 39 Rn. 475.

446 *Mackenrodt/Wiedemann*, ZUM 2021, 92.

Neue Technologien führen daher nicht stets dazu, dass auf zweiseitigen Märkten bestehende Strukturen aufgelöst und ersetzt werden.[447] Konkurrierende Plattformbetreiber können gezwungen sein, Nutzer davon zu überzeugen, auf ihre Plattform zu immigrieren. Netzwerkeffekte können daher eine natürliche Verdrängungswirkung haben, sobald ein Etablierungsvorteil vorliegt. Wie weitreichend ein derartiger Vorteil ist, hängt von Faktoren wie den beschriebenen Multihoming, (Daten-)Portabilität und der (Daten-)Interoperabilität ab.[448] Eine Konzentration an Nutzern wird als eine latente Gefahr für das Kippen eines Marktes zugunsten einer Plattform angesehen, sog. „Tipping".[449] Nach derzeitiger Definition wird unter Tipping „die Transformation von einem Markt mit mehreren Anbietern zu einem monopolistischen oder jedenfalls hochkonzentrierten Markt" verstanden.[450]

Der wesentliche Aspekt, der hieraus resultiert, ist insbesondere, dass Netzwerkeffekte keine allgemeingültige, einschränkende Rolle für Plattformen spielen. Vielmehr bereiten sie bei der Bestimmung einer präzisen Preisstruktur Schwierigkeiten, da die Preisstruktur aufgrund der vorgenannten Kriterien Einfluss auf die Quersubventionierung hat, die dadurch oftmals dynamisch ausfällt.

Aus diesem Grund werden unterschiedliche Ansätze zur Marktabgrenzung vorgeschlagen, die nachfolgend dargestellt werden.

4. *Plattformseitenübergreifender Markt – „single-market approach"*[451]

Für die Marktabgrenzung mehrseitiger Plattformen geht ein Ansatz von einer generellen Gesamtbetrachtung beider Marktseiten aus,[452] wobei teilweise differenzierend für bestimmte Plattformen eine marktseitenspezifische Marktabgrenzung befürwortet wird.[453] Bei dieser Herangehensweise wird nur ein

447 *Clement/Schreiber/Bossauer/Pakusch*, Internet-Ökonomie, 2019, S. 236.

448 *Crémer/de Montjoye/Schweitzer*, Competition policy, S. 2.

449 Vgl. *Casey/Töyli*, Technovation, Band 32, 2012, 703 ff.

450 *Esser*, in: FS Wiedemann, S. 286.

451 *Katz/Sallet*, Yale l. J., 2018, Band 127, Nr. 7, 2144.

452 *Filistrucchi/Gerardin/van Damme/Keunen, u. a.*, Mergers in Two-Sided Markets – A Report tot he Netherlands Competition Authority 88 (2010), S. 14; Insbesondere wann ein einseitiger Ansatz unbedenklich ist, siehe: *Filistrucchi/Geradin/van Damme/Affeldt*, JCLE, Band 10, Heft 2, 293 ff.; *Dewenter/Rösch/Terschüren*, NZKart 2014, 390.

453 *Kreße*, WuB 2021, 32: Für soziale Netzwerke wie Facebook soll eine marktseitenspezifische Betrachtung vorrangig sein; *Dewenter/Rösch/Terschüren*, NZKart 2014, 390: Differenzierend wie stark indirekte Netzwerkeffekte ausgeprägt sind. Bei stark

sachlich relevanter Markt definiert.[454] Hierbei begreift man die Dienstleistungen der Plattformen als Ergänzung zum Produkt des gewerbetreibenden Nutzers und daher als unvollkommene Substitute.[455] Der Plattformbetreiber ist auf dieser Seite vertreten.[456]

Nach diesem Ansatz bestehen zwischen den beiden Marktseiten aufgrund der indirekten Netzwerkeffekte strategische Verbindungen, sodass es geboten erscheint, alle Seiten in die Marktabgrenzung mit einzubeziehen.[457] Einer dieser Gründe ist die in Kap. 3.B.II.3.a. erläuterte Preisdifferenzierung, die die Plattform dazu veranlasst, eine Gesamtgebühr, d.h. ein einheitliches Nettotransaktionsvolumen zu erwirtschaften. Dabei wird diejenige Seite stärker subventioniert, die zur Stärkung der indirekten Netzwerkeffekte am meisten beiträgt.[458]

Plattformwettbewerb ist daher als Wettbewerb um ein einziges und vielschichtiges Produkt zu einem einheitlichen (zweiseitigen) Nettopreis zu betrachten.[459] Insbesondere der Aspekt, dass eine Nutzerseite die Dienstleistung unentgeltlich erhält, rechtfertigt nach diesem Ansatz eine Verknüpfung der Marktseiten. Ein unentgeltliches Geschehen kann einen Markt nicht abbilden. Erst durch das Hinzutreten der weiteren Nutzerseiten, die eine schrittweise Monetarisierung des Geschäftsmodells ermöglichen, handelt es sich um eine wirtschaftliche Tätigkeit, die einer Marktabgrenzung zugänglich ist.[460] Dieses sei jedoch nur bei einer Gesamtbetrachtung möglich.[461]

Eine einheitliche Gesamtbetrachtung ist daher in der Lage, Auswirkungen von Netzwerkeffekten bereits auf der Ebene der Marktabgrenzung optimal zu berücksichtigen. Erst die Gesamtbetrachtung der Preise auf beiden Seiten in Relation zueinander erklärt die Internalisierung der Netzwerkeffekte durch

---

wirkenden indirekten Netzwerkeffekten sind alle Marktseiten bei der Marktabgrenzung zu berücksichtigen, bei schwach wirkenden indirekten Netzwerkeffekten soll dagegen eine marktseitenspezifische Marktabgrenzung vorgenommen werden.

454 *Filistrucchi/Geradin/van Damme/Affeldt,* JCLE, Band 10, Heft 2, 299 ff.

455 Siehe zum Modell näher: *Gerlach/Li,* Journal of Law and Economics, Band 64, Heft 3, 2021, 444.

456 *Filistrucchi/Geradin/van Damme/Affeldt,* JCLE, Band 10, Heft 2, 299 ff.

457 *Dewenter/Rösch/Terschüren,* NZKart 2014, 390.

458 *Gerlach/Li,* Journal of Law and Economics, Band 64, Heft 3, 2021, 453.

459 *Katz/Sallet,* Yale l. J., 2018, Band 127, Nr. 7, 2169 ff.

460 *Dewenter/Rösch/Terschüren,* NZKart 2014, 390; Streinz/*Eilmansberger/Kruis,* AEUV vor Art. 101 Rn. 56.

461 *Podszun/Schwalbe,* NZKart 2017, 99 ff.

Marktgegenseite Rechnung tragen.[479] Facebook erwirtschaftet den überwiegenden Teil seiner Umsätze beispielsweise durch gewerbliche Werbepartner.[480] Zur Unterstützung seiner Werbekunden stellt Facebook Instrumente zur Integration und Analyse der Dienste für personalisierte Werbung zur Verfügung, wie auch weiterführende Dienste zur Personalisierung dieser Werbung.[481] Dass Nutzer des sozialen Netzwerks an derartigen Leistungen interessiert sein könnten erscheint fernliegend.

Demgegenüber führt eine Gesamtbetrachtung dazu, dass die Grenzen des Bedarfsmarktkonzepts, welches für die funktionelle Austauschbarkeit auf die Sicht der Marktgegenseite abstellt, dann überspannt werden, wenn für die Substitution sowohl auf Geschäfts- als auch auf Privatkunden abgestellt wird.[482] Leistungen für Geschäftskunden sind für Privatkunden in der Regel nicht interessant. Aus der Sicht eines verständigen Verbrauchers besteht daher keine funktionelle Austauschbarkeit zwischen den speziell auf Geschäftskunden und Privatkunden zugeschnittenen Angeboten.[483]

In der Entscheidung Facebook/WhatsApp ging die EU-Kommission ebenfalls von getrennten sachlich relevanten Märkten aus. Für die Nutzerseite definierte die Kommission den sachlich relevanten Markt für soziale Netzwerkdienste.[484] Im Fall von Facebook[485] hat der BGH in Einklang mit der Entscheidung auf europäischer Ebene ebenfalls einen Markt „des sozialen Netzwerkes“ als Leistungsangebot an die private Nutzerseite und daher einen relevanten Markt für Verbraucherkommunikationsdienste[486]

---

479 EuG, Urteil vom 11.12.2013 – T-79/12 – *Cisco Systems, Inc. und Messagenet SpA/Kommission*, EuZW-Sonderausgabe 1/2019 2019, 60; *Birnstiel/Bauer*, in: Internet of Things, Rechtshandbuch 2021, § 14 Rn. 76–86; Ohne die Notwendigkeit der Substituierbarkeit zu berücksichtigen: *Podszun/Schwalbe*, NZKart 2017, 99 ff.

480 BKartA Beschl. v. 6.2.2019, B6-22/16, BeckRS 2019, 4895 Rn. 38 – *Facebook*.

481 *Nagel/Horn*, ZWeR 2021, 80.

482 *Birnstiel/Bauer*, in: Internet of Things, Rechtshandbuch 2021, § 14 Rn. 79.

483 *Mayen*, MMR 2001, 498.

484 Kommission, Entscheidung v. 3.10.2014. – COMP/M.7217, C(2014) 7239 final Rn. 13 ff. – *Facebook/WhatsApp*.

485 BGH, Beschl. v. 23.6.2020 – KVR 69/19, GRUR 2020, 1318 – *Facebook*.

486 Kommission, Entscheidung v. 3.10.2014. – COMP/M.7217, C(2014) 7239 final Rn. 13 ff. – *Facebook/WhatsApp;* EuG, Urteil vom 11.12.2013 – T-79/12 – *Cisco Systems, Inc. und Messagenet SpA/Kommission*, EuZW-Sonderausgabe 1/2019 2019, 60; Pressemitteilung der Europäische Kommission vom 04.06.2021, AT.40684 „*Facebook leveraging*“, abrufbar unter: https://ec.europa.eu/competition/antitrust/cases/dec_docs/40684/40684_ 1812_3.pdf, zuletzt aufgerufen am: 01.03.2024.

bestimmt.[487]

Schwerpunkt für die Substituierung sei die typische Vertragsleistung eines sozialen Netzwerkes. Dieses bestehe, anders als Berufsnetzwerke oder Jobbörsen (Xing, Indeed etc.), Messaging-Dienste wie Snapchat und andere sozialen Medien, vorrangig darin, einen virtuellen Raum zur Verfügung zu stellen, der dem Nutzer ermöglicht, mit seinem persönlichen Netzwerk aus Freunden und Bekannten mittels einer eigenen „virtuellen Identität" zu kommunizieren.[488] Der Nutzer soll im Netzwerk „echte zwischenmenschliche Beziehungen" aufbauen können.[489] Die Annahme selbst konstruierter digitaler Identität ist in einem sozialen Netzwerk ein zentraler Bestandteil der digitalen Selbstdarstellung.[490] Folgend legt der BGH in Anlehnung an die Entscheidung des Bundeskartellamts das Bedarfsmarktkonzept für diesen Fall eng aus,[491] da für die Substituierung nicht ausschließlich auf die Vermittlungsdienstleistung persönlicher Kontakte als solche abgestellt wird, die auch bei digitalen Messaging-Diensten wie WhatsApp durch die Verknüpfung von Adress- und Kontaktlisten des Mobilfunkproviders mit der dazugehörigen Mobilfunknummer erforderlich ist, sondern vielmehr auf die Erfahrung einer von der wahren Identität möglichst losgelösten virtuellen Identität.

Diese differenzierte Unterscheidung für die Plattform Facebook leuchtet insoweit ein, als dass beispielsweise für die Nutzung des Dienstes Snapchat die Eingabe der eigenen Mobilfunknummer vorausgesetzt wird; der Dienst richtet sich daher primär an die „echte Identität" des Nutzers und nicht an die Interaktion (zumindest auch) als Pseudonym.[492] Allerdings kann ein derart enges Verständnis vom Bedarfsmarktkonzept für die Substitution von Nachfragegruppen

---

487 BGH, Beschl. v. 23.6.2020 – KVR 69/19, GRUR 2020, 1318 Rn. 23–25 – *Facebook*; *Volmar*, NZKart 2020, 170: Für die Konsequenz dieser Abgrenzung wird teilweise davon ausgegangen, dass die Bejahung der Intermediationsmacht dazu führe, dass *Facebook* auf seinem Nutzermarkt nicht marktbeherrschend sei, mit Verweis auf § 18 Abs. 3b GWB-E.

488 BGH, Beschl. v. 23.6.2020 – KVR 69/19, GRUR 2020, 1318 Rn. 23–25 – *Facebook*; a.A. und für eine weites Verständnis des Bedarfsmarktkonzepts, *Esser*, in: FS Wiedemann, S. 293.

489 BKartA Beschl. v. 6.2.2019, B6-22/16, BeckRS 2019, 4895 Rn. 250 – *Facebook*.

490 *Kumkar*, ZUM 2022, 489 ff.

491 BKartA Beschl. v. 6.2.2019, B6-22/16, BeckRS 2019, 4895 Rn. 249 ff. – *Facebook*.

492 So im Ergebnis wohl auch BKartA Beschl. v. 6.2.2019, B6-22/16, BeckRS 2019, 4895 Rn. 196, 264 ff., 290 ff. – *Facebook*.

zwischen den Online-Plattformen zu Pfadabhängigkeiten[493] führen, die die Veränderungsdynamik nicht hinreichend berücksichtigen:

Für ein soziales Netzwerk kann es mit der Zeit von Interesse sein auf die Preisgabe der wahren Identität seiner Nutzer zu drängen, um auf Basis von großen Mengen personenbezogener Daten, plattform- und dienstübergreifend Persönlichkeitsprofile zu bilden, sodass die Nutzung des bereitgestellten Dienstes nur mit dem wirklichen Namen (Klarnamen)[494] erfolgen kann.[495] Im Einzelfall kann es dem sozialen Netzwerk sogar unzumutbar sein, seinen Dienst unter Verzicht auf Offenlegung des richtigen Namens zur Verfügung zu stellen, weshalb zumindest die Möglichkeit der Anmeldung in den sozialen Netzwerken unter einem Pseudonym nach § 19 Abs. 2 TTDSG (§ 13 Abs. 6 Satz 1 TMG a.F.) entfallen könnte.[496] Ein Recht auf anonyme bzw. pseudonyme Nutzung eines sozialen Netzwerks im Rahmen der DSG-VO besteht zudem nicht.[497] Folglich wird aus Sicht des Nutzers der Markt tendenziell eng abgegrenzt. Je stärker allerdings die eigene Identität in den Vordergrund rückt, umso eher verwischen die Konturen zwischen den einzelnen sozialen Netzwerk- und Messaging Diensten.

Facebook war anfangs ein Website-Dienst, zur Kommunikation unter Studenten. Erst mit der Verbreitung in anderen Universitäten wurde Facebook derart populär, dass es sich 2006 für die breite Öffentlichkeit öffnete. Auf Grundlage der Interessen eines Nutzers wurde erst im Verlauf der Zeit die Funktion eingeführt, die potenzielle Freunde oder Seiten zum „Gefällt mir“ vorschlug, was durch einen Algorithmus bestimmt wurde, der untersuchte, wie

---

493 *Schmidtchen,* WuW 2006, 6; *Podszun,* in: Jaeger/Kokott/Pohlmann/Schro- eder/Seeliger, Frankfurter Kommentar zum Kartellrecht, Kap. Telekommunikationssektor A.V.2., Rn. 120–121.

494 Als Klarname ist der Echtname gemeint, teilweise fordern Plattformen zwar einen „vollständigen Namen“, hierbei kann auch ein Pseudonym verwendet werden, ein Echtnahme wird nicht erwartet.

495 *Kumkar,* ZUM 2022, 489 ff.

496 Differenzierend zwischen dem Innen- und Außenverhältnis ohne für Fälle vor dem Inkarafttreten der DSG-VO und unter der Anwendung von § 13 Abs. 6 Satz 1 TMG a.F: BGH, Urteil vom 27.1.2022 – III ZR 3/31, MMR 2022, 375–384 – *Klarnamenpflicht auf Facebook*; insgesamt ablehnend gegenüber einer Pseudonymisierungspflicht: OLG München, 18 U 2822/19, CR 2021, 382 ff. – *Klarnamenpflicht auf Facebook;* vgl. zur weitergehenden Problematik unter den Gesichtspunkten des Anwendungsvorrangs der DSG-VO zu nationalen Bestimmungen: *Kumkar,* ZUM 2022, 489 ff.

497 *Kumkar,* ZUM 2022, 494 ff.

der Nutzer im Laufe der Zeit mit der Plattform interagiert hatte. Der wesentliche Unterschied zu den Messaging-Diensten ist daher nicht, dass eine virtuelle Identität in den Vordergrund rückt, sondern der weitergehende „Interaktionsauslöser".[498] Nutzerkonten können mittlerweile genau wie Messaging-Dienste mit der eigenen Telefon-Kontaktliste verbunden werden.

Während auf der Seite der Privatnutzer tendenziell engere Substitute gebildet werden, wird für die werbetreibende Nutzergruppe eine großzügigere Betrachtung herangezogen. Bei der allgemein unternehmerisch tätigen Nutzergruppe wird zunächst geschaut, inwieweit sie entgeltliche Leistungen von der Plattform in Anspruch nimmt. Für die vorwiegend suchungebundene und daher auf die Aufmerksamkeit der privaten Nutzer ausgerichteten Schaltung von Werbeanzeigen, wird die Nutzerseite der Werbekunden gebildet.[499] Dies ist vor dem Hintergrund einleuchtend, dass Plattformdienste je nach Ausprägung der Netzwerkexternalitäten auf dieser Seite um die höchstmögliche Nutzungsgebühr für Werbeflächen konkurrieren.

Vor dem Hintergrund, dass jedoch zumindest einer Nutzerseite die Leistung ohne ein monetäres Entgelt zur Verfügung gestellt wird, kommt der marktseitenspezifische Ansatz zu dem Folgeproblem, inwieweit die unentgeltliche Leistungserbringung einem Markt entgegenstehen kann:[500] Facebook stellt nicht nur privaten Nutzern die Nutzung des sozialen Netzwerks monetär kostenfrei, sondern auch reinen Inhalteanbietern, die ein Nutzerprofil auf Facebook zu reinen Vermarktungszwecken nutzen oder Entwicklern bei der Nutzung von Facebooks vordefinierten Programmierschnittstellen (sog. Facebook Business Tools), um diese beispielsweise in die eigene Webseite einzubinden und auf diese Weise einen technischen Zugang zum sozialen Netzwerk eigener Nutzer zu ermöglichen.[501]

6. *Zwischenergebnis und Stellungnahme*

a. *„Mehrseitige Einzelmarktbeherrschung"*

Viele Plattformen im Internet wie Aufmerksamkeitsplattformen[502] oder Informationsplattformen[503] erbringen ihre Dienstleistung jedenfalls einer

---

498 *Ronteau/Muzellec/Saxena/Trabucchi*, Digital Business Models, S. 34.

499 Vgl. BKartA Beschl. v. 6.2.2019, B6-22/16, BeckRS 2019, 4895 Rn. 231 ff. – *Facebook*.

500 *Birnstiel/Bauer*, in: Internet of Things, Rechtshandbuch 2021, § 14 Rn. 84 ff.; *Topel*, in: FS Wiedemann, S. 57.

501 Vgl. BKartA Beschl. v. 6.2.2019, B6-22/16, BeckRS 2019, 4895 Rn. 236 ff. – *Facebook; Satzky*, in: FS Schmidt, Band 2, S. 305.

502 Immenga/Mestmäcker/*Fuchs*, GWB § 18 Rn. 144.

503 *Engert*, AcP 218 (2018), 310.

Nachfrageseite unentgeltlich.[504] Schwierigkeiten bereitet eine Marktabgrenzung auf Grundlage der gängigen preisbezogenen Methoden, wie dem SSNIP-Test, insbesondere für den marktseitenspezifischen Ansatz, soweit der abgegrenzten Nutzerseite die Leistung monetär kostenfrei gewährt wird.[505] Ein marktseitenübergreifender Ansatz kann das Wettbewerbsgeschehen durch die Betrachtung einer Gesamtgebühr beider Nutzerseiten, die die Plattform erwirtschaftet, daher besser einordnen.

Lange Zeit war daher umstritten, ob bei Unentgeltlichkeit einer Leistungsbeziehung überhaupt ein Markt abgebildet werden kann.[506] Der Anwendungsbereich des Art. 102 AEUV wäre hiernach nicht eröffnet. Für digitale Plattformmärkte wurde dieses Problem im Wesentlichen auf zwei Arten angegangen: Einerseits wurde versucht, Konzepte zur Marktabgrenzung auf einseitigen Märkten auf zweiseitige Märkte, teils in modifizierter Form, zu übertragen, wobei das Entgeltlichkeitserfordernis als zwingendes Kriterium vorausgesetzt wurde.[507] Zum Teil wird analog zum single-market approach der Marktbegriff einer weitergehenden Auslegung unterzogen, sodass auf die Entgeltlichkeit verzichtet wird oder gar auf eine Marktabgrenzung insgesamt und stattdessen ausschließlich auf sog. Schadenstheorien abgestellt wird.[508]

Mittlerweile besteht weitestgehend Konsens darüber, dass Daten und insbesondere personenbezogene Daten i.S.d. Art. 4 Nr. 1 DS-GVO „einen bedeutenden ökonomischen Wert“ abbilden,[509] insbesondere für datenbasierte

---

504 Kommission, Entscheidung v. 27.6.2017 – AT.39740, C(2017) 4444 – *Google Shopping*, Rn. 8.

505 Siehe hierzu näher: *Podszun/Franz*, NZKart 2015, 125 ff.

506 Siehe hierzu näher: *Podszun/Franz*, NZKart 2015, 125 ff.; *Topel*, in: FS Wiedemann, S. 57 ff.

507 *Dewenter/Rösch/Terschüren*, NZKart 2014, 390 ff.

508 *Podszun/Franz*, NZKart 2015, 125 ff., teilweise jedoch widersprüchlich, soweit auf einen von ökonomischen Gegebenheiten weitestgehend unabhängigen, normativ offenen Marktbegriff für die Bejahung eines Marktes bei unentgeltlichen Leistungen ausgegangen wird, jedoch für die Plattform Google das Argument der Unentgeltlichkeit genutzt wird, um das Vorliegen eines Marktes zu verneinen: *Podszun*, Google und das Leistungsschutzrecht für Presseverleger aus kartellrechtlicher Perspektive, S. 4.; Zu Schadenstheorien vgl. näher Kap. 3.C.II.

509 Richtlinie (EU) 2019/770 des Europäischen Parlaments und des Rates vom 20.05.2019 über bestimmte vertragsrechtliche Aspekte der Bereitstellung digitaler Inhalte und digitaler Dienstleistungen, Erwägungsgrund (67): Die Bereitstellung personenbezogener Daten statt oder zusammen mit der Zahlung eines Preises durch den Verbraucher löst nunmehr die gleichen vertraglichen Ansprüche gegen den Unternehmer aus, wie bei Zahlung einer monetären Gegenleistung.

Geschäftsmodelle, die auf Datennetzwerkeffekte ausgerichtet sind.[510] Aus juristischer Sicht spricht für ein entgeltliches Austauschverhältnis zu einem Preis „Null“ die Formulierung der gängigen AGB von Plattformdiensten – vorliegend von Facebook – mit dem Inhalt:

„2. Nutzungsbedingungen:

Anstatt dafür zu zahlen, Facebook sowie die anderen von uns angebotenen Produkte und Dienste zu nutzen, erklärst du dich durch Nutzung der Meta-Produkte, für die diese Nutzungsbedingungen gelten, einverstanden, dass wir dir Werbeanzeigen zeigen dürfen, für deren Hervorhebung innerhalb und außerhalb der Produkte der Meta-Unternehmen wir von Unternehmen und Organisationen bezahlt werden. Wir verwenden deine personenbezogenen Daten, wie z.B. Informationen über deine Aktivitäten und Interessen, um dir Werbeanzeigen zu zeigen, die relevanter für dich sind.“[511] In der Formulierung „anstatt“, geknüpft an die Bedingung der Gewährung der Datensammlung, kann der Geschäftswille dahingehend ausgelegt werden, dass andernfalls ein entsprechender Preis zu zahlen wäre. Der ausschlaggebende Datenbestand hätte sonst anderweitig beschafft werden müssen, um die Werbefläche attraktiv zu machen. Stattdessen erfolgt eine auf Datensammlung- und Auswertung basierte Quersubventionierung durch die andere Nutzerseite des Plattformdienstes. Es stellt daher nichts anderes als eine vollständige Rabattierung der Nutzerseite des sozialen Netzwerkes dar, die gegen einen „kostenfreien“ Dienst spricht.[512]

Diesem Ergebnis steht dabei nicht entgegen, dass bei Daten keine technologische Rivalität in der Nutzung vorliegt. Der Wert von Daten ergibt sich vielmehr aus dem Informationsvorteil, der aus ihnen gezogen wird.[513] Dass die ökonomischen Modelle ihren genauen Wert preislich noch nicht abbilden können, macht eine kartellrechtliche Betrachtung nicht gegenstandslos.[514] Ein

---

510 Kommission, Entscheidung v. 27.6.2017 – AT.39740, C(2017) 4444 – *Google Shopping*, Rn. 4 u. 8: Die Kommission betont im Ergebnis, dass die Unentgeltlichkeit einer wirtschaftlichen Tätigkeit nicht entgegensteht; MüKoBGB/*Metzger*, BGB vor § 327 Rn. 16; vgl. dazu Kap. 2.B.III.

511 Facebooks Nutzungsbedingungen, abrufbar unter: https://de-de.facebook.com/terms, Stand 16. Juni, 2022, zuletzt aufgerufen am: 01.03.2024.

512 Für die Einordnung als gegenseitiger Vertrag i.S.d. § 320 BGB vgl. näher: MüKoBGB/*Metzger*, BGB vor § 327 Rn. 15 ff.

513 BGH, Beschl. v. 23.6.2020 – KVR 69/19, GRUR 2020, 1318 Rn. 60 ff. – *Facebook*; vgl. hierzu Kap. 2.B.III.

514 *Podszun*, GRUR 2020, 1275.

rabattierter Preis von Null ist ökonomisch ebenfalls ein Preis.[515] Ausschlaggebend ist nur, ob die Erbringung eines etwaigen Dienstes eine wirtschaftliche Tätigkeit darstellt.[516] Dies ist dann der Fall, wenn bei mehrseitigen Diensten die Nutzer zur Monetarisierung des gesamten Dienstes beitragen.[517]

Gegen eine marktseitenspezifische Marktabgrenzung spricht darüber hinaus, dass ihre Herangehensweise viele wettbewerbsschädigende Praktiken nach den gängigen preislichen Methoden auf diesem spezifischen Markt dann nicht erfassen kann, soweit es um unentgeltliche Leistungsbeziehungen geht.[518] Hierzu zählen neben Preisdiskriminierung oder Kampfpreisunterbietung, insbesondere die Lieferung schlechter Qualität zu einem wettbewerbswidrig überhöhten Preis.[519]

Für einen differenzierten Ansatz innerhalb einer Gesamtbetrachtung, Vermittlungsplattformen einem einheitlichen Markt zuzuordnen, spricht, dass sie die eingenommene Rolle des Plattformbetreibers als „Mittler oder Anbieter" besser berücksichtigen kann. Ist der Vermittlungsdienst gleichzeitig (Mit-) Leistungsschuldner, ist ihm das Verhalten des Leistungserbringers z.B. im deutschen Recht nach § 278 BGB zuzurechnen.[520] Dies könnte dafürsprechen, die Leistung des Plattformdienstes im Sinne eines unvollkommenen Substituts zu begreifen.

Dieser differenzierte Ansatz fußt allerdings auf Filistrucchis[521] Folgerung, dass Transaktionsplattformen, gestützt auf die Entscheidung der Kommission im Fall Travelport/Worldspan[522], einen einheitlichen Markt abbilden können. Ausschlaggebend war dabei, dass Daten aktiv gesammelt wurden, um diese für unterschiedliche Nutzer in einer spezifischen Branche im Rahmen einer Vertriebsleistung zur Verfügung zu stellen. Positive indirekte Netzwerkeffekte waren nachrangig. Eine „Intermediärsmacht", wie sie heute verstanden wird,

---

515 BKartA Beschl. v. 6.2.2019, B6-22/16, BeckRS 2019, 4895 Rn. 378 – *Facebook.*

516 Kommission, Entscheidung v. 27.6.2017 – AT.39740, C(2017) 4444 – *Google Shopping,* Rn. 157.

517 Kommission, Entscheidung v. 27.6.2017 – AT.39740, C(2017) 4444 – *Google Shopping,* Rn. 158–159.

518 Vgl. *Thomas,* NZKart 2017, 92 ff: Es verbleibt daher nur noch der Rückgriff auf die Fallgruppe eines Konditionenmissbrauchs ohne Preisgefüge.

519 *Thomas,* NZKart 2017, 94.

520 *Engert,* AcP 218 (2018), 312.

521 *Filistrucchi/Geradin/van Damme/Affeldt,* JCLE, Band 10, Heft 2, 301.

522 Kommission, Entscheidung v. 21.8.2007, Az. COMP/M.4523, 5.1.1. Rn. 9 ff., *Travelport/Worldspan.*

bestand nicht. Eine typische Matchmaking-Plattform stand hier nicht im Vordergrund, was das Bundeskartellamt anerkennt.[523] Es ist daher kein für die Plattformökonomik typischer Vermittlungsdienst als unvollkommenes Substitut, sondern ein rein auf Datensammlung basierter Vertriebsdienst von Informationen.

Eine Gesamtbetrachtung führt dazu, dass die gewerblichen und privaten Kundengruppen als eine Nachfragegruppe gesehen werden. Unmittelbare Folge kann ein Vorwurf der Preisdiskriminierung[524] zwischen den beiden Nutzergruppen sein, obschon eine Preisdifferenzierung durch die Quersubventionierung wie gezeigt[525] den Plattformen immanent ist.

Problematisch wird dieser Ansatz insbesondere, sobald die Plattform in weitere Absatzstufen eindringt, wie beispielsweise in den Händlermarkt auf ihrem Kernplattformdienst.[526] Die Grenzen zwischen einem mehrseitigen und nichtmehrseitigen Plattformdienst können dadurch fließend sein und hängen im Internet oft vom Zufall ab, da Internetdienste nicht selten spezifisch miteinander verbunden werden:

Plattformdienste können sowohl als Transaktions- als auch Nicht-Transaktionsplattformen operieren. Die meisten Plattformdienste betreiben in einem einheitlichen Ökosystem viele unterschiedliche Plattformarten, wie beispielsweise der Plattformkerndienst der sozialen Netzwerke (Nichttransaktionsplattform) Facebook und in diesem Netzwerk betriebene Facebook Marketplace[527] (Transaktionsplattform). Zum anderen gibt es mehrseitige Plattformen, die auf einigen, aber nicht auf allen potentiellen Seiten konkurrieren: Anders als das Betriebssystem Android, stellt Apple sein Betriebssystem iOS nicht für andere Mobiltelefonhersteller zur Verfügung, sondern ausschließlich für das konzerneigene iPhone.[528]

Eine Gesamtbetrachtung kann zudem nicht gewährleisten, dass die Vorteile einer Nutzerseite stets auch an diejenige Nutzerseite, die vermeintlich Nachteile

523 BKartA, B6-113/15 Arbeitspapier, S. 31, mit Verweis auf: Kommission, Entscheidung v. 21.8.2007, Az. COMP/M.4523, *Travelport/Worldspan*.

524 *Deselaers*, in: Grabitz/Hilf/Nettesheim, AEUV Art. 102 Rn. 420.

525 Vgl. Kap. 3.B.II.3.a.

526 *Engert*, AcP 218 (2018), 313.

527 Pressemitteilung der Europäische Kommission vom 04.06.2021, AT.40684 „*Facebook leveraging*", abrufbar unter: https://ec.europa.eu/competition/antitrust/cases/dec_docs/40684/40684_1812_3.pdf, zuletzt aufgerufen am: 01.03.2024.

528 *Evans/Schmalensee*, in: Blair/Sokol, The Oxford Handbook of International Antitrust Economics 2014, Band 1, S. 419 ff.

erfährt, weitergereicht werden, oder ob und wie ein derartiger Ausgleich stattfindet, weil sie denknotwendig auf eine Gesamtgebühr[529] abstellen müsste. Derart ausgleichende Ansätze sind dieser Betrachtung daher insgesamt fremd.[530] Mögliche missbräuchliche Verhaltensweisen können so unentdeckt bleiben.

In diesem Zusammenhang hebt der EuG beispielsweise im Fall Google-Shopping, hervor, dass wettbewerbsfördernde Serviceverbesserungen für Nutzer des Suchdienstes die streitige Praxis seine eigenen Dienste gegenüber den werbetreibenden Vergleichsportalen zu begünstigen, nicht rechtfertigen kann. Entsprechende Effizienzgewinne, die diese negativen Auswirkungen auf den Wettbewerb aufwiegen, hat Google in dem einschlägigen Verfahren nicht nachweisen können.[531] Hier zeigt sich die Unabdingbarkeit der marktseitenspezifischen Marktabgrenzung, um die einzelnen Nutzerinteressen hinreichend zu berücksichtigen.

Der Aspekt der Quersubventionierung muss in gewissen Grenzen auch bei der Marktabgrenzung eine Rolle spielen. Die Möglichkeit einer Preisdifferenzierung verschiedener Plattformseiten, insbesondere eine der Seiten unter den Grenzkosten zu bepreisen (= Nullpreis), trotz hoher Gewinne, kann ein Indiz für Preissetzungsmacht sein. Der Plattformbetreiber ist in der Lage, seine Kosten vollständig an die andere Seite (= meist gewerbetreibende Nutzerseite) weiterzugeben. Der Nutzer bleibt trotz der Preise auf der Plattform. Konkurrenzunternehmen können im Stadium des Eintritts in den Markt eine derartige Preisdifferenzierung nicht vornehmen.[532]

In diesem Sinne kann auch die marktseitenspezifische Abgrenzung nicht losgelöst von den Besonderheiten mehrseitiger Märkte abrücken. Bei strikter einseitiger Marktabgrenzung kommen besondere Beweiserhebungsschwierigkeiten hinzu. So wird die begünstigte Seite kaum ein Interesse an der Mitwirkung von Ahndungen etwaiger Verstöße für die andere Seite haben,[533] weshalb teilweise vertreten wird, dass die Schwächen beider Ansätze ein Loslösen der Definition des sachlich relevanten Marktes in zweiseitigen Märkten gebieten. Bevorzugt sei die Anwendung einer Schadenstheorie, sog. „Theory of Harm" und daher eine Abkehr vom Marktmachtkonzept.[534]

529 Vgl. Kap. 3.B.II.3.a.
530 *Katz/Sallet,* Yale l. J., 2018, Band 127, Nr. 7, 2169 ff.
531 EuG, Urt. v. 10.11.2021 – T-612/17 – *Google Search,* NZKart 2021, 684 Rn. 551–553.
532 *Gerlach/Li,* Journal of Law and Economics, Band 64, Heft 3, 2021, 453 ff.
533 *Katz/Sallet,* Yale l. J., 2018, Band 127, Nr. 7, 2169 ff.
534 *Birnstiel/Bauer,* in: Internet of Things, Rechtshandbuch 2021, § 14 Rn. 80.

Dass Marktverhältnisse in einem unentgeltlichen Markt nicht unbedingt nach einem rein preislichen Modell beurteilt werden können, ist jedoch kein unüberwindbares Hindernis. Es müssen andere Faktoren als Abgrenzungsmerkmale dienen. Das Fehlen eines Preises kann nicht dazu führen, dass Märkte geschaffen werden, die so nicht existieren.

b. Loslösung vom starren Preisgefüge

Bei mehrseitigen Online-Plattformmärkten wird die Preisbildungsfunktion des ökonomischen Marktes durch externe Netzwerkeffekte gestört, weil sie kaum im Marktpreis abgebildet werden können.[535] Problematisch bleibt daher die Anwendung des SSNIP-Tests, weil die Quersubventionierung dazu führt, dass Plattformen Preise auf einer Seite deutlich über den Grenzkosten und auf der anderen Seite entweder unter oder bei den Grenzkosten ansiedeln, in manchen Fällen das Preisgefüge sogar negativ sein kann. Grenzkosten können im Allgemeinen – bereits bei einseitiger Betrachtung – keinen eindeutigen Rückschluss auf die optimale Preisgestaltung liefern.[536]

Zum anderen kann der SSNIP-Test positive und negative Rückkopplungseffekte bei der Nachfrage nicht abbilden. Dies gilt sowohl für die Abgrenzung nach dem plattformübergreifenden als auch im Ergebnis nach dem marktseitenspezifischen Ansatz. Eine Preiserhöhung auf einer Seite führt zum Rückgang der Nachfrage für das Erzeugnis dieser Seite und durch Rückkopplungseffekte zum gleichzeitigen Rückgang der Nachfrage auf der anderen Seite. Es entsteht ein gegenläufiger Effekt, der zuvor durch positive indirekten Netzwerkeffekte in Gang gesetzt und internalisiert[537] wurde. Der Nachfragerückgang ist dabei selbstverstärkend und verringert daher weiter die Nachfrage auf der ersten Seite. Die Preiserhöhung ist auf den ersten Blick unrentabel und der Markt zu eng gefasst.[538] Die Internalisierungsstrategie der Plattform, die eine Öffnung

---

535 *Topel,* in: FS Wiedemann, S. 58–59.

536 *Evans/Schmalensee,* in: Blair/Sokol, The Oxford Handbook of International Antitrust Economics 2014, Band 1, S. 422.

537 Vgl. Kap. 2.B.II., Kap. 3.B.II.4.

538 *Evans/Schmalensee,* in: Blair/Sokol, The Oxford Handbook of International Antitrust Economics 2014, Band 1, S. 423 ff.: Was gleichsam für die Anwendung des Critical-Loss und des Lerner-Index gilt. Die meistdiskutierte Frage dabei, ob feste Transaktionsgebühren beider Seiten als zusammengesetzter Preis eine Anwendung preisbezogener Ansätze zur Abbildung genutzt werden können, verfängt im Ergebnis aus demselben Grund bei Online-Plattformdiensten nicht, weil es primär nicht um eine abhängige feste Transaktion zur und von der Plattform hin geht, sondern um den Zugang zu der jeweiligen Nutzergruppe.

des Plattformdienstes einer Nutzerseite monetär kostenfrei zur Grundlage hat, wird nicht hinreichend berücksichtigt.[539]

Der wohl gewichtigste Grund, preisliche Erwägungen nicht derart zu gewichten, ist, dass viele mehrseitige Plattformdienste nicht über den Preis konkurrieren, sondern andere, insbesondere qualitative, Wettbewerbsparameter ausschlaggebend sind.[540]

Vorzugswürdig erscheint daher eine marktseitenspezifische Marktabgrenzung in Anwendung des Bedarfsmarktkonzepts, weil sie ein allgemeines Konzept darstellt, welches nicht auf einseitige Märkte begrenzt ist. Der entscheidende Aspekt ist dabei, dass die funktionale Austauschbarkeit vordergründig nicht auf preisliche Erwägungen abstellt, insoweit als eine Nutzerseite keine monetäre Gegenleistung für die Nutzung eines Dienstes erbringt und daher die Erhebung und Verwertung personenbezogener Daten für die Einordnung als Gegenleistung keine gezielte Rolle spielt. Denn auch im Falle einer fehlenden Gegenleistung der Nutzer kommt es auf die Sicht des Nachfragers an, „weil derjenige, der über die Auswahl des Leistungserbringers entscheidet, Angebot und Nachfrage zusammenführt."[541]

Ob auf einem mehrseitigen Plattformdienst eine weitere Nachfragegruppe besteht, die ein eigenständiges Marktverhältnis abbildet, hängt unmittelbar davon ab, ob bereits ein Bedürfnis an Nachfragern gestillt wird. Die Kontrolle, ob die Annahme eines Marktes auch positive Rückkopplungseffekte stützt, muss nicht notwendigerweise auf der Ebene der Marktabgrenzung erfolgen.[542]

Nach der hier vertretenen Ansicht wäre es auch nicht problematisch, die ökonomischen Abhängigkeiten der Nutzergruppen auf mehrseitigen Plattformdiensten bereits auf der Ebene der Marktabgrenzung zu berücksichtigen: So wäre aus Sicht eines Online-Publishers das Schalten der Werbung auf Facebook ein Werbeanzeigemarkt im Sektor der sozialen Netzwerke. Der wesentliche

539 Vgl. *Topel,* in: FS Wiedemann, S. 61.

540 Kommission, Entscheidung v. 27.6.2017 – AT.39740, C(2017) 4444 – *Google Shopping,* Rn. 160.

541 BGH, Beschl. v. 23.6.2020 – KVR 69/19, GRUR 2020, 1318 Rn. 29 ff. – *Facebook*: Mit Verweis auf, BGHZ 175, 333 = NJW-RR 2008, 1426 Rn. 29 – Kreiskrankenhaus Bad-Neustadt, m.w.N. und der Tatsache, dass auch im Geltungsbereich des Sachleistungsprinzips der gesetzlichen Krankenversicherung die Sicht *des Empfängers* der Leistung für maßgeblich gehalten hat, obwohl dieser die Leistung nicht selbst vergüten muss.

542 *Evans/Schmalensee,* in: Blair/Sokol, The Oxford Handbook of International Antitrust Economics 2014, Band 1, S. 423 ff.

Unterschied ist der Leistungsschwerpunkt, der dem jeweiligen Bedürfnis entspricht. Bei vorwiegend transaktionsbasierten Plattformen geht es den gewerbetreibenden Nutzern um die zumindest vorübergehende Schaltung ihrer Angebote zum Zwecke der Transaktion für die andere Nutzergruppe, wobei die angestrebte Transaktion nicht zwingend auf der Online-Plattform erfolgen muss. Die geschaltete Anzeige kann genauso dazu genutzt werden, um Nutzer auf die eigene Website zu leiten. Dies ist auch der wesentliche Unterschied zu transaktionsbasierten mehrseitigen Finanzdienstleistungsanbietern, wie Kartenzahlungssystemen, die für die Transaktion der Nutzerseiten technisch zwingend dazwischengeschaltet sein müssen, weshalb, wie aufgezeigt, nicht alle kartellrechtlichen und ökonomischen Grundsätze mehrseitiger Dienste stets und ausnahmslos auf alle Online-Plattformdienstleister übertragbar sind, obschon die meisten Grundsätze auf der Analyse solcher mehrseitigen Märkte wie Kartenzahlungssysteme basieren.

Befürwortet wird daher eine auf aktuellen Nutzerpräferenzen basierte, weite Bedarfsmarktanalyse, die Auswirkungen von negativen Netzwerkeffekten auf potentielle Wettbewerber berücksichtigt: Facebook hat sich seine Stellung auf dem Markt trotz vormals gegen Facebook wirkender negativer Netzwerkeffekte von vermeintlich unbestreitbaren Monopolen von MySpace und StudiVZ durch den weitergehenden „Interaktionsauslöser“[543] erkämpft. Zumindest MySpace wäre in der originären Form einer Plattform mit vordergründig bestehenden E-Mail Funktionen, nach derzeitigem engem Verständnis des Bedarfsmarktkonzepts seitens der Kartellbehörden, kein Substitut zum sozialen Netzwerk Facebook. Die derzeitige Abwanderung bestimmter Nutzergruppen vom sozialen Netzwerk Facebook zur Plattform TikTok stellt, trotz ablehnender Haltung der Kartellbehörden,[544] ebenfalls ein Substitut zu Facebook dar, und zwar aufgrund von neuen Nutzerpräferenzen, die empirisch belegt sind, weshalb auch in der rechtswissenschaftlichen Literatur die Substituierbarkeit beider Plattformen befürwortet wird.[545]

---

543 Vgl. Kap. 3.B.II.5.

544 Vgl. BKartA Fallbericht v. 06.02.2019 – B6-22/16, S. 19 – *Facebook.*

545 Befürwortend: *Esser,* in: FS Wiedemann, S. 288; vgl. für die Abwanderung von Facebook zu Tiktok: Pew Research Center, November 2022, „Connection, Creativity and Drama: Teen Life on Social Media in 2022“, abrufbar unter https://www.pewresearch.org/internet/2022/11/16/connection-creativity-and-drama-teen-life-on-social-media-in-2022/, zuletzt aufgerufen am: 01.03.2024 und Pew Research Center, September 2022, „Social Media and News Fact Sheet“, abrufbar unter https://www.pewresearch.org/journa lism/fact-sheet/social-media-and-news-fact-sheet/, zuletzt aufgerufen am: 01.03.2024.

C. Das „Ob" der Marktabgrenzung in der Missbrauchskontrolle für Online-Plattformdienste

Die Besonderheiten der neuzeitigen Online-Plattformdienste haben, wie gezeigt, die Marktabgrenzung dahingehend erschwert, dass ein Maß an Vorhersehbarkeit und Rechtsklarheit im Hinblick auf konzeptionelle Besonderheiten fehlt. Verschiedene Nutzergruppen beeinflussen das gesamte Preisgefüge und erschweren der Kartellpraxis eine einheitliche Betrachtung, wie sie in einseitigen Märkten weitestgehend etabliert ist. Aus diesem Grund wird die Marktabgrenzung als normativer Bestandteil bereits in ihrer Unverzichtbarkeit, zumindest als erste Prüfungsstufe, hinterfragt. Die wesentlichen Ansätze sollen nachfolgend in ihrer grundlegenden Ausrichtung skizziert und abschließend kurz bewertet werden.

I. Marktabgrenzung als normativ unverzichtbarer Bestandteil der Missbrauchskontrolle

Nach klassischer Ansicht soll die Abgrenzung des relevanten Marktes weiterhin als erste Prüfungsstufe unabdingbar bleiben, um eine Inanspruchnahme im Rahmen von Anordnungen nach Art. 102 AEUV zu begründen. Dessen Bedeutung ist in Art. 102 AEUV ausdrücklich verankert, sodass erst die missbräuchliche Ausnutzung einer beherrschenden Stellung auf dem Binnenmarkt oder auf einem wesentlichen Teil desselben erfasst wird. Damit ist die Marktabgrenzung gerade nicht entbehrlich.[546] Die praxisorientierte Notwendigkeit, Märkte genau zu definieren, resultiert der Kommission zufolge insbesondere daraus, dass die Anzahl der von der Kommission seit 1997 erlassenen Fusionsentscheidungen enorm gestiegen sei. Dies deute darauf hin, dass eine genaue Marktanalyse umso wichtiger sei, um Marktstrukturen nicht nachhaltig zu gefährden. Insoweit hält auch die EU-Kommission an der Unabdingbarkeit einer Marktabgrenzung weiterhin fest.[547]

II. „Theory of Harm" – Missbrauchsrecht als reine Schadenstheorie

Der Ausdruck „Theory of Harm" bezieht sich grundsätzlich auf einen Begriff, der in der deutschen Rechtssprache als „Schadenstheorie" bekannt ist.[548]

546 *Frenz*, NZKart 2013, 285 ff.

547 Kommission, Evaluierung der Bekanntmachung der Kommission vom 9. Dezember über die Definition des relevanten Marktes im Sinne des Wettbewerbsrechts der Gemeinschaft, SWD (2021) 200 final v. 12.7.2021, S. 26.

548 *Lübbig*, in: FS Wiedemann, S. 39.

Aufgabe der Kartellrechtspraxis ist es, wettbewerbsökonomische Erkenntnisse in die rechtliche Bewertung wettbewerbsrelevanter Sachverhalte zu übersetzen. Dazu müssen gesetzliche Normen mit dem Stand der wettbewerbsökonomischen Forschung in Einklang gebracht werden, um schädliche Beschränkungen abzugrenzen und zu erfassen. Wettbewerbsökonomie bietet hierfür empirische Analyseinstrumente, um Eingriffsvoraussetzungen in einem bestimmten Fall zu prüfen.[549] Die Anwendung von kartellrechtlichen Normen und ihrer Grundsätze erfordert stets eine konkrete Bewertung der Wahrscheinlichkeit wirtschaftlicher Entscheidungen und Entwicklungen, um eine angemessene Anwendung zu gewährleisten.[550]

Die Aufgabe einer sachgerechten normativen Auslegung ist es, konsistente wettbewerbliche „Schadenstheorien“ (sog. „Theory of Harm“) und entsprechende Prüfungsraster vom jeweiligen Einzelfall abzuleiten, die in der Lage sind konkrete Voraussetzungen für das Eintreten und das Ausmaß eines Wettbewerbsschadens darzustellen.[551] Mit einer stärkeren Ausrichtung des Kartellrechts auf ökonomische Effekte unter dem Schlagwort „more economic approach“ hat der Begriff der „Schadenstheorie“ Einzug in die Kartellrechtsanwendung gefunden.[552] Unter dem so verstandenen Begriff der Schadenstheorien im wettbewerbsrechtlichen Sinne wird die rechtliche Herangehensweise bei der Erfassung auch ökonomischer Schadenstheorien verstanden, die dazu dient zu erläutern, warum eine bestimmte Art von Verhalten einen Verstoß gegen das Wettbewerbsrecht darstellt und warum dieses Verhalten dem Wettbewerb einen Schaden zufügt.[553] Ein stärker an ökonomischer Betrachtung ausgerichteter Ansatz (sog. form based approach) einer Schadenstheorie beabsichtigt dabei, sich von der ausschließlich kartellrechtlichen Bewertung wirtschaftlicher Sachverhalte zu lösen, die bisher auf leicht handhabbaren Fallkategorien für die Rechtspraxis beruht.[554]

Der formbasierte Ansatz ermöglicht kartellrechtliche Beurteilungen auf Basis von Vertrags- oder Verhaltenskonstellationen, ohne Untersuchung

---

549 *Ewald*, in: Wiedemann KartellR-HdB, § 7 Grundzüge der Wettbewerbsökonomie Rn. 1–3; *Wiebe*, in: FS Kirchner, S. 435.

550 *Lübbig*, in: FS Wiedemann, S. 37–38.

551 *Ewald*, in: Wiedemann KartellR-HdB, § 7 Grundzüge der Wettbewerbsökonomie Rn. 2.

552 Monopolkommission, Wettbewerb 2018, XXII Hauptgutachten, Rn. 652.

553 Vgl. *Ewald*, in: Wiedemann KartellR-HdB, § 7 Grundzüge der Wettbewerbsökonomie Rn. 1 ff.

554 Vgl. *Lübbig*, in: FS Wiedemann, S. 39 m.W.N.

der Marktstellung oder Wettbewerbsauswirkungen. Dies zeigt sich in den ursprünglichen Gruppenfreistellungsverordnungen des EU-Kartellrechts, die typische Vertragsklauseln in Listen kategorisierten, sodass kartellrechtliche Konformität ohne Marktumfeldprüfung beurteilt werden konnte.[555]

Basierend auf dieser formbasierten Herangehensweise lässt sich ein Ansatz für die Missbrauchskontrolle indes so zusammenfassen, dass auf eine Marktabgrenzung für die kartellrechtliche Betrachtung mehrseitiger Plattformdienste, insbesondere für die Missbrauchskontrolle, teilweise auch für die Implementierung regulatorischer Vorschriften, verzichtet werden soll.[556] Stattdessen sei allein auf den Nachweis einer Schadenstheorie abzustellen:[557] Ist eine wettbewerbsbeschränkende Wirkung nachgewiesen, bedeutet diese Feststellung gleichzeitig eine fehlende wettbewerbliche Kontrolle, wie sie in einem von „Selbstheilungskräften“ geordneten Markt- und Wettbewerbsprozess,[558] also im Rahmen eines funktionierenden Wettbewerbs, nicht vorkommen würde.[559] Im Kern stellt die Theory of Harm einen konzeptionellen Ansatz dar, der das Definieren der Märkte aufgrund bis heute mangelnder eindeutiger Kriterien als erste Prüfungsstufe hinterfragt.[560]

Dieser Ansatz betont, dass andernfalls nicht gewährleistet sei, dass alle Besonderheiten der Geschäftsmodelle und deren Wirkungsweisen auf den Wettbewerb berücksichtigt werden können.[561] So wie es an einer Definition des Wettbewerbs fehle,[562] weil sie nicht alle seine Bedingungen, Wirkungsweisen und Folgen erfassen kann,[563] bedürfe es auch keiner Marktdefinition. Zudem spielten die Besonderheiten der mehrseitigen Märkte nicht nur für die Marktabgrenzung eine Rolle, sondern auch für den Grad der Beherrschung.

---

555 Vgl. *Lübbig*, in: FS Wiedemann, S. 39–40 m.W.N.

556 *Katz/Sallet*, Yale l. J., 2018, Band 127, Nr. 7, 2169 ff.; *Podszun/Schwalbe*, NZKart 2017, 102–103: Befürwortend für das GWB.

557 *Birnstiel/Bauer*, in: Internet of Things, Rechtshandbuch 2021, § 14 Rn. 80; *Crémer/de Montjoye/Schweitzer*, Competition policy, S. 3–4; *Podszun/Schwalbe*, NZKart 2017, 103: Ansatz ähnelt stark der Theorie von *Kaplow*, Harvard Law Review 2010, Band 2, Heft 124, 438 und differenziert nicht zwischen ökonomischer und wettbewerbsrechtlicher Schadenstheorie.

558 *Ewald*, in: Wiedemann KartellR-HdB, § 7 Grundzüge der Wettbewerbsökonomie Rn. 2–3.

559 *Podszun/Schwalbe*, NZKart 2017, 102–105.

560 *Glasner/Sullivan*, 83 Antitrust Law Journal Nr. 2 (2020), 293 ff.

561 *Podszun/Schwalbe*, NZKart 2017, 102–103.

562 *Müller*, in: FS Roth, S. 502.

563 *Mestmäcker/Schweitzer*, Europäisches Wettbewerbsrecht, § 3 Rn. 1.

Der Marktanteil diene nur als Indikator für Marktmacht, ohne einen Selbstzweck.[564]

Im digitalen Bereich sei daher der Fokus auf die Schadenstheorien und der Prüfung wettbewerbsverfälschender Strategien zu legen.[565] Aus strategischer Sicht sollten daher Geschäftspraktiken in den Blick genommen werden, die auf Lock-in-Effekte[566] ausgerichtet sind, was insbesondere für digitale Ökosysteme gilt. Für diesen Fall sollten zu den herkömmlichen einzelnen Märkten aus Verbrauchersicht ökosystemspezifische Folgemärkte definiert werden.[567]

III. Bewertung und Stellungnahme

Die kritische Sichtweise, dass eine Marktabgrenzung nicht in allen denkbaren Fällen des Kartellrechts einer Untersuchung bedarf, ist nicht neu und fußt insgesamt auf einer weit verstandenen Einbeziehung des „more economic approach“ in die kartellrechtliche Betrachtung für analoge, einseitige Märkte.[568] Das Digitalzeitalter hat insbesondere dazu geführt, dass weitentfernte Leistungen miteinander vernetzt werden. Zudem verschärfte sich der zunehmende Wettbewerbsdruck von Online-Angeboten auf Offline-Angebote,[569] wie beispielsweise das Abwandern von Lesern, Zuschauern, Endnutzern sowie der Werbebranche ins Internet zulasten der klassischen Medien und Verbreitungswege,[570] was u.a. zu zusammenwachsenden Märkten führt,[571] wie das Angebot stationärer Apotheken und Versandapotheken, die als austauschbar angesehen werden.[572] Die traditionelle Marktdefinition scheitert daran, diese Macht in konglomeraten Ökosystemen vollumfänglich zu erfassen. Zu enge und kleinteilige Marktabgrenzungen können zu einem verzerrten Bild wettbewerblicher Wirkkräfte führen,[573] und begründen zugleich „Pfadabhängigkeiten

564 *Podszun/Schwalbe*, NZKart 2017, 103.

565 So ohne weitergehende Begründung im Ergebnis: *Podszun/Schwalbe*, NZKart 2017, 103 ff.

566 Siehe hierzu näher Kap. 3.B.II.3.d.

567 *Crémer/de Montjoye/Schweitzer*, Competition policy, S. 4.

568 Vgl. *Werden*, Review of Industrial Organization, Band 16, Nr. 2 (2000), 211–218.

569 Vgl. *Hamelmann/Haucap/Wey*, DICE Ordnungspolitische Perspektiven, 2015 (Nr. 72), 4.

570 *Beckmann/Müller*, in: Hoeren/Sieber/Holznagel MMR-HdB, Teil 10 Kartellrecht Rn. 49 ff.

571 *Beckmann/Müller*, in: Hoeren/Sieber/Holznagel MMR-HdB, Teil 10 Kartellrecht Rn. 53 ff.

572 BKartA Fallbericht v. 03.09.2018 – B7-185/17, S. 4 – *DocMorris/apo-rot.*

573 *Podszun/Kersting*, ZRP 2019, 34.

für künftige Marktabgrenzungen",[574] die der Dynamik möglicherweise nicht gerecht werden.

Die vermehrt am „more economic approach" orientierte Herangehensweise hat überhaupt erst dazu geführt, dass beispielsweise der hypothetische Monopolistentest Einklang in die kartellrechtliche Betrachtung gefunden hat.[575] Wie gezeigt[576] bergen derartige Pfadabhängigkeiten der genutzten ökonomischen Kriterien für die Marktabgrenzung die Gefahr einer Falschbeurteilung: Ist der Wettbewerbspreis nicht ermittelbar, was regelmäßig Schwierigkeiten bereitet, und wird bereits ein Monopolpreis erhoben, wird der Markt zu weit abgegrenzt, da bereits eine kleine Preiserhöhung für das Produkt nicht profitabel ist und Verbraucher auf ein nicht substituierbares Produkt ausweichen. Die Abwanderung ist kein Ausdruck der Substituierbarkeit, sondern des Monopolpreises, da Verbraucher nicht bereit sind, den Preis zu bezahlen.

Informationsasymmetrien zwischen der Kommission und den Plattformbetreibern aufgrund fortschreitender Digitalisierung sorgt zudem für zunehmend zeitintensivere Verfahren. Schließlich erwiesen sich Entscheidungen, die einer aufwändigen Untersuchung ex post bedurften, als zu spät, um denjenigen Verstoß zu beheben, durch den die Untersuchung überhaupt erst in Gang gesetzt wurde.[577] Lange Verfahrensdauern können daher zu Schwierigkeiten bei der Bewertung der Substituierbarkeit künftiger Fälle führen: So hat der PC die Schreibmaschine nach und nach zu einem Nischenprodukt verdrängt. Für eine Übergangsphase waren PC und Schreibmaschine vielleicht austauschbar. Aus heutiger Sicht wäre das aber kaum (mehr) nachvollziehbar.[578]

Außerdem sprechen praktische Marktgeschehnisse für die Anwendung von wettbewerbsrechtlichen Schadenstheorien, da für sie preisliche Erwägungen für die Marktabgrenzung irrelevant sind, weil sie auf diese gänzlich verzichtet: Im Rahmen einer ökonomischen Betrachtung sind viele Marktmechanismen in bestimmten Bereichen außerkraftgesetzt. In abhängigen Arbeitsverhältnissen beispielsweise gibt der Arbeitnehmer dem Arbeitgeber die „Erlaubnis" Weisungen zu erteilen. Der erste Schritt in dieses Verhältnis läuft zwar über einen Markt (Abschluss des Arbeitsvertrages). Der Arbeitnehmer folgt allerdings

---

574 *Podszun/Schwalbe*, NZKart 2017, 103.

575 Vgl. Kommission, Bekanntmachung der Kommission über die Definition des relevanten Marktes, ABl. 1997 C 372, Rn. 5 ff.

576 Vgl. hierzu näher Kap. 3.B.I.3., Kap. 3.B.II.6.a-b.

577 *Podszun/Bongartz/Langenstein*, EuCML 2021, 60 ff.

578 *Beckmann/Müller*, in: Hoeren/Sieber/Holznagel MMR-HdB, Teil 10 Kartellrecht Rn. 50.

den Weisungen auf eine bestimmte Dauer grundsätzlich ohne Verhandlungen über einen neuen Preis. Der weitere Schritt ist also – zumindest für einen bestimmbaren Zeitraum – einem Preiswettbewerb weitestgehend entzogen.[579] Die Betrachtung der Preise für die Marktabgrenzung zeigt daher richtigerweise Schwächen auf und kann nicht alle Wettbewerbskräfte abbilden.

Für den Ansatz der Theory of Harm spricht darüber hinaus zwar, dass sich die Praxis häufig dieser zur Identifizierung einer missbräuchlichen Unternehmensstrategie bedient.[580]

Gegen den Ansatz einer Schadenstheorie zur Erleichterung der Rechtsanwendung spricht jedoch, dass der Schadensnachweis in der digitalen Plattformwirtschaft gleichermaßen Schwierigkeiten aufweist, wie die Marktabgrenzung. Geht man von den gängigen Schadenstheorien der Kampfpreise aus, könnte hiernach die Vermutung nahe liegen, dass die Quersubventionierung beider Nutzergruppen einer Plattform aufgrund der enormen Preisdivergenz unzulässig sei, obschon diese im konkreten Fall der Plattformfinanzierung immanent ist und bei näherer Betrachtung dem Verbraucher durch die Nullpreisgestaltung sogar zugute kommen kann.[581]

Konkrete qualitative Kriterien müssten wiederum für die Abgrenzung von Ökosystemen bestimmt werden. Andernfalls wäre der Markt zu weit bestimmt, da sowohl der Kernplattformdienst als auch jegliche differenzierenden Güter und daher Teilmärkte in die Analyse miteinbezogen wären. Zudem müsste konkretisiert werden, inwieweit die Schädigung von Nutzern auf allen Marktseiten nachgewiesen werden muss oder ob der Schaden nur einer Nutzergruppe in einem Teilmarkt ausreicht. Derart konkrete und die Rechtsanwendung erleichternde Kriterien benennt die Theory of Harm in diesem Zusammenhang nicht. Sie erschöpft sich in einer Indizienwirkung über mehrere Stufen des Tatbestandes von Art. 102 AEUV, die nicht berücksichtigt, wie wichtig es ist, zu verstehen, wie der Wettbewerb zwischen den mehrseitigen Plattformdiensten im Kern funktioniert. Ohne dieses Verständnis kann es keinen Raum für Schadensfolgen geben. Ihre gestufte Indizienwirkung wäre allenfalls auf einfach gelagerte Marktverhältnisse ausgerichtet, die in der Plattformwirtschaft kaum aufzufinden sind. Im Ergebnis überlässt sie es den Gerichten – und damit

---

579 *Kolmar*, Grundlagen der Mikroökonomik, 2021, S. 121–122.

580 Vgl. *Zenger/Walker*, in: Bourgeois/Waelbroeck, Theories of Harm in European Competition Law, 2012, S. 185–211.

581 Kommission, Entscheidung v. 8.12.2010, COMP/D-1/39.398, C(2010) 8760 – *Visa MIF I*, Rn. 60–62; vgl. *Zenger/Walker*, Theories of Harm in European Competition Law, 2012, S. 185–211.

langwierigen Verfahren – eine entsprechende Schadenstheorie für den Einzelfall aufzustellen. Inwieweit Nachteile für Verbraucher aus ökonomischen Gutachten abgeleitet werden können, wird vermehrt kritisch gesehen.[582]

Vor der Gefahr, dass das Kartellrecht der Innovationsförderung und der starken Dynamiken der Digitaltechnologie nicht mehr standhält,[583] werden daher – hier befürwortend – weitreichendere Lösungsansätze vertreten, für die insbesondere die Neugestaltung eines Regelungsrahmens im Vordergrund steht.[584] Die Unabdingbarkeit der Marktabgrenzung wird hierbei bekräftigt, da sie insbesondere zur Selbstkontrolle der Unternehmen für „aufgestellte Missbrauchshypothesen" und daher der Rechtssicherheit dient.[585] Die Problematik liegt im Kern nicht an der Marktabgrenzung als solche, sondern in welchem Ausmaß die Missbrauchskontrolle am wirtschaftlichen Wahrscheinlichkeiten ausgerichtet wird. Die Frage der Anwendung missbrauchsrechtlicher Normen in Anwendung auf Unternehmen des digitalen Zeitalters geht dahin, ob überhaupt primär ein ökonomischer oder mehr ein kartelljuristischer Ansatz überwiegt.[586]

D. Marktmacht

I. Allgemeines

Die weitere Analyse der Marktstruktur der Online-Plattformdienste dient zur Identifizierung der marktbeherrschenden Stellung des Adressaten.[587] Anders als das nationale Recht enthält der AEUV keine Definition des Begriffs der beherrschenden Stellung.[588]

Das sog. Marktmachtkonzept des Art. 102 AEUV beruht auf dem Ansatz, dass wirtschaftliche Macht nur in Relation zu einem bestimmten Markt festgestellt werden kann.[589] Zur Begründung der beherrschenden Stellung wird

---

582 Vgl. *Lübbig*, in: FS Wiedemann, S. 40 ff. m.W.N.
583 *McColgan*, NZKart 2020, 515.
584 Siehe hierzu näher: Kapitel 3.G.
585 *McColgan*, NZKart 2020, 519.
586 Vgl. *Lübbig*, in: FS Wiedemann, S. 37–38.
587 EuGH, Urt. v. 6.9.2017 – C-413/14, GRUR Int. 2018, 69 Rn. 137 – *Intel;* EuGH Urt. v. 13.2.1979 – 85/76, BeckRS 2004, 73814 Rn. 38 – *Hoffmann-LaRoche.*
588 *Jung*, in: Grabitz/Hilf/Nettesheim, AEUV Art. 102 Rn. 61.
589 *Jung*, in: Grabitz/Hilf/Nettesheim, AEUV Art. 102 Rn. 33, 68: Richtigerweise in diesem Zusammenhang bezugnehmend an Grenzkosten orientierten Verhaltensansätzen, da diese bereits nicht stets aussagekräftig sind. Zum anderen ist eine beherrschende Stellung nicht gleichzusetzen mit Monopolen oder Oligopolen.

dabei grundsätzlich kumulativ auf Unabhängigkeit des Marktverhaltens und Wettbewerbsverhinderungspotentials zurückgegriffen, wobei auch die Abhängigkeit der Marktgegenseite maßgeblich sein kann.[590] Je nach Einzelfall sind für die Beurteilung der Wettbewerbssituation auf dem relevanten Markt Kriterien wie die Marktstruktur und Unternehmensstruktur ausschlaggebend, wobei Marktanteile als das zentrale Beurteilungskriterium herangezogen werden.[591]

Problematisch ist dabei stets die Tatsache, dass einst Myspace oder AOL Vorreiter von Facebook und weiteren Plattformdiensten waren, aufgrund der Innovationskraft in der digitalen Ökonomie aber mittlerweile vollständig verdrängt wurden.[592] Hohe Marktanteile können daher aufgrund der Dynamik nur von kurzer Dauer sein. Sie haben in der digitalen Plattformwirtschaft keine gewichtige Aussagekraft.[593] In diesem Zusammenhang wird auch von „the-winner-takes-it-all" Märkten gesprochen, da es bei solchen Märkten im Kern nicht um den Wettbewerb im Markt, sondern um den Wettbewerb um den ganzen Markt geht. Dieser ist gekennzeichnet von sich in kurzer Zeit vollziehenden Wechseln in der Marktführerschaft.[594]

Die Missbrauchskontrolle bleibt jedoch dem konkreten Fall aus der Ex-post-Sicht vorbehalten,[595] weshalb eine bloße künftige Aussicht auf den Verlust einer marktbeherrschenden Stellung keine Berücksichtigung finden kann. Vielmehr indiziert eine abstrakte Angreifbarkeit der Marktposition das Gegenteil,[596] weshalb nicht ausnahmslos davon auszugehen ist, dass die Dynamik digitaler Ökonomie stets verhindern kann, dass Unternehmen in der Lage sind, ihre Marktposition zu schützen.[597] Dem Problem hohen, jedoch kurzlebigen Marktanteilen kann insoweit begegnet werden, als in derart dynamischen Märkten weitere Kriterien zur Feststellung von Marktmacht herangezogen werden, wie ein vorherrschender Wettbewerbsdruck in expandierenden Märkten.[598]

---

590 *Jung*, in: Grabitz/Hilf/Nettesheim, AEUV Art. 102 Rn. 65.

591 *Jung*, in: Grabitz/Hilf/Nettesheim, AEUV Art. 102 Rn. 88 ff.

592 *Podszun*, GRUR 2020, 1269.

593 *Körber*, WuW 2015, 126; *Mohr*, ORDO 69 (2018) 2019, S. 292.

594 *Mohr*, ORDO 69 (2018) 2019, S. 292.

595 LMRKM/*Bergmann/Fiedler*, AEUV Art. 102 Rn. 117: Aus diesem Grund ist auch die entgegengesetzte Prognoseentscheidung, ob ein Unternehmen künftig eine marktbeherrschende Stellung einnehmen wird unerheblich.

596 BGH, Beschl. v. 23.6.2020 – KVR 69/19, GRUR 2020, 1318 Rn. 52 – *Facebook*.

597 Monopolkommission, Wettbewerbspolitik: Herausforderung digitale Märkte, Sondergutachten 68, S. 164 Rn. 489.

598 EuG, Urteil vom 11.12.2013 – T-79/12 – *Cisco Systems, Inc. und Messagenet SpA/Kommission*, EuZW-Sonderausgabe 1/2019 2019, 52–53.

II. Grundsätze der Marktmachtbestimmung

Für die Beurteilung der Marktstellung wird im europäischen Kartellrecht, wie gezeigt, an Marktanteile angeknüpft, die wiederum je nach Höhe ausschlaggebend dafür sind, ob das betreffende Unternehmen eine marktbeherrschende Stellung innehat. Ausschlaggebend sind sowohl Markt- und Unternehmensstruktur als auch das Marktverhalten des betreffenden Unternehmens.[599] In die Berechnung fließen Faktoren wie Umsatz, Stückzahlen und weitere am Einzelfall anknüpfende Kriterien,[600] wie das Vorhandensein von Marktzutrittsschranken. Für digitale Plattformen hat sich bereits das fehlende Multihoming als mögliche Zutrittsschranke in der behördlichen Praxis etabliert.[601] Sobald der Markt abgegrenzt ist, ist die Anzahl der Wettbewerber und deren Marktanteile berücksichtigungsfähig.[602] Hierzu kann dann in Relation der Marktanteil des betreffenden Unternehmens festgestellt werden. Ab einem Marktanteil von 50 % wird eine marktbeherrschende Stellung vermutet.[603] Die gerichtliche Praxis geht insbesondere bei hohen Marktanteilen, wie 70 % oder über 90 % von einer marktbeherrschenden Stellung aus, da diese starke Stellung ihn zu einem unumgänglichen Handelspartner auf dem Markt macht. Betrachtet man das gesamte Umsatzvolumen in Relation zum Marktanteil, so ist es für die Wettbewerber dieses Unternehmens kaum möglich, die am gesamten Umsatzvolumen orientierten Rabatte zu überbieten.[604]

Unproblematisch ist dabei die Berechnung von Anteilen, soweit es um den entgeltlichen Markt geht, den die Plattform bedient, wie beispielsweise das Bereitstellen von Werbeplätzen. Problematisch ist dagegen das Erfassen der Marktmacht von unentgeltlichen Leistungsbeziehungen und der Aspekt der Expansion und Dynamik dieser Märkte.[605] Die Messung des Marktanteils wird

599 LMRKM/*Bergmann/Fiedler*, AEUV Art. 102 Rn. 117.

600 *Beckmann/Müller*, in: Hoeren/Sieber/HolznagelMMR -HdB, Teil 10 Kartellrecht Rn. 183; Zu den einzelnen Beurteilungskriterien vgl. näher: LMRKM/*Bergmann/Fiedler*, AEUV Art. 102 Rn. 117 ff.

601 Kommission, Entscheidung v. 27.6.2017 – AT.39740, C(2017) 4444 – *Google Shopping*, Rn. 272, 306–324; BGH, Beschl. v. 23.6.2020 – KVR 69/19, GRUR 2020, 1318 Rn. 52 – *Facebook*; vgl. hierzu näher Kap. 3.B.II.3.b.

602 Kommission, Prioritätenmitteilung, ABl. 24.2.2009, Nr. C 45/7, Rn. 13.

603 Calliess/Ruffert/*Weiß*, AEUV Art. 102 Rn. 11.

604 EuGH, Urteil vom 6.10.2015 – C-23/14 – BeckRS 2015, 81258 Rn. 40 ff. – *Post Danmark A/S / Konkurrencerådet.*

605 *Beckmann/Müller*, in: Hoeren/Sieber/Holznagel MMR-HdB, Teil 10 Kartellrecht Rn. 183.

dadurch erschwert, dass eine wertumsatzabhängige Marktanteilsbestimmung, über die aufgrund der Vielzahl unterschiedlicher sich ändernder Kriterien keine Einigkeit besteht (z.B. die Berücksichtigung des Multi-Homings), nicht möglich ist.[606]

III. Marktmacht eines mehrseitigen Plattformdienstes

Für die Feststellung der Marktmacht soll berücksichtigt werden, mit welchen Praktiken etablierte Unternehmen in der Lage sind sich vor einem Wettbewerb abzuschotten.[607] Ein wesentlicher Aspekt ist die sog. Intermediärsmacht. Verknüpft wird mit diesem Begriff das Konzept des „unvermeidlichen Handelspartners".[608]

Ein weiterer Aspekt ist der Zugang zu wettbewerbsrelevanten Daten und die Beständigkeit eines solchen Zugangs, soweit diese einen nicht nur unerheblichen Wettbewerbsvorteil ermöglichen,[609] und zugleich erhebliche weitere Zutrittsschranken[610], wozu enorme Größenvorteile und fehlendes Multi-Homing zählen,[611] vorliegen. So kann ein sehr guter Zugang zu Daten Marktzutrittsschranken erhöhen und daher einen Marktmachtfaktor bilden, der mitberücksichtigt werden kann.[612]

Teilweise wird auch auf die täglich aktive Nutzerzahl abgestellt, wobei hier unklar ist,[613] was genau unter dem Begriff aktiv zu verstehen ist.[614] Eine einheitliche Bezugsgröße für alle Arten von Plattformdiensten fehlt derweilen.

IV. Zusammenfassung und Stellungnahme

Den Zugang zu Daten pauschal einer marktbeherrschenden Stellung gleichzusetzen erscheint zweifelhaft. Grundsätzlich kann ein Zugang zu bestimmten

606 *Bechtold/Bosch*, in: Bechtold/Bosch, GWB § 18 Rn. 24.

607 *Crémer/de Montjoye/Schweitzer*, Competition policy, S. 4.

608 *Schweitzer*, ZEuP 2021, 523: sog. *„unavoidable trading partner"*.

609 BKartA Fallbericht v. 06.02.2019 – B6-22/16, S. 7 – *Facebook*; *Beckmann/Müller*, in: Hoeren/Sieber/Holznagel MMR-HdB, Teil 10 Kartellrecht Rn. 183.

610 *Säcker*, Schriftenreihe Kartell- und Regulierungsrecht, Freiheit durch Recht, Kapitel B.4. S. 419.

611 Immenga/Mestmäcker/*Fuchs*, GWB § 18 Rn. 145–147.

612 *Podszun*, GRUR 2020, 1275: Mit Verweis auf den neu eingeführten § 18 Abs. 3a u. Abs. 3 Nr. 3 GWB u. Gesetzesbegr. d. BReg. zur 10. GWB-Novelle, 9.9.2020, 79.

613 BKartA Fallbericht v. 06.02.2019 – B6-22/16, S. 6 – *Facebook*.

614 So wohl auch im Ergebnis als nicht überzeugend: *Beckmann/Müller*, in: Hoeren/Sieber/Holznagel MMR-HdB, Teil 10 Kartellrecht Rn. 183.

Erzeugnissen eine marktbeherrschende Stellung implizieren, was aber eine endliche Kapazität desselben Erzeugnisses voraussetzt.[615] Dagegen sind Daten grundsätzlich unbeschränkt replizierbar. Ein Nutzer kann seine persönlichen Daten wie Name, Alter und Geschlecht unendlich für den Zugang zu anderen Plattformen verwenden.[616] Eine Datenmacht sollte daher ausschließlich für diejenigen Fälle relevant bleiben, in denen ausnahmsweise ein Zugang zu einem nicht nur unverhältnismäßig hohen Datenbestand,[617] sondern exklusiven Datenschatz besteht.[618]

Ähnlich verhält es sich mit dem Vorwurf, Plattformen neigen aufgrund zumindest einseitig indirekter positiv wirkender Netzwerkeffekte zu hohen Anbieterkonzentrationen und sogar zu natürlichen Monopolen.[619] Dabei wird von einer hohen Nutzerzahl auf einen hohen Marktanteil und daher zwangsläufig auf große Marktmacht geschlossen. Dies erscheint in Fällen geringer Wechselkosten und beim vorhandenen Multihoming so pauschal zweifelhaft:[620] Betreiben Nutzer einer Plattformseite Multihoming, nutzen also tatsächlich mehrere Plattformen, ist bereits eine relative Abhängigkeit der anderen Seite von der Plattform nicht indiziert, da von einem hinreichenden Wettbewerb auszugehen ist.[621] Eine mögliche Abhängigkeit der anderen Plattformseite kann daher zwangsläufig andere Faktoren zur Grundlage haben. Die Nutzerzahlen stellt kein verlässliches Indiz für die Marktmacht dar, da es sich nicht um exklusive Nutzer handelt.

Insbesondere sind Wettbewerbsbedingungen wie neuartige digitale Produkte intensiver in die Betrachtung mit einzubeziehen, um die Dynamik dieser Märkte besser zu würdigen. Dabei ist die hypothetische Rückläufigkeit der Nachfrage mit in die Betrachtung einzubeziehen, da auch Rückkopplungseffekte in diesen dynamischen, mehrseitigen Märkten stärker ausgeprägt sind. In diesem Zusammenhang stehen wiederum die benannten Netzwerkeffekte. Netzwerkeffekte sind nicht derart wettbewerbserheblich, wenn Nutzer einen

---

615 Kommission, Entscheidung v. 23.6.2009 – COMP/M.5467, C(2009) 5177 Rn. 257 – *RWE/Essent*.

616 *Esser/Höft*, NZKart 2017, 264.

617 Für dieses Ergebnis auf Grundlage des neu eingeführten § 18 Abs. 3 lit. a) Nr. 4 GWB auf der nationalen Ebene: *Esser/Höft*, NZKart 2017, 264.

618 OLG Düsseldorf, Beschl. v. 26.8.2019 – Kart 1/19, BeckRS 2019, 18837 Rn. 85.

619 *Engert*, AcP 218 (2018), 306.

620 *Engert*, AcP 218 (2018), 306.

621 *Heinz*, in: FS Schroeder, S. 326.

Dienst in kleinen Gruppen nutzen und gleichzeitig andere Dienste nutzen.[622] Es verbleibt daher weiterhin bei einer Gesamtbetrachtung im Einzelfall,[623] wie dies auch für einseitige Märkte üblich ist.[624]

Zunehmend werden dabei Monopolisierungstendenzen und Marktbeherrschung von mehrseitigen Online-Plattformdiensten negiert und als unterhalb der Marktbeherrschungsschwelle eingeordnet. Dies liegt insbesondere daran, dass ein potentielles Multi-Homing, d.h. die parallele Nutzung von mehreren Plattformen in einem Markt, gegen eine Marktbeherrschung spricht. Aus diesem Grund sind beobachtete Konzentrationstendenzen von Nutzerzahlen im digitalen Bereich anders als in traditionellen Märkten eher die Regel, als die Ausnahme und haben daher keinen Indizwert.[625]

Die Abhängigkeit von einem Plattformdienst im Internet, insbesondere im Hinblick auf Intermediäre, ist nur in einer gegenüber den Nutzern relativ wirkenden Marktmacht zu erblicken, d.h. wenn eine bestimmte Ware eines Gewerbetreibenden in der Weise von der Plattform abhängig ist, dass „ausreichende oder zumutbare Möglichkeiten, auf andere Unternehmen auszuweisen, nicht bestehen."[626] Ausschlaggebend ist dabei, dass Intermediäre ausschlaggebend dafür sein können, dass Gewerbetreibenden, die nur als Kleinstunternehmen operieren im Internet ein gesicherter Marktzugang eröffnet wird,[627] den sie sich aus eigener Kraft nicht erschließen können, wobei auch hier ein potentielles Multi-Homing zur Relativierung solcher Abhängigkeiten führt.[628] Schlussendlich bilden – auch nach der hier vertretenen Ansicht – die besonderen Bedingungen in mehrseitigen Märkten des Onlinebereichs[629] durch Netzwerkeffekte zwar eine gewisse Marktbedeutung, jedoch nicht per se ein Indiz für eine marktbeherrschende Stellung.

---

622 EuG, Urteil vom 11.12.2013 – T-79/12 – *Cisco Systems, Inc. und Messagenet SpA/ Kommission*, EuZW-Sonderausgabe 1/2019 2019, 52–53.

623 *Crémer/de Montjoye/Schweitzer*, Competition policy, S. 4.

624 LMRKM/*Bergmann/Fiedler*, AEUV Art. 102 Rn. 117.

625 *Heinz*, in: FS Schroeder, S. 313 ff.

626 *Heinz*, in: FS Schroeder, S. 314.

627 Ebenda.

628 *Heinz*, in: FS Schroeder, S. 325.

629 Vgl. hierzu Kap. 2.B. u. Kap. 3.II.

E. Missbräuchliche Verhaltensweisen

Zentrale Plattformdienste haben aufgrund ihrer gefestigten Position im digitalen Sektor in der Vergangenheit gezeigt,[630] dass sie leicht zum Nachteil ihrer gewerblichen Nutzer und Endnutzer einseitig Geschäftsbedingungen festlegen können,[631] sodass ein Risiko unlauterer Geschäftspraktiken angenommen wird.[632] Derartige Geschäftspraktiken waren in der Vergangenheit insbesondere diskriminierende Zugangsbedingungen, ungerechtfertigte Schließung von Nutzerkonten oder die Auslistung von Produkten gewerbetreibender Nutzer.[633] Sie beschränken dabei die Möglichkeit gewerblicher Nutzer ihrer Plattformdienste, Endnutzern über eigene oder andere Plattformdienste Waren oder Dienstleistungen zu günstigeren Bedingungen anzubieten (sog. Paritätsklauseln[634]).[635]

Gerne werden dabei (auch personenbezogene) Endnutzerdaten aus unterschiedlichen Quellen zusammengeführt,[636] um sich im und durch den Datenbestand potenzielle Vorteile zu verschaffen.[637] Mögliche Vorteile aus

---

630 *Khan*, Columbia Law Review, Band 119, Nr. 4, 2019, 973 ff.

631 VERORDNUNG DES EUROPÄISCHEN PARLAMENTS UND DES RATES über bestreitbare und faire Märkte im digitalen Sektor (Gesetz über digitale Märkte) 2020/0374 (COD), 15.12.2020, COM (2020) 842 final; vgl. *Zimmer*, in: FS Schmidt, Band 2, S. 686.

632 Vorschlag für eine VERORDNUNG DES EUROPÄISCHEN PARLAMENTS UND DES RATES über bestreitbare und faire Märkte im digitalen Sektor (Gesetz über digitale Märkte) 2020/0374 (COD), 15.12.2020, COM (2020) 842 final, 5. Weitere Angaben, S. 19–20, Erwägungsgrund 12 u. 13.

633 Vorschlag für eine VERORDNUNG DES EUROPÄISCHEN PARLAMENTS UND DES RATES über bestreitbare und faire Märkte im digitalen Sektor (Gesetz über digitale Märkte) 2020/0374 (COD), 15.12.2020, COM (2020) 842 final, 5. Weitere Angaben, S. 26, Erwägungsgrund 39; Erwägungsgrund (39), (42) VO (EU) 2022/1925 DMA.

634 BeckOK KartellR/*Maritzen*, Vertikal-GVO Art. 4 Rn. 24.

635 Vorschlag für eine VERORDNUNG DES EUROPÄISCHEN PARLAMENTS UND DES RATES über bestreitbare und faire Märkte im digitalen Sektor (Gesetz über digitale Märkte) 2020/0374 (COD), 15.12.2020, COM (2020) 842 final, 5. Weitere Angaben, S. 25, Erwägungsgrund 37; Erwägungsgrund (39) VO (EU) 2022/1925 DMA.

636 BGH, Beschl. v. 23.6.2020 – KVR 69/19, GRUR 2020, 1318 Rn. 58– *Facebook*.

637 Vorschlag für eine VERORDNUNG DES EUROPÄISCHEN PARLAMENTS UND DES RATES über bestreitbare und faire Märkte im digitalen Sektor (Gesetz über digitale Märkte) 2020/0374 (COD), 15.12.2020, COM (2020) 842 final, 5. Weitere

den Datenbeständen können dabei genutzt werden, um die marktbeherrschende Position auf einen Nachbarmarkt zulasten potentieller Mitbewerber auszudehnen.[638]

Zentrale Frage ist dabei, ob etwaige Geschäftspraktiken auch missbräuchlich im Sinne des Art. 102 AEUV sind und wie sie einzuordnen sind.[639]

Schwierigkeiten bereitet eine genaue Einordnung der Praktiken als missbräuchlich, weil es an einer gesetzlichen Definition des Missbrauchs fehlt.[640] Bei der nach dieser Vorschrift verbotenen missbräuchlichen Ausnutzung einer marktbeherrschenden Stellung handelt es sich um einen objektiven Begriff. Für die vermehrt fallgruppenbezogene Vorgehensweise im Rahmen der Generalklausel wird dabei im Wesentlichen zwischen zwei Schutzrichtungen wie folgt differenziert:[641]

Die Fallgruppe des sog. Ausbeutungsmissbrauchs dient dem Schutz der Marktgegenseite vor beispielsweise besonders nachteiligen Preisen und Geschäftsbedingungen eines marktbeherrschenden Unternehmens.[642] Diese Verhaltensweisen sind typischerweise rechtsgeschäftlicher Natur und betreffen das Vertikalverhältnis. Das marktbeherrschende Unternehmen versucht, durch bestimmte Verhaltensweisen unmittelbar finanzielle Vorteile aus seiner Marktstellung heraus gegenüber seinen Handelspartnern zu erzielen.[643]

Der zweiten Fallgruppe des sog. Behinderungsmissbrauchs unterfällt der Schutz des bereits durch die marktbeherrschende Stellung geschwächten horizontal integrierten Restwettbewerbs.[644] Über diese wesentlichen Gruppen hinaus gibt es die besonderen Fälle des Marktstrukturmissbrauchs und des Diskriminierungsverbots.[645] Missbräuchliche Verhaltensweisen eines

---

Angaben, S. 25, Erwägungsgrund 36; vgl. Erwägungsgrund (2), (25), (32), (36), (46) VO (EU) 2022/1925 DMA.

638 EuG, Urt. v. 10.11.2021 – T-612/17 – *Google Search*, NZKart 2021, 684 Rn. 131.

639 Immenga/Mestmäcker/*Fuchs*, AEUV Art. 102 Rn. 125.

640 Monopolkommission, Wettbewerbspolitik: Herausforderung digitale Märkte, Sondergutachten 68, S. 164 Rn. 492.

641 EuGH, Urt. v.17.2.2011 –C-52/09, EuZW2011, 339 Rn. 27 – *Konkurrensverket / TeliaSonera Sverige AB*; *Birnstiel/Bauer*, in: Internet of Things, Rechtshandbuch 2021, § 14 Rn. 68; Immenga/Mestmäcker/*Fuchs*, AEUV Art. 102 Rn. 133.

642 *Birnstiel/Bauer*, in: Internet of Things, Rechtshandbuch 2021, § 14 Rn. 70.

643 Vgl. EuGH Urt. v. 14.2.1978 – 27/76, BeckRS 2004, 72814 Rn. 248/257 – *United Brands*; Immenga/Mestmäcker/*Fuchs*, AEUV Art. 102 Rn. 134; Streinz/*Eilmansberger/Kruis*, AEUV Art. 102 Rn. 29.

644 *Birnstiel/Bauer*, in: Internet of Things, Rechtshandbuch 2021, § 14 Rn. 70.

645 Ebenda.

marktbeherrschenden Unternehmens sind im Wettbewerbsprozess unerwünscht, weil sie zu Marktzutrittsschranken führen und diese begünstigen.[646]

Ein ursächlicher Zusammenhang zwischen der beherrschenden Stellung eines Unternehmens und dem Missbrauch ist im Anwendungsbereich des Art. 102 AEUV dabei nicht erforderlich. Es kommt lediglich auf einen normativen Zusammenhang zwischen der marktbeherrschenden Stellung und den durch die fragliche Verhaltensweise hervorgerufenen wettbewerbsschädlichen Wirkungen an.[647]

An den verbotenen Verhaltensweisen des Ausbeutungsmissbrauchs wird besonders deutlich, dass die Missbrauchsaufsicht als reine Ex-post-Kontrolle fungiert, um Missbrauch durch Einzelkorrekturen abzustellen.[648] Ob und welche typischen Verhaltensweisen dieser Einzelkorrektur bedürfen, werden im Weiteren anhand der jeweiligen normativen Grundsätze beleuchtet.

I. Ausbeutungsmissbrauch

1. Preis- und Konditionenmissbrauch

Der sog. Ausbeutungsmissbrauch findet sich als Regelbeispiel insbesondere in Art. 102 Satz 2 lit. a) AEUV „der unmittelbaren oder mittelbaren Erzwingung von unangemessenen Einkaufs- oder Verkaufspreisen oder sonstigen Geschäftsbedingungen" als missbräuchliche Verhaltensweise wieder.[649]

In vergangenen Verfahren hat der EuGH festgestellt, dass ein missbräuchliches Verhalten eines marktbeherrschenden Unternehmens insbesondere dann vorliegt, wenn es seinen Handelspartnern unangemessene oder ungleiche Preise für gleichwertige Leistung anpreist. Dies geht mit dem Vorwurf einher, dass die marktbeherrschende Stellung das betreffende Unternehmen in die Lage versetzt, sich einem normalen und hinreichend wirksamen (Preis-) Wettbewerb zu entziehen. Das Fehlen von Alternativen für die Marktgegenseite wird dazu genutzt, um unangemessene Bedingungen zu erzwingen.[650]

---

646 MüKoEuWettbR/*Kerber/Schwalbe*, 1. Teil Grundlagen Rn. 296.

647 Immenga/Mestmäcker/*Fuchs*, AEUV Art. 102 Rn. 136.

648 *Homann*, in: Körber, Wettbewerbsbeschränkungen auf staatlich gelenkten Märkten 2015, S. 59.

649 *Birnstiel/Bauer*, in: Internet of Things, Rechtshandbuch 2021, § 14 Rn. 71; Immenga/Mestmäcker/*Fuchs*, AEUV Art. 102 Rn. 168.

650 Vgl. EuGH Urt. v. 13.11.1975 – C-26/75, BeckRS 2004, 72716 Rn. 11/12 – *General Motors Continental*.

Eine trennscharfe Unterscheidung zwischen Preisen und Konditionen ist vielfach jedoch nicht möglich. Vielmehr kann eine „Saldierung“ des Entgelts und der Geschäftsbedingungen angemessen sein.[651] Vertragskonditionen, die insbesondere geeignet sind, die marktbeherrschende Stellung abzusichern oder zu vergrößern, können vorbehaltlich einer Interessenabwägung im Einzelfall eine grundsätzliche Anwendung der kartellrechtlichen Missbrauchskontrolle rechtfertigen.[652]

Ein Indiz dafür ist, wenn die streitgegenständliche Kondition „Ausfluss der Marktmacht oder der großen Machtüberlegenheit“ des Verwenders widerspiegelt.[653] Vor allem in der digitalen Ökonomie der Plattformen besteht die Schwierigkeit, die guten von den schlechten Effekten wirtschaftlicher Macht zu unterscheiden.[654] Insbesondere die grundsätzlich einseitig ausgestaltete Struktur des Ausbeutungsmissbrauchs zeichnet typischerweise auch einseitige Abhängigkeiten nach, die im Wesentlichen auf einseitigen Märkten vorkommen. Mehrseitige Märkte existieren jedoch nur aufgrund miteinander abhängigen Nachfragegruppen.[655] Mangels eines monetären Preises für eine der Nachfragegruppen und in den Fällen einer nicht ins Gewicht fallenden Gebühr für die andere Nachfragegruppe, gewann die Fallgruppe der Erzwingung unangemessener Bedingungen daher an Bedeutung.

a. Erzwingung unangemessener Bedingungen – datenschutzrechtswidrige AGB von Facebook

Im Mittelpunkt der Anwendung des Art. 102 Satz 2 lit. a) Var. 2 AEUV steht die Frage, welchen Einfluss die Plattform auf den Inhalt abgeschlossener Verträge hat. Denn nicht selten treffen Plattformen einseitig in ihren Nutzungsbedingungen Regelungen für die vertraglichen Beziehungen.[656] Derartige

---

651 *Bechtold/Bosch*, in: Bechtold/Bosch, GWB § 19 Rn. 53.

652 BGH, Beschl. v. 23.6.2020 – KVR 69/19, GRUR 2020, 1318 Rn. 75 – *Facebook*.

653 Vgl. EuGH Urt. v. 13.11.1975 – C-26/75, BeckRS 2004, 72716 Rn. 11/12 – *General Motors Continental*; BGH, Beschl. v. 23.6.2020 – KVR 69/19, GRUR 2020, 1318 Rn. 76 – *Facebook*.

654 *Mohr*, ORDO 69 (2018) 2019, S. 288; *Monopolkommission*, Empfehlungen für einen effektiven und effizienten Digital Markets Act, Sondergutachten 82, S. 55 ff. Rn. 131 ff., aufgrund dieser Schwierigkeit in digitalen Märkten befürwortend für eine Effizienzeinrede im Rahmen des DMA.

655 *Evans/Schmalensee*, in: Blair/Sokol, The Oxford Handbook of International Antitrust Economics 2014, Band 1, S. 405–406.

656 Vgl. hierzu näher: *Kreße*, Die Auktion als Wettbewerbsverfahren, S. 365 ff.; *Engert*, AcP 218 (2018), 345.

vertragsbezogene Regelungen werfen nicht nur Fragen über ihre Verbindlichkeit im Verhältnis der beiden Nutzerseiten zueinander auf,[657] sondern auch im wettbewerbsrechtlichen Sinne.[658]

Bedingungen festzulegen, kann einerseits dienlich sein, opportunistisches Verhalten gewerblicher Nutzer auf der Plattform zu zügeln.[659] Andererseits eröffnen sie das Gefahrenpotential für unlautere Geschäftspraktiken der Plattformbetreiber. Den bedeutendsten Fall in diesem Zusammenhang bildet der des Bundeskartellamts gegen Facebook im Jahr 2016: Im Fall Facebook geht es vordergründig um das Geschäftsmodell der „Erbringung personalisierter Dienste (auf der einen Plattformseite) und Ausspielung personalisierter Werbung (auf der anderen Plattformseite)“, die insbesondere durch Daten von Websites und Apps Dritter verbessert werden.[660]

Der wesentliche Vorwurf des Bundeskartellamts ist dabei, dass Facebook diese Dritt-Daten[661] nicht auf Basis einer wirksamen Einwilligung nach den Art. 4 Nr. 11, 6 Abs. 1 Satz 1 lit. a, 7, 9 Abs. 2 lit. b DSG-VO in die Erfassung dieser Daten erlangt hat.[662] In Ermangelung eines Preises gegenüber der Nutzerseite des sozialen Netzwerks wird ein Ausbeutungsmissbrauch auf nationaler Ebene daher danach beurteilt, ob die dort verwendeten AGB gegen die §§ 305 ff. BGB verstoßen, § 19 Abs. 1 GWB.[663] Der Missbrauch einer marktbeherrschenden Stellung orientiert sich in Anwendung des Art. 102 AEUV mangels eines Preises an der Unangemessenheit „unmittelbaren oder mittelbaren Erzwingung von sonstigen Geschäftsbedingungen“. Ausschlaggebend war dabei, dass nach den Facebook-Geschäftsbedingungen Nutzer das soziale Netzwerk nur unter der Voraussetzung nutzen können, dass sie dieser Datenverarbeitung auch in

---

657 BGH, Urteil vom 15.2.2017 – VIII ZR 59/16, NJW 2017, 1660 Rn. 22.

658 *Engert*, AcP 218 (2018), 346.

659 *Evans/Schmalensee,* in: Blair/Sokol, The Oxford Handbook of International Antitrust Economics 2014, Band 1, S. 434, 435 ff.: Der Einsatz von Plattformregeln kann dienlich sein, um positive externe Effekte zu erhöhen und negative zu verringern, um insgesamt Effizienz einer Plattform zu erhöhen, was zu Verbraucherwohlfahrt führen kann.

660 BKartA, Hintergrundinformationen, 19.12.2017, S. 2 – *Facebook.*

661 Vgl. BKartA Beschl. v. 6.2.2019, B6-22/16, BeckRS 2019, 4895 Tenor zu 1.-3 – *Facebook*: Dritt Daten liegen auch bei konzerneigenen, jedoch vom sozialen Netzwerk unabhängigen Diensten wie *WhatsApp* vor.

662 BKartA Beschl. v. 6.2.2019, B6-22/16, BeckRS 2019, 4895 Rn. 670 – *Facebook; Lohse*, NZKart 2020, 292 ff.; *Mundt,* NZKart 2019, 117 ff.

663 BKartA Beschl. v. 6.2.2019, B6-22/16, BeckRS 2019, 4895 Rn. 670 – *Facebook; Lohse*, NZKart 2020, 292 ff.; *Thomas,* NZKart 2017, 92.

die Facebook-Off bzw. Drittdaten zustimmen.[664] Das Merkmal der Geschäftsbedingung sieht das Bundeskartellamt auch bei „faktischen Geschäftsbedingungen", d.h. tatsächlichen Vorgängen, die Gegenstand einer vertraglichen Regelung sein können, als erfüllt an.[665]

Als Verantwortlicher im Sinne des Art. 4 Nr. 7 DSG-VO trägt ein Dienstanbieter Verantwortung auch für die Einbindung „fremder" Verarbeitungsprozesse in das eigene Angebot, was auch für die sog. Social Media Plugins[666] von Facebook auf Drittseiten gilt, wodurch überhaupt die Daten aus Drittquellen mit denen im sozialen Netzwerk zusammengeführt werden können.[667]

Das Bundeskartellamt sieht hierin einen unzulässigen Konditionenmissbrauch. Im Ergebnis sieht das Bundeskartellamt in den Wertungen der DS-GVO geeignete Leitplanken zur Überprüfung derartiger Praktiken mit Bezug zur Datenverarbeitung.[668] Der Missbrauch einer marktbeherrschenden Stellung ergibt sich daher für das Bundeskartellamt gegenüber der Nutzergruppe des sozialen Netzwerks. Im Ergebnis setzt das Bundeskartellamt die Freiwilligkeit des Vertragsschlusses der freiwilligen Einwilligung in die Datenverarbeitung gleich. Für die fehlende Freiwilligkeit sei ausschlaggebend, dass direkte Netzwerkeffekte zwischen den Nutzern des sozialen Netzwerks die Möglichkeit eines Ausweichens der Nutzer auf andere Dienste verhindern.[669] Selbiges Argument nutzt das Bundeskartellamt hinsichtlich des normativen Zusammenhangs zwischen der Marktbeherrschung und dem Marktergebnis (Ergebniskausalität). Ausschlaggebend sei dabei die Einschränkung der Selbstbestimmung der Nutzer, was gleichzeitig auch den eintretenden Schaden für die Nutzer des sozialen Netzwerks darstellt.[670] Eine Verhaltenskausalität, d.h. ein Kausalzusammenhang zwischen der Marktbeherrschung und dem missbilligten Verhalten wird

664 BKartA Beschl. v. 6.2.2019, B6-22/16, BeckRS 2019, 4895 Tenor zu 4. – *Facebook.*

665 BKartA Beschl. v. 6.2.2019, B6-22/16, BeckRS 2019, 4895 Rn. 562–563 – *Facebook.*

666 *Conrad/Dovas*, in: Forgó/Helfrich/Schneider, Teil IX. Kap. 2 Rn. 114, 115: Social Media Plugins ermöglichen eine Verbindung eigener Inhalte einer Webseite mit dem jeweiligen Netzwerk. Die technische Einbindung erlaubt es dem Plattformbetreiber auf nahezu alle Daten des Webseitbetreibers zuzugreifen, ohne dass der Seitenbesucher überhaupt ein Konto bei dem Plattformbetreiber besitzt.

667 *Wiebe,* in: FS Kirchner, S. 427– 428.

668 *Mundt,* NZKart 2019, 117 ff.

669 BKartA Beschl. v. 6.2.2019, B6-22/16, BeckRS 2019, 4895 Rn. 646 – *Facebook.*

670 BKartA Beschl. v. 6.2.2019, B6-22/16, BeckRS 2019, 4895 Rn. 876 ff. – *Facebook.*

im Rahmen von § 19 Abs. 1 GWB nicht vorausgesetzt.[671] Diese Sichtweise sei gerechtfertigt, weil es um eine datengetriebene Dienstleistung gehe.[672]

Zusammenfassend wird Facebook die Zusammenführung von Nutzerdaten aus verschiedenen Quellen nicht per se verboten, sondern nur für den Fall, dass die Zusammenführung der Daten ohne eine wirksame Einwilligung der Nutzer erfolgt. Die Nutzung von wettbewerbsrelevanten Daten stellt daher auf Basis einer wirksamen Einwilligung keinen Missbrauch dar, wenngleich die Datensammlung durch ein marktbeherrschendes Unternehmen erfolgt.[673]

Wie weitreichend der einzelne Nutzernutzen tatsächlich ist, führt das Bundeskartellamt jedoch nicht aus. Wie gezeigt,[674] ist der Nutzen nicht nur für alle Nutzer endlich, sondern für den einzelnen Nutzer auch individuell zu bestimmen. Das Bundeskartellamt geht insoweit nur deshalb von einer fehlenden Verhandlungsmacht aus, weil es die Substitutionswirkung des sozialen Netzwerks zu eng fasst. Hinzu kommt, dass die Anmeldung und daher der Wechsel zu einem anderen Dienst mit der Eingabe von einigen wenigen Daten einfach zu vollziehen ist. Für die Anwendung des Art. 102 S. 2 lit. a) AEUV ist ausschlaggebend, inwieweit die Klausel den Vertragspartner in der Weise bindet, dass ein Wechsel zu einem anderen Vertragspartner als dem Marktbeherrscher unbillig erschwert wird.[675] Ein Zusammenhang zwischen direkten Netzwerkeffekten und den datenschutzwidrigen Konditionen besteht so jedoch nicht. Der Datenschutzverstoß erschwert nicht unmittelbar den Wechsel zu einem

---

671 BKartA Beschl. v. 6.2.2019, B6-22/16, BeckRS 2019, 4895 Rn. 562–563 – *Facebook*: Aus dem Verstoß datenschutzrechtlicher Vorschriften und den zugrundeliegenden Wertungen der DSG-VO leitet das Bundeskartellamt auch eine strenge Kausalität ab. Nach Ansicht des BKartA könne ein derartiger Datenschutzverstoß von nicht marktbeherrschenden Unternehmen, nicht begangen werden. Der Rückschluss von einem Datenschutzverstoß auf eine Marktbeherrschung ist abzulehnen. Die DSG-VO geht vielmehr davon aus, dass ein klares Ungleichgewicht zum Fehlen der Freiwilligkeit in die Einwilligung der Datenverarbeitung bereits unterhalb der Schwelle der Marktbeherrschung liegen kann, vgl. EuGH, Schlussanträge des Generalanwalts Athanasios Rantos v. 20.9.2022 in der Rechtssache C-252/21 – Meta Platforms (Facebook Datenschutzvorlage), NZKart 2022, 652 ff., Rn. 72–75.

672 BKartA Beschl. v. 6.2.2019, B6-22/16, BeckRS 2019, 4895 Rn. 524–528 – *Facebook*.

673 *Satzky*, in: FS Schmidt, Band 2, S. 309.

674 Vgl. Kap. 2.B.II.

675 Immenga/Mestmäcker/*Fuchs*, AEUV Art. 102 Rn. 187.

anderen Plattformdienst. Der im Kontrollverlust der Nutzer liegende Schaden, ist datenschutzrechtlicher und nicht wettbewerbsrechtlicher Natur.[676]

Dabei stellt sich jedoch nicht nur die Frage, ob die Verwendung datenschutzrechtswidriger AGBs gegenüber der Seite „Erbringung personalisierter Dienste" wettbewerbswidrig ist,[677] sondern vielmehr, dass im Verhältnis zur Seite „Ausspielung personalisierter Werbung" ein entgeltliches Vertragsverhältnis besteht, das mit Datenerhebungen und Weiterverarbeitungen verbunden wird,[678] die nicht funktional notwendig sind, um den gewerbetreibenden Nutzern dieser Seite die Nutzung des Dienstes zur Verfügung zu stellen. Die Verbesserung der Leistung Facebooks hängt vorrangig nicht davon ab, dass gewerbetreibende Nutzer ihren Datenbestand zur Verfügung stellen.[679]

Unabhängig davon, welche Art von Facebook-Produkt der Drittanbieter[680] auf seiner Website nutzt,[681] muss der Drittanbieterdienst einen entsprechenden Code von Facebook installieren. Dieser Code verschafft Facebook eine Schnittstelle für den Datentransfer zwischen Nutzergeräten und den Facebook Servern. Diese Business-Tools ermöglichen das Nutzerverhalten nachzuverfolgen,[682] selbst wenn ein Nutzer die Schaltflächen nicht nutzt und selbst dann, wenn der Nutzer sich bei seinem Facebook-Konto abgemeldet hat.[683] Die Daten fließen in dem Zeitpunkt an Facebook, in dem der Nutzer das Drittangebot überhaupt erstmals aufruft und sogar zum Teil dann, wenn der Nutzer einem Webtracking durch Browser- oder Geräteeinstellungen widersprochen hat.[684]

---

676 So im Ergebnis auch: *Satzky,* in: FS Schmidt, Band 2, S. 312–313; vgl. hierzu Kap. B.III.

677 BGH, Beschl. v. 23.6.2020 – KVR 69/19, GRUR 2020, 1318 Rn. 76 ff. – *Facebook.*

678 Vgl. *Lohse*, NZKart 2020, 295 ff.; Hierbei ist auch die Frage des Kausalitätsnachweises umstritten. Anders gefragt, müsste das marktmächtige Unternehmen einen Grund dafür haben den Interessensausgleich zwischen den Nutzergruppen anders zu regeln, als für den Fall wirksamen Wettbewerbs.

679 *Khan,* Columbia Law Review, Band 119, Nr. 4, 2019, 1012.

680 Gemeint sind damit gleichzeitig die gewerblichen Werbetreibenden auf Facebook.

681 BKartA Beschl. v. 6.2.2019, B6-22/16, BeckRS 2019, 4895 Rn. 368 – *Facebook:* So beispielsweise durch Social-Plug-Ins oder Single-Sign-On.

682 Vgl. Datenrichtlinie Facebook, in der Fassung vom 04.02.2022, abrufbar unter: https://de-de.facebook.com/policy.php.

683 *Khan,* Columbia Law Review, Band 119, Nr. 4, 2019, 1010–1011.

684 BKartA, Hintergrundinformationen, 19.12.2017, S. 2 – *Facebook; Wiebe,* in: FS Kirchner, S. 423–424: Zum Teil werden durch den „Gefällt mir"-Button personenbezogene Daten ohne eine gesonderte Einwilligung, in die USA transferiert.

b. Anwendung und Zwischenergebnis

Ausgangspunkt der Datenabschöpfung von Facebook ist, dass Online-Publisher auf eigenen Online-Diensten Werbeflächen freigeben. Der generierte Nutzer- und Datenbestand ruft das Interesse von Werbetreibenden hervor ihre Werbung dort entgeltlich zu schalten. Wie gezeigt, sind es die positiven Netzwerkexternalitäten, die den gewerbetreibenden Werbekunden anziehen. Durch die aufgezeigte Vorgehensweise hat Facebook den zusätzlichen Datenzugang zu diesem Nutzerbestand unentgeltlich erhalten. Das kann dazu führen, dass Facebook in die Lage versetzt wird, die Preissetzungsmacht des Verlags (Online-Publisher) auf dem Werbemarkt (Anzeigemarkt) zu schmälern. Der Zugang zu Daten ermöglicht es Facebook, Nutzer für den Werbemarkt durch gezieltere Anzeigen anzusprechen und so seine Werbeeinnahmen zu steigern.[685] Vorausgesetzt, es gäbe genügend Konkurrenten für den Werbemarkt im Sektor sozialer Netzwerke, die Werbeflächen anbieten, würden sich gewerbetreibende Kunden nicht auf derartige Nutzungsbedingungen einlassen. Die Unangemessenheit besteht im fehlenden berechtigten Interesse von Facebook an solchen Klauseln. Nach der hier vertretenen Ansicht kann diese Geschäftspraktik nicht nur einen sich auf den ersten Blick aufdrängenden Behinderungsmissbrauch erfüllen,[686] sondern einen Konditionenmissbrauch. Einschränkungen der Erzeugung bei anderen Unternehmen können Ausdruck eines Ausbeutungsmissbrauchs mit Behinderungseffekt sein, insbesondere wenn Vertragspartner des Marktbeherrschers betroffen sind:[687]

Es handelt sich um eine aufgedrängte Leistungsabschöpfung/Vermögensabschöpfung gewerbetreibender Kunden durch Erzwingung des Datenzugangs, insbesondere weil der Datenzugang nicht beschränkt ist. Es entsteht eine umgekehrte/gegenläufige Kopplung, die dadurch gekennzeichnet ist, dass für die Leistungserbringung Facebooks ein unangemessener nicht monetärer Gegenwert durch den gewerbetreibenden Nutzer erbracht wird. Die Abschöpfung der Daten steht nicht mehr im Verhältnis zu der primär vereinbarten Leistung Facebooks, die die Erbringung personalisierter Werbung in einem sozialen Netzwerk zum Gegenstand hat. In diesen Fällen, in denen die Datensammlung- und Verarbeitung auf einer unwirksamen Einwilligung beruht, erlangt Facebook einen ungerechtfertigten Wettbewerbsvorteil gegenüber den Online-Publishern auf der Plattform Facebook.

---

685 *Khan,* Columbia Law Review, Band 119, Nr. 4, 2019, 1011.
686 So im Ergebnis, ohne nähere Begründung: *Mundt,* NZKart 2019, 117 ff.
687 *Jung,* in: Grabitz/Hilf/Nettesheim, AEUV Art. 102 Rn. 350.

Der Vorteil den Fokus bei der Identifizierung missbräuchlicher Verhaltensweisen von datengetriebenen Plattformdiensten auf die Nutzerseite der Gewerbetreibenden zu richten ist, dass für den Fall, dass die Datenerhebung durch eine rechtmäßige Einwilligung ergeht, es gleichermaßen an einer gleichwertigen Leistung Facebooks gegenüber gewerbetreibenden Nutzern fehlt. Mangels einer vertraglichen Grundlage[688] ist eine Abschöpfung datenbedingter Wertzuwächse über das Maß der primären Gewinnspanne hinaus unzulässig und Ausdruck des vom Marktbeherrschungsbegriff erfassten Verhaltensspielraums. Facebook begibt sich selbst in eine dem Ausschließlichkeitsrecht ähnliche Position im Hinblick auf den Nutzerbestand des sozialen Netzwerks.

Abstrakt heißt das: Wird die Erbringung einer Primärleistung an einen wachsenden und für die wirtschaftliche Tätigkeit bedeutenden aber von der Gegenleistung unabhängigen Gegenwert geknüpft, ohne dass eine Ausweichmöglichkeit auf das primäre Austauschverhältnis besteht oder steht die Zurverfügungstellung der zusätzlich erbrachten nicht-monetären Leistung in einem nicht funktionalen Verhältnis zu der vereinbarten Gegenleistung, was dann der Fall ist, wenn die Qualität der Leistungserbringung nicht unmittelbar spürbar oder mit anderen, insbesondere wettbewerblichen Nachteilen für die eigene Marktstellung verbunden ist, ist dies ein Ausbeutungsmissbrauch. Dogmatisch ist dieses Per-se-Verbot mit einer bezweckten Wettbewerbsbeschränkung gleichzusetzen, für die erste Alternative mit einem abstrakten und der zweiten Alternative mit einem konkreten Gefährdungstatbestand.[689] Für die zweite durch den Vertragspartner gebilligte Leistungsaufdrängung besteht eine Effizienzeinrede im Wege eines Entlastungsbeweises durch den Plattformanbieter, ähnlich einem AEC[690]-Gedanken, den jedoch nicht die Wettbewerbsbehörde beweisen müsste:[691]

Art. 102 AEUV verbietet es einem Marktbeherrscher nicht mit anderen Wettbewerbern in Leistungswettbewerb zu treten, selbst wenn dies zur Folge hätte, dass weniger effiziente Wettbewerber aus dem Markt gedrängt

---

688 Von einer konkludenten Annahme kann nicht gesprochen werden, weil ein wettbewerblicher Vorteil entstünde, die dem Annahmewillen mangels Kompensation entgegenstehen dürfte.

689 Ausführlich zu reinen Treuerabatten: *Mohr*, ORDO 69 (2018) 2019, S. 284.

690 Vgl. zum AEC-Test ausführlich: Kap. 3.F.II.

691 Zur Relevanz des *AEC-Tests* und der Analyse der Eignung einer Strategie zur Verdrängung ebenso leistungsfähiger Wettbewerber für die Beurteilung der Frage einer objektiven Rechtfertigung und möglicher Effizienzvorteile, vgl. insbesondere: EuGH, Urt. v. 6.9.2017 – V-413/14P, EuZW 2017, 850 Rn. 137 ff. – *Intel.*

werden könnten.[692] Für die materiell-rechtliche Beurteilung des missbräuchlichen Verhaltens eines Marktbeherrschers nach des Art. 102 AEUV müssen Kartellbehörden das Vorbringen des betroffenen Unternehmens im Rahmen einer Abwägung würdigen, wenn es sein Vorbringen auf Beweise wie Alternativberechnungen stützt, dass die streitgegenständliche Praktik gerade keine Verdrängungswirkung gegenüber ebenso effizienten Wettbewerbern hat. Denn die Analyse der Eignung zur Verdrängung ebenso effizienter Wettbewerber ist maßgeblich für die Beurteilung der Frage einer objektiven Rechtfertigung und möglicher Effizienzvorteile für Verbraucher.[693] Vor diesem Hintergrund ist das entlastende Vorbringen des betroffenen Unternehmens auch dann von den Kartellbehörden zu würdigen, wenn sie ihre Entscheidung ohne einer eingehenden Prüfung mittels des AEC-Tests treffen.

Geschützt werden soll dadurch insbesondere der Leistungswettbewerb, der dadurch umgangen wird, dass die Kombination von Daten die Plattform in die Lage versetzt „umgekehrte“ Verbundvorteile für den Kernplattformdienst und weitere Zielmärkte zu schaffen.

2. *Kopplungsverbot in Sinne eines Ausbeutungsmissbrauchs*

a. *Einführung*

Der geschilderte Fall wird bei werbefinanzierten Plattformdiensten auch unter der Fallgruppe des sog. Kopplungsverbots diskutiert. Art. 102 S. 2 lit. d) AEUV verbietet marktbeherrschenden Unternehmen insbesondere, den Abschluss von Verträgen an die Bedingung zu knüpfen, dass ihr Vertragspartner zusätzliche Leistungen annehmen muss, die weder sachlich noch nach Handelsbrauch in Beziehung zu dem primären Vertragsgegenstand stehen. Durch diese Ausgestaltung des Tatbestands wird die besondere Strukturverantwortung des Marktbeherrschers deutlich. Der Restwettbewerb soll von seiner Kontrolle auf dem beherrschten und dem Wettbewerb vor- und nachgelagerten Wirtschaftsstufen frei bleiben.[694]

Wesentliches Ziel der Vorschrift ist es, die Entschließungsfreiheit der Vertragspartner vor Beeinträchtigungen des marktbeherrschenden Unternehmens zu schützen. In diesem Sinne decken sich der ökonomische und der rechtliche Ansatz. In der ökonomischen Betrachtung herrscht die sog. Effizienzvermutung der Vertragsfreiheit. Auf freiwilliger Entscheidung geschlossene Verträge

---

692 EuGH, Urt. v. 6.9.2017 – V-413/14P, EuZW 2017, 850 Rn. 134 – *Intel.*
693 EuGH, Urt. v. 6.9.2017 – V-413/14P, EuZW 2017, 850 Rn. 138, 140, 144 – *Intel.*
694 *Schweitzer*, GRUR 2019, 579.

wirken effizienzsteigernd, sofern ein hinreichender Wettbewerb zwischen den Anbietern herrscht.[695] Der Vertragspartner soll nicht durch das Inaussichtstellen des Scheiterns des Vertrages über eine gewünschte Ware oder Dienstleistung dazu verleitet werden, auch andere Waren oder Dienstleistungen, an denen er kein Interesse hat, abzunehmen.[696] Einer Kopplung steht nicht entgegen, dass die Produkte zu keinem Zeitpunkt separat zu einzelnen Preisen angeboten werden.[697]

In der ökonomischen Literatur[698] wird dies auch als „pure bundling“ (echte Bündelung) bezeichnet. In Abgrenzung zum sog. „mixed bundling“ (gemischte Bündelung), ist das Angebot des Primärprodukts an den Absatz des anderen Produkts geknüpft, ohne dass die Produkte getrennt zu Einzelpreisen angeboten werden, wobei die Begriffe Kopplung und Bündelung teils synonym verwendet werden.[699]

Nutzt das betreffende Unternehmen Bündelungs- und Kopplungsstrategien[700] kann neben dem Aspekt des Ausbeutungsmissbrauchs auch ein Fall des Behinderungsmissbrauchs vorliegen.[701] Kopplungsbindungen werden insbesondere dazu eingesetzt, um den Marktzutritt zum Ursprungsmarkt zu verhindern.[702] Dabei soll beispielsweise verhindert werden, dass Unternehmen kompatibler Märkte in den Ursprungsmarkt eintreten. Nachfolgend werden weitere Verhaltensweisen betrachtet, die unter den Ausbeutungsmissbrauch fallen können und daher primär Auswirkungen auf das Vertikalverhältnis zum Verbraucher aufweisen.

---

695 *Von Weizsäcker,* in: Schmidt-Preuß/Körber, Regulierung und Gemeinwohl 2015, S. 260.

696 Von der Groeben/Schwarze/Hatje/*Schröter/Bartl,* Art. 102 AEUV Rn. 255.

697 *Birnstiel/Bauer,* in: Internet of Things, Rechtshandbuch 2021, § 14 Rn. 104.

698 Siehe zur strategischen Ausrichtung für *„bundling“: Belleflamme/Peitz,* Industrial Organization – markets and strategies, Cambridge, S. 270 ff.

699 *Tirole,* Competition Policy International, Spring 2005, Band 1 Nr. 1, 8; *Nothhelfer,* EuZW 2007, 333.

700 BKartA Beschl. v. 21.12.2012 – B 3 – 113/12, BeckRS 2016, 14228, Rn. 146; *Karbaum/Schulz,* NZKart 2019, 408; Köhler/Bornkamm/Feddersen/*Köhler,* UWG § 4 Rn. 4.40.

701 Immenga/Mestmäcker/*Fuchs,* AEUV Art. 102 Rn. 274.

702 MüKoEuWettbR/*Kerber/Schwalbe,* 1. Teil Grundlagen Rn. 303.

b. Kopplungsstrategien der Plattformbetreiber im Rahmen des Ausbeutungsmissbrauchs

In der digitalen Plattformökonomik sind Kopplungsstrategien im Zusammenhang mit gezielter Datengewinnung zu verzeichnen.[703] Die Verfahren bilden daher oft eine Schnittstelle zwischen dem Kartell- und dem Datenschutzrecht.[704] Der Zugriff auf Daten aus anderen Tätigkeitsfeldern und ihre systematische Auswertung werden insbesondere für neue Zwecke oder für den Kern-Plattformdienst[705] genutzt, was auch zur Entstehung neuer Konglomerate führen kann.[706] Gemeint sind damit insbesondere Fälle, in denen die Datengewinnung für Zwecke erfolgt, die nicht in einem unmittelbaren Zusammenhang mit der Nutzung stehen, in dessen Rahmen die Daten verarbeitet werden.[707]

Diese Art der Datengewinnung bei marktbeherrschenden Unternehmen hatte auch die Einleitung eines förmlichen Untersuchungsverfahrens der Europäischen Kommission gegen Facebook zur Folge.[708] Geprüft wird, ob Facebook wettbewerbsrechtswidrig Werbedaten „insbesondere von Werbetreibenden" im Wettbewerb mit diesen, auf anderen Märkten in dem Bereich der Kleinanzeigedienste – dem sog. Facebook Marketplace – verwendet hat.[709] Dies wäre ein klassischer Fall von Marktmachttransfer unter Ausnutzung von Markteintrittsschranken.[710]

Anders als das Bundeskartellamt auf nationaler Ebene im Fall Facebook[711] hat die Kommission ferner beabsichtigt, die Art und Weise, wie Facebook Marketplace in das soziale Netzwerk integriert ist, auf wettbewerbsrechtliche Konformität hin zu überprüfen. Untersucht wird daher ein Bündel missbräuchlicher Geschäftspraktiken[712] durch Facebook. Im Mittelpunkt der Untersuchung steht

---

703 BGH, Beschl. v. 23.6.2020 – KVR 69/19, GRUR 2020, 1318 Rn. 43–44, – *Facebook* BKartA Fallbericht v. 06.02.2019 – B6-22/16, S. 7 – *Facebook.*

704 *Podszun*, GRUR 2020, 1268.

705 Zum Begriff siehe näher: *Seip/Berberich,* GRUR-Prax 2021, 45 ff.

706 *Schweitzer*, GRUR 2019, 570.

707 Im Kontext zum Zugang zu Daten vgl.: *Schweitzer*, GRUR 2019, 579.

708 Pressemitteilung der Europäische Kommission vom 04.06.2021, AT.40684 *„Facebook leveraging"*, abrufbar unter: https://ec.europa.eu/competition/antitrust/cases/dec_docs/40684/40684_1812_3.pdf, zuletzt aufgerufen am: 01.03.2024.

709 Ebenda.

710 Siehe hierzu näher: Kap. 3.F.II.1.

711 Eingeleitet durch das Bundeskartellamt: BKartA Fallbericht v. 06.02.2019 – B6-22/16, S. 7 – *Facebook.*

712 *Wurmnest/Lund,* NZKart 2015, 73.

auch, ob Facebook „mit der Kopplung“ eines neuen Dienstes „an sein soziales Netzwerk“ gegen die einschlägigen Wettbewerbsvorschriften verstößt.[713]

Die beanstandete, über mehrere Märkte hinweg erfolgte Datensammlung Facebooks dürfte daher auch auf europäischer Ebene eine große Rolle spielen,[714] weshalb das Verfahren unter der Zugrundelegung des europäischen Wettbewerbsregimes nachfolgend beleuchtet wird.

c. *Aufgedrängte Leistungserweiterung – Fall „Facebook“*

Im Vordergrund des Verfahrens auf nationaler Ebene steht das Verhalten von Facebook, auf Daten von konzerneigenen und/oder anderen Unternehmen zuzugreifen („Off-Facebook-Daten“), um sie mit den Nutzerkonten des sozialen Netzwerks Facebook.com systematisch zu verknüpfen und sie anschließend zu verarbeiten.[715] Sensible geschäftliche Informationen von auf der Plattform tätigen Anbietern kann der Plattformdienst akkumulieren.[716] Zur Datenerhebung bedienen sich Plattformdienste darüber hinaus einer Reihe von Tracking-Techniken, welche das Nutzerverhalten auch auf anderen Webseiten oder Apps registrieren. Hinzukommen weitere Techniken, um individuelle Nutzer über Gerätegrenzen hinweg zu identifizieren.[717] Der wesentliche Vorwurf einer unzulässigen Praxis erfolgt gegenüber Facebook hinsichtlich der Verbraucherseite des sozialen Netzwerks.[718]

Die gezielte Datensammlung zu gezielten Werbezwecken ist dabei kein Phänomen von Online-Plattformen. Im stationären Handel wird an der Kasse nicht nur der Transaktions- und Bezahlvorgang abgewickelt, sondern gleichzeitig die Erfassung der Daten zur Nachfüllung, zur Disposition und der Konsumentenpräferenz. Wie im Online-Werbebereich werden diese Daten für den

---

713 Pressemitteilung der Europäische Kommission vom 04.06.2021, AT.40684 „*Facebook leveraging*“, abrufbar unter: https://ec.europa.eu/competition/antitrust/cases/dec_docs/40684/40684_1812_3.pdf, zuletzt aufgerufen am: 01.03.2024; vgl. hierzu Kap. 3.F.I.1.

714 Pressemitteilung der Europäische Kommission vom 04.06.2021, AT.40684 „*Facebook leveraging*“, abrufbar unter: https://ec.europa.eu/competition/antitrust/cases/dec_docs/40684/40684_1812_3.pdf, zuletzt aufgerufen am: 01.03.2024, *Margrethe Vestager*: „Wir müssen dafür sorgen, dass Daten in der heutigen digitalen Wirtschaft nicht zur Verzerrung des Wettbewerbs genutzt werden.“

715 *Kreße*, WuB 2021, 30 ff.

716 *Thomas*, ZHR 2020, 241.

717 *Hacker*, ZfPW 2019, 153–154.

718 Vgl. *Birnstiel/Bauer*, in: Internet of Things, Rechtshandbuch 2021, § 14 Rn. 96–98.

Werbeprozess und für das „Placement" genutzt und treffen in verschiedenen Mieden oder auf Verkaufsflächen auf den Kunden, um seinen Wahlakt zu beeinflussen.[719]

Während das Bundeskartellamt das Verhalten von Facebook, Dritt-Daten[720] privater Nutzer des sozialen Netzwerks nicht auf Basis einer wirksamen Einwilligung, als eine unmittelbare oder mittelbare Erzwingung von sonstigen Geschäftsbedingungen in Form eines Konditionenmissbrauchs ansieht,[721] qualifiziert der BGH das Verhalten von Facebook als eine aufgedrängte Leistungserweiterung und rückt den Facebook-Fall in die Missbrauchsfälle von unzulässigen Kopplungen,[722] als eine neue Kategorie des Ausbeutungsmissbrauchs mit Behinderungswirkung.[723] Der Missbrauch einer marktbeherrschenden Stellung ist nach BGH darin zu erblicken, dass sich der marktbeherrschende Betreiber eines sozialen Netzwerkes in den Nutzungsbedingungen vorbehält, dem Nutzer ein „personalisiertes Erlebnis" bereitzustellen, für dessen Inhalt personenbezogene Daten des Nutzers verwendet werden, die durch die Erfassung der Dritt-Daten gewonnen werden.[724]

Die Einwände des Beschwerdegerichts,[725] das die Entscheidung des Bundeskartellamts aufgehoben hat, wies der BGH zurück: Ein Kontrollverlust und eine Zwangslage der Nutzer ist nicht aus Gründen zu verneinen, weil viele Menschen Facebook gar nicht nutzen und sich für dessen Nutzungsbedingungen nicht interessieren. Vielmehr ist auf Nutzer abzustellen, die Facebook nutzen wollen, die jedoch Dritt-Daten nicht Preis geben wollen und denen damit ein um diese Daten erweitertes personalisiertes Leistungsangebot aufgedrängt wird. Diesen Nutzern werde keine Wahlmöglichkeit gelassen.[726] Die kartellrechtliche Relevanz dieser Leistungserweiterung ergibt sich daraus, dass die

---

719 *Schanze,* in: FS Schmidt, Band 2, S. 361–362.

720 Vgl. BKartA Beschl. v. 6.2.2019, B6-22/16, Tenor zu 1.-3. – *Facebook*: Dritt-Daten liegen auch bei konzerneigenen, jedoch vom sozialen Netzwerk unabhängigen Diensten wie *WhatsApp* vor.

721 BKartA Beschl. v. 6.2.2019, B6-22/16, Rn. 670 – *Facebook*; *Lohse*, NZKart 2020, 292 ff.; *Mundt,* NZKart 2019, 117 ff.; vgl. hierzu Kap. 3.F.I.1.a.

722 BGH, Beschl. v. 23.6.2020 – KVR 69/19, GRUR 2020, 1318 Rn. 58, 73, - *Facebook; Podszun*, GRUR 2020, 1270.

723 *Galle,* BB 2020, 2063.

724 BGH, Beschl. v. 23.6.2020 – KVR 69/19, GRUR 2020, 1318 Rn. 121, – *Facebook.*

725 OLG Düsseldorf, Beschl. v. 26.8.2019 – Kart 1/19, BeckRS 2019, 18837 Rn. 24– 32, 63–67, 73–80.

726 BGH, Beschl. v. 23.6.2020 – KVR 69/19, GRUR 2020, 1318 Rn. 56–63, 86, 112–119 – *Facebook.*

privaten Nachfrager der Leistung des Plattformanbieters eine für sie unverzichtbare Leistung nur zusammen mit einer weiteren unerwünschten Leistung erhalten.[727] Zum anderen sind die zur Verfügung gestellten Daten nicht wertlos. Im Gegenteil, Daten sind ein wesentlicher Wettbewerbsparameter, der für die andere Marktseite (Werbekunden) einen bedeutenden ökonomischen Wert aufweist. Der Wert wachse mit der Größe des Datenbestands. Ob ein Nutzer seine Daten noch anderweitig zu Verfügung stellen kann (d. h. duplizieren kann), sei dagegen unerheblich. Er könne ohnehin nur über „seine" Daten verfügen und nicht über den gesamten Datenbestand.[728] Die Wettbewerbsschädlichkeit des vorgeworfenen Verhaltens ergebe sich sowohl aus einer Ausbeutung der Nutzer als auch aus dessen wettbewerbsbehindernder Wirkung.[729]

aa. Anwendung der Grundsätze der BGH-Entscheidung

Die Integration von Daten aus verschiedenen Quellen ohne rechtmäßige Einwilligung derjenigen Nutzer,[730] für die die Nutzung des sozialen Netzwerks unverzichtbar ist, kann nach den Grundsätzen des BGH eine unzulässige Kopplung darstellen, wenn (i) eine Erweiterung des typischen Leistungsangebots einer sozialen Plattform erfolgt („Bereitstellung eines personalisierten Erlebnisses"), die der Nutzer (möglicherweise) nicht wünscht (ii) und für das erweiterte Leistungsangebot jedenfalls ein Zugriff auf personenbezogene Daten, die hierfür nicht zur Verfügung gestellt wurden, erfolgt.[731]

Das Primärprodukt „Bereitstellung eines personalisierten Erlebnisses, im Kern Vernetzung" wird dabei „an den Absatz" des anderen (erweiterten) Produkts „intensivierte Personalisierung des Nutzungserlebnisses" geknüpft, ohne dass die Produkte getrennt ggfs. zu einer entgeltfreien Basisnutzung und als entgeltliche Zusatzleistung angeboten werden.[732] Das Umstellen des Nutzers

---

727 BGH, Beschl. v. 23.6.2020 – KVR 69/19, GRUR 2020, 1318 Rn. 58 – *Facebook.*

728 BGH, Beschl. v. 23.6.2020 – KVR 69/19, GRUR 2020, 1318 Rn. 60–64 – *Facebook.*

729 BGH, Beschl. v. 23.6.2020 – KVR 69/19, GRUR 2020, 1318 Rn. 64–65 – *Facebook*; *Galle*, BB 2020, 2061 ff.

730 *Podszun*, GRUR 2020, 1268, 1270 ff., ausschließlich für den isolierten Vorwurf.

731 BGH, Beschl. v. 23.6.2020 – KVR 69/19, GRUR 2020, 1318 Rn. 58 – *Facebook.*

732 BGH, Beschl. v. 23.6.2020 – KVR 69/19, GRUR 2020, 1318 Rn. 55 – *Facebook*; Wobei unklar und auch widersprüchlich sein dürfte, wieso der Verbraucher für die Bereitstellung seiner *Mehrdaten* zahlen soll, da die „intensivierte Personalisierung des Nutzungserlebnisses" nichts mit der eigentlichen Kommunikation im Netzwerk zu tun hat. Auch unklar ist, wieso der BGH davon ausgeht, dass personalisierte Werbung für den Verbraucher eine Gegenleistung darstellten soll.

auf eine „Vollversion" ohne seine Einwilligung in die hierfür generierten Daten kann daher nach dem BGH[733] eine aufgedrängte Leistungserweiterung[734] darstellen. Es geht dabei nicht primär um Lieferung mangelhafter Qualität zu einem wettbewerbswidrig überhöhten Preis,[735] also einem Minus in der Leistungserbringung, sondern ein Mehr, welches automatisch mit Akkumulierung der Daten mit dem Primärdienst verbunden wird.

Durch das Abstellen auf eine rechtswidrige Akkumulation von Daten gegenüber der privaten Nutzerseite des sozialen Netzwerks vermeidet der BGH eine Auseinandersetzung mit einem konkreten Preisgefüge. In Anwendung dieser Grundsätze wird daher die erste Alternative des Art. 102 S. 2 lit. a) AEUV, der die unmittelbare oder mittelbare Erzwingung von unangemessenen Verkaufspreisen unter den Missbrauchstatbestand stellt, gegenstandslos. Die Anwendung des Ausbeutungsmissbrauchs wird vielmehr unter Heranziehung eines Vergleichs zwischen der Menge an gewonnenen Daten und ihrem Verwendungszweck beurteilt. Ausschlaggebend ist die Relation der Menge an Daten bei der ersten Inanspruchnahme des Dienstes (Anmeldung) und der fortlaufenden Ausgestaltung des Nutzungsverhältnisses. Der so verfolgte Ansatz entspricht daher dem Tatbestand des Art. 102 S. 2 lit. d) AEUV, der es als Missbrauch einer marktbeherrschenden Stellung definiert, wenn der Marktbeherrscher an den Abschluss von Verträgen die Bedingung knüpft, dass die Vertragspartner zusätzliche Leistungen annehmen, die weder sachlich noch nach Handelsbrauch in Beziehung zum Vertragsgegenstand stehen.

Versteht man die Entscheidungsgründe derart, dass eine Leistungserweiterung des Kernplattformdienstes stets von einer freiwilligen Annahme des Nutzers abhängt, ist der Umstand, dass es sich im streitgegenständlichen Fall

---

733 BGH, Beschl. v. 23.6.2020 – KVR 69/19, GRUR 2020, 1318 Rn. 55 ff. – *Facebook*.

734 *Nagel/Horn*, ZWeR 2021, 81: Qualifiziert dies als „aufgedrängte, entgeltliche Leistungserweiterung", jedoch mit u.a. nicht ganz zutreffenden Verweis auf: *Podszun*, GRUR 2020, 1268, 1270 mit Verweis auf BGH, Beschl. v. 23.6.2020 – KVR 69/19 – insoweit spricht auch der BGH nicht von einer „entgeltlichen" Leistungserweiterung, im Gegenteil betont er die Unentgeltlichkeit von personenbezogenen Daten unter Verweis auf Art. 3 I der RL (EU) 2019/770 des Europäischen Parlaments und des Rates vom 20.5.2019 über bestimmte vertragsrechtliche Aspekte der Bereitstellung digitaler Inhalte und digitaler Dienstleistungen (ABl. 2019 L 136, 1). Vielmehr ging es um das Interesse der Nutzer, die für den Datenverzicht Facebooks und die ausschließliche Basis-Nutzung des Netzwerks einen Preis zahlen würden, vgl. BGH, Beschl. v. 23.6.2020 – KVR 69/19, GRUR 2020, 1318 Rn. 23–25 – *Facebook*.

735 *Thomas*, NZKart 2017, 94 ff.

„zufällig" auch um einen Verstoß gegen die DSG-VO handelt, für die Qualifizierung als Ausbeutungsmissbrauch nachrangig.[736] Ob ein unmittelbarer Verstoß gegen die DSG-VO der Missbrauchskontrolle uneingeschränkt zugänglich sein kann,[737] brauchte daher nach Ansicht des BGH nicht entschieden zu werden.

Für den Vorwurf auf europäischer Ebene kommt zu der plattformdienstspezifischen aufgedrängten Dienstleistung der Aspekt hinzu, dass ein tatsächlich funktional abtrennbarer Dienst, d.h. ein Drittmarkt, in den Kernplattformdienst integriert wird. Hierbei können Ausbeutung und Behinderung ineinander greifen: Werden wettbewerbsrelevante Daten für die Integration eines neuen Dienstes genutzt, die an das individuelle Nutzerprofil anknüpfen, kann es sich um ein unzulässiges Kopplungsverbot handeln. Werden Daten ausschließlich zur vertikalen Integration des Dienstes auf der Plattform genutzt, so kann dies im Einzelfall den Tatbestand des Behinderungsmissbrauchs erfüllen.

bb. Stellungnahme

Die Sichtweise des BGH birgt die Gefahr, dass bei einem „Privacy Paradox"[738] ein unlösbarer Konflikt entsteht, so wenn der Einzelne nach seinen abstrakten Präferenzen zwar großen Wert auf den Schutz seiner Daten legt, im Alltag aber bereit ist, seine Daten für nur geringe Vorteile – und daher auch für die „Erweiterung" des Dienstes – preiszugeben.[739] Dieser Umstand wird verstärkt, soweit es keine substituierbare Alternative gibt. Dann stellt sich – anders als der BGH zu verstehen gibt – sehr wohl die unmittelbare Frage der Freiwilligkeit in die Einwilligung nach Art. 4 Nr. 11 DSG-VO und damit auch die beiden Streitpunkte der Prüfkompetenz datenschutzrechtlicher Vorschriften durch nationale Kartellbehörden einerseits und der Bejahung des Missbrauchsverbots allein auf Grundlage datenschutzwidriger AGBs andererseits. Von einer freiwilligen Einwilligung kann dabei nur dann gesprochen werden, wenn die Privatperson eine echte oder freie Wahl hat und somit in die Lage versetzt wird, die Einwilligung zu verweigern oder zurückzuziehen, ohne Nachteile

736 Daher wird auch von einem datenbezogenen kombinierten Ausbeutungs- und Behinderungsmissbrauch gesprochen, vgl. BeckOK KartellR/*Wagner-von Papp*, GWB § 19a Rn. 67.

737 *Podszun*, GRUR 2020, 1275.

738 Die Problematik sieht auch das Bundeskartellamt: BKartA Beschl. v. 6.2.2019, B6-22/16, BeckRS 2019, 4895 Rn. 384 ff. – *Facebook*, geht jedoch im Ergebnis auf datenschutzrechtliche Zielsetzungen ein.

739 Vgl. zu dem Begriff näher: *Metzger*, GRUR 2019, 129.

zu erleiden.[740] An der Freiwilligkeit können dann berechtigte Zweifel gehegt werden, wenn zwischen der betroffenen Person und dem Verantwortlichen ein „klares Ungleichgewicht" besteht. Die Schwelle zum Ungleichgewicht, um für die Anwendung der DSG-VO relevant zu sein, ist nicht notwendigerweise eine bestehende Marktmacht. Das Ungleichgewicht kann schon unterhalb der Schwelle der beherrschenden Stellung entstehen.[741] Die Datenabschöpfung unter Verstoß gegen datenschutzrechtliche Normen ist daher kein Indiz für eine missbräuchliche Ausnutzung durch einen Marktbeherrscher. Gleichzeitig ist sie auch kein Indiz für die Unfreiwilligkeit eines Vertragsschlusses. Die Einwilligung in die Datenverarbeitung bezieht sich ausschließlich auf personenbezogene Daten. Im Vertragsrecht bezieht sich die Freiheit des Einzelnen nur auf die Leistungen, also die Konsumgegenstände als solche.[742]

Das OLG hat als Vorinstanz dieses Phänomen im Ergebnis als Argument gegen einen Ausbeutungsmissbrauch herangezogen, indem es die Abwägung der Nutzer für das „Ob" des gesamten Facebook-Dienstes als eine im Kern unbeeinflusste und vollkommen autonome, nach den persönlichen Präferenzen und Wertvorstellungen getroffene Entscheidung in Kenntnis der Datenabschöpfung hält.[743] Dem ist zuzustimmen, da eine „sorglose Einwilligungspraxis" auch Folge von Transaktionskosten sein kann, die deshalb entstehen,[744] weil die

---

740 VO (EU) 2016/679 zum Schutz natürlicher Personen bei der Verarbeitung personenbezogener Daten, zum freien Datenverkehr und zur Aufhebung der Richtlinie 95/46/EG (Datenschutz-Grundverordnung), ABl. EU L 119/1 v. 4.5.2016.

741 EuGH, Schlussanträge des Generalanwalts Athanasios Rantos v. 20.9.2022 in der Rechtssache C-252/21 – Meta Platforms (Facebook Datenschutzvorlage), NZKart 2022, 652 ff., Rn. 72–75; insoweit bestätigt durch: EuGH (Große Kammer), Urt. v. 4.7.2023 – C-252/21 (Meta Platforms Inc. ua/Bundeskartellamt), GRUR 2023, 1131, Rn. 148 und ausführend Rn. 47, 53, 69 u. Rn. 143–147.

742 *Schanze,* in: FS Schmidt, Band 2, S. 361–362.

743 OLG Düsseldorf, Beschl. v. 26.8.2019 – Kart 1/19, BeckRS 2019, 18837 Rn. 24–28: Auch bereits verneinend unter dem Aspekt der Nicht-Rivalität von Daten, was einem wirtschaftlichen Wert entgegenstünde; dies dürfte vor dem Hintergrund des Art. 3 I der RL (EU) 2019/770 des Europäischen Parlaments und des Rates vom 20.5.2019 über bestimmte vertragsrechtliche Aspekte der Bereitstellung digitaler Inhalte und digitaler Dienstleistungen (ABl. 2019 L 136, 1) und dem neu eingeführten § 327 Abs. 3 u. 4 BGB kaum noch vertretbar sein; auch auf europäischer Ebene wird auf die freie Entscheidung der Nutzer abgestellt, vgl.: Kommission, Entscheidung v. 8.12.2010, COMP/D-1/39.398, C(2010) 8760 – *Visa MIF I,* Rn. 60–62.; *Schneider,* in: Wiedemann KartellR-HdB, § 33 Versicherungen und Banken Rn. 285.

744 *Schweitzer/Fetzer/Peitz,* Discussion Paper Nr. 16-042, 29.5.2016, S. 8.

betreffenden AGB-Klauseln nicht leicht zu erfassen sind oder mit den Bedingungen anderer Anbieter nicht gut vergleichen lassen.[745] Diese Umstände treten selbst in Branchen auf, die durch einen wirksamen Wettbewerb gekennzeichnet sind.[746]

Der BGH hält demgegenüber den Schutz derjenigen Nutzer für ausschlaggebend, die ausschließlich den Basisdienst nutzen wollen. Das OLG ist in seinem Ansatz deshalb überzeugender, weil es nicht auf die Freiwilligkeit der Einwilligung in die Datenverarbeitung abstellt, sondern das Ergebnis allein an den Zielrichtungen des Art. 102 AEUV (§ 19 Abs. 1 GWB) und nicht der DSG-VO ausrichtet, die wie gezeigt, eine niedrigere Schwelle für ein Ungleichgewicht intendiert. Die Freiwilligkeit und Freiheit muss sich im Rahmen des Art. 102 AEUV auf den gesamten Vertrag beziehen.[747]

Die Überlegung des OLG hätte daher derart weitergeführt werden müssen, inwieweit es an der Freiwilligkeit der Nutzung des Dienstes fehlen könnte oder eine etwaige Freiwilligkeit nachträglich entfallen ist, wenn der Nutzungsvertrag aufgrund eines mangelnden hinreichenden Wettbewerbs für einen vergleichbaren Dienst für soziale Netzwerke unter Inkaufnahme fortlaufender Datenverfolgung- und Zusammenführung in Kenntnis auch datenschutzwidriger Vorgehensweisen notgedrungen weitergeführt wird.

Die Problematik rund um das rechtswidrige Zusammenführen von Daten und datenschutzwidrigen AGBs entstand vor dem Hintergrund, dass für den Preis- und Konditionenmissbrauch zur Bestimmung des überhöhten „Preises" kein Ausgangsparameter vorhanden ist, da die Nutzung des Dienstes ohne eine monetäre Gegenleistung zur Verfügung gestellt wird.[748] Im Ergebnis umgeht es der BGH lediglich einen direkten Verstoß gegen die DSG-VO als missbräuchlich einzustufen. Eine auf den ersten Blick rechtmäßige Leistungserweiterung kann allerdings ebenfalls an der Freiwilligkeit der Einwilligung in die Datenverarbeitung scheitern.

Für datenbasierte mehrseitige Online-Geschäftsmodelle führt die Bestimmung des Kerndienstes zu Abgrenzungsschwierigkeiten, da in der Praxis bereits ein unterschiedliches Verständnis zur Abgrenzung eines Basis- und

---

745 Vgl. MüKoBGB/*Fornasier*, BGB vor § 305 Rn. 8.

746 Vgl. MüKoBGB/*Fornasier*, BGB vor § 305 Rn. 8.

747 Zur „Kostenkultur" unentgeltlicher Geschäftsmodelle und der Einordnung der Freiwilligkeit in Anwendung d. Art. 7 Abs. 4 DSG-VO siehe näher: Paal/Pauly/*Frenzel*, 3. Aufl. 2021, DS-GVO Art. 7 Rn. 21.

748 *Thomas*, NZKart 2017, 94 ff.

Volldienstes herrscht.[749] Die klassischen Fälle des Kopplungsverbots betreffen richtigerweise hinreichend abgrenzbare Märkte.[750]

Nutzt ein datenbasierter Plattformdienst die Datenakkumulation stets zur Verbesserung seiner Dienste, wird er nach den Grundsätzen des BGH entweder mangels eines abgrenzbaren Basisdienstes (d.h. ohne erweiterte datenbasierte Aktualisierungsmöglichkeiten) im Wege eines unzulässigen Kopplungsverbotes belangt oder bei Inanspruchnahme des Volldienstes wegen eines Datenschutzverstoßes aufgrund der fehlenden Freiwilligkeit. Den zweiten Weg, ohne eine Abgrenzung des Kern- und Volldienstes, verfolgt wie gezeigt das Bundeskartellamt:[751]

Nach Auffassung des Bundeskartellamts stellen die AGB von Facebook, die eine Sammlung von nutzer- und gerätebezogenen Daten aus Quellen außerhalb von Facebook und ihre Zusammenführung mit Facebook-Daten erlauben, eine missbräuchliche Ausnutzung der marktbeherrschenden Stellung in der Form des Konditionenmissbrauchs nach der Generalklausel des § 19 GWB dar.[752] Das Hauptargument des Bundeskartellamtes ist, dass Facebook als Vertragspartner gegenüber der privaten Nutzergruppe ein so starkes Übergewicht habe, dass er vertragliche Regelungen faktisch einseitig setzen kann. Die Einwilligung der privaten Nutzer in die Datenverarbeitung erfolgt daher nicht mehr auf einer eigenständigen Entscheidung, sondern aufgrund einer Fremdbestimmung. Tritt eine Fremdbestimmung ein, besteht nach Ansicht des Bundeskartellamtes kein Raum mehr für eine freiwillige Einwilligung in die Datenverarbeitung. Aus Sicht des Plattformdienstes stellt sich daher kaum eine Unterscheidung für die kartellrechtliche Inanspruchnahme für datengetriebene Geschäftsmodelle.

Für ein rechtmäßiges Verhalten müsste auf Basis der Entscheidung des BGH daher ein Basisdienst errichtet werden, auf welchen alle Nutzer heruntergestuft werden, auch wenn ein Teil der Facebook-Off Daten gleichwohl rechtmäßig verarbeitet wurde oder rechtswidrig verarbeitete Daten bereits zu Informationsvorteilen genutzt wurden.[753]

---

749 BKartA Beschl. v. 6.2.2019, B6-22/16, BeckRS 2019, 4895 Rn. 168 ff. - *Facebook:* Zum relevanten Wettbewerbsumfeld der sozialen Netzwerke. Insbesondere, dass es Nutzer gibt, die sogar Musikstreaming-Dienste wie Spotify für Zwecke eines sozialen Netzwerks nutzen.

750 *Mestmäcker/Schweitzer*, Europäisches Wettbewerbsrecht, § 18 Rn. 30.

751 Vgl. hierzu Kap. 3.F.I.1.a.

752 BKartA Beschl. v. 6.2.2019, B6-22/16, BeckRS 2019, 4895 Rn. 527 ff., 873 ff. – *Facebook*; vgl. hierzu Kap. 3.F.I.1.a.

753 *Wiebe,* in: FS Kirchner, S. 423: In Folge eines Auskunftsverlangen bekam ein Student von Facebook einen Ausdruck mit 1224 Papierseiten über die über

Ausschlaggebend für die kartellrechtliche Bewertung bleibt die Freiwilligkeit der Eingehung einer Vertragsbeziehung in den Gesamtdienst oder die Beurteilung der Datenfreigabe der Drittanbieter,[754] was weder das BKartA noch der BGH in Erwägung zogen. Das wettbewerbserhebliche Verhalten erfolgt erst nach der Datenverarbeitung.

Im Ergebnis stellt das Fehlen einer eindeutigen Preisgestaltung die Kartellbehörden vor enorme Schwierigkeiten, Datenakkumulation normativ einzuordnen. Das Fehlen eines greifbaren Preisgefüges kann jedoch nicht dazu führen, dass Märkte geschaffen werden, die keinen Wettbewerb abbilden können, wie den „durch Datenakkumulation verbesserten Kerndienst". Vielmehr bleibt die Datenakkumulation ein datenschutzrechtliches Problemfeld, welchem durch Vorgabe datenschutzrechtlicher Gebote und Pflichten begegnet werden kann: Entscheidend ist, dass Nutzer spezifisch darüber informiert werden, welche Art von Daten für welche Zwecke übermittelt wird. Eine nutzerfreundliche Anwendung wäre technisch und datenschutzrechtlich möglich, indem dem Nutzer möglichst detaillierte Wahlmöglichkeiten in Echtzeit hinsichtlich der Art der Verarbeitung der Daten eingeräumt werden.[755]

Für Problemfelder einer im großen Umfang erfolgten Datenerhebung sowie der Verknüpfungsmöglichkeiten stößt die Einwilligungslösung der DSG-VO in ihrer derzeitigen Konzeption an ihre Grenzen, um das Recht auf informationelle Selbstbestimmung abzusichern, weshalb für soziale Netzwerke datenschutzrechtliche Zweckbindungen normativ neu definiert und transparent gemacht werden müssen.[756]

---

ihn gespeicherten Daten, bei denen er z.T. auch ausging, dass diese bereits gelöscht waren.

754 Vgl. hierzu Kap. 3.F.I.1.b.

755 Vgl. *Wiebe*, in: FS Kirchner, S. 435.

756 Zur alten Rechtslage vor der DSG-VO vgl. näher, *Wiebe*, in: FS Kirchner, S. 438–439: Plädierend für ein synallagmatisches Austauschverhältnis Nutzung gegen Daten, um ein eigentumsähnliches Nutzungsrecht einzuführen, um Asymmetrien am Markt besser abzuhelfen. Der EU-Gesetzgeber hat dagegen in der Digitale-Inhalte-RL (EU) 2019/770 auf die ausdrückliche Bezeichnung von Daten als „Gegenleistung" verzichtet. Ob personenbezogene Daten als Gegenleistung aufgefasst werden und ein synallagmatisches Rechtsverhältnis begründen können, wird auf diese Weise vermieden und dem nationalen Vertragsrecht überlassen, vgl. Erwägungsgrund 12, 24, Art. 3 Abs. 10 Digitale-Inhalte-RL (EU) 2019/770; *Mischau*, ZEuP 2020, 335–365.

II. Behinderungsmissbrauch

Ein Machtmissbrauch der Plattformdienste, die auf datengetriebene Geschäftsmodelle setzen, ist nicht nur in Form eines Ausbeutungsmissbrauchs gegenüber Marktpartnern denkbar, sondern auch in Form eines Behinderungsmissbrauchs gegenüber Wettbewerbern.[757] Neben der Sammlung von Mehrdaten und der Informationszusammenführung,[758] besteht ein wesentliches, gemeinsames Merkmal vieler zentraler Plattformdienste darin, dass sie auch ihre eigenen Waren und Dienstleistungen über ihren Plattformdienst vermarkten.[759] Diese Interessenkollision kann dazu führen, dass der Zugang zu eigenen Diensten auf der Plattform gefördert und gleichzeitig der Zugang zu Plattformnutzern durch konkurrierende Anbieter behindert wird.[760]

Die Fallgruppe des Behinderungsmissbrauchs soll diejenigen Fälle erfassen, die zu Lasten des Restwettbewerbs erfolgen und daher nicht mehr von einem zulässigen Verhaltensspielraum des marktbeherrschenden Unternehmens umfasst sind.[761] Zu berücksichtigen ist, dass Art. 102 AEUV nicht bezweckt, dass weniger effiziente Wettbewerber als das Unternehmen mit der beherrschenden Stellung auf dem Markt verbleiben. Somit ist nicht jede Ausschlusswirkung zwangsläufig wettbewerbsschädlich. Der Wettbewerb als solches kann definitorisch zum Ausscheiden von Wettbewerbern aus dem Markt führen, die weniger effizient und damit für die Verbraucher u.a. in Bezug auf Preis, Auswahl, Qualität oder Innovation weniger attraktiv sind.[762] Daher ist der Fall auch denkbar, dass der Zugang zum Nutzerbestand aufgrund der eigenen Leistungsschwäche nicht effizient genutzt wird.

Maßgeblich ist daher, ob sich das marktbeherrschende Unternehmen noch auf Grundlage des Leistungswettbewerbs bewegt oder Mittel anwendet, die

---

757 *Körber*, NZKart 2016, 308.

758 Vgl. *Bundeskartellamt/Autorité de la concurrence*, Competition Law and Data, 2016, S. 42; Nuys, WuW 2016, 512, 516; *Schweitzer/Peitz*, NJW 2018, 275–276; *Surblytė*, EuCML 2015, 170, 174.

759 *Khan*, Columbia Law Review, Band 119, Nr. 4, 2019, 973 ff.

760 Vgl. *Khan*, Columbia Law Review, Band 119, Nr. 4, 2019, 978: *Spotify* mit einem Vorwurf gegen Apple Music.

761 *Birnstiel/Bauer*, in: Internet of Things, Rechtshandbuch 2021, § 14 Rn. 72.

762 EuGH, Urt. v. 27.3.2012 – C-209/10, EuZW 2012, 540 Rn. 21–22 – Post Danmark A/S/Konkurrencerådet; EFTA-Gerichtshof, Urteil v. 5.5.2022 – E-12/20 – Norwegischer Mobilfunkmarkt (Telenor), NZKart 2022, 352 Rn. 192 ff.: In Anlehnung an die Grundsätze des EuGH und der EU-Praxis zur Kosten-Preis-Schere im Anwendungsbereich des Art. 102 AEUV.

einem fairen Leistungswettbewerb[763] nicht mehr entsprechen.[764] Ausreichend ist dabei eine sog. Ergebniskausalität. Es genügt daher, wenn „die Marktmacht eines Unternehmens das fragliche Verhalten für den Wettbewerb besonders (potentiell)[765] gefährlich macht".[766] Dieses Gefahrenpotential kann auch dann bejaht werden, wenn der Wettbewerb nur auf einem Drittmarkt betroffen ist. Geht man mit dem „single market approach" von einer marktseitenspezifischen Marktabgrenzung aus,[767] so wäre im Fall von Airbnb der Beherbergungsmarkt als Drittmarkt zu qualifizieren.[768]

Die Verzahnung von Datengewinnung, Datenaustausch und bestimmten Praktiken der Datennutzung birgt daher die Gefahr, dass missbräuchliche Praktiken des Marktbeherrschers sowohl in den Anwendungsbereich des Ausbeutungsmissbrauchs als auch des Behinderungsmissbrauchs fallen können.[769] Der wesentliche Unterschied liegt dabei darin, dass im Rahmen des Behinderungsmissbrauchs der Schaden für die Verbraucher durch die Verzerrung des Wettbewerbsprozesses entsteht und nicht unmittelbar durch ihre Ausbeutung im Rahmen des bestehenden Nutzungsverhältnisses.

Das Geschäftsmodell mehreren Marktseiten Leistungen zur Verfügung zu stellen, stellt daher an das Verhalten der marktmächtigen Unternehmen besonders hohe Anforderungen, vor allem, wenn sie eine Struktur aufweisen, durch die sie in direktem Wettbewerb mit einigen der Unternehmen stehen, die von ihnen abhängen.[770]

Zwei Fallgruppen für einen Missbrauch auf nicht beherrschten Drittmärkten haben sich im Anwendungsbereich der Missbrauchskontrolle herausgebildet: Die missbräuchliche Verhaltensweise erfolgt auf einem nicht

---

763 EuGH, Urt. v. 27.3.2012 – C-209/10, EuZW 2012, 540 Rn. 22 ff. – Post Danmark A/S/Konkurrencerådet.

764 EuGH, Urteil v.17.2.2011 –C-52/09, EuZW2011, 339 Rn. 44 – *Konkurrensverket / TeliaSonera Sverige AB*; *Birnstiel/Bauer,* in: Internet of Things, Rechtshandbuch 2021, § 14 Rn. 72.

765 EuGH, Urt. v.17.2.2011 –C-52/09, EuZW2011, 339 Rn. 60 ff. – *Konkurrensverket / TeliaSonera Sverige AB.*

766 *Engert*, AcP 218 (2018), 374.

767 Vgl. hierzu Kap. 3.B.II.5.

768 *Engert*, AcP 218 (2018), 374.

769 Daher wird auch von einem datenbezogenen kombinierten Ausbeutungs- und Behinderungsmissbrauch gesprochen, vgl. BeckOK KartellR/*Wagner von Papp* GWB § 19a Rn. 67.

770 Zur Abhängigkeit der KMU vgl. näher: *Heinz,* in: FS Schroeder, S. 315 ff.; *Khan,* Columbia Law Review, Band 119, Nr. 4, 2019, 978.

beherrschten Drittmarkt und zeigt seine wettbewerbsbeschränkende Wirkung in dem bereits beherrschten „Heimatmarkt", was insbesondere zu einer noch intensiveren Vermachtung führt.[771] Der gegenläufige Fall ist dann einschlägig, wenn das marktbeherrschende Unternehmen das missbräuchliche Verhalten auf dem „Heimatmarkt" ausübt, die Auswirkungen sich jedoch auf dem nicht beherrschten Drittmarkt zeigen. Aufgrund der sich nicht stets aufdrängenden Nähe zum Drittmarkt wird teilweise bei der zweiten Fallgruppe zusätzlich eine hinreichend enge Verbindung zwischen dem beherrschten „Heimatmarkt" und dem nicht beherrschten Drittmarkt gefordert.[772] Die enge Verbindung kann sich dabei aus dem spezifischen Verhalten des Marktbeherrschers selbst ergeben, indem er die Verbindung zwischen ansonsten objektiv unverbundenen Märkten schafft.[773]

Für die wettbewerbsrechtliche Betrachtung ist vor allem von Bedeutung, dass die bevorzuge Analyse der Kommission mittels des ebenso effizienten Wettbewerbers (sog. AEC-Test[774]) aufgrund der asymmetrischen Preisstruktur, die durch die Quersubventionierung entsteht (Vgl. K.3.B.II.3.a.) zumindest in ihrer uneingeschränkten Anwendung Schwierigkeiten bereitet. Sie verfolgt im Rahmen von Behinderungsmissbräuchen das Ziel, beurteilen zu können, ob ein Wettbewerber, der ebenso effizient ist wie das markbeherrschende Unternehmen, um nicht sofort vom Markt verdrängt zu werden, seinen Kunden unter Inkaufnahme von Verlusten die gleichen (niedrigeren) Preise wie der Marktbeherrscher in Rechnung stellen müsste. Unter Verstärkung von Verlusten würde die so geführte Preiskampfunterbietung dazu führen, dass der Konkurrent auf längere Sicht aus dem Markt ausscheidet, da die Verluste auf Dauer nicht tragbar sind. Erfordert eine den Wettbewerber verdrängende Niedrigpreisstrategie kurzfristige Verluste, so ist das Eingehen des Verlustrisikos damit zu erklären, dass die Verluste durch spätere Monopolrenten ausgeglichen werden sollen. Aus diesem Grund ist für die Anwendung des Art. 102 AEUV in einseitigen Märkten die Untersuchung der Kostendeckung von erheblicher Relevanz.[775]

---

771 Immenga/Mestmäcker/*Fuchs*, AEUV Art. 102 Rn. 139.

772 Ablehnend: Immenga/Mestmäcker/*Fuchs*, AEUV Art. 102 Rn. 140 ff.

773 Immenga/Mestmäcker/*Fuchs*, AEUV Art. 102 Rn. 141.

774 *Mohr,* ORDO 69 (2018) 2019, S. 278.

775 EuGH, Urt. v.17.2.2011 –C-52/09, EuZW2011, 339 Rn. 31–46 – *Konkurrensverket / TeliaSonera Sverige AB* Insbesondere im Hinblick auf den allgemeinen Grundsatz der Rechtssicherheit, die einem beherrschenden Unternehmen erlaubt eigene Kosten und Preise auf die Rechtmäßigkeit des eigenen Verhaltens zu kontrollieren. Soweit eine Bezugnahme der Preise und Kosten des Marktbeherrschers nicht möglich ist, ist insoweit auf den Wettbewerber abzustellen; *Gudin/Mantzari,* Journal of

Die asymmetrische Preisstruktur, die dadurch entsteht, dass eine Nutzerseite der Plattform zumeist unter dem Grenzpreisniveau oder sogar zu einem Nullpreis und eine andere über dem Grenzpreisniveau bepreist wird, ist den mehrseitigen Plattformmärkten allerding immanent.[776] Die Niedrigpreis-Strategie für eine der Nutzerseiten einer Plattform ist Ausdruck der Lösung des Henne-Ei-Problems, die in der künftigen Geschäftstätigkeit denknotwendig fortwirkt. Eine Quersubventionierung ist per se nicht missbräuchlich. Die Plattform muss mit ihren Preisen den Verbleib der Kunden bzw. die Transaktionsintensität auf der Plattform sicherstellen. Ein gleichbleibendes Preisniveau auf der bepreisten Seite kann durch eine steigende Nutzeranzahl und Netzwerkexternalitäten sogar zur Rabattierung der schon unter Grenzkosten bepreisten Nutzerseite führen, was im mehrseitigen Plattformdienstkonzept nicht unüblich ist und positive Netzwerkexternalitäten fördert, was wiederum der gewerbetreibenden Nutzerseite und daher Wettbewerbern zugutekommen kann. Niedrige Preise bzw. die Inkaufnahme von Verlusten durch Rabattierung auf einer Nutzerseite der Plattform sind im Ergebnis eine Entschädigung für den Nutzenzuwachs für die Marktseite B durch einen zusätzlichen Teilnehmer auf der Marktseite A.[777] Aus diesem Grund gilt bereits an dieser Stelle, dass für die Bestimmung eines Behinderungsmissbrauchs tendenziell mehr auf nicht preisliche Erwägungen abgestellt werden muss.[778] Schwierigkeiten bereitet die genaue Ableitung solcher Grundsätze ohne ein Preisgefüge, da es an greifbaren Parametern fehlt.[779]

Gleichzeitig gehört zu dem Erfordernis wettbewerbsbeschränkender Wirkung, dass sich eine etwaige Behinderungspraktik auf die Entwicklung des Angebots auf dem Markt für Endkunden bezieht. Ausreichend ist hierbei zwar nur eine potentielle Verdrängungswirkung, da der Umstand, dass die Verdrängung der ebenso effizienten Wettbewerber letztlich nicht erreicht wird, der Einstufung als Missbrauch i.S.d. Art. 102 AEUV gerade nicht entgegensteht.[780]

European Competition Law & Practice, 2022, Band 13, Nr. 2, 125 ff.; *Mohr*, ORDO 69 (2018) 2019, S. 291.

776 Vgl. hierzu ausführlich Kap. 3.B.Ii.3.a.

777 Vgl. *Rochet/Tirole*, Journal of the European Economic Association 2003, Band 1 (4), S. 990 ff.

778 So im Ergebnis wohl auch: *Gudin/Mantzari*, Journal of European Competition Law & Practice, 2022, Band 13, Nr. 2, 125 ff.

779 Zum Begriff der Schadenstheorie vgl. näher: *Ewald*, in: Wiedemann KartellR-HdB, § 7 Grundzüge der Wettbewerbsökonomie Rn. 19.

780 EuGH, Urt. v.17.2.2011 –C-52/09, EuZW2011, 339 Rn. 60 ff. – *Konkurrensverket / TeliaSonera Sverige AB.*

Denkbar sind allerdings Fälle, in denen ein vermeintlicher Angebotsrückgang durch einen besseren Nutzerzugang auf dem Plattformdienst ausgeglichen wird.

Aus den vorgenannten Besonderheiten, insbesondere der strategischen Ausrichtung der mehrseitigen Plattformdienste, stellt sich die Frage, inwieweit sich deren Verhaltensweisen gegen den Wettbewerb auf dem beherrschten und den benachbarten Märkten richtet und kein legitimes Geschäftsverhalten mehr darstellen.[781]

1. Übertragung von Marktmacht durch Plattformdienste,[782] „Leveraging“

a. Einführung

Während in analogen Märkten bislang weitestgehend das Gefahrenpotential für den Wettbewerb in den Handlungen marktmächtiger Produzenten gegenüber ihren untergeordneten Vertriebsmittlern lag, geht nunmehr von Online-Plattformen ein Schadenspotential zu Lasten anderer Vertriebsmittler und zu Lasten von Produzenten aus.[783] In der Internetökonomie gewann der Vorwurf missbräuchlichen Verhaltens durch Ausübung einer Hebelwirkung von Hybridplattformen[784], die insbesondere als Vermittlungsplattformen agieren, erheblich an Bedeutung. Dies liegt daran, dass dem Behinderungsmissbrauch die Fallgruppe des sog. Marktmachttransfers (sog. „leveraging“) unterfällt. In einer solchen Konstellation überträgt ein marktbeherrschendes Unternehmen seine Marktmacht auf einen anderen Markt.[785] Ein Marktmachttransfer bei Online-Plattformdiensten erscheint beispielsweise im Bereich der Suchmaschinenanbieter möglich. Sieht man nach dem single-market-approach für die Suchmaschine Google den Markt für die allgemeine Suche für einschlägig, auf dem Google marktbeherrschend ist, wäre der konzerneigene Dienst Google

---

781 Zu Grundsätzen siehe näher: Immenga/Mestmäcker/*Fuchs*, AEUV Art. 102 Rn. 199.

782 Bundeskartellamt, Diskussionspapier – Vertikale Beschränkungen in der Internetökonomie, S. 1.

783 *Heinz*, in: FS Schroeder, S. 315; *Thomas*, ZHR 2020, 238 ff.; VO (EU) 2019/1150 v. 20.6.2019 zur Förderung von Fairness und Transparenz für gewerbliche Nutzer von Online-Vermittlungsdiensten, ABl. EU L 186/57 v. 11.7.2019, Erwägungsgrund (5).

784 *Thomas*, ZHR 2020, 239.

785 Streinz/*Eilmansberger*/*Kruis*, AEUV Art. 102 Rn. 121; *Condorelli*/*Padilla*, Journal of Competition Law & Economics, Band 16, Heft 2, 146: Man spricht dann vom Ursprungsmarkt und Zielmarkt.

Shopping als ein von der allgemeinen Suche unabhängiger vertikal integrierter Preisvergleichsdienst zu qualifizieren, auf dem nach Produkten gesucht und ein Preisvergleich angestellt werden kann und aufgrund hinreichender Anzahl an Substituten ein eigener Markt besteht. Platziert Google in seinem allgemeinen Suchdienst seinen Preisvergleichsdienst an einer bevorzugten Stelle, um einen entsprechenden Nutzen zu ziehen, kann dies ein Fall des Marktmachttransfers darstellen.[786] Das Gefahrpotential besteht in dem Zusammentreffen der vertikalen Integration auf horizontale Marktmacht eines Unternehmens, da sie den Wettbewerb in größerem Ausmaß beeinträchtigen kann, als nur die Ausübung horizontaler Macht.[787]

Die Ausdehnung einer marktbeherrschenden Position auf einen Nachbarmarkt ist als solche grundsätzlich nicht missbräuchlich. Bestimmte Formen des Machttransfers können es aber sein. Eine dieser Formen bildet beispielsweise die Zugangsverweigerung zu einer wesentlichen Einrichtung (sog. essential facility), soweit der Zugang für die nachgelagerte Stufe in der Wertschöpfungskette unerlässlich ist und das Risiko des Ausschlusses jeden Wettbewerbs für die nachgelagerte Stufe besteht.[788] Das auf der ersten Wertschöpfungskette beherrschende Unternehmen kann durch seine Weigerungshaltung seine beherrschende Marktposition auf den nachgelagerten Markt ausdehnen. Hier wird also die Stellung von Marktzutrittsschranken für die Beurteilung der Missbräuchlichkeit der Verhaltensweisen besonders deutlich.[789]

Ausschlaggebend ist bei den Plattformen der Umstand, dass die „vertikal integrierte Vermittlungsplattform“[790] den gewerblichen Nutzer und gleichzeitig ihren Konkurrenten auf der nachgelagerten Stufe, mit einer Vermarktungs- bzw. Vermittlungsdienstleistung „beliefert“ und gerade nicht mit der Ware,

---

786 BeckOK InfoMedienR/*Paal*, AEUV Art. 102 Rn. 71.

787 *Khan,* The Yale Law Journal 2017, Band 126, Nr. 3, 741.

788 EuG, Urt. v. 10.11.2021 – T-612/17 – *Google Search*, NZKart 2021, 684 Rn. 178, 215–216, 225.

789 Zur Bedeutung von Marktzutrittsschranken für die Wettbewerbswidrigkeit einseitiger Verhaltensweisen siehe näher: *Khan,* Columbia Law Review, Band 119, Nr. 4, 2019, 1034.; wobei dies vereinfacht gesagt einen derartigen Verbundvorteil darstellt, dass eine Marktzutrittsschranke entsteht, die für jeglichen auch potentiellen Wettbewerb schädlich ist.

790 Gemeint ist damit, dass die Plattform zwischen dem Produzenten und Abnehmer in einer Wertschöpfungskette steht.

bei der das Wettbewerbsverhältnis zum Endkunden besteht.[791] Es handelt sich daher nicht um die typische vertikale Integration, wie beispielsweise: „Eine Getreidemühle, die auch Bäckereien besitzt, ist durch die vertikale Integration in der Lage Preise zu erhöhen oder die Qualität zu verschlechtern, wenn sie konkurrierende Bäcker beliefert."[792]

Für die Anwendung dieser Fallgruppe spielt insbesondere der Datenbestand der Plattformdienste eine erhebliche Rolle.[793] Anders als im Fall des Ausbeutungsmissbrauchs geht es nicht primär um die Datengewinnung- und/oder Zusammenführung, sondern um (Aus-)Nutzung von Informationsvorteilen durch Datenbestände für die Gewinnung neuer Märkte. Strategisch geht es um Ausnutzung von Konkurrenzvorteilen[794] gegenüber Unternehmen, dessen Produkte der Plattformbetreiber vermittelt.[795]

Zentrale Vermittlungsplattformdienste haben durch ausgeprägte positive indirekte Netzwerkeffekte erhebliche Bedeutung für den Zugang zu nachgelagerten Absatzstufen.[796] Ein Angebot sehr vieler verschiedener differenzierter Güter wird strategisch angewandt, wenn die Kosten hierfür geringer sind, als die Gewinneinbußen im Falle eines neuen Marktteilnehmers.[797]

Derartige Vielfältigkeitsprogramme können strategisch deshalb interessant sein, weil sie Lock-in-Effekte begünstigen und die Wechselkosten der Konsumenten steigern. Folgen können nicht nur die Entstehung von Markteintrittsschranken sein.[798] Kleine Unternehmen reagieren auf derartige Bedrohungen mit der Ausrichtung nur kurzfristiger Gewinne, was zu höheren Preisen führt.[799]

---

791 *Thomas,* ZHR 2020, 239; zur Marktabgrenzung und zur Ablehnung der Beurteilung der Plattformdienstleistung als unvollkommenes Substitut siehe näher Kap. 3.B.II.4.

792 *Khan,* The Yale Law Journal 2017, Band 126, Nr. 3, 741.

793 Vgl. Vorschlag für eine VERORDNUNG DES EUROPÄISCHEN PARLAMENTS UND DES RATES über bestreitbare und faire Märkte im digitalen Sektor (Gesetz über digitale Märkte) 2020/0374 (COD), 15.12.2020, COM (2020) 842 final, 5. Weitere Angaben, S. 27, Erwägungsgrund 43; Erwägungsgrund (3) VO (EU) 2022/1925 DMA.

794 Produktdifferenzierungsvorteilen vgl.: MüKoEuWettbR/*Kerber/Schwalbe*, 1. Teil Grundlagen Rn. 301.

795 *Pohlmann,* in: Zimmer, Regulierung für Algorithmen und Künstliche Intelligenz 2021, S. 314.

796 *Thomas,* ZHR 2020, 240.

797 MüKoEuWettbR/*Kerber/Schwalbe*, 1. Teil Grundlagen Rn. 301.

798 MüKoEuWettbR/*Kerber/Schwalbe*, 1. Teil Grundlagen Rn. 295–301.

799 *Khan,* Columbia Law Review, Band 119, Nr. 4, 2019, 1019.

Auf nationaler Ebene erfährt diese Konstellation insbesondere mit der Anwendung des neu eingeführten § 18 Abs. 3b) GWB große Bedeutung. Nach dieser Norm ist bei der Bewertung der Marktstellung eines Unternehmens, welches als Vermittler[800] auf mehrseitigen Märkten tätig ist, insbesondere auch die Bedeutung der von ihm erbrachten Vermittlungsdienstleistung für den Zugang zu Beschaffungs- und Absatzmärkten zu berücksichtigen. Hat also ein Unternehmen eine sog. Intermediationsmacht[801] inne und steht der Plattformbetreiber in Wettbewerb zu seinen gewerblichen Nutzern, kann aufgrund des Daten- und Wissensvorsprungs der Behinderungsmissbrauch in Betracht gezogen werden.[802]

Zusammenfassend sind daher für digitale Plattformen zwei potentielle Marktzutrittsschranken relevant: Netzwerkeffekte und ungleicher Zugang zu Daten.[803] Diese überlegenden Ressourcen des zentralen Plattformdienstes können auch auf anderen Märkten genutzt werden, die eng beieinander liegen oder funktional miteinander verknüpft sind.

b. Weitergehende Besonderheiten eines „Leveraging" bei Plattformdiensten

Der entscheidende Unterschied zu analogen einseitigen Märkten dieser sog. Plattformumhüllung ist nicht die Finanzkraft des zentralen Plattformdienstes, welcher weitere Zielmärkte erobern will, sondern der sog. First-Mover-Vorteil[804], der auf digitalen Märkten insgesamt ausgeprägter ist.[805] Strategisch soll der unverbundene Zielmarkt erobert werden, damit der Zugang zu Daten des Konkurrenten im Zielmarkt dessen Eintritt in den Ursprungsmarkt des Plattformdienstes nicht auslöst, d.h. keinen gleichen Plattformkerndienst entwickeln können.[806] Dies ist insbesondere darauf zurückzuführen, dass eines der

800 Zum Teil wird auch der Begriff „*Vermarktungsplattform*" genutzt, vgl.: *Thomas*, ZHR 2020, S. 239.

801 Siehe hierzu näher: Kap. 3.E.II.

802 Vgl. Vorschlag für eine VERORDNUNG DES EUROPÄISCHEN PARLAMENTS UND DES RATES über bestreitbare und faire Märkte im digitalen Sektor (Gesetz über digitale Märkte) 2020/0374 (COD), 15.12.2020, COM (2020) 842 final, 5. Weitere Angaben, S. 27, Erwägungsgrund 43; Erwägungsgrund (3) VO (EU) 2022/1925 DMA.

803 *Khan*, Columbia Law Review, Band 119, Nr. 4, 2019, 1034.

804 Kommission, Entscheidung v. 21.6.1994, IV/M.430 – *Procter&Gamble/VP Schickedanz*, ABl. 1994 L 354, S. 32, Rn. 133.

805 *Condorelli/Padilla*, Journal of Competition Law & Economics, Band 16, Heft 2, 146.

806 *Condorelli/Padilla*, Journal of Competition Law & Economics, Band 16, Heft 2, 147.

Merkmale in der digitalen Wirtschaft, welches zu digitalen Konglomeraten führt, der einheitliche Input von Daten ist. Der Input von Daten führt auf der Angebotsseite zu erheblichen Verbundvorteilen bei der Produktentwicklung, da Produktinnovation und -entwicklung häufig modular sind und daher neben dem Dateninput auf gemeinsamer Hardware und Software basieren. Auf der Nachfrageseite sind es die Verbrauchersynergien, die durch Produktökosysteme entstehen.[807]

Der weitergehende Aspekt ist jedoch, dass einem Nutzerdatensatz auf dem etablierten Plattformdienst mehrere kostenlose Dienste angeboten werden. Diese werden dadurch quersubventioniert, dass der Kernplattformdienst in der Lage ist, durch Datenzusammenführung höhere Rendite auf dem Ursprungsmarkt zu erzielen. Dies führte dazu, dass die Wettbewerbsbehörden die Stärkung eigener Positionen der Plattformdienste auf ihrem Ursprungsmarkt/Kernplattformdienst durch Datenauswertung, Datennutzung und Datenakkumulation im Rahmen des Vordringens in einen Drittmarkt als Anknüpfung für die Untersuchung eines Behinderungsmissbrauchs mittels Marktmachttransfer nutzen. Ein wettbewerbsschädigendes Verhalten kann dabei nur dann in Betracht gezogen werden kann, soweit der Zielmarkt überhaupt einen Wettbewerb aufweist.

c. Plattformumhüllung am Beispiel von Facebook-Marketplace und Amazon

aa. Grundsätze der Untersuchung der Kommission

Der Internetkonzern Facebook bietet seinen Nutzern des Dienstes für soziale Netzwerke mit dem „Facebook Marketplace" einen Kleinanzeigendienst an, auf dem diese Nutzer Produkte untereinander kaufen und verkaufen können.[808]

Der Kleinanzeigenmarktplatz von Facebook steht in Konkurrenz zu anderen Betreibern von Kleinanzeigenmärkten, die regelmäßig Werbung auf Facebook schalten. Durch den Kleinanzeigemarktplatz und der Nutzung des Facebook Dienstes durch andere Kleinanzeigemarktplätze, gelangt Facebook an wirtschaftlich relevante Daten, die sich potenziell auf den Wettbewerb mit dem hauseigenen Marktplatz auswirken, weshalb die EU-Kommission eine Untersuchung gegen Facebook startete. Nach einer vorläufigen Untersuchung konnte die Kommission einen möglichen Wettbewerbsverstoß nicht ausschließen und

807 *Bourrea/de Streel,* Digital Conglomerates and EU competition policy, 03.2019, S. 14 ff.

808 BKartA Beschl. v. 6.2.2019, B6-22/16, BeckRS 2019, 4895 Rn. 28–29 – *Facebook.*

strebt weitere Ermittlungen an. Es wird untersucht, ob Facebook die generierten Daten der konkurrierenden Plattformen und Nutzer verwendet, um seinen eigenen Marktplatz zu verbessern und so den Wettbewerb zu verfälschen.[809] Teil der Untersuchung wird außerdem die möglicherweise unlautere Kopplung zwischen Facebook und dem „Facebook Marketplace" sein. Durch die Integration in das soziale Netzwerk, könnte ein ungerechtfertigter Wettbewerbsvorteil bestehen, weil andere Betreiber von Kleinanzeigenplattformen ausgeschlossen und Nutzer von Kleinanzeigediensten durch die Integration des sozialen Netzwerks, leichter erreicht werden könnten.[810] Die Kommission sieht das Gefahrenpotential insbesondere in der auf diese Weise erfolgten Plattformumhüllung.[811]

Diesen Ausführungen können folgende Anknüpfungspunkte für die Qualifizierung als Behinderungsmissbrauch entnommen werden: Einerseits könnte der Vorwurf darin liegen, dass der Nutzerbestand für Facebook-Marketplace mit der unmittelbaren Integration des Dienstes in den Kernplattformdienst „soziale Netzwerke" nicht durch Leistungswettbewerb auf dem Markt für Online-Kleinanzeigedienste erreicht wurde. Ein Marktmachttransfer drängt sich dagegen dann nicht auf, wenn Facebook seinen Dienst separat anbieten würde. Ausschlaggebend wäre dann die Nutzung von nichtöffentlichen wettbewerbsrelevanten Daten, die Facebook zur Einführung seines neuen Dienstes aus der Interaktion auf seinem Plattformdienst und daher im Wettbewerb mit den gewerblichen Online-Kleinanzeigediensten nutzt.

Die Europäische Kommission scheint jedoch nicht jede wirtschaftliche Aktivität auf dem plattformeigenen Dienst zur Einführung gattungsfremder Produkte oder Dienstleistungen als eine unzulässige Kopplung im Rahmen des Marktmachttransfers anzusehen. Im Umgang von Amazon Marketplace[812] mit den Händlern untersucht die Kommission nur die Nutzung nichtöffentlicher Daten von Händlern, die Produkte auf dem Amazon Marktplatz verkaufen, und ob Amazon diese in seiner Doppelrolle in wettbewerbswidriger Weise nutzt.[813] Die Integration selbst hat die Kommission nicht als Untersuchungsgegenstand

809 Pressemitteilung der Europäische Kommission vom 04.06.2021, AT.40684 *„Facebook leveraging"*, abrufbar unter: https://ec.europa.eu/competition/antitrust/cases/dec_docs/40684/40684_1812_3.pdf, zuletzt aufgerufen am: 01.03.2024.

810 Ebenda.

811 Zu weiteren Besonderheiten und Gefahren der Plattformumhüllung siehe ausführlich: *Crémer, u.a.*, Policy Discussion Paper Nr. 3 July 6, 2021, 2 ff.

812 *Schweitzer*, ZEuP 2019, 3.

813 Pressemitteilung der Europäische Kommission vom 17.07.2019, AT.40462 *„Amazon Marketplace"*, abrufbar unter: https://ec.europa.eu/commission/presscorner/detail/de/ip_20_2077, zuletzt aufgerufen am: 01.03.2024.

in Betracht gezogen. Dies könnte an den unterschiedlichen Produktarten liegen, insbesondere ob eine faktische Abnahme des Produkts bzw. der Dienstleistung durch die Inanspruchnahme des Kerndienstes vorliegt. Dies würde sich auch mit dem Grundsatz decken, dass die unternehmerische Betätigung in der Doppelrolle nicht per se missbräuchlich ist.[814]

Um die Bedenken der Kommission im Hinblick auf die Doppelrolle auszuräumen, verpflichtete sich Amazon, keine nichtöffentlichen Rohdaten als auch verarbeitete Daten für Zwecke konkurrierender Produkte zu nutzen, die von Drittverkäufern insgesamt durch die Nutzung des Plattformdienstes stammen, sofern diese Daten den Drittverkäufern selbst nicht zur Verfügung stehen. Eine aus Art. 102 AEUV resultierende Pflicht hierzu erkannte Amazon jedoch nicht.[815] Die Kommission beabsichtigt diese Verpflichtungen nach Art. 9 VO (EG) Nr. 1/2003 für bindend zu erklären.[816]

bb. Folgerungen und Stellungnahme

Eine Gemeinsamkeit der Ansatzpunkte der Kommission ist, dass sie an vorgelagerte Effekte anknüpft, d.h. an Inputs aus dem Ursprungsmarkt, die in enger Verbindung zu den Drittmärkten stehen, auf die der Kernplattformdienst vordringt. Die Annahme, eine wettbewerbsbeschränkende Wirkung liege schon dann vor, wenn wettbewerbsrelevante Daten von Plattformnutzern für das Vordringen in Drittmärkte genutzt werden, kann jedoch nicht überzeugen. Es müssten alle wesentlichen Faktoren – sowohl positiver als auch negativer Natur – mehrseitiger Märkte und die Ausrichtung von Wettbewerbern berücksichtigt werden.

Zu berücksichtigen ist der Aspekt, dass je größer die Nutzerzahl einer Plattform ist, desto mehr positive Netzwerkeffekte wirken können, sodass jeder Nutzer gerade auf dieser Plattform die beste Transaktion oder anderweitige Nutzerbeziehung vorfindet. Vor dem Hintergrund der Schaffung eines attraktiven Umfelds kann die Plattform daher ein berechtigtes Interesse haben, Daten zu verarbeiten, um nicht mit dem schlechtesten Produkt in ihre Plattform einzutreten. Datennutzung hat per se noch keine verdrängende Wirkung. Allein

---

814 *Schweitzer*, ZEuP 2019, 11.

815 Kommission, Mitteilung nach Artikel 27 Absatz 4 der Verordnung (EG) Nr. 1/2003 des Rates in den Sachen AT.40703 Amazon – Buy Box und AT.40462 - Amazon Marketplace C (2022) 5078, 2022/C 278/06, (10) u. (11).

816 Kommission, Mitteilung nach Artikel 27 Absatz 4 der Verordnung (EG) Nr. 1/2003 des Rates in den Sachen AT.40703 Amazon – Buy Box und AT.40462 - Amazon Marketplace C (2022) 5078, 2022/C 278/06, (16).

der Datenvorsprung kann nicht den Schluss rechtfertigen, dass beispielsweise in diesem Produktsegment kein hinreichender Wettbewerb besteht, d.h. dass Datenvorsprünge automatisch den Wettbewerb reduzieren. Darüber hinaus muss genau identifiziert werden, welche ungerechtfertigte Verzerrung vorliegt. Nutzung von Verbundvorteilen stellt nicht per se ein missbräuchliches Verhalten dar. Die Wettbewerbsstruktur wird erst durch die Einschränkung der Wahlmöglichkeit von Verbrauchern beeinträchtigt.

Der wohl ausschlaggebende Aspekt ist jedoch, dass bei der Gewährung eines uneingeschränkten Zugangs zu Daten kein Vorwurf des Art. 102 AEUV vorläge, soweit die Kommission für den Verpflichtungszusagebeschluss nach Art. 9 VO (EG) Nr. 1/2003 darauf abstellt, dass „diese Daten den Drittverkäufern selbst (…) zur Verfügung stehen". Ein Zugangsrecht zu Daten besteht in dieser Tragweite, wie sich in der weiteren Untersuchung zeigt, jedoch nicht. Wenn ein Unternehmen aber rechtmäßig einen Zugang insbesondere zu personenbezogenen Daten verweigern kann, dann kann ihm auch nicht vorgeworfen werden, sie nachteilig zu nutzen.

2. *Geschäftsverweigerung – Nichtaufnahme von Geschäftsbeziehungen – Essential-Facility-Doktrin*

a. *Einleitung*

Im Zusammenhang mit Wechselkosten und Lock-in-Effekten kann es für die Frage des „Ob" eines missbräuchlichen Verhaltens des marktbeherrschenden Unternehmens relevant sein, inwieweit eine Geschäftsverweigerung des Unternehmens missbräuchlich ist und ein Liefer- oder Zugangsrecht zu einer wesentlichen Einrichtung sog. essential facility des Marktbeherrschers besteht.[817] Lock-in-Effekte entstehen insbesondere bei Plattformdiensten, die auf Errichtung eines digitalen Ökosystems[818] ausgerichtet sind. Ausschlaggebend ist daher die Möglichkeit des Marktbeherrschers, unter Ausnutzung seiner Stellung auch einen abgeleiteten Markt zu kontrollieren.[819] Für neue und nachgefragte Produkte birgt dies die Gefahr, dass es auf dem nachgelagerten Markt nur einen

---

817 EuGH, Urteil vom 29.4.2004 – C-418/01, *IMS/Health*, GRUR 2004, 524–525; mit weiteren Nachweisen zum Ursprung und der Entwicklung der *essential facility doctrin*, insbesondere U.S. Supreme Court 224 U.S. 383 (1912) – Terminal Railroad, siehe näher: *Beckmann/Müller*, in: Hoeren/Sieber/Holznagel MMR-HdB, Teil 10 Kartellrecht Rn. 227.

818 *Monopolkommission*, Policy Brief der Monopolkommission vom 07.2021, S. 2.

819 Streinz/*Eilmansberger/Kruis*, AEUV Art. 102 Rn. 56 ff.

einzigen Anbieter gibt. Dies führt zu einem Markt ohne Wettbewerb.[820] Zudem können Nutzer durch ihren Ab- oder Zugang zur Plattform eine beachtliche Rolle bei der Ausarbeitung eines Vorprodukts spielen, was dazu führen kann, dass diese Nutzer von diesem Vorprodukt abhängig bleiben.[821]

In der ökonomischen und rechtlichen Terminologie tritt der Begriff essential facility insbesondere in den Marktstrukturen natürlicher Monopole auf. Schwierigkeiten bereiten Monopole, weil sie auf nachgelagerten Märkten einen hinreichenden Wettbewerb behindern können, da andere Unternehmen zur Herstellung von Produkten auf die Nutzung ihrer Infrastruktur zwingend angewiesen sein können.[822] Betrachtet man beispielsweise die Suchmaschine Google im Vergleich zu Konkurrenzanbietern im Suchmaschinenmarkt, so gehen auf der Plattform europaweit rund 90 Prozent der Suchanfragen ein. Der Konkurrent Bing erzielt nur ca. 4 Prozent.[823] Gleichzeitig erfordert die Schaffung und Unterhaltung einer solchen Suchmaschine immense Investitionen in Form von beispielsweise hoher Rechenkapazität. Folglich wird teilweise vertreten, dass bestimmte Online-Plattformen zu Marktkonzentrationen und natürlichen Monopolen neigen.[824] Aus diesem Grund wird auf die wesentlichen Eigenschaften natürlicher Monopole nachfolgend näher eingegangen.

b. Natürliche Monopole

Netzindustrien wie Stromübertragungsnetze oder Leitungsnetze in der Wasserversorgung[825] als Übertragungseinrichtungen[826] sind sog. natürliche Monopole.[827] Sie existieren aufgrund technologischer Ursachen und zeichnen sich durch hohe Fixkosten für die Netzinfrastruktur („Input“) aus. Demgegenüber stehen vergleichsweise geringe variable Kosten. Folge dieser Kostenstruktur

---

820 *Ensthaler/Bock*, GRUR 2009, 4.

821 EuGH, Urteil vom 29.4.2004 – C-418/01, *IMS/Health*, GRUR 2004, 525 ff.; vgl. hierzu näher Kap. 3.B.II.2.

822 *Ewald*, in: Wiedemann KartellR-HdB, § 7 Grundzüge der Wettbewerbsökonomie Rn. 69.

823 Monopolkommission, Wettbewerbspolitik: Herausforderung digitale Märkte, Sondergutachten 68, S. 81–82 Rn. 193; *Zimmer*, in: FS Schmidt, Band 2, S. 685.

824 Vgl. *Zimmer*, in: FS Schmidt, Band 2, S. 685 ff.

825 *Zimmer*, in: FS Schmidt, Band 2, S. 685.

826 Immenga/Mestmäcker/*Fuchs*, AEUV Art. 102 Rn. 331; *Knieps*, MMR-Beil. 2000, 10.

827 *Zimmer*, in: FS Schmidt, Band 2, S. 685: Teilweise wird dabei von *„natürlichen Marktergebnissen“* gesprochen.

sind grundsätzlich sinkende Stückkosten für die Nachfrageseite (sog. „Output"). Einer solchen Annahme zugrundeliegende Kostenfunktion ist wiederum dadurch gekennzeichnet, dass die Produktion in nur einem Unternehmen günstiger ist als in mehreren. Die Aufteilung der Produktionsmenge auf mehrere Unternehmen würde zu einer Vervielfachung der insgesamt schon sehr hohen Fixkosten führen,[828] was sich dann im Stückpreis („Output") auswirkt. Daher spricht man auch davon, dass eine Duplizierung oder Multiplizierung der (Netz-)Infrastruktur wegen der Kosten[829] in einem solchen Fall volkswirtschaftlich nicht vertretbar sei:[830]

Wurde das Wasserleitungsnetz – um bei diesem konkreten Beispiel zu bleiben – im Boden verlegt, können weitere neue Nutzer an das Netz zu Grenzkosten von nahen Null angeschlossen werden. Aufgrund der hohen Anschaffungskosten einer solchen Infrastruktur fällt es neuen Wettbewerbern schwer, eine zweite konkurrierende Infrastruktur aufzubauen. Das zweite Wasserversorgungsnetz würde sich nicht tragen.[831] Ein Unternehmen, das eine solche Infrastruktur, d.h. einen für den nachgelagerten Markt wichtigen Input unterhält, kann den Zugang zu dieser Infrastruktur (Input für den vor- oder nachgelagerten Markt) für nachgelagerte Märkte kontrollieren.[832]

Die Kombination höherer Input-Preise und niedriger Output-Preise stellt für sich allein noch keinen Missbrauch dar. Die Unzulässigkeit dieser Praxis kann sich nur daraus ergeben, dass sie geeignet sein kann, auch durchschnittlich effiziente Mitbewerber vom Endkundenmarkt zu verdrängen.[833] Ein Unternehmen mit Monopolstellung ist in der Lage, sich einen Input, beispielsweise ein Eisenbahnnetz,[834] oder die Erteilung einer Lizenz,[835] oder

828 Die Verdopplung der aufgezeigten Kosten geht bei dieser Modellierung stets von einer Duplizierung der Infrastruktur einher.

829 EuGH, Urteil vom 29.4.2004 - C-418/01, *IMS/Health*, GRUR 2004, 524–525.

830 *Körber*, in: Immenga/Mestmäcker/*Körber*, Band 3, 5. Aufl., 2. Teil. Sonderbereiche, VIII. Abschnitt. Telekommunikation Rn. 2.

831 *Zimmer*, in: FS Schmidt, Band 2, S. 685.

832 Von der Groeben/Schwarze/Hatje/*Janutta/Stehmann*, Verordnungen zur Durchführung der Art. 101 und 102 AEUV B. Durchführungsvorschriften für den Bereich des Verkehrs Rn. 51.

833 Streinz/*Eilmansberger/Kruis*, AEUV Art. 102 Rn. 118.

834 Von der Groeben/Schwarze/Hatje/*Janutta/Stehmann*, Verordnungen zur Durchführung der Art. 101 und 102 AEUV B. Durchführungsvorschriften für den Bereich des Verkehrs Rn. 51–53.

835 EuGH, Urteil vom 06.04.1995 – Verbundene Rechtssachen C-241/91 P und C 242/91 P, GRUR Int. 1995, 493 Rn. 50 – *Magill*.

Hauszustellungssysteme[836] vorzubehalten, mit der Möglichkeit, jeden Wettbewerb mit einem anderen Unternehmen auszuschalten, soweit der Input für die Tätigkeit des anderen Unternehmens auf einem anderen, zumeist vor- oder nachgelagerten Markt unerlässlich ist.[837]

Ob das Vorliegen mehrerer Plattformen derselben Art tatsächlich wohlfahrtssteigernd wirkt ist bereits aus ökonomischer Sicht unklar,[838] was nicht unbedingt gegen die Qualifizierung eines (neuartigen) natürlichen Monopols (der digitalen Wirtschaft) sprechen könnte. Vordergründig wäre dabei nicht die klassische Duplizierung einer unabdingbaren Infrastruktur, sondern die Konzentration indirekter (wechsel- oder einseitige) Netzwerkeffekte, die durch Hinzutreten weiterer Faktoren eine Parallelität von Plattformen ineffizient machen könnten,[839] wobei die langjährig erfolgte Datensammlung- und Auswertung eine nicht nur unerhebliche Rolle spielen dürfte. Das Vorhandensein von Netzwerkexternalitäten allein kann jedoch nicht als Grund für eine monopolistische Markstruktur geltend gemacht werden.[840]

Aus wettbewerbspolitischer Perspektive ist zu Fragen, wie auf den vor- und nachgelagerten Märkten ein hinreichender Wettbewerb gewährleistet und gesichert werden kann. Zu unterscheiden ist daher stets nach einem Hauptmarkt und einem davon abhängigen Markt. Neben Regulierungsmaßnahmen kann auf das Instrument der kartellrechtlichen Missbrauchsaufsicht zurückgegriffen werden, weshalb in der ökonomischen und rechtlichen Terminologie für diese Frage der Begriff der „wesentlichen Einrichtung (essential facility)" von Bedeutung ist.[841]

---

836 EuGH, Urteil vom 06.04.1995 – Verbundene Rechtssachen C-241/91 P und C 242/91 P, GRUR Int. 1995, 493 Rn. 50 – *Magill*; *Scherer*, MMR 1999, 317.

837 Vgl. EuGH, Urteil vom 03.10.1985 – Rechtssache 311/84, GRUR Int. 1986, 191 Rn. 26 ff. – *Telemarketing*.

838 *Economides*, International Journal of Industrial Organization, Band 14, Heft 6, 1996, 682 ff.; Monopolkommission, Wettbewerbspolitik: Herausforderung digitale Märkte, Sondergutachten 68, S. 35 Rn. 43.

839 Monopolkommission, Wettbewerbspolitik: Herausforderung digitale Märkte, Sondergutachten 68, S. 35 Rn. 43.

840 *Economides*, International Journal of Industrial Organization, Band 14, Heft 6, 1996, 682–683: Da der Verbraucherabsatz und die Gesamtrente im Monopol stets niedriger sind als im vollkommenen Wettbewerb. Das Vorhandensein von Netzwerkexternalitäten kann diesen ökonomischen Wohlfahrtsvergleich zwischen Monopol und Wettbewerb jedoch nicht umkehren.

841 *Ewald*, in: Wiedemann KartellR-HdB, § 7 Grundzüge der Wettbewerbsökonomie Rn. 69.

c. *Essential-Facility-Doktrin*

Schließlich kam man dazu ein diskriminierungsfreies Zugangsrecht zu derartigen Bottleneck-Einrichtungen über die kartellrechtliche Essential-Facility-Doktrin zu ermöglichen. Die Essential-Facility-Doktrin ist eine umstrittene Rechtsfigur im Anwendungsbereich der Generalklausel des Art. 102 AEUV, als besonderes Regelbeispiel in Art. 102 S. 2 lit. b) der Lieferverweigerung geregelt und entspricht der Regelung des § 19 Abs. 2 Nr. 4 GWB. Sie zielt darauf ab, Unternehmen den Zugang zu bzw. den Zugriff auf ein notwendiges Vorprodukt zu ermöglichen, damit ein eigenes Endprodukt den Konsumenten angeboten werden kann.[842]

Die Europäische Kommission hatte die Essential-Facility-Doktrin ausdrücklich erstmals in den Sealink-Entscheidungen von 1992 und 1993[843] herangezogen und hat sie seitdem vor allem in der Entscheidung Hafen von Rødby[844] angewandt.[845]

Auf europäischer Ebene wurde die Essential-Facility-Doktrin vor allem mit der kritischen Frage diskutiert, ob sie missbräuchliche Verhaltensweisen über die Fallgruppe der Lieferverweigerung[846] hinaus erfassen kann.[847] Denn es entsteht ein schwer lösbarer Konflikt zwischen dem Grundsatz, dass keine allgemeine Pflicht dahingehend besteht, fremden Wettbewerb zu fördern,[848] und gleichzeitig der Inhaberschaft einer für die Erschließung neuer Märkte unerlässlichen Einrichtung.[849] Das Schutzobjekt des allgemeinen Wettbewerbsrechts ist ein in der Wirklichkeit bestehender realer Wettbewerb und daher nicht die aktive Wettbewerbsförderung einzelner Marktteilnehmer. Insbesondere monopolistische Vorteile, die nicht stets durch Leistungswettbewerb erzeugt wurden, sollen einen nur nachrangigen Schutz genießen.[850]

---

842 *Gersdorf*, in: Spindler/Schuster/Gersdorf, TKG § 9 Rn. 28–30.

843 Kommission, Entscheidung v. 21.12.1993 - IV/34.689 - *Sealink II*, ABl. EG 1994 Nr. L 15/8, Rn. 66–67; Kommission, Entscheidung v. 17.11.1998 - K(1998) 3514 - *London European v. Sabena*, ABl. EG 1998, L 317/47, Rn. 14, 28 ff.

844 Kommission, Entscheidung v. 21.12.1993 - 94/119/EG - *Rødby*, ABl. EG 1994 Nr. L 55/52, Rn. 5–7.

845 *Scherer*, MMR 1999, 315.

846 EuG, Urteil v. 14.9.2017 – T-751/15, NZKart 2017, 595 Rn. 156 - *Contact Software*.

847 *Scherer*, MMR 1999, 315.

848 *Körber*, NZKart 2016, 308.

849 *Körber*, ZUM 2017, 99.

850 MüKoEuWettbR/*Säcker*, 1. Teil Grundlagen Rn. 1036: Daher unstreitig, dass hiervon nicht der Fall erfasst sein soll, dass ein Unternehmen nur ein Konkurrent zu dem Marktbeherrscher auf dessen Direkt- bzw. Ursprungsmarkt werden will, der

Der EuGH hat in seinem Urteil vom 26.11.1998 in der Rechtssache Bronner den Anwendungsbereich der Essential-Facility-Doktrin näher umgrenzt. Das Vorliegen eines Anspruchs auf Zugang zu den Einrichtungen eines marktbeherrschenden Unternehmens wurde unter hohe Anforderungen gestellt.[851]

Danach muss ein marktbeherrschendes Unternehmen, das über eine für die Betätigung auf einem nachgelagerten Markt wesentliche Einrichtung verfügt, seinen Konkurrenten diskriminierungsfreien Zugang zu der Einrichtung gewähren. Die Gestellung einer wesentlichen Einrichtung meint dabei eine Einrichtung oder Infrastruktur, ohne deren Nutzung ein Wettbewerber seinen Kunden keine Dienste anbieten kann.[852] Betroffen können dabei nicht nur feste[853], sondern auch „unter außergewöhnlichen Umständen" nicht-physische „Einrichtungen"[854] sein, d.h. ein unabdingbarer Input für den nachgelagerten Markt, wie die Erteilung einer Lizenz,[855] oder Hauszustellungssysteme.[856]

Der Begriff einer wesentlichen Einrichtung fand im Bronner-Urteil[857] dahingehend eine Einschränkung, dass der Doktrin nur solche Infrastrukturen, Produkte oder Dienstleistungen unterfallen, die „nicht austauschbar" sind und aufgrund ihrer besonderen Merkmale – insbesondere der immensen Kosten und/oder des hohen Zeitaufwands für ihre Reproduktion[858] – potenziellen

---

Absatz des Konkurrenten muss daher nicht aktiv gefördert werden. Notwendig meint daher, *zur Nutzung mit eigener Kraft für den nachgelagerten Markt unerlässlich.*

851 EuGH, Urteil vom 26.11.1998 – C-7 / 97, GRUR Int. 1999, 262 ff. *„Oscar Bronner"*; EuGH, Urt. v. 13.12.1991 – C – 18/88, BeckRS 2004, 72047 *„RTT/GB-Inno"*: So beispielsweise bei Gewährung ausschließlicher Rechte durch den Staat für den Betrieb eines monopolistischen öffentlichen Fernmeldenetzes.

852 Kommission, Entscheidung v. 21.12.1993 – IV/34.689 – *Sealink II,* ABl. EG 1994 Nr. L 15/8, Rn. 66; vgl. auch EuGH Urt. v. 14.2.1978 – 27/76, BeckRS 2004, 72814 Rn. 198/202 – *United Brands.*

853 Kommission, Entscheidung v. 21.12.1993 – 94/119/EG – *Rødby,* ABl. EG 1994 Nr. L 55/52, Rn. 5–7.

854 Immenga/Mestmäcker/*Fuchs*, GWB § 19 Rn. 279; a.A. ohne nähere Begründung für § 19 Abs. 2 Nr. 4 GWB a.F.: *Polley/Kaup*, NZKart 2020, 115; bejahend: Immenga/Mestmäcker/*Markert/Fuchs*, GWB § 19 Rn. 147.

855 EuGH, Urteil vom 06.04.1995 – Verbundene Rechtssachen C-241/91 P und C 242/91 P, GRUR Int. 1995, 491 Rn. 50.

856 EuGH, Urteil vom 06.04.1995 – Verbundene Rechtssachen C-241/91 P und C 242/91 P, GRUR Int. 1995, 491 Rn. 50; *Scherer*, MMR 1999, 317.

857 EuGH, Urteil vom 26.11.1998 – C-7 / 97, GRUR Int. 1999, 262 ff., – *Oscar Bronner.*

858 So auch im Fall: EuGH, Urteil vom 29.4.2004 – C-418/01, *IMS/Health*, GRUR 2004, 524–525.

Wettbewerbern keine tragfähigen Alternativen zur Verfügung stehen, sodass Wettbewerber aufgrund fehlender Zugangsmöglichkeiten vom Markt ausgeschlossen werden.[859] Gemeint ist damit eine Zumutbarkeitsgrenze für das den Zugang begehrende Unternehmen zur Duplizierung der streitigen Infrastruktur.[860] Erst bei Überschreiten dieser Zumutbarkeitsgrenze liegen außergewöhnliche Umstände[861] vor, die eine Zugangsverpflichtung des marktbeherrschenden Unternehmens, mit dem das den Zugang begehrende Unternehmen auf einem vor- oder nachgelagerten Markt in Wettbewerb steht, begründen.[862] Dies leuchtet ein, wenn man bedenkt, dass eine aktive Förderung des Wettbewerbers auf horizontaler Ebene nicht Sinn und Zweck der Missbrauchskontrolle ist, jedoch potentiell effizienten Wettbewerbern der Eintritt in nachgelagerte Märkte nicht bereits durch unüberwindbare Vorteile auf horizontaler Ebene verwehrt bleiben soll.

Für die kartellrechtliche Analyse von mehrseitigen Online-Plattformdiensten stellt sich insoweit die Frage nach dem Zugang zu einem für den nachgelagerten Markt relevanten Input. Aufgrund datenbasierter Geschäftsmodelle ist Gegenstand vielfacher Diskussion insbesondere die Frage, ob und unter welchen Voraussetzungen in Bezug auf Daten(Vorsprung)[863] eine kartellrechtliche Zwangsgewährung nach der Essential-Facility-Doktrin gegeben sein kann.[864] Schwierigkeiten bereitet das Fehlen einer ausdrücklichen kartellrechtlichen Regelung für derartige Fälle, weil ein Informationsaustausch zwischen Unternehmen etwa von geplanten Preisen, Umsätzen oder Verhandlungen mit der Marktgegenseite eine bezweckte Wettbewerbsbeschränkung i.S.d. Art. 101

---

859 EuGH, Urteil vom 26.11.1998 – C-7/97, GRUR Int. 1999, 262 ff. – *Oscar Bronner.*

860 *Scherer*, MMR 1999, 317.

861 Der EuGH hat den *Input* gerade nicht dahingehend definiert, dass es sich um eine *Einrichtung* handeln muss, die auf eine eigentumsrechtliche Zuordnung hinausläuft. Es geht vielmehr darum den relevanten *Input* für den vor- oder nachgelagerten Markt zu identifizieren. *Daten* hat in diesem Sinne auch *Yahoo!,* i.Ü. Vgl. *Körber*, NZKart 2016, 308. ff.; auch nach dem Verständnis der Europäischen Kommission können Daten als immaterielle, nicht rivalisierende Güter nicht von den traditionellen Definitionen des Eigentumsrechts erfasst werden: Kommission, commission staff working document on the free flow of data and emerging issues of the European data economy, vom 10.1.2017 SWD(2017) 2 final, S. 22, in Anlehnung an: *Zech*, in: De Franceschi, European Contract Law and the Digital Single Market, 2016, S. 59–60.

862 *Scherer*, MMR 1999, 317.

863 Immenga/Mestmäcker/*Fuchs*, GWB § 19 Rn. 279.

864 *Louven*, NZKart 2018, 222.

AEUV begründen kann.[865] Andererseits kann ein Informationsaustausch von strategisch relevanten Daten Wettbewerbsanreize mindern,[866] was innovationshindernd sein kann. Im Vordergrund stehen daher Situationen, in denen es im Interesse eines unverfälschten Wettbewerbs im Binnenmarkt gerechtfertigt sein kann, die freie Ausübung eines Rechts einzuschränken.[867]

Für nachfolgende Ausführungen wird dabei unterstellt, dass mehrseitige Plattformdienste richtigerweise nicht per se Infrastruktureinrichtungen darstellen können, weil es an der Unverzichtbarkeit fehlt und es daher einer anderen Anknüpfung für einen unerlässlichen Input, nachfolgend des Zugangsobjekts Daten, bedarf.[868] Auch das EuG und die Kommission haben Google Search nicht anhand der Essential-Facility-Doktrin als wesentliche Einrichtung für vor- oder nachgelagerte Märkte qualifiziert.[869] Der wohl ausschlaggebende Punkt dürfte dabei sein, dass eine Website ohne großen Aufwand von jedermann eingerichtet werden kann. Da kein mehrseitiger Plattformdienst hiervon jmd. abhalten kann, kann sie denknotwendig auch niemanden daran hindern in einen Markt einzutreten. Eine Plattform kontrolliert daher nicht als einzige den Zugang zu einem vor- oder nachgelagerten Markt.

aa. Datenzugang

Noch nicht einheitlich geklärt ist bereits die Frage, für welche Art von Daten ein Zugang gewährt werden soll. Bei werbefinanzierten Plattformen kann der Zugang zu wettbewerbsrelevanten Daten maßgeblich für die Ausgestaltung des digitalen Angebots sein. Dies hat wiederum Auswirkungen auf die Attraktivität und die Qualität des Angebots. Insbesondere für werbefinanzierte Angebote ist ein Zugang zu wettbewerbsrelevanten Daten bedeutend. Ein besserer Zugang zu Nutzerdaten kann dazu genutzt werden, Werbung passgenau auf

---

865 Kommission, Leitlinien zur Anwendbarkeit von Art. 101 AEUV auf Vereinbarungen über horizontale Zusammenarbeit, 14.01.2011, ABl. 2011 Nr. C 11/1, Rn. 72 ff.; *Deselaers,* in: FS Schroeder, S. 54 ff.: Indem die Plattform Markttransparenz steigert und Kommunikation zwischen den Akteuren erleichtert, kann sie kollusive Gleichgewichte zwischen einer wachsenden Zahl an Konkurrenten fördern."; LMRKM/*Grave/Nyberg,* AEUV Art. 101 Abs. 1, Rn. 225.

866 *Schweitzer,* GRUR 2019, 572.

867 EuG, Urt. v. 10.11.2021 – T-612/17 – *Google Search*, NZKart 2021, 684 Rn. 215.

868 Zur gesamten Diskussion siehe näher: Kap. 3.F.III.2.

869 EuG, Urt. v. 10.11.2021 – T-612/17 – *Google Search*, NZKart 2021, 684 Rn. 178, 215–216, 225, 624; Kommission, Entscheidung v. 27.6.2017 – AT.39740, C(2017) 4444 – *Google Shopping,* Rn. 402 ff.

den Nutzer zuzuschneiden.[870] Hieraus lässt sich bereits schließen, dass nicht jeder Datenzugang möglich sein muss, insbesondere dürfte ein Informationsvorteil ausschließlich für die nachgelagerte Stufe im Vordergrund stehen, und nur soweit der zentrale Plattformdienst auf der nachgelagerten Stufe aktiv ist.

Die Europäische Kommission betont in diesem Zusammenhang, dass das allgemeine Wettbewerbsrecht auch auf datengesteuerte Geschäftsmodelle anwendbar ist. Es kann als Mittel genutzt werden, um einen breiteren Zugang zu Daten von einem Unternehmen zu fordern.[871] Mit dem Hinweis auf die Verfahren Magill[872], IMS Health[873], Microsoft[874] und Huawei[875] stellt die Europäische Kommission klar, dass sich für das betreffende Unternehmen entsprechende Pflichten aus dem Wettbewerbsrecht ergeben können. Dabei werden die vom EuGH in den einschlägigen Verfahren entwickelten Voraussetzungen für eine Zugangsverpflichtung zu Informationen entsprechend betont:[876]

„Daten müssen für das nachgelagerte Produkt unerlässlich sein, es darf kein wirksamer Wettbewerb zwischen dem vorgelagerten und dem nachgelagerten Produkt bestehen, die Verweigerung muss die Entstehung des zweiten Produkts verhindern, und es darf kein objektiver Grund für die Verweigerung vorliegen."[877] Damit verdeutlicht die Europäische Kommission, dass es sich bei derartigen Ansprüchen gerade nicht um eine „rechtlich ausschließliche Ressource" wie das Urheberrecht handeln muss, obschon diese in den einschlägigen Fällen auch streitgegenständich waren.[878] Insbesondere die Duplizierbarkeit der Daten

870 *Birnstiel/Bauer*, in: Internet of Things, Rechtshandbuch 2021, § 14 Rn. 91.

871 Kommission, commission staff working document on the free flow of data and emerging issues of the European data economy, vom 10.1.2017 SWD(2017) 2 final, S. 25.

872 EuGH, Urteil vom 06.04.1995 – Verbundene Rechtssachen C-241/91 P und C 242/91 P, GRUR Int. 1995, 493.

873 EuGH, Urteil vom 29.4.2004 – C-418/01, MMR 2004, 456 – *Health.*

874 EuG, Beschl. v. 22.12.2004 – T 201/04 R, BeckRS 2004, 15619 – *Microsoft.*

875 EuGH, Urt. v. 16.7.2015 – C-170/13, GRUR 2015, 764 ff. – *Huawei/ZTE.*

876 *Drexl*, 8 (2017) JIPITEC, S. 266 Rn. 39; *Martens*, An Economic Policy Perspective on Online Platforms, JRC Technical Report 2016/05, European Comimission, S. 41.

877 Kommission, commission staff working document on the free flow of data and emerging issues of the European data economy, vom 10.1.2017 SWD(2017) 2 final, S. 25.

878 a.A. teils ohne eindeutige Grundlage, da zwischen den Begriffen der Marktbeherrschung und eines Marktmissbrauchs nicht differenziert wird, u.a.: Körber, NZKart 2016, 308; zum Teil wird dabei der folgende Verweis genutzt: Kommission, Entscheidung v. 11.3.2008, M.4731 – *Google/DoubleClick*, Rn. 364 ff..; Kommission, Entscheidung v. 3.10.2014. – COMP/M.7217, C(2014) 7239 final Rn. 184 ff.,

oder die Unklarheit eines Zuordnungsrechts stehen für sich allein der Anwendbarkeit der Essential-Facility-Doktrin nicht entgegen. „Nicht austauschbar“[879] d.h. unerlässlich[880] ist nicht gleichzusetzen mit „physisch nicht duplizierbar“.[881] Maßgeblich ist allein eine auf den Einzelfall bezogene Zumutbarkeitsgrenze in Bezug auf die Unerlässlichkeit. Aufgrund zu hoher und nicht rentabler Kosten kann eine grundsätzlich duplizierbare Datensammlung einer Austauschbarkeit ausnahmsweise gleichwohl entgegenstehen. Dies steht unmittelbar in Diskripanz zu der Annahme, dass es – richtigerweise – keine flächendeckende und umfassende (technische oder faktische) Abschottung von Daten im Allgemeinen gibt.[882]

Unabhängig von der Einordnung der Daten als personen- oder nicht personenbezogen, geht es nachfolgend ausschließlich um diejenigen durch private Akteure[883] generierten Daten, die durch ihre technische Aufbereitung und Verwendung Netzwerkeffekte erzeugen oder begünstigen.[884] Es wird dabei

188 ff. – *Facebook/WhatsApp; Uphues*, in: Hoeren/Sieber/Holznagel MMR-HdB, Teil 15.3 Big Data in Online-Medien und auf Plattformen Rn. 34.: Ebenfalls mit dem Verweis auf einschlägige Fusionsverfahren, in denen es jedoch um eine mögliche Gleichstellung von Markmacht und „Datenmacht“ ging, was nichts mit einem möglichen Zugangsanspruch zu tun hat, denn die Inhaberschaft einer Lizenz sagt nichts darüber aus, ob ein Unternehmen auch marktbeherrschend ist, die Duplizierbarkeit kann daher richtigerweise für die Beurteilung der Marktmacht eine Rolle spielen, jedoch nicht für einen Zugangsanspruch – In Kommission, Entscheidung v. 3.10.2014. – COMP/M.7217, C(2014) 7239 final Rn. 189 – *Facebook/WhatsApp*, stellt die Kommission fest, dass es an der Ausschließlichkeit des Datenzugriffs keine Bedenken gibt, die Duplizierbarkeit eines Gutes und deren Ausschließlichkeit sind daher zwei unterschiedliche Kriterien.

879 Siehe hierzu näher Ausführungen: Kapitel 3.F.II.5.c.aa.

880 Kommission, commission staff working document on the free flow of data and emerging issues of the European data economy, vom 10.1.2017 SWD(2017) 2 final, S. 25.

881 Andernfalls müsste man unterstellen, dass dieselben Daten von denselben Trägern stets auch für das den Zugang begehrende Unternehmen zur Verfügung stehen – andernfalls müsste unterstellt werden, dass in dem streitgegenständlichen Markt stets dieselben Daten erhoben werden können.

882 *Louven*, NZKart 2018, 219.

883 Für Open-Data-Regelung im nationalen öffentlichen Sektor siehe: *Richter*, NVwZ, 2017, 1408 ff.

884 Vgl. Kommission, Entscheidung v. 11.3.2008, M.4731 – *Google/DoubleClick*, Rn. 184 ff.

unterstellt, dass die Datenarten in ihrem konkreten Informationsinhalt[885] sowohl für Ad-Network[886] als auch für Ad-Exchange[887] in gleicherweise von Bedeutung sind.

(1) Personenbezogene Daten

Abgesehen davon, dass ein Anspruch auf Zugang[888] zu Daten oftmals gleichwohl daran scheitern dürfte, dass schon kein nachgelagerter abtrennbarer Markt vorliegt und es dem Wettbewerber zumutbar ist, einen eigenen ggfs. etwas modifizierten, jedoch für das Geschäftsmodell ausreichenden Datenbestand unter Inanspruchnahme von Informationsanbietern aufzubauen,[889] stellen datenschutzrechtliche Regelungen für personenbezogene Daten eine objektive Rechtfertigung zur Geschäftsverweigerung dar.[890]

Zum einen dürfte das „Recht auf Vergessenwerden" nach Art. 17 DSG-VO eine Dauerhaftigkeit der Speicherung dieser Daten zumindest beschränken. Dem möglichen Zeitaufwand der Neuaufnahme personenbezogener Daten steht daher ihr allgegenwärtiger Verlust gegenüber. Der Regelungszweck zeigt insbesondere auf, dass ein alter Datenbestand keinen Nutzen aufweist, weshalb Daten im Zusammenhang mit Personenbezogenheit einen regressiven Nutzen aufweisen. Ab einem gewissen Zeitpunkt hat ein Mehr an Datenmaterial kein Mehr an Nutzen. Daten haben daher ein Ablaufdatum.[891]

Teilweise wird allerdings vertreten, dass datenschutzrechtliche Fragestellungen zur Unanwendbarkeit des allgemeinen Kartellrechts führen.[892] Insbesondere stünde die Kompetenz einer Prüfung datenschutzrechtlicher Fragen ausschließlich den Datenschutzbehörden zu.[893] Folgt man dieser Ansicht so

---

885 Vgl. zur kaum weiterführenden Diskussion um die Unterscheidung zwischen Daten als solche, Dateneigentum und Informationen: *Steinrötter*, RDi 2021, 480 Rn. 1 ff.

886 Auf einer (Anbieter) Plattform befindliche und von der gleichzeitigen Interaktion begleitete Werbung – beispielsweise auf Social-Media Plattformen.

887 Außerhalb von der Anbieterplattform befindliche Werbefläche, die durch sog. Ads angezeigt wird – Besonderheit: Hier agiert der Anbieter in einer zusätzlichen Intermediärrolle.

888 *Körber*, ZUM 2017, 100.

889 Vgl. Kommission, Entscheidung v. 11.3.2008, M.4731 – *Google/DoubleClick*, Rn. 365.

890 *Louven*, NZKart 2018, 221.

891 So im Ergebnis auch OLG Düsseldorf, Beschl. v. 26.8.2019 – Kart 1/19, BeckRS 2019, 18837 Rn. 23–24, 63 ff., 85 ff.

892 Vgl. *Körber*, NZKart 2019, 187 ff.

893 *Körber*, NZKart 2019, 195.

uneingeschränkt, stünden einer Übermittlung personenbezogener Daten an Unternehmen nachgelagerter Märkte Inhalt und Zweck der DSG-VO nicht entgegen. Datenschutzrechtliche Vorgaben würden keine Rolle für die wettbewerbsrechtliche Kontrolle spielen. Es käme nur auf die Wettbewerbsrelevanz von Daten an. Dass ein kartellrechtlich gebilligter Zugangsanspruch gleichzeitig zu einem datenschutzrechtlich bußgeldbewehrten Verstoß führen könnte, wäre hinzunehmen. Diesem Ansatz ist der Einwand entgegenzuhalten, dass gerade der Umgang mit Daten ein wesentlicher Faktor für die Stellung eines Unternehmens im Wettbewerb ist.[894] Die mangelnde Prüfkompetenz würde insbesondere nicht erst dazu führen, dass eine objektive Rechtfertigung auf Basis der DSG-VO entfiele, sondern Wettbewerbsbehörden schon gar keinen Zugangsanspruch zu wettbewerbsrelevanten Daten zubilligen dürfen, soweit es sich um personenbezogene Daten handelt. Die Prüfungskompetenz für die Frage des Umgangs mit Daten stünde ausschließlich den Datenschutzbehörden zu und hätte keine kartellrechtliche Relevanz.

Dem Ansatz ist weiter entgegenzuhalten, dass die DSG-VO weder Vorgaben zum Inhalt möglicher Vertragsbeziehungen enthält noch abschließende Regelungen dahingehend trifft, und im Übrigen sowohl auf nationaler als auch auf europäischer Ebene bei der Anwendung des Kartellrechts zu beachten ist.[895] Andernfalls stünde einer Zugangsberechtigung wiederum die Freigabe der Datenschutzbehörden entgegen. Dann würden Datenschutzbehörden indirekt über kartellrechtliche Zugangsansprüche entscheiden. Einen derartigen Widerspruch vermag diese Ansicht nicht aufzulösen.

Personenbezogene Nutzerdaten dürfen aus datenschutzrechtlichen Gründen nicht einfach ohne Erlaubnis (insbesondere Einwilligung nach Art. 6 Abs. 1 Satz 1 lit. a), Art. 7 DSG-VO) dieser Nutzer an weitere Unternehmen weitergegeben werden, nur, weil dies möglicherweise deren Wettbewerbsfähigkeit fördert. Hier setzt das Datenschutzrecht den Anordnungsbefugnissen zu einer solchen Weitergabe durch die Kartellbehörden Grenzen.[896] Ohne eine entsprechende

---

894 BGH, Beschl. v. 23.6.2020 – KVR 69/19, GRUR 2020, 1318 Rn. 60–64 – *Facebook*; BKartA, Hintergrundinformationen, 19.12.2017, S. 2 – *Facebook.*

895 BGH, Beschl. v. 23.6.2020 – KVR 69/19, GRUR 2020, 1318 Rn. 126, – *Facebook,* a.A. *Körber*, NZKart 2019, 195: Kaum nachvollziehbar, da pauschal auf die Zielrichtungen des allgemeinen Wettbewerbsrechts (zu welchem es ja gerade Sektorregulierungen gibt, die den Gedanken sehr wohl tragen, dass andere Rechtsgebiete das Kartellrecht tangieren) bezogen ohne einschlägige Fallgruppen – daher kann schon kaum von einem „Einfalltor aller Rechtsgebiete“ gesprochen werden – zudem kaum begründeter Rückschluss von Missbrauch zur Marktmacht.

896 *Körber*, NZKart 2016, 303.

Rechtsgrundlage haben auch die Wettbewerbshüter das auf Unionsebene durch Art. 16 AEUV u. Art. 8 GRCh garantierte Recht auf informationelle Selbstbestimmung[897] in gleicher Weise zu achten.[898]

In diesem Zusammenhang wird für einen Datenaustausch zwischen zwei Unternehmen ein Augenmerk auf Art. 6 Abs. 1 lit. f) DSG-VO als „Rechtfertigung einer Geschäftsverweigerung" gelegt,[899] um ein Zugangsrecht ohne eine Einwilligung der betroffenen Person nach Art. 6 Abs. 1 S. 1 lit. a) DSG-VO oder der Erlaubnistatbestände nach Art. 6 Abs. 1 S. 1 lit. b) – e) DSG-VO zu begründen.

Nach Art. 6 Abs. 1 S. 1 lit. f) können dabei die Interessen des für die Verarbeitung Verantwortlichen oder eines oder mehrerer Dritter, in deren Interesse die Daten verarbeitet werden oder an die die Daten übermittelt werden sollen, eine Verarbeitung rechtfertigen, sofern diese zur Wahrung ähnlicher Interessen erforderlich ist.[900] Die Norm ist als Auffangtatbestand zu verstehen für diejenigen Fälle, in denen eine Verarbeitung nicht nach den lit. a) bis e) möglich ist.[901] Eine ausdrückliche Einwilligung wird regelmäßig einholbar sein. Eine gerechtfertigte Geschäftsverweigerung kann vor diesem Hintergrund kaum zu rechtfertigen sein.

Weitere Hürden entstehen bei näherer Betrachtung der Ausgestaltung des normativen Tatbestandes und durch weitere Einschränkungen. Dem Betroffenen steht nach Maßgabe von Art. 21 DSG-VO ein Widerspruchsrecht gegen die Datenverarbeitung durch den Dritten zu. Die Verarbeitung zum Zwecke der

---

897 BGH, Beschl. v. 23.6.2020 – KVR 69/19, GRUR 2020, 1318 Rn. 103, – *Facebook*.

898 Insbesondere eine „Rechtfertigung der Rechtfertigung" erscheint systemwidrig, da die Schutzzwecke der DSG-VO auf die Datensouveränität des Einzelnen zielen; gerade hier bildet sich überhaupt das Spannungsverhältnis zwischen dem allgemeinen Kartellrecht und Datenschutzrecht – nicht begründet werden kann daher der „Ausschluss" der Rechtfertigung durch das Interesse von dem den Zugang begehrten Unternehmen, was gerade ja die Datensouveränität und das ausschließlich dem Betroffenen zustehende Recht auf Datenportabilität insgesamt „umschiffen" würde. Wieso ein fingiertes Vertragsverhältnis auf Basis einer Ausnahme „doctrine" möglich sein soll, wird in der Literatur trotz Zustimmung kaum begründet. Folge wäre, dass die e.f.d. innerhalb des Datenschutzsrechts (Art. 6 DSG-VO) eine Rechtfertigung für das Nichteingreifen der Rechtfertigung darstellt, was kaum vertretbar sein dürfte; a.A. für einen herabgesetzten Schutz des Rechts auf informationelle Selbstbestimmung vgl. *Körber*, NZKart 2019, 187 ff.

899 Vgl. *Schweitzer*, GRUR 2019, 573.

900 Gola DS-GVO/*Schulz*, DS-GVO Art. 6 Rn. 56.

901 Paal/Pauly/*Frenzel*, 3. Aufl. 2021, DS-GVO Art. 6 Rn. 26.

Übermittlung muss im Rahmen der vorzunehmenden Interessenabwägung,[902] zudem den allgemeinen Grundprinzipien entsprechen, insbesondere dem Erforderlichkeitsgrundsatz, dem Grundsatz der Richtigkeit der Daten gem. Art. 5 Abs. 1 lit. a DSG-VO und dem Grundsatz der Zweckbindung gem. Art. 5 Abs. 1 lit. b DSG-VO. Im Zeitpunkt der Zweckbestimmung für die Verarbeitung personenbezogener Daten entsteht die Problematik, dass der Zugangsberechtigte in diesem Zeitpunkt zumeist noch nicht eindeutig feststeht. Erforderlich ist i.S.d. DSG-VO eine Präzisierung i.S.v. Kategorien von Empfängern von Daten im Zeitpunkt der Zweckbestimmung, vgl. Art. 13 Abs. 1 lit. e) DSG-VO. Ist auch dies nicht möglich, etwa weil der Adressatenkreis nicht abgrenzbar ist, ergibt sich daraus für die betroffene Person eine besondere Gefährdungslage, die angemessen im Rahmen der Interessenabwägung zu würdigen ist.[903] War für den Betroffenen im Zeitpunkt der Erhebung vernünftigerweise eine Verarbeitung zu diesem Zweck nicht absehbar, kann sich daraus ein gewichtiger Anhaltspunkt dafür ergeben, dass die Interessen und Grundrechte des Betroffenen das berechtigte Interesse des Verantwortlichen überwiegen.[904]

Die weitere Hürde stellt die Mitteilung des berechtigten Interesses nach Art. 13 Abs. 1 lit. d) DSG-VO dar, die vom Dritten zur Datenübermittlung verfolgt werden. Der bloße Hinweis auf „berechtigte Interessen“ ohne weitere Präzisierung reicht dabei nicht aus.[905] Ein Zugangsrecht ist jedoch eine Einzelfallentscheidung anhand des Zumutbarkeitskriteriums, das schwerlich derart umfassend für alle möglichen Fälle vorformuliert werden kann.

Klare und einheitlich anzuwendende Zulässigkeitsvorgaben sind dahingehend nicht explizit normiert. Auf nationaler Ebene kann über die durch Art. 85 DSG-VO eröffnete Regelungsbefugnis eine entsprechende Regelung ausgestaltet werden.[906]

Gegen eine Einbeziehung von Interessen außerhalb der DSG-VO spricht auch die historische Auslegung. Der Kommissionsentwurf enthielt noch in Art. 6 Abs. 5 DSG-VO-E die Regelung, wonach die Kommission ermächtigt wird, delegierte Rechtsakte für verschiedene Bereiche und Verarbeitungssituationen im Hinblick auf Art. 6 Abs. 1 S. 1 lit. f) DSG-VO zu erlassen. Diese

---

902 Paal/Pauly/*Frenzel*, 3. Aufl. 2021, DS-GVO Art. 6 Rn. 31.

903 Gola DS-GVO/*Schulz*, DS-GVO Art. 6 Rn. 66.

904 Ehmann/Selmayr/*Heberlein*, DS-GVO Art. 6 Rn. 28.

905 Gola DS-GVO/*Franck*, DS-GVO Art. 13 Rn. 14.

906 Gola DS-GVO/*Schulz*, DS-GVO Art. 6 Rn. 66.

Ermächtigungsbefugnis fand keinen Eingang in die endgültige Fassung.[907] Interessen außerhalb der DSG-VO sollen bei der Interessenabwägung, wie die Streichung zeigt, gerade keine Berücksichtigung finden,[908] weshalb sich die Erforderlichkeit nicht am wettbewerbsrechtlichen Machtausgleich orientieren kann.

Bedenken gegen eine Übermittlung lassen sich auch auf die gesondert geregelte Datenübertragbarkeit in Art. 20 DSG-VO stützen. Einen Anspruch auf eine „antizipierte Datenportabilität" für den hypothetischen Fall von Zugangsansprüchen sieht die DSG-VO gerade nicht vor. Die mit einer Verarbeitung verbundenen Risiken wie beispielsweise Identitätsdiebstahl, finanzielle Verluste und Rufschädigung sollen dadurch begrenzt werden.[909]

Das Recht auf Datenübertragbarkeit gemäß Artikel 20 DSG-VO ist richtigerweise „ein wichtiges Instrument, das den freien Fluss personenbezogener Daten in der EU unterstützen und den Wettbewerb zwischen den für die Datenverarbeitung Verantwortlichen fördern wird."[910] Es zeigt aber auch, dass die Datenübermittlung an Dritte nicht per se erforderlich ist und Datenportabilität ausschließlich von der Entscheidung des Betroffenen abhängt.

(2) Nichtpersonenbezogene Daten

Sektorspezifische Rechtsvorschriften regeln den Zugang zu nicht personenbezogenen oder anonymisierten Daten für bestimmte Zwecke, wie z. B. den Zugang zu Fahrzeugdaten zum Zweck der Öffnung des Marktes für Kundendienstleistungen (Wartung und Reparatur)[911]. Solche Daten müssen, wie auch im Anwendungsfall der Essential-Facility-Doktrin, nicht kostenlos zur Verfügung gestellt werden. Ein weiteres Beispiel ist die IVS-Richtlinie[912] und ihre

---

907 Kommission, Vorschlag für die Verordnung des Europäischen Parlaments und des Rates zum Schutz natürlicher Personen bei der Verarbeitung personenbezogener Daten und zum freien Datenverkehr (Datenschutz-Grundverordnung) vom. 25.1.2012, KOM(2012) 11 final, S. 15.

908 Paal/Pauly/*Frenzel*, 3. Aufl. 2021, DS-GVO Art. 6 Rn. 27.

909 Ehmann/Selmayr/*Heberlein*, DS-GVO Art. 6 Rn. 28.

910 Kommission, commission staff working document on the free flow of data and emerging issues of the European data economy, vom 10.1.2017 SWD(2017) 2 final, S. 12.

911 Verordnung (EG) Nr. 715/2007 in der geänderten Fassung; vgl. *Steinrötter*, RDi 2021, 480 Rn. 15.

912 Richtlinie 2010/40/EU vom 7. Juli 2010 zum Rahmen für die Einführung intelligenter Verkehrssysteme im Straßenverkehr und für deren Schnittstellen zu anderen Verkehrsträgern, ABl. L 207 vom 6.8.2010, S. 1.

delegierten Verordnungen. Auch die Zahlungsdiensterichtlinie 2[913] öffnet unter bestimmten Bedingungen den Zugang zu „Zahlungsinformationen" und wirkt damit als Wegbereiter für Unternehmen, die als „Fintech"[914] bezeichnet werden.[915]

Im Hinblick auf die vorgenannten Kategorien kommt es für einen Marktmachtmissbrauch durch Geschäftsverweigerung auf die Abgrenzung zu bloßen Wettbewerbsvorteilen an, die regelmäßig auch bei einem erheblichen Datenvorsprung unbedenklich sind. Plattformtypische wettbewerbliche Phänomene wie Spiral- und Rückkoppelungseffekte können einen Zugangsanspruch für nicht personenbezogene Daten nicht per se begründen, weil sie auch ein Ausdruck vom anfänglichem Wettbewerb sind.[916] Bei Märkten mit ausgeprägten Netzwerkeffekten meint ein Rückkopplungseffekt den Umstand, dass ab einem gewissen Nutzeranzahl sich weitere Nachfrager auch eher für dieses Netzwerk entscheiden, da Netzwerkexternalitäten selbstverstärkend wirken können,[917] jedoch nicht müssen. Selbstverstärkungseffekte haben auf Plattformmärkten, wie gezeigt,[918] ein natürliches Ende. Ein uneingeschränkter Zugang zu wettbewerbsrelevanten Daten löst das Problem der kritischen Masse aufgrund der Produktdivergenz nicht für alle Plattformen gleich. Handelt es sich um den nachgelagerten Markt nicht um einen mehrseitigen Dienst, ist bereits zweifelhaft inwieweit ein Zugangsanspruch zu Daten für das Geschäftsmodell förderlich ist, wenn es nicht um die Internalisierung von Netzwerkeffekten geht. Gewährt man nichtsdestotrotz einen Datenzugang, kann dies zu einer höheren Markttransparenz insgesamt führen. Ein Übermaß an Transparenz ist grundsätzlich wettbewerbsschädlich ist.[919]

---

913 Richtlinie 2015/2366/EU zur Änderung der Richtlinie 2002/65/EG.

914 Unternehmen, die Technologien einsetzen, um die Erbringung von Finanzdienstleistungen zu ermöglichen oder um Innovationen bei der Erbringung von Finanzdienstleistungen voranzutreiben.

915 Kommission, commission staff working document on the free flow of data and emerging issues of the European data economy, vom 10.1.2017 SWD(2017) 2 final, S. 24.

916 A.A. *Louven*, NZKart 2018, 221 ff.

917 MüKoEuWettbR/*Kerber/Schwalbe*, 1. Teil Grundlagen Rn. 298.

918 Vgl. Kap. 2.B.II.

919 *Birnstiel/Bauer*, in: Internet of Things, Rechtshandbuch 2021, § 14 Rn. 41 ff.

bb. Stellungnahme

Unabhängig davon, ob und für welche Art der Daten derartige Zugangsansprüche im Einzelfall bestehen können, ist deren Durchsetzung mit erheblichen Rechtsunsicherheiten behaftet, da die gerichtliche Kontrolle viele Jahre in Anspruch nehmen kann. Dies kann dazu führen, dass sich entweder gar kein Wettbewerb auf vor- oder nachgelagerten Märkten bildet oder bis zum Abschluss des Verfahrens der Wettbewerber aus dem Markt ausgetreten ist. Der Zugangsverpflichtete kann den Zugang auch durch überhöhte Preise oder unbrauchbare Qualität vereiteln,[920] was auch in regulierten Märkten zu beobachten ist.[921] Die Frage nach einem Zugang unter fairen Bedingungen löst oftmals langwierige Prozesse aus, was faktisch zu einem Aushöhlen des Zugangsanspruchs führen kann. Der einstweilige Rechtsschutz kann dazu führen, dass eine wettbewerbsschädliche Markttransparenz entsteht. Es ist eher davon auszugehen, dass im Rahmen des einstweiligen Rechtsschutzes die Gerichte eher davon absehen werden, einen derart breiten Datenzugangsanspruch zu gewähren, um nicht Gefahr zu laufen, dass im regulären Verfahren ein Zugangsanspruch verneint wird.

Auf europäischer Ebene kam man daher zu Recht zu dem Ergebnis, dass auf eine zumindest vorübergehende Regulierung im Bereich Datenzugang nicht verzichtet werden kann.[922] Dies zeigen neben der P2B-VO und dem DMA, auch der Data Governance Act (DGA), der Data Act und Gaia-X. So regelt der neue DGA in den Art. 10 DGA bis Art. 15 DGA beispielsweise konkrete „Anforderungen an Dienste für die gemeinsame Datennutzung".

Diese gesetzgeberische Entwicklung zeigt, dass sich auf europäischer Ebene ein Datenwirtschaftsrecht herausbildet, welches sich auf Zugangsansprüche konzentriert. Nicht durchgesetzt hat sich der Ansatz der Zuweisung eines Rechts an Daten in Vertrauen auf den Wirkmechanismus der Essential-Facility-Doktrin, sog. Ausschließlichkeitsrechts-Lösungen.[923] Diese Tendenz zeigt, dass Zugang zu „Daten" nicht unbedingt ein Ausschließlichkeitsrecht begründet.

---

920 BGH, Urteil vom 6. 5. 2009 – KZR 39/06 (OLG Karlsruhe) Orange-Book-Standard, GRUR 2009, 694: Es muss sich insbesondere um ein annahmefähiges Angebot handeln, anderweitig ist eine Produktion trotz des Einwands der *essential facility* gegen die Patenverletzung wegen der dolo-agit Einrede nach § 242 BGB versperrt; dagegen EuGH, Urt. v. 16.7.2015 – C-170/13, GRUR 2015, 764–768 – *Huawei/ZTE:* Gegenangebot notwendig.

921 *Beckmann/Müller*, in: Hoeren/Sieber/Holznagel MMR-HdB, Teil 10 Kartellrecht Rn. 194; *Maier-Rigaud/Heller/Hanspach*, NZKart 2019, 651 ff.

922 Siehe hierzu einleitend Kapitel 3.F.II.5.c.aa.(2).

923 Vgl. *Steinrötter*, RDi 2021, 486.

III. Selbstbevorzugung – „self preferencing"

1. Einleitung

Grundsätzlich haben zentrale Plattformdienste das Potential, Markteintrittskosten für Unternehmen zu senken: Hat ein ausgereiftes Computer-Betriebssystem eine hohe Nutzeranzahl erreicht, kann ein Softwareunternehmen diesen Bestand für sich nutzen, um Zugang zu Verbrauchern zu erhalten, ohne ein eigenes Betriebssystem entwickeln zu müssen. Den Unternehmen liegen fertig ausgebaute Vertriebskanäle vor.[924] Diesen Innovationskatalysator können Plattformen jedoch auch nutzen, um eigene Dienste zum Nachteil der gewerblichen Nutzer zu privilegieren.[925]

Wenn man sich sonstige strategische Verdrängungspraktiken anschaut, so sind diese zwar denkbar, jedoch oftmals auch für den zentralen Plattformdienst auf Dauer zu ungewiss: Die Fallgruppen der Kampfpreisstrategien[926] gehen von der Annahme aus, dass kurzfristige Verluste sicher sind, langfristige Gewinne jedoch von der erfolgreichen Neutralisierung des Wettbewerbs abhängen. Daher werden derartige Verdrängungspraktiken eher die Seltenheit sein.[927]

Die Besonderheit mehrseitiger Plattformdienste liegt in ihrem Wert durch ausgeprägte Netzwerkexternalitäten. Plattformen nutzen die gezielte Bündelung von Diensten, um die eigene Marktposition zu stärken. Online-Plattformen haben daher mit der Zeit einen Anreiz entwickelt, ihren zentralen Plattformdienst nicht nur ausschließlich für Dritte zur Verfügung zu stellen, sondern diese Dienste oder Waren selbst zu emittieren, d.h. gattungsfremde Erzeugnisse zu vertreiben und auf sie in besonderer Weise aufmerksam zu machen. Dies ist an sich auch unproblematisch, stellt die Nutzung von eigenen Diensten zum Querverweis auf andere Angebote desselben Unternehmens eine im Grundsatz legitime Handlung dar. Fernsehsender weisen schließlich auch auf Programme bei Kanälen aus der gleichen Senderfamilie hin, genauso wie Zeitschriften ihre nicht verrechneten Anzeigen für andere Magazine desselben Verlags platzieren. Auch Websites gestatten Schwesterangeboten die

---

924 *Ammon/Brem*, in: Keuper, Digitalisierung und Innovation, 2013, S. 114.

925 *Khan*, Columbia Law Review, Band 119, Nr. 4, 2019, 1019; Ablehnend zur Einordnung als Diskriminierungsmissbrauch m.w.N. vergleiche näher: *Schweitzer/Haucap/Kerber/Welker*, Modernisierung der Missbrauchsaufsicht für marktmächtige Unternehmen, 2018, S. 124 ff.

926 *Schröter/Bartl*, in: Schröter/Jakob/Klotz/Mederer, AEUV Art. 102 Rn. 303.

927 *Khan*, The Yale Law Journal 2017, Band 126, Nr. 3, S. 735.

kostenfreie Nutzung nicht vermarkteter Anzeigeflächen.[928] Denn auch das marktbeherrschende Unternehmen verfügt trotz der vertikalen Integration weiterhin über seine unternehmerische Freiheit, über Preis und Leistung (vom Ursprungsmarkt hin zum vor- oder nachgelagerten Markt) zu konkurrieren. Aufgrund der wirtschaftlichen Einheit des marktbeherrschenden Unternehmens steht es ihm frei zu bestimmen, welche Vorleistungen es innerhalb des Unternehmensverbunds in Rechnung stellt. Das gleiche gilt folgerichtig für die Übernahme von Geschäftsverlusten oder anderweitige Formen der Quersubventionierung.[929]

Aus den vorgenannten Gründen könnte daher für das „Ob" einer begünstigenden Vorleistung abseits der strengen Kriterien einer Essential-Facility-Doktrin[930] die wettbewerbsrechtliche Kontrolle insgesamt verschlossen sein. Nichtsdestotrotz erscheint die Vorgehensweise des Vordringens in neue Geschäftsbereiche von Online-Plattformen einhergehend mit der Bevorzugung ihrer eigenen Dienste, um auf diese Weise durch die Vermittlung der eigenen Produkte einen höheren Umsatz zu erzielen, nicht unproblematisch, wenn man sich der hohen Nutzeranzahl und der bis zu einem gewissen Maß exponentiellen Netzwerkexternalitäten der zentralen Plattformdienste bewusst wird.[931]

Händler, die aufgrund ihrer Geschäftsmodelle auf Amazon angewiesen sind, insbesondere um eine große Verbraucherzahl im Internet zu erreichen, konkurrieren um eine bessere Platzierung ihrer Waren. Sie setzen sich gleichzeitig dem Risiko aus, dass Amazon ihre meistverkauften Artikel entdeckt und selbst produziert, sodass sie in Folge um die bessere Platzierung unmittelbar mit Amazon konkurrieren.[932] Sobald das marktbeherrschende Unternehmen in der Lage ist, seine Marktmacht zu transferieren, stellt sich die Frage, unter

928 *Weigert*, in: Kappes, Medienwandel Kompakt 2011–2013, 2014, S. 266–267.

929 *Schweitzer/Haucap/Kerber/Welker*, Modernisierung der Missbrauchsaufsicht für marktmächtige Unternehmen, 2018, S. 46 ff. m.W.N., insbesondere mit Verweis auf *BGH*, Urt. v. 10.2.1987, KZR 6/86; Auch Art. 102 S. 2 lit. c) AEUV spricht von *Handelspartnern;* für Tochterunternehmen nicht unumstritten, vgl. m.W.N.: Immenga/Mestmäcker/*Fuchs*, AEUV Art. 102 Rn. 387.

930 Vgl. hierzu näher Kap. 3.F.II.2.

931 Monopolkommission, Wettbewerbspolitik: Herausforderung digitale Märkte, Sondergutachten 68, S. 95 Rn. 236–240.

932 Pressemitteilung der Europäische Kommission vom 14.07.2022, AT.40703 „*Amazon Marketplace*", abrufbar unter: https://ec.europa.eu/commission/presscorner/detail/en/ip_22_4522, zuletzt aufgerufen am: 01.03.2024: Aus diesem Grund leitete die Kommission eine Untersuchung gegen Amazon ein, wegen dessen

welchen Bedingungen eine Bevorzugung der eigenen Dienste ausnahmsweise unzulässig sein kann.[933]

Problematisch ist dies insbesondere im Hinblick darauf, dass die streitgegenständlichen Praktiken stets im unmittelbaren Zusammenhang mit dem Zugang zur Plattform stehen, da viele mehrseitige Plattformen wie Vermittlungsplattformen oder bestimmte Suchdienste zu ihren Nutzern nicht stets ein Vertrags- oder Geschäftsverhältnis unterhalten. Es drängt sich daher die Frage auf, unter welchen Kriterien die Missbräuchlichkeit eines Verhaltens außerhalb einer missbräuchlichen Lieferverweigerung im Vertikalverhältnis beurteilt werden kann.[934]

2. *Google-Shopping-Entscheidung*

a. *Allgemeines*

Die Übertragung von Marktmacht, verbunden mit einem Vorwurf der sog. Selbstbevorzugung im Anwendungsbereich der Generalklausel des Art. 102 AEUV, war Gegenstand der Google-Shopping-Entscheidung der Kommission,[935] und wurde vom EuG mit Urteil vom 10.11.2021 in weiten Teilen bestätigt.[936] Der Diskriminierungstatbestand ist grundsätzlich in Art. 102 S. 2 lit. c) AEUV verankert. Danach ist das Verhalten eines Marktbeherrschers missbräuchlich, wenn der Marktbeherrscher unterschiedliche Bedingungen bei gleichwertiger Leistungen gegenüber Handelspartnern anwendet, wodurch diese im Wettbewerb benachteiligt werden. Sachlich ist eine Selbstbevorzugung des eigenen Dienstes zwar im Diskriminierungstatbestand anzusiedeln, jedoch nicht unmittelbar in Art. 102 S. 2 lit. c) AEUV, da alle einem Konzern zugehörige Teile als einheitliches Unternehmen angesehen werden und daher nicht als Handelspartner im Sinne der Norm.[937] Die Mehrzahl diskriminierender

---

Doppelfunktion als Online-Marktplatzbetreiber einerseits und als Konkurrent von gewerblichen Nutzern seiner Plattform andererseits; *Khan,* Columbia Law Review, Band 119, Nr. 4, 2019, 978 ff.

933 Kommission, Entscheidung v. 27.6.2017 – AT.39740, C(2017) 4444 – *Google Shopping,* Rn. 341 ff.; *Birnstiel/Bauer,* in: Internet of Things, Rechtshandbuch 2021, § 14 Rn. 102.

934 EuGH, Urt. v.17.2.2011 –C-52/09, EuZW2011, 339 Rn. 54–60 – *Konkurrensverket / TeliaSonera Sverige AB.*

935 Kommission, Entscheidung v. 27.6.2017 – AT.39740, C(2017) 4444 – *Google Shopping,* Rn. 341 ff.

936 EuG, Urt. v. 10.11.2021 – T-612/17 – *Google Search,* NZKart 2021, 684 Rn. 596 ff.

937 Vgl. *Jungbluth,* in: FS Wiedemann, S. 923.

Verhaltensweisen fällt zwar unter den Regeltatbestand, er ist allerdings nicht abschließend.[938]

Als allgemeine Suchmaschine finanziert sich Google Search – also der allgemeine Suchdienst und Kernplattformdienst von Google Inc. -, indem von Werbekunden für den Zugang zu den Nutzern der Suchmaschine ein monetärer Preis verlangt wird. Google wird dahingehend als vertikal integriert angesehen, als dass es auch speziellere Dienste, nach denen Nutzer suchen, anbietet – beispielsweise den Preisvergleichsdienst Google Shopping.[939]

Der wesentliche Vorwurf im streitgegenständlichen Verfahren war, dass Google seine marktbeherrschende Stellung auf dem Markt für die allgemeine Online-Suche missbraucht habe, indem es in seinen Suchergebnissen – technisch vereinfacht – systematisch seinen eigenen Shopping-Vergleichsdienst bevorzugt habe.[940] Dabei betont die Kommission, dass der Vorwurf des Missbrauchs darin liegt, „dass Google Anpassungsmechanismen nicht in gleicher Weise auf konkurrierende Vergleichsdienste anwendet",[941] und „dass Google die Ergebnisse von Googles Shopping-Vergleichsdienst und von konkurrierenden Shopping-Vergleichsdiensten nicht in gleicher Weise positioniert und anzeigt.", womit gleichzeitig eine Herabstufung der Suchergebnisse dieser Shopping-Vergleichsdienste auf der generischen (also der kostenfreien) Suche des Google Search einherging.[942]

Im Vordergrund steht dabei insbesondere der Vorwurf, Google-Nutzer des allgemeinen Suchdienstes auf den eigenen Vergleichsdienst quasi „umgeleitet" zu haben.[943] Die Kommission umschreibt diese Praktik als „günstigere Positionierung und Anzeige des Google-eigenen Shopping-Vergleichsdienstes gegenüber konkurrierenden Shopping-Vergleichsdiensten auf den allgemeinen Suchergebnisseiten von Google-Search".[944] Damit ist der technische Vorgang

938 Immenga/Mestmäcker/*Fuchs*, AEUV Art. 102 Rn. 385.

939 Kommission, Entscheidung v. 27.6.2017 – AT.39740, C(2017) 4444 – *Google Shopping*, Rn. 252 ff. u. Rn. 246.

940 Kommission, Entscheidung v. 27.6.2017 – AT.39740, C(2017) 4444 – *Google Shopping*, Rn. 252 ff. u. Rn. 271 ff.

941 Kommission, Entscheidung v. 27.6.2017 – AT.39740, C(2017) 4444 – *Google Shopping*, Rn. 661.

942 Kommission, Entscheidung v. 27.6.2017 – AT.39740, C(2017) 4444 – *Google Shopping*, Rn. 662.

943 EuG, Urteil v. 10.11.2021 – T-612/17 – *Google Search*, NZKart 2021, 684 Rn. 195–197.

944 Kommission, Entscheidung v. 27.6.2017 – AT.39740, C(2017) 4444 – *Google Shopping*, Rn. 341 ff.

gemeint, dass Google-Search im ersten Schritt eine Aufwertung durch die sog. „Universal Search Box" erfahren hat, d.h. eine technische Visualisierung innerhalb der Suchmaschine, wie beispielsweise durch Vergleichsdienste, Videos, Bilder oder Maps.

Im Anschluss an das Verfahren hat die Europäische Kommission Google allerdings freigestellt, wie es der Abhilfe, den eigenen Vergleichsdienst Google-Shopping nicht mehr bevorzugt in die allgemeine organische Suche einzubinden, nachkommt, um Google durch die eigenständige Wahl der Abhilfemaßnahme nicht daran zu hindern, den bestmöglichen Weg zu wählen, sodass der Google-Dienst seine allgemeine Suchergebnisseite weiterhin monetisieren kann.[945]

Hier wird insbesondere die Problematik der kartellrechtlichen Einordnung einer vertikal integrierten Plattform deutlich und die Schwierigkeit der Kommission, Abhilfemaßnahmen selbstständig konkret zu bestimmen, damit potenziell massive Wohlfahrtsschäden nicht die Folge einer kartellrechtlichen Maßnahme sind.[946]

Darüber hinaus weist das streitgegenständliche Verhalten eine gewisse Nähe zu den missbräuchlichen Verhaltensweisen der Geschäftsverweigerung, Diskriminierung und Kopplung auf.[947] Gemeinsame Komponente ist dabei, dass Google seine Marktmacht auf dem Suchmaschinenmarkt auf den Markt für Preisvergleichsdienste überträgt. Für die Anwendung des Art. 102 AEUV gilt der Grundsatz, dass einem Unternehmen in beherrschender Stellung insbesondere die Anwendung von Praktiken untersagt ist, die für seine als ebenso effizient geltenden Wettbewerber eine Verdrängungswirkung entfalten und damit

---

945 Kommission, Entscheidung v. 27.6.2017 – AT.39740, C(2017) 4444 – *Google Shopping*, Rn. 664.

946 Die Kommission begründete den *Wohlfahrtsschaden* u.a. damit, dass Verbrauchern höhere Preise entstehen, wenn sie einen unzureichenden Zugang zu den angebotenen Vergleichsdiensten erhalten, weil Nutzer dazu neigen, Suchergebnisse, die weit oben und auf der ersten Seite (ca. 95 % aller Klicks) als relevantesten einzustufen – Kommission, Entscheidung v. 27.6.2017 - AT.39740, C(2017) 4444 – *Google Shopping*, Rn. 475 – diese an *Google Search ausgerichteten Testergebnisse* dürften problematisch sein, weil das vorgebrachte Nutzerverhalten genauso auf die Qualität von Google *Search* zurückgeführt werden kann. Der Fortschritt hat dazu beigetragen, dass auf vielen Geräten nur noch eine fortlaufende Seite besteht, sodass der Suchvergleich innerhalb der gesamten Suche keinen großen Aufwand mehr darstellt.

947 *Beckmann/Müller*, in: Hoeren/Sieber/Holznagel MMR-HdB, Teil 10 Kartellrecht Rn. 201, m.w.N.

seine Stellung stärken, indem andere Mittel als diejenigen eines Leistungswettbewerbs für die Stärkung der Marktstellung herangezogen werden.[948]

b. Selbstbevorzugung als mögliche Verdrängungspraktik

aa. Feststellung von Wettbewerbsnachteilen

Wie der EuGH bereits in der Rechtssache Intel festgestellt hat, sind bloße Ausschlusspraktiken nicht per se verboten. Ein Verstoß gegen Art. 102 AEUV kann nur dann angenommen werden, wenn diese Ausschlusspraktiken auch wettbewerbswidrig sind, d.h. wenn sie den Wohlstand der Verbraucher verringern oder verringern können. Zu der Komponente des Ausschlusses eines Wettbewerbers muss daher auch der Verbraucherwohlaspekt hinzutreten.[949]

Da Verdrängungspraktiken jedoch langfristig wirken und erst in der Folge zu Wettbewerbsschäden führen, konzentriert sich die Praxis auf Verdrängungspraktiken, die zum Ausschluss von ebenso effizienten Wettbewerbern führen können, sog. AEC-Test.[950] Gemessen daran, müsste die Selbstbevorzugung, die nicht durch den Wettbewerb diszipliniert wird, zur Verdrängung mindestens ebenso leistungsstarker Wettbewerber führen oder potentiell dazu geeignet sein und es darf keine sachliche Rechtfertigung vorliegen.[951]

Bei preisbezogenen Verdrängungspraktiken wird mit dem AEC-Test festgestellt, ob das vertikal integrierte marktbeherrschende Unternehmen in der Lage gewesen wäre seine Endkundendienste gewinnbringend anzubieten, wenn es zunächst seine eigenen Großhandelspreise, d.h. den „Zugangspreis“ hätte zahlen müssen. Die Anwendung des AEC-Tests rechtfertigt sich insbesondere vor dem Hintergrund, dass das marktbeherrschende Unternehmen in die Lage versetzt wird, die Rechtmäßigkeit seines Verhaltens im Lichte seiner Strukturverantwortung selbst zu überprüfen, da auf seine Kosten-Preis-Gestaltung abgestellt wird.[952]

Für die wettbewerbswidrige Auswirkung reicht dabei grundsätzlich die benannte Ergebniskausalität.[953] Die Ausschlusswirkung kann dabei indiziert

948 EuGH, Urt. v. 6.9.2017 – C-413/14, GRUR Int. 2018, 69 Rn. 136 – *Intel.*

949 EuGH, Urt. v. 6.9.2017 – C-413/14, GRUR Int. 2018, 69 Rn. 134 – *Intel.*

950 EuG, Urt. v. 29.3.2012 – T-336/07, *Telefónica/Kommission*, BeckRS 2012, 80670, Rn. 194.

951 *Schweitzer/Haucap/Kerber/Welker,* Modernisierung der Missbrauchsaufsicht für marktmächtige Unternehmen, 2018, S. 126 ff.

952 EuG, Urt. v. 29.3.2012 – T-336/07, *Telefónica/Kommission*, BeckRS 2012, 80670, Rn. 194.

953 EuG, Urt. v. 29.3.2012 – T-336/07, *Telefónica/Kommission*, BeckRS 2012, 80670, Rn. 268.

sein, wenn der Großhandelspreis, d.h. der Zugangspreis, den das marktbeherrschende Unternehmen den Wettbewerbern in Rechnung stellt, höher ist als sein eigener Einzelhandelspreis an den Verbraucher.[954] Während das marktbeherrschende Unternehmen in der Lage ist, Margen zu bilden, weil es sich selbst günstigere Konditionen gibt, müssten konkurrierende Unternehmen den Großhandelspreis in derselben Höhe oder unter Hinnahme von Verlusten an den Verbraucher weitergeben, um konkurrenzfähig zu bleiben.

Die Kommission ist verpflichtet, die Eignung zur Verdrängung ebenso effizienter Wettbewerber anhand einer Einzelfallanalyse von Kriterien, wie beispielsweise das Ausmaß der beherrschenden Stellung des Unternehmens auf dem maßgeblichen Markt, die Dauer der streitgegenständlichen Praktik und eine genaue Strategie des Marktbeherrschers zur Verdrängung der mindestens ebenso leistungsfähigen Wettbewerber, zu prüfen.[955] Die Analyse ist wiederum ausschlaggebend dafür, ob eine Verdrängungspraktik durch Effizienzvorteile, die Verbrauchern zugutekommen, gerechtfertigt sein kann.[956] Die Verdrängungswirkung kann sich sowohl auf dem bereits beherrschenden Ursprungsmarkt, als auch auf dem Drittmarkt zeigen.[957]

Zu beachten ist dabei, dass bei der Beurteilung der Auswirkungen der Margenbeschneidung durch den Marktbeherrscher insbesondere zu berücksichtigen ist, ob das Vorleistungsprodukt des Marktbeherrschers für den Drittmarkt tatsächlich unentbehrlich ist.[958] An dieser Stelle wird die Frage von Plattformen relevant, inwieweit Konkurrenzdienste angeboten werden, wie Yahoo oder DuckDuckGo.

Für den Diskriminierungstatbestand des Art. 102 S. 2 lit. c) AEUV verlangt der EuGH dabei einen Wettbewerbsnachteil in Form einer Beeinträchtigung der Wettbewerbsfähigkeit. Dabei stellt der EuGH maßgeblich darauf ab, ob eine eventuelle Strategie zur Verdrängung eines Handelspartners, der mindestens ebenso leistungsfähig ist wie seine Wettbewerber, tatsächlich geeignet ist ihn vom nachgelagerten Markt zu verdrängen.[959]

---

954 EuGH, Urteil v. 17.2.2011 –C-52/09, EuZW2011, 339 Rn. 73 - *Konkurrensverket / TeliaSonera Sverige AB.*

955 EuGH, Urt. v. 6.9.2017 - C-413/14, GRUR Int. 2018, 69 Rn. 139 - *Intel.*

956 EuGH, Urt. v. 6.9.2017 - C-413/14, GRUR Int. 2018, 69 Rn. 140 - *Intel.*

957 EuG, Urteil v. 10.11.2021 – T-612/17 - *Google Search*, NZKart 2021, 684 Rn. 457.

958 EuGH, Urteil v.17.2.2011 –C-52/09, EuZW2011, 339 Rn. 69 - *Konkurrensverket / TeliaSonera Sverige AB.*

959 EuGH, Urt. v. 19.4.2018, Rs. C-525/16, NZKart 2018, 225 Rn. 31- „Portugiesische Urheberrechtsverwertungsgesellschaft".

bb. Vorgehensweise in der Google-Shopping-Entscheidung

Die Kommission geht jedoch einen anderen Weg, ohne eine Analyse an den ebenso effizienten Wettbewerbern auszurichten und ohne Prüfung der Voraussetzung einer Geschäftsverweigerung. Dies ist für den AEC-Test vor dem Hintergrund des fehlenden Preisgefüges nachvollziehbar: Gibt es keinen festen Zugangspreis, wird der Test obsolet, weil der AEC-Test auf die Verdrängung von Wettbewerbern durch Preismissbrauch gerichtet ist.[960] Die Europäische Kommission muss sich daher um die Anwendung allgemeiner Kriterien für eine potentiell schädigende Auswirkung bemühen. Klare Voraussetzungen für eine Inanspruchnahme eines Marktbeherrschers bei potentiell schädigender Selbstbevorzugung hat die Europäische Kommission nicht aufgestellt.

Im Ergebnis stellten die Kommission und das EuG „das wettbewerbsrechtlich bedenkliche Element" einer ungerechtfertigten Ungleichbehandlung einem im Grunde zulässigen Vorbehalt des Datenverkehrs für den eigenen Dienst gleich. Das Gericht hat im Einklang mit der Entscheidung der Kommission die strengen Kriterien der Essential-facility-Doktrin nicht unmittelbar angewandt. Der Entscheidung des EuG nach ist in dem allgemeinen Google-Suchdienst auch keine „quasi-wesentliche Einrichtung" zu erblicken, weil es formal nicht um eine abgeschwächte Geschäftsverweigerung geht.[961] Das EuG stellt damit klar, dass die strengen Kriterien einer Geschäftsverweigerung i.S.d. Essential-facility-Doktrin nicht in abgeschwächter Form für Plattformdienste einschlägig sind. Bei Plattformdiensten ist daher eine Qualifizierung als „quasi-wesentliche Einrichtung" nicht geboten.

Dies ist vor dem nachfolgenden Hintergrund nachvollziehbar: Der Marktbeherrscher beschränkt aktiv den Zugang zu seinem Teil-Input – das ist die Parameterbestimmung des Rankings durch Algorithmen -, indem er den

---

960 *Barthelmeß*, NZKart 2014, 496.

961 Vgl. EuG, Urt. v. 10.11.2021 – T-612/17 – *Google Search*, NZKart 2021, 684 Rn. 225; Kommission, Entscheidung v. 27.6.2017 – AT.39740, C(2017) 4444 – *Google Shopping*: Insoweit allerdings widersprüchlich, da der EuG die Bronner Kriterien dahingehend als Prüfungsgrundlage ablehnt, weil die Generalanwälte in der Rechtssache *Bronner* die Anwendung der Voraussetzungen ausdrücklich in Fällen ausgeschlossen haben, in denen der Missbrauchsvorwurf auf Art. 102 S. 2 lit. c) AEUV gestützt wird; dieser ist vorliegend jedoch nicht einmal einschlägig, da *Google Search* nur mit Werbetreibenden in einer „Handelsbeziehung" steht und zu spezifischen Vergleichsdiensten, genauso wie zu den *suchenden Nutzern* kein auch kein potenzieller Geschäftskontakt vorliegt – EuG und Kommission stützen den Vorwurf selber auch nur auf die Generalklausel.

Algorithmus zur Rankingbestimmung proaktiv zu seinen Gunsten steuert. Der Kommission und dem EuG geht es jedoch nicht um den Zugang zu dem benannten Teil-Input, sondern um das technische Ergebnis der Anwendung des Inputs. Auf diese Weise können die strengen Voraussetzungen zu einer Zugangsverweigerung umgangen werden, weil der Zugang zum Suchdienst als solches streng genommen nicht eingeschränkt wird. Google vereitelt daher nicht ausnahmslos jeglichen Zugang zu Nutzern, die an einem spezifischen Vergleichsdienst interessiert sind.

c. Stellungnahme und Folgeprobleme

aa. Stellungnahme

Der Ansatz der Kommission, zum großen Teil bestätigt durch das EuG, bedeutet im Kern, dass eine Selbstbevorzugung auf nachgelagerten Märkten bereits ohne die strengen Voraussetzungen, die an die Essential-facility-Doktrin geknüpft werden, einen Marktmachtmissbrauch darstellen kann, weil deren Anwendung richtigerweise weitreichende Hürden entgegenstehen und der Leistungswettbewerb im digitalen Plattformbereich noch nicht hinreichend bestimmt ist.[962] Für eine einschränkende Auslegung des Art. 102 AEUV dahingehend, dass Fälle der Selbstbevorzugung ausschließlich an den strengen Kriterien zu messen sind, sind normativ keine Anknüpfungspunkte ersichtlich.[963]

Die Herangehensweise des EuG und der Kommission im Anwendungsbereich des Art. 102 AEUV für Fälle der Selbstbevorzugung auf Online-Plattformen, stützt sich vordergründig auf nichtpreisliche Erwägungen. Dadurch ist sie nicht weniger zweckmäßig als die insgesamt nicht unumstrittenen preislichen Erwägungen, wie bei der rechtlichen Behandlung der Kosten-Preis-Schere, bei der typischerweise der Preis für das Input-Produkt höher festgesetzt wird als der eigene Verkaufspreis des Marktbeherrschers für das Neuprodukt auf dem nachgelagerten Markt.[964] Auf diese Weise können Verdrängungseffekte auf dem nachgelagerten Markt entstehen, die einer Lieferverweigerung in ihrer Wirkung gleichstehen.

Ein wichtiges Kriterium, welches der Entscheidung des EuG entnommen werden kann, ist, dass das Eindringen in Drittmärkte nicht per se

962 Vgl. Kap. 3.B.I.

963 Zu einer derart restriktiven Auslegung des Art. 102 AEUV ablehnend vgl.: EuGH, Urt. v.17.2.2011 –C-52/09, EuZW2011, 339 Rn. 54 ff. – *Konkurrensverket / TeliaSonera Sverige AB.*

964 *Jung*, in: Grabitz/Hilf/Nettesheim, AEUV Art. 102 Rn. 317.

wettbewerbswidrig ist. Positive Netzwerkeffekte für den Markteintritt zu nutzen, ist nicht per se missbräuchlich, sodass der Plattform freisteht, diese günstigen Effekte auch im Drittmarkt zu internalisieren.

Grundelemente für ein verallgemeinerungsfähiges Selbstbevorzugungsverbot im Tätigkeitsbereich mehrseitiger Märkte mit Netzwerkeffekten im digitalen Bereich kann dem Ansatz jedoch nicht entnommen werden. Die Ambivalenz mehrseitiger Märkte macht Fälle denkbar, in denen es für den Erhalt von positiven Netzwerkeffekten sogar förderlich sein kann, wenn der Marktbeherrscher zumindest temporär seinen eigenen Dienst bevorzugt.

Konkurrierende Dienstleistungen müssen einem nachgelagerten Markt angehören. Hier zeigt sich erneut die Unabdingbarkeit der Marktabgrenzung, die sich im Google-Shopping-Fall nicht per se aufdrängt: Es ist nicht offenkundig, dass ein spezifischer Suchdienst keineswegs ein Substitut zum allgemeinen Suchdienst darstellen kann. Dafür müsste es sich bei der allgemeinen Suche und der spezifischen Suche, um vor- oder nachgelagerte Produkte in einer Wertschöpfungskette handeln. Dies ist zweifelhaft, da eine allgemeine Suchmaschine kein notwendiges Vorprodukt für spezifische Suchmaschinen darstellt, sondern allenfalls in der Lage ist, eine bestimmte Website profitabler zu machen, z.B. indem es das Auffinden des spezifischen Dienstes erleichtert. Für den denkbaren Fall, dass für jede Art der Suche ein spezifischer Suchdienst vorhanden ist, wäre der allgemeine Google Search obsolet.

Es fehlt daher insgesamt an verallgemeinerungsfähigen Beurteilungskriterien, anhand derer Rahmen der Generalklausel des Art. 102 AEUV, nichtpreisliche Ausschlusswirkungen daraufhin überprüft werden können, ob das marktbeherrschende Unternehmen unter selbigen Bedingungen wie der Konkurrenzdienst fähig wäre, den erbrachten Dienst konkurrenzfähig einzuführen oder zu halten.

Dabei dürfte schon nach der Begründung der Kommission und des EuG unklar sein, wie ein vertikal integrierter Marktbeherrscher einen potenziellen Marktteilnehmer im Vertikalverhältnis über die Gewährung einer kostenlosen Werbefläche hinaus (generische Suche) behandeln soll, ohne dass zwischen dem Marktteilnehmer und dem Marktbeherrscher eine Handelsbeziehung besteht und insbesondere unter welchen Kriterien von einem ebenso effizienten Wettbewerber auszugehen ist. Nicht generierte Klicks können im Internet genauso Ausdruck von Ineffizienzen sein, beispielsweise durch schwächere Algorithmen des Konkurrenten, wenn der Konkurrent trotz finanzieller Möglichkeiten Investitionen für die Verbesserung der Algorithmen vermieden hat.

bb. Folgeprobleme

Wenngleich sich die Kommission mit diesem Ansatz eine Möglichkeit verschafft hat, gegen Google vorzugehen, haben auferlegte Abhilfemaßnahmen schädliche Folgewirkungen ausgelöst.[965] Die Anwendungspraxis der Wettbewerbsbehörden bei unzureichender Daten- und Folgenauswertung birgt nicht selten die Gefahr einer im Ergebnis für die gesamten Marktteilnehmer schädigenden Wirkung. Google hat den Vorwurf der Kommission, alle Shopping-Vergleichsdienste in gleicher Weise zu positionieren und anzuzeigen,[966] quasi wörtlich umgesetzt.

Während es beim preisbezogenen Behinderungsmissbrauch nach preislichen Methoden ausreicht, die überhöhten Preise anhand der jeweiligen Kostenstruktur auszuräumen, ist dies für Abhilfemaßnahmen bezogen auf nichtpreisliche Erwägungen so einfach nicht möglich. Auf mehrseitigen Märkten ist eine Quersubventionierung, d.h. ein Ausgleich der Preise zwischen mehreren Nutzergruppen, das Kernelement, wie Wettbewerb zwischen Plattformen mit Netzwerkeffekten funktioniert.[967] Aus diesem Grund hat auch die Kommission nach Verhängung des Bußgelds Google im Ergebnis freigestellt, wie es auf seiner generischen Suche ein diskriminierungsfreies Umfeld schafft. Ein weiterer Grund wird darin bestehen, dass auch die Kommission eingesehen hat, dass ihr Ansatz tief in die Unternehmensstruktur von Google eingreift. Der Eingriff in eine Unternehmensstruktur ist allerdings ausschließlich einer Regulierung vorbehalten und ist – abseits von Zerschlagung – nicht Gegenstand des Missbrauchstatbestandes.[968]

Für die freie Entscheidung über die Abhilfemaßnahmen, wählte Google im Wesentlichen zwei Änderungen für die Sicherstellung eines diskriminierungsfreien Umfelds. Es hat eine wettbewerbsorientierte Pay-for-Placement-Auktion eingeführt, die es Unternehmen ermöglicht, für eine vorrangige Platzierung in den Shopping-Units zu bieten, die in den Google-Suchergebnissen erscheinen. Des Weiteren hat es Google Shopping als eigenständigen Geschäftsbereich von Google Search abgekoppelt, welches, mit eigenständigen Bedingungen für

---

965 *Heller/Sudaric,* NZKart 2020, 164 ff.; zum Ausgang des Verfahrens gegen Sky und DAZN siehe: BKartA, MMR-Aktuell 2018, 411352.

966 Kommission, Entscheidung v. 27.6.2017 – AT.39740, C(2017) 4444 – *Google Shopping,* Rn. 662.

967 Vgl. *Zenger/Walker,* in: Bourgeois/Waelbroeck, Theories of Harm in European Competition Law, 2012, S. 185–211.

968 Vgl. *Klusmann*, in: Wiedemann KartellR-HdB, § 51 Entscheidungsbefugnisse der Kartellbehörden und Vorteilsabschöpfung Rn. 20.

Anwender operiert und mit den Wettbewerbern um die beste Platzierung in den Shopping-Units in die Auktion eintreten muss.

Konkurrenzanwender haben in einem offenen Brief an die Kommission versucht zu umschreiben, wie ineffizient und wettbewerbsschädlich diese Abhilfemaßnahmen im Ergebnis sind. Im Wesentlichen stützen sie sich auf drei Punkte, unter denen der wohl wesentliche Punkt ist, dass Google die unterlegten Ads im Hintergrund im technischen Sinne (auch) durch Google Shopping betreiben kann. Die Anzeigetafel von „Werbung" (Ad) stammt daher bereits von Google Shopping, für die der allgemeine Google-Search-Dienst nicht zahlen muss. Die Konkurrenten müssen allerdings für ihren Auktionsplatz bezahlen und tauchen wegen der abgekoppelten Anzeige, kaum noch in der organischen Suche auf. Diese Konzentrationswirkung hat zu einem deutlichen Rückgang der Aufrufe von Vergleichsdiensten, höheren Preisen für die Verbraucher, an die die Auktionsgebühr weitergegeben wird, und einer besseren Position für Google Shopping geführt: Durch die doppelte Platzierung verdient Google entweder als Gewinner der Auktion oder erhält durch den Klick auf das Produkt eine Gebühr. Gewinnt ein Vergleichsdienst, erhält Google bereits dann eine Gebühr, wenn noch gar kein Kauf auf dem jeweiligen Vergleichsdienst stattgefunden hat, da es sich weiterhin um ein „Produktlisting" handelt, angereichert mit einer Auktion, für dessen Platzierung eine Gebühr von konkurrierenden Vergleichsdiensten verlangt wird.[969]

Viele dieser Merkmale können darauf hindeuten, dass die Langwierigkeit des Verfahrens gegen Google dazu geführt hat, dass der Wettbewerb kaum noch vorhanden ist. Es kann allerdings auch ein Indiz dafür sein, dass die Markttests der Kommission nicht stichhaltig genug waren und insgesamt Wettbewerber nie effizient waren.

F. Lösungsansätze

Die vorgehende Analyse hat den gefürchteten toten Winkel des originären Wettbewerbsrechts im digitalen Sektor bestätigt. Die Gleichsetzung von Wettbewerb mit „Verbraucherwohlfahrt", was insbesondere kurzfristige Auswirkungen auf (End-)Preise berücksichtigt, kann potentielle Schäden zentraler Plattformdienste für den Wettbewerb nicht deutlich abbilden,[970] wenn

---

969 Offener Brief an Margrethe Vestager, abrufbar unter: https://cache.pressmailing.net/content/1c6fa028-3588-45af-8e0d-c55c922463bb/DE_Gemeinsamer%20Brief~1.11.2020%20(002).pdf, zuletzt aufgerufen am: 01.03.2024.

970 Vgl. *Khan*, The Yale Law Journal 2017, Band 126, Nr. 3, 720.

überhaupt identifizieren. Reine Effizienzziele können Konzentrationstendenzen im digitalen Sektor rechtfertigen, weshalb es die Steuerungskraft der Nachfrageseite auch unter neuen Bedingungen zu schützen gilt.[971] Befürchtet werden Gefahren für den Leistungswettbewerb, denen eine reine Ex-post-Kontrolle, die sich mit einer enormen Dynamik im digitalen Sektor konfrontiert sieht, nicht wirksam begegnen kann. Die Herausforderungen haben sich im digitalen Umfeld insoweit verschärft, als dass die Unterscheidung zwischen Innovationen, die das Verbraucherinteresse fördern, und solchen, die zur Entwicklung ausbeuterischer Technologien oder schädlicher Ausschlusseffekte genutzt werden, mitunter unscharf sind.[972] Vor diesem Hintergrund bildeten sich neben dem herkömmlichen Ansatz, die originären Grundsätze modifiziert anzuwenden,[973] weitergehende Vorschläge, um diesem Problem zu begegnen, die im Folgenden in ihren wesentlichen Grundzügen dargestellt werden.

I. Selbstregulierung – insbesondere durch Algorithmen der Privatakteure

Abseits der präventiven Fusionskontrolle sollen sich die Marktkräfte selbstständig entfalten. Der Staat darf erst eingreifen, wenn ein wirksamer Wettbewerb auf Basis der Selbstregulierung der Marktkräfte nicht mehr gewährleistet ist.[974] Der Markt sei in der Lage, sich selbst zu regulieren. Abnehmer und Verbraucher können sich Algorithmen bedienen, die die strukturellen Nachteile ausgleichen können,[975] sog. „Algorithmic Consumers“[976]. Entscheidend hierfür dürfte wiederum der Zugang zu relevanten Daten sein.

Die Erfahrung von nunmehr regulierten Bereichen auf europäischer Ebene wie dem Telekommunikationssektor zeigten allerdings, dass bei betreffenden Unternehmen und Verbänden eine selbstregulierende Funktion nicht zu beobachten war. Die erhoffte Marktzugangs- und Marktverhaltensregulierung blieb in diesen Branchen aus.[977]

---

971 *Schweitzer,* in: Zimmer/Kühling, Neue Gemeinwohlherausforderungen – Konsequenzen für Wettbewerbsrecht und Regulierung, S. 44.

972 *Ezrachi,* Oxford Legal Studies Research Paper Nr. 17/2018, 14.

973 Monopolkommission, Wettbewerbspolitik: Herausforderung digitale Märkte, Sondergutachten 68, S. 164 Rn. 491.

974 *Körber,* MMR 2020, 295.

975 *Künstner,* GRUR 2019, Rn. 40.

976 *Paal,* GRUR 2019, 45.

977 *Hartenberger,* ZSE 2008, 493 ff.

II. Nachbesserung des bestehenden Wettbewerbsrechts – Auslegung und Methodik

Ein Ansatz verfolgt das Ziel, das bereits bestehende Wettbewerbsrecht durch eine effizientere Durchsetzung zu stärken. Das Wettbewerbsrecht sei ein geeigneter Regelungsrahmen, der für die Digitalwirtschaft starker fachlicher Kompetenzen für die digitale Entwicklung bedarf.[978]

Die Anwendung etablierter wettbewerbsrechtlicher Konzepte zur Ermittlung des sachlich relevanten Marktes wirft bei Plattformdiensten besondere Schwierigkeiten auf, weshalb vertreten wird, die Marktdefinition in diesem Kontext gesondert anzupassen.[979] Allerdings zeigen sich die Schwierigkeiten nicht nur auf der Ebene der Marktdefinition, sondern in der gesamten Normanwendung. Eine angepasste Marktdefinition kann die Vielseitigkeit der Problemstellungen nicht bewältigen.

III. Regulierung der Online-Plattformdienste

Inspiriert durch den britischen Furman-Report[980] tendierten einige Stimmen zu einem neuen sektorspezifischen Regulierungsregime.[981] Unterstellt wird hierbei, dass GAFA-Unternehmen mittlerweile Infrastrukturen bilden, die in der konkreten Ausgestaltung nicht dupliziert werden können. Das Versagen einer Ex-post-Betrachtung rechtfertige dabei eine Ex-ante-Regulierung.[982] Dieser Ansatz könnte damit begründet werden, dass allgemein für volkswirtschaftlich bedeutende Branchen, die aus strukturellen Gründen dauerhafte wettbewerbliche Defizite aufweisen, eine staatliche Regulierung befürwortet wird, um das entsprechende Marktversagen aufgrund von natürlichen Monopolen zu

---

978 *Schweitzer/Fetzer/Peitz*, Discussion Paper Nr. 16-042, 29.5.2016, 9.

979 *Schweitzer*, ZEuP 2021, 510, zitiert nach: *Schweitzer/Haucap/Kerber/Welker*, Modernisierung der Missbrauchsaufsicht für marktmächtige Unternehmen, 2018, S. 42 ff.

980 Unlocking digital competition – Report oft he Digital Competition Expert panel, Jason Furman (Verf.), 03.2019, abrufbar unter: https://www.gov.uk/government/publications/unlocking- digital-competition-report-of-the-digital-competition-expert-panel, zuletzt aufgerufen am: 01.03.2024.

981 Befürwortet beispielsweise von: *Kettemann/Schulz/Fertmann*, ZRP 2021, 141; *Mendelsohn*, MMR 2021, 861; *Podszun*, NJW-Beil. 2022, 60; *Schweitzer*, ZEuP 2019, 12; *Spindler/Seidel*, NJW 2022, 2734 Rn. 23; insgesamt ablehnend: *Körber*, MMR 2020, 295.

982 *Podszun*, GRUR 2020, 1274.

kompensieren.[983] Hierzu gehören auch mögliche Rahmenbedingungen für eine Zerschlagung oder Entflechtung.[984]

Unter Regulierung im Wettbewerbssystem wird die zentrale Lenkung, Intervention, Steuerung und Verwaltung durch den Staat verstanden. Rechtlich ermöglicht wird dies durch Gesetze, Genehmigungen, Erlaubnisse, Verleihungen von Sonderrechten, Organisations- und Verfahrensvorschriften.[985]

Für Bereiche, in denen digitale Plattformen über einen privilegierten Zugang zu Daten verfügen, wird eine entsprechende Datenzugangsregulierung befürwortet.[986] Hintergrund der Diskussion ist insbesondere das in Art. 20 Abs. 2 DSG-VO verankerte Recht auf Daten-Portabilität, das den betroffenen Personen einen möglichst unkomplizierten Wechsel zu einem anderen Anbieter bieten soll. Ziel ist es, dadurch wettbewerbsrechtlich relevante „Lock-in“-Effekte zu minimieren.[987] Zur Ausweitung eines Datenzugangs im Falle des Versagens wettbewerbsrechtlicher Bestimmungen soll eine weitreichendere Datenzugangsregulierung in Betracht gezogen werden.[988]

Gegen diesen Ansatz und für die anlassbezogene kartellrechtliche Überprüfung spricht jedoch, dass der staatliche Aufwand einer dauerhaften Überprüfung unangemessen hoch ist, so insbesondere im Hinblick auf den erheblichen Eingriff in den Betriebsablauf der Anbieter.[989] Ein potentielles europäisches Datenerzeuger- oder Portabilitätsrecht kann jedenfalls nicht auf ein rein schuldrechtliches Ungleichgewicht gestützt werden. Eine derartige Implementierung muss auf einem eindeutigen Machtungleichgewicht basieren, was insbesondere im B2B-Bereich nicht pauschal unterstellt werden kann.[990] Die Schaffung eines Regulierungsrahmens muss stets mit einer Marktanalyse einhergehen, um eine sog. Irrtumswahrscheinlichkeit hinreichend bestimmen zu können, damit die Kosten eines staatlichen Eingreifens die des Nichteingreifens des Staates nicht übersteigen.[991]

---

983 Immenga/Mestmäcker/*Fuchs*, AEUV Art. 102 Rn. 169: Mit Verweis auf die Bereiche der Energie und der Telekommunikation.
984 *Hoffer/Lehr*, NZKart 2019, 20, m.W.N.
985 *Kilian/Wendt*, Europäisches Wirtschaftsrecht, 2023, S. 107 Rn. 22.
986 *Schweitzer*, GRUR 2019, 580.
987 Paal/Pauly/*Paal*, 3. Aufl. 2021, DS-GVO Art. 20 Rn. 6.
988 *Schweitzer*, GRUR 2019, 580.
989 *Künstner/Franz*, K&R 2017, 693.
990 *Schweitzer/Peitz*, NJW 2018, 280.
991 Siehe hierzu näher: Kap. 4.A.II.

Aus diesem Grund herrscht auch seit der Einführung des Digital Markets Acts keine Übereinstimmung darin, wie ein derart weitreichender Rahmen ausgestaltet werden kann.[992] Diese Unsicherheit zeigt die teilweise durchgeführte Nachjustierung der Missbrauchsvorschriften auf nationaler Ebene in den §§ 18 ff. GWB. Insbesondere durch die Neueinführung des § 19a GWB hat die wettbewerbsrechtliche Einordnung von Plattformaktivitäten einen differenzierten Rahmen erhalten.

Im Kern sieht der nationale Gesetzgeber in Netzwerkeffekten und Größenvorteilen die Begünstigung einer Marktkonzentration und der Bildung von Monopolen. Es besteht zwar ein breiter Konsens darüber, dass wirtschaftswissenschaftliche Erkenntnisse bei der Durchsetzung des Wettbewerbs und bei Interventionen eine entscheidende Rolle spielen. Der nationale Gesetzgeber ist allerdings einen zweifelhaften Schritt weitergegangen und hat beispielsweise durch § 18 Abs. 3a GWB Rechtsnormen quasi durch Ökonomisierung ersetzt. Ökonomische Modelle und Theorien gehen jedoch oft von unrealistischen Annahmen aus, weshalb ihnen zumeist unterstützende Funktion der Bewertung und Auslegung von Gesetzen zukommt, aber richtigerweise keine Gesetzesfunktion.[993]

Die Schwächen eines solchen Ansatzes sollen jedoch nicht weiter vertieft werden.

IV. Stellungnahme

Gegen eine Nachbesserung des europäischen Primärrechts, die bereits wegen des Einstimmigkeitsprinzips kaum durchsetzbar wäre, spricht, dass Detailregelungen auf der Primärebene den Wandel widerstrebender gesellschaftlicher Interessen einen zu engen Rahmen setzen würde. Die Unionsverfassung verzichtet auf Detailregelungen, um gerade dieser dynamischen Funktion des Verfassungsrechts gerecht zu werden.[994]

Es überzeugt nicht, Fallgestaltungen missbräuchlicher Verhaltensweisen einseitiger Märkte auf zweiseitige Märkte zu übertragen, ohne ein konkretes Verständnis dafür zu haben, wann noch von einem Wettbewerb auf mehrseitigen Märkten auszugehen ist. Daher müssen ggfs. neue Methoden zur Durchsetzung dieser flexiblen Bestimmungen bestimmt werden, die die Merkmale und die Dynamik der digitalen Märkte hinreichend widerspiegeln. Der erste

---

992 *Crémer, u.a.*, Policy Discussion Paper Nr. 3 July 6, 2021, 4 ff.

993 *Ezrachi*, Oxford Legal Studies Research Paper Nr. 17/2018, 25 ff.

994 *Müller*, in: FS Roth, S. 54.

Ansatz muss daher definieren, wie sich der Leistungswettbewerb in mehrseitigen Märkten gestaltet.

Den Problemen kann dadurch begegnet werden, dass für Verbraucherwohlfahrt in der digitalen Wirtschaft eine deutlichere Definition gefunden wird, da die Ausrichtung der Verbraucherwohlfahrt in der Anwendungspraxis an einem Preisgefüge ausgerichtet ist, das in der digitalen Plattformwirtschaft nicht passt.

Eine Zerschlagung von Plattformdiensten in Teildienste ist bei vertikaler Integration bereits deswegen fraglich, da zumeist unklar sein dürfte, wann ein digitaler Plattformdienst ein unabdingbares Vorprodukt für mögliche nachgelagerte Märkte darstellt. Soweit überhaupt im Kontext digitaler Plattformdienste von einer vertikalen Integration gesprochen wird, wird dabei nicht selten nur die Kompatibilität unterschiedlicher Dienste gemeint, die jedoch nicht stets hinreichende Wertschöpfungsketten abbilden. Der Begriff der vertikalen Integration ist nicht gleichzusetzen mit seiner Anwendung auf einseitige Märkte. Zum anderen sind der Kernplattformdienst und der Drittmarkt technisch nicht voneinander abgekoppelt, sodass die Plattform in der Lage wäre, ihren Anzeigedienst vollständig einzustellen.

Kapitel 4: Versuch eines regulatorischen Rahmens für Plattformen – „Neue Regeln für neue Macht“[995]

A. Grundmechanismen der Marktregulierung

I. Einleitung

Vor dem Hintergrund, dass überwiegend vertreten wird, dass eine auf einer Einzelfallentscheidungen basierte Durchsetzung der Wettbewerbsregeln nicht mehr ausreicht,[996] um die wirtschaftliche Macht der Plattformen zu bändigen, erfolgte auf europäischer Ebene die Einführung einer Art von Verhaltensregulierung der Plattformdienste mit neuen rechtlich Begriffen wie „Gatekeeper“.[997] Eine Selbstregulierung[998] in diesem spezifischen Bereich wird nicht mehr als ausreichend erachtet.

Dabei erfolgte im ersten Schritt die Implementierung der P2B-Verordnung[999]. An diese anknüpfend stellte die EU-Kommission im Jahr 2020 einen Entwurf des Digital Market Acts vor, der am 1.11.2022 in Kraft getreten ist.[1000] Beiden Regelungsregimen ist ein Ansatz zur Regulierung der digitalen Plattformmärkte immanent.

---

995 *Schweitzer,* ZEuP 2021, 503.

996 *Schweitzer,* ZEuP 2021, 504–505; wohl i.E. auch *Podszun*, GRUR 2020, 1270; *Crémer, u.a.*, Policy Discussion Paper Nr. 3 July 6, 2021, 2 ff.

997 *Zimmer/Göhsl,* ZWeR, 2021, 29; *Körber,* in: Immenga/Mestmäcker, Band 3, 5. Aufl., 2. Teil. Sonderbereiche, VIII. Abschnitt. Telekommunikation Rn. 4: Für das nationale Recht wird der Begriff für Unternehmen genutzt, die im Zuge der Liberalisierung im Telekommunikationssektor als Inhaber der Leitungsnetze den Zugang zu den vor- und nachgelagerten Telekommunikationsmärkten kontrollierten.

998 Insgesamt ablehnend unter Verweis auf fehlende empirische Grundlagen: *Kianzad,* GRUR Int. 2021, 1196; zur selbstregulierenden Funktion privater Akteure im Telekommunikationssektor siehe näher: *Hartenberger,* ZSE 2008, 493 ff.

999 VO (EU) 2019/1150 v. 20.6.2019 zur Förderung von Fairness und Transparenz für gewerbliche Nutzer von Online-Vermittlungsdiensten, ABl. EU L 186/57 v. 11.7.2019.

1000 VO (EU) 2022/1925 des Europäischen Parlaments und des Rates vom 14.9.2022 über bestreitbare und faire Märkte im digitalen Sektor und zur Änderung der RL (EU) 2019/1937 und (EU) 2020/1828 (Gesetz über digitale Märkte); *Schweitzer,* ZEuP 2021, 504.

Die Tendenz auf europäischer Ebene geht derzeit auch in anderen Sektoren des Wettbewerbsrechts zur Implementierung von Sonderrechtsregimen, so beispielsweise im Lebensmittelsektor durch die Richtlinie 2019/633 über unlautere Handelspraktiken in den Geschäftsbeziehungen zwischen Unternehmen in Agrar- und Lebensmittelversorgungsketten (UTP-Richtlinie), die Leitplanken für ein faires Miteinander zwischen Erzeuger landwirtschaftlicher Erzeugnisse und ihrer Abnehmer aufstellen will und bestimmte Praktiken bußgeldbewehrt untersagt.[1001] Konkrete unlautere Geschäftspraktiken weniger großer Unternehmen stehen daher in bestimmten Sektoren im Fokus, um Fairness und Transparenz zwischen den Wettbewerbsakteuren wieder herzustellen.[1002]

II. Digitale Plattformökonomie[1003] als Gegenstand des Regulierungsrechts

Sektorspezifische Regulierungen bauen dem Grunde nach auf den Schwächen des geltenden Wettbewerbsrechts für bestimmtes wettbewerbsschädigendes Marktverhalten auf,[1004] und sind daher neben weiteren Unterschieden insbesondere durch die Auferlegung bestimmter Beschränkungen und Verpflichtungen aus Ex-ante-Sicht für ausgewählte Sektoren gekennzeichnet.[1005] Das Wettbewerbsrecht umfasst alle Wirtschaftszweige, worin auch seine Stärke

---

1001 RL (EU) 2019/633 des Europäischen Parlaments und des Rates vom 17. 4. 2019 über unlautere Handelspraktiken in den Geschäftsbeziehungen zwischen Unternehmen in der Agrar- und Lebensmittelversorgungskette, ABl. EU 2019 L 11/59; *Bernhöft*, ZWeR 2021, 317.

1002 Diese Tendenz auf europäischer Ebene ist nicht neu, wenn man sich die Regulierungsbestrebungen für börsenorientierte Aktiengesellschaften anschaut, zu denen die 100 gewinnträchtigsten Unternehmen in Deutschland angehören.

1003 Teilweise wird bereits dieser Begriff losgelöst von der *sog. Datenökonomie* und als Sektoren *Datenökonomie und Plattformökonomie* verstanden, vgl.: *Schweitzer*, in: Zimmer/Kühling, Neue Gemeinwohlherausforderungen – Konsequenzen für Wettbewerbsrecht und Regulierung, S. 45 ff. das ist nicht unproblematisch, dann müsste überlegt werden, ob *Digitale Plattformökonomie nun zur Datenökonomie oder Plattformökonomie oder* beidem angehört. Es gibt jedoch einen wesentlichen Unterschied, ob mit *Informationen* gehandelt wird, oder ob es um ein durch *Daten getriebenes zweiseitiges Geschäftsmodell* handelt.

1004 OLG Düsseldorf, Beschluss vom 13. 4. 2005 – VI-Kart 3/05 (V) Postmonopol, GRUR 2005, 697–705; *Ludwigs*, WuW 2008, S. 544; *Mohr*, Sicherung der Vertragsfreiheit durch Wettbewerbs- und Regulierungsrecht, S. 256.

1005 *McColgan*, NZKart 2020, 517.

liegt.[1006] Kartell- und Missbrauchsverfahren haben dabei häufig aufgrund der genauen ökonomischen und rechtlichen Tatsachenanalyse eine Leitfunktion für die Regulierung.[1007] Die sektorspezifische Regulierung soll daher dem Missbrauch wirtschaftlicher Macht bereits vorbeugen, während das Kartellrecht auf begangene oder unmittelbar drohenden Missbrauch ausgerichtet ist.[1008] Das Kartellrecht wird dabei vom Begriff der staatlichen Regulierung umfasst, mit dem Ziel, die Funktionsfähigkeit dieser Märkte zu gewährleisten.[1009]

Eine fehlende generelle Duplizierbarkeit der Infrastruktur kann beispielsweise eine dauerhafte Regulierung rechtfertigen,[1010] wobei auch innerhalb einer solchen Sektorregulierung aufgrund dynamischer Teilstrukturen eine Einzelmarktregulierung geboten sein kann.[1011] Die Verpflichtung des Staates, Märkte zu regulieren entsteht zumeist aufgrund fehlender eigener Leistungsfähigkeit, die Versorgung der Bürger zu gewährleisten.[1012] Ausnahmen von einer Ex-post Kontrolle können vor allem dann gemacht werden, wenn ein wirtschaftlicher Schaden zu erwarten ist, der gegenüber dem Interesse der Wirtschaftsakteure an Handlungsfreiheit im Einzelfall überwiegt.[1013] Während Unternehmen sich durch sektorspezifische Regulierung in ihren Entscheidungsspielräumen stark eingegrenzt sehen,[1014] versteht die Europäische Kommission Regulierung als Instrument zur Schaffung von Wettbewerb auf dem Binnenmarkt.[1015] Eine Intervention in bestimmte Märkte wird auf europäischer Ebene durch die Lehre vom Marktversagen ökonomisch begründet.[1016]

1006 *Körber*, MMR 2020, 295.

1007 *Podszun*, GRUR 2020, 1269–1270.

1008 *Fehling*, in: FS Schmidt, Band 1, S. 318.

1009 *Krell*, in: FS Schmidt, Band 1, S. 732.

1010 *Säcker*, in: FS Roth, S. 677.

1011 *Säcker*, Schriftenreihe Kartell- und Regulierungsrecht, Freiheit durch Recht, Kapitel B.10 S. 642.

1012 *Säcker*, in: FS Roth, S. 677.

1013 *Stopper*, Instrumente europäischer Wettbewerbspolitik, S. 103.

1014 Zu gesetzgeberischen Eingriffen in die Privatrechtsordnung siehe näher: *Schweitzer*, AcP 220 (2020), 544 ff.

1015 *Klotz*, in: Manger-Nestler/Gramlich, Kontinuität und Wandel bei europäisierten Aufsichts- und Regulierungsstrukturen, S. 143–144.

1016 *Schweitzer*, in: Zimmer/Kühling, Neue Gemeinwohlherausforderungen – Konsequenzen für Wettbewerbsrecht und Regulierung, S. 43.

Unterschieden wird im Grundsatz zwischen Regulierung im engeren und weiteren Sinne. Regulierung im engeren Sinne meint die klassische Zugangs-[1017] und Entgeltregulierung[1018], Regulierung im weiteren Sinne dagegen alle sonstigen sektorspezifischen Regelungen.[1019]

Die Schaffung neuer Regelungsinstrumente erweckt gleichzeitig die Frage nach der Zweckmäßigkeit eines einheitlichen Regulierungsrahmens, welcher losgelöst vom allgemeinen Wettbewerbsrecht fungieren soll.[1020] Das Regulierungsrecht verfolgt zwar wie das Wettbewerbsrecht das Ziel, faire Bedingungen zwischen privatautonomen Interessen zu schaffen, allerdings durch eine andere Herangehensweise.[1021] Das Regulierungsrecht geht in seiner erweiterten Aufgabenstellung über die Aufgabe der wettbewerbsorientierten Missbrauchsaufsicht i.S.v. Art. 102 AEUV, § 19 GWB hinaus[1022] und bedarf einer Rechtfertigung.[1023]

Grundsätzlich soll der Staat nicht in das „freie, grundrechtlich geschützte Spiel der Marktkräfte eingreifen." Dieser Grundsatz ist dem Wettbewerbsrecht insgesamt immanent.[1024] Ist der Markt nicht in der Lage, die Macht eigenständig zu zähmen, wird oft für einen Regulierungsrahmen plädiert.[1025] Ein Spannungsverhältnis entsteht dabei dann, wenn ein kartellrechtliches Ziel unter Verzicht auf kartellrechtliche Vorgaben, so beispielsweise einer Marktabgrenzung, mit kartellrechtlichen Mitteln verfolgt wird.[1026]

Die P2B-VO und der DMA können als eine Sektorregulierung von mehrseitigen Online-Plattformen für einen Teil der digitalen Plattformwirtschaft

---

1017 *Körber*, in: Immenga/Mestmäcker, Band 3, 5. Aufl., 2. Teil. Sonderbereiche, VIII. Abschnitt. Telekommunikation Rn. 2 m.W.N. für Regulierung der Unternehmensstruktur.

1018 *Fehling*, in: FS Schmidt, Band 1, S. 320.

1019 *Mundt*, in: Körber, Wettbewerbsbeschränkungen auf staatlich gelenkten Märkten, S. 67.

1020 *Säcker*, in: Schriftenreihe Kartell- und Regulierungsrecht, Freiheit durch Recht, Kapitel B.10. S. 636.

1021 *Säcker*, in: Schriftenreihe Kartell- und Regulierungsrecht, Freiheit durch Recht, Kapitel B.10. S. 647.

1022 *Schweitzer*, in: Zimmer/Kühling, Neue Gemeinwohlherausforderungen – Konsequenzen für Wettbewerbsrecht und Regulierung, S. 43 ff.; MüKoEuWettbR/*Säcker*, 1. Teil Grundlagen Rn. 1036.

1023 *Gersdorf*, in: Spindler/Schuster/Gersdorf, TKG § 9 Rn. 28.

1024 *Homann*, in: Körber, Wettbewerbsbeschränkungen auf staatlich gelenkten Märkten 2015, S. 59; *Körber*, MMR 2020, 295.

1025 *Podszun*, GRUR 2020, 1270.

1026 *McColgan*, NZKart 2020, 521.

verstanden werden, da sie abseits des Wettbewerbsrechts an bestimmte Verhaltenspflichten und bestimmte Online-Dienste anknüpfen. Trifft der Staat oder die Union die Entscheidung, bestimmte Ergebnisse als Rechtsfolge unmittelbar herbeizuführen, verlässt sie den Regelungsbereich des Wettbewerbsrechts und schlägt zum Lenkungsrecht über.[1027] Nichtsdestotrotz wird der DMA nicht als eine klassische Marktregulierung verstanden.[1028] In Anlehnung an bisherige Regulierungsprinzipien ist eine klare Einordnung eines geschlossenen Regulierungssystems durch die Implementierungen der P2B-VO und des DMA auf europäischer Ebene nicht eindeutig.

Auf nationaler Ebene bilden die § 18 Abs. 2 lit. a), Abs. 3 lit. a), Abs. 3 lit. b), § 19a, § 20 GWB einen ähnlichen besonderen Rahmen, wenngleich sie anders als die P2B-VO und der DMA nicht auf die Kernelemente der Missbrauchskontrolle, wie der Bestimmung des sachlich relevanten Marktes, insgesamt verzichten. Versteht man das Regelungsregime der nationalen Regelungen des GWB nichtsdestotrotz als eine nationale Sektorregulierung[1029] für (auch) (Online-) Plattformmärkte, so stellen differenzierte Vorschriften, wie der Zugang zu technischen Infrastrukturleistungen bei der Erbringung von Zahlungsdiensten oder dem Betreiben des E-Geld-Geschäfts nach § 58a ZAG[1030], eine Einzelmarktregulierung des Finanzdienstleistungssegments im Sektor (Online-) Plattformwirtschaft dar:

§ 58a ZAG bestimmt, dass Systemunternehmen, wie beispielsweise Betreiber von Betriebssystemen auf Mobilfunkgeräten (Apple oder Android), Dritten Zugang zu ihrer technischen Infrastruktur gewähren müssen, vor allem die Öffnung der NFC-Schnittstelle[1031] auf iPhones, damit Dritte – etwa deutsche FinTechs – NFC-Zahlapps für diese Geräte überhaupt entwickeln können.[1032] Entgegen den Erwartungen des Gesetzgebers entstand eine den eigentlichen Zielsetzungen entsprechende Wettbewerbsförderung jedoch nicht. Dagegen reduzierte sich die Sicherheit von IPhone und ein erhöhter Finanzregulierungsaufwand für Unternehmen und Staat, ist die unmittelbare Folge des Versuchs

1027 *Müller,* in: FS Roth, S. 502–503.

1028 *Seip/Berberich,* GRUR-Prax 2021, 47.

1029 *Körber,* MMR 2020, 295.

1030 Wird wegen des engen Zusammenhangs mit der Schnittstell zu Apple Geräten als *lex Apple Pay* Vorschrift bezeichnet, vgl. *McColgan,* NZKart 2020, 515 ff.

1031 Nahfeldkommunikation bedeutete, dass ein kompatibles Smartphone Daten mit einem anderen NFC-fähigen Gerät drahtlos austauschen kann, so beispielsweise für kontaktlose Bezahlvorgänge.

1032 *McColgan,* NZKart 2020, 515.

dieser „Einzelregulierung" von Plattformmärkten. Dieses Ergebnis ist auf eine fehlende Marktanalyse und daher Marktbewertung zurückzuführen.[1033] Der pauschale Vorwurf, „digitale Plattformmärkte tendieren schneller und globaler zur Vermachtung", weshalb eine ökonomische Grundlagenforschung nicht abgewartet werden könne,[1034] zeigt sich in den beschriebenen Folgen auf nationaler Ebene, wenn der Staat regulatorisch ohne eine fundierte Erkenntnisbasis, eingreift.

Der Staat erlangt allerdings erst dann eine Legitimation für einen „regulierenden Eingriff in das Wettbewerbsgeschehen", wenn ein nicht funktionierender Markt und ein positives Kosten-Nutzen-Verhältnis eines Lenkungsrechts vorliegen.[1035] Liegt schon kein Marktversagen vor, ist einem regulatorischen Eingriff die Grundlage entzogen.[1036]

Gesetzgeberischen Vorhaben muss stets eine intensive Analyse der Marktverhältnisse vorangehen, damit ein Einschreiten marktförderlich und nicht unternehmensschädigend wirkt.[1037] Andernfalls ist zu befürchten, dass mehrseitige Online-Plattformmärkte fälschlicherweise gleicher Beurteilung unterliegen, obschon sich diese enorm voneinander unterscheiden, wie beispielsweise Informationsintermediäre in Gegenüberstellung zu Zahlungsdienstleistern auf mobilen Betriebssystemen.[1038]

Auf dieser Einordnung aufbauend, werden nachfolgend die geltenden Grundstrukturen der Marktregulierung der digitalen Plattformmärkte auf der europäischen Ebene beleuchtet, um den materiellen Regelungsgehalt der neuen Bestimmungen zu erfassen, insbesondere im Hinblick auf vorgesehene Lösungsmechanismen für aufgezeigte Problemfelder im Rahmen der originären Missbrauchskontrolle. Ziel einer anschließenden kritischen Auseinandersetzung ist es aufzuzeigen, inwieweit ein geeigneter Regulierungsrahmen tatsächlich geschaffen werden konnte.

1033 *McColgan*, NZKart 2020, 521.

1034 *Mohr,* ORDO 69 (2018) 2019, S. 292.

1035 *Mohr,* Sicherung der Vertragsfreiheit durch Wettbewerbs- und Regulierungsrecht, S. 211.

1036 *Brettschneider*, Der Staat 2015, Band 54, Heft 4, 506.

1037 *McColgan*, NZKart 2020, 517.

1038 *McColgan*, NZKart 2020, 521.

B. Gewährleistung wirksamen Wettbewerbs durch die P2B-Verordnung

I. Einführung

Im Juni 2019 verabschiedeten das Europäische Parlament und der Rat der Europäischen Union, gestützt auf Artikel 114 AEUV, die Verordnung zur Förderung von Fairness und Transparenz für gewerbliche Nutzer von Online-Vermittlungsdiensten (im Folgenden: P2B-VO).[1039] In den Mitgliedsstaaten entfaltet sie unmittelbare Geltung nach Art. 19 Abs. 2 P2B-VO seit dem 12. Juli 2020.[1040]

Motiviert ist die Verabschiedung der P2B-VO insbesondere durch Studienergebnisse, die aufgezeigt haben, dass Plattformökonomie von einem ungleichen Kräfteverhältnis zwischen den Plattformbetreibern und den Akteuren auf den Plattformen bestimmt ist. Hierzu zählen beispielsweise einseitige Änderungen der AGB ohne Erläuterungen und vorherige Ankündigung oder unklare Bedingungen für den Zugang zu den von den Intermediären erhobenen Daten.[1041] Die Schaffung der P2B-VO soll ein erster Versuch sein, auf europäischer Ebene den Online-Plattformen gesetzgeberisch zu begegnen,[1042] und untermauert die neue Ausrichtung der europäischen Wettbewerbspolitik zu mehr Fairness im (Online-)Wettbewerb.[1043]

Vor diesem Hintergrund wird in den Erwägungsgründen zur Gewährleistung wirksamen Wettbewerbs der Aspekt der Rechtssicherheit aufgegriffen, den es in den Geschäftsbeziehungen zwischen den Unternehmen und Plattformdiensten zur Vertrauensförderung zu stärken gilt.[1044] Die Förderung des Vertrauensschutzes ist insbesondere bei gewerblichen Nutzern, wie kleinen und mittleren Unternehmen[1045] (sog.

1039 VO (EU) 2019/1150 v. 20.6.2019 zur Förderung von Fairness und Transparenz für gewerbliche Nutzer von Online-Vermittlungsdiensten, ABl. EU L 186/57 v. 11.7.2019.

1040 Art. 19 Abs. 2 P2B-VO.

1041 *Schneider/Kremer,* WRP 2020, 1129.

1042 *Hoffer/Lehr,* NZKart 2019, 19; *Höppner/Schulz,* ZIP 2019, 2329.

1043 *Wiedemann,* in: Wiedemann KartellR-HdB, § 1 Regelungszweck und Rechtsquellen Rn. 36e.

1044 Erwägungsgrund (1) und (2) P2B-VO.

1045 Vgl. Kommission, Empfehlung betreffend die Definition der Kleinstunternehmen sowie der kleinen und mittleren Unternehmen, 06.05.2003, K(2003) 1422, ABl. EU L 124/36.

KMU[1046]), von Bedeutung. Unterstellt wird dabei eine wachsende Abhängigkeit der KMU von den Plattformdiensten und eine hieraus resultierende Verhandlungsmacht der Plattformdienstanbieter, welche ihrerseits dazu führe, dass möglicherweise unlautere Verhaltensweisen entstehen, die vor dem Hintergrund des Schutzes der KMU am gewerblichen Treiben als legitimes Interesse und mittelbar auch des Verbraucherwohls in der Union eine Regulierung legitimieren.[1047]

Das Spannungsverhältnis zwischen dem Gebot von Treu und Glauben im Hinblick auf den redlichen Geschäftsverkehr einerseits und dem Aufzwingen von ungünstigen Geschäftsbedingungen durch den Plattformbetreiber andererseits, wird als tragende Zielsetzung der neuen Transparenzregeln[1048] und Informationspflichten angesehen.[1049] So wird die P2B-Verordnung als eine „im Wesentlichen Transparenzverordnung" gesehen.[1050] Sie enthält insoweit anders als beispielsweise das deutsche AGB-Recht in §§ 308, 309 BGB keine Aufzählung unzulässiger Geschäftsbedingungen, sondern lediglich Transparenzvorgaben.[1051]

Insgesamt kann daher den so gewählten Zielsetzungen und der Schaffung eines Regelungswerkes für das Verhältnis zwischen Plattformanbietern[1052] und den KMU das übergreifende Ziel der Verhinderung von Wettbewerbsbeschränkung[1053] entnommen werden, durch Stärkung des freien Wettbewerbs, vornehmlich der Anreiz-, Auslese- und Entmachtungsfunktionen.[1054] Untermauert wird dies durch das Verständnis des Regelungskonzepts als ein Bündel aus Vertrags-, Kartell- und Lauterkeitsrecht.[1055]

1046 Kommission, commission staff working document on the free flow of data and emerging issues of the European data economy, vom 10.1.2017 SWD(2017) 2 final, S. 4.

1047 Erwägungsgrund (2) P2B-VO.

1048 *Voigt/Reuter*, DB 2020, 1393.

1049 Erwägungsgrund (2) P2B-VO; *Schneider/Kremer*, WRP 2020, 1128.

1050 Vgl. *Jungbluth*, in: FS Wiedemann, S. 919.

1051 Ebenda.

1052 *Voigt/Reuter*, DB 2020, 1393.

1053 Vgl. zu Regelungszweck und Rechtsquellen *Wiedemann*, in: Wiedemann KartellR-HdB, § 1 Regelungszweck und Rechtsquellen Rn. 1.

1054 Hierbei insbesondere Erwägungsgrund (2) und (12) P2B-VO, insoweit von einer Abhängigkeit gewerblicher Nutzer gesprochen wird und Online-Vermittlungsdienste als „Zugangstor" verstanden werden.

1055 *Alexander*, WRP 2020, 946; *Schweitzer/Fetzer/Peitz*, Discussion Paper Nr. 16-042, 29.5.2016, S. 11: Das Lauterkeitsrecht dient insbesondere dem Schutz von Wettbewerbern und Verbrauchern vor falschen oder irreführenden Informationen,

II. Gegenstand, wesentlicher Inhalt der Zielsetzungen der P2B-VO und Einsetzung einer EU-Beobachtungsstelle

Art. 1 Abs. 1 P2B-VO benennt als die wesentlichen Zielsetzungen vordergründig die Schaffung einer angemessenen Transparenz, Fairness und wirksamer Abhilfemöglichkeiten. In den Erwägungsgründen geht der Verordnungsgeber hierfür unmittelbar auf die Problematik durch Daten ausgelöster indirekter Netzwerkeffekte ein,[1056] die durch den Anstieg der Vermittlungen von Transaktionen über eine integrierte Online-Plattform noch weiter vorangetrieben werden.[1057] Gemeint sind damit die wechselseitig wirkenden positiven indirekten Netzwerkeffekte, die zur Folge haben, dass bei steigender Nutzerzahl auf der einen Seite des mehrseitigen Plattformdienstes die andere Seite profitiert. Die wechselseitige Nutzensteigerung erhöht jeweils die Nutzeranzahl auf den unterschiedlichen Nutzerseiten.[1058] Die Gefahr einer steigenden Nutzeranzahl auf nur einem Plattformdienst wird in einem drohenden Tipping des Marktes gesehen und daher einer Monopolisierungstendenz zugunsten eines Plattformdienstes.[1059]

Hierdurch entsteht eine Abhängigkeit der KMU, die wiederum zu der benannten Verhandlungsmacht der vom Verordnungsgeber adressierten Online-Plattformanbieter führt.[1060] Ausdrücklich wird die zentrale Position der Plattformen in der Verordnung als „Zugangstor" zu den Märkten bezeichnet.[1061] Die entstehende Abhängigkeit der KMU gegenüber den Plattformbetreibern, die als „Torwächter für den Zugang zu Märkten und Verbrauchern" fungieren,[1062] soll durch gezielte Transparenz- und Informationsregelungen[1063]

---

um unlauteren Verhaltensweisen im geschäftlichen Verkehr entgegenzuwirken, auf nationaler Ebene durch das UWG.

1056 Vgl. hierzu näher Kap. 2.B.III.: Der Rückschluss ist nicht ganz zutreffend. Erst eine bestimmte Konzentration von Nutzern generierten Daten löst Datennetzwerkeffekte aus. Der Nutzen von Datennetzwerkeffekten ist nicht stets gleichzusetzen mit der Wertsteigerung durch Netzwerkeffekte. Netzwerkeffekte werden nicht stets durch Datennetzwerkeffekte ausgelöst.

1057 Erwägungsgrund (2) P2B-VO.

1058 Siehe hierzu im Einzelnen Kap. 2.B.II.-III.

1059 BKartA Beschl. v. 6.2.2019, B6-22/16, BeckRS 2019, 4895 Rn. 387 – *Facebook*.

1060 Erwägungsgrund (2) P2B-VO.

1061 Erwägungsgrund (12) P2B-VO.

1062 *Schneider/Kremer*, WRP 2020, 1129.

1063 Vgl. zu dem Begriff bereits: *Schweitzer/Fetzer/Peitz*, Discussion Paper Nr. 16-042, 29.5.2016, 10 ff.

ins Gleichgewicht gebracht werden, um die Verhandlungsposition der KMU gegenüber den Plattformbetreibern zu stärken.

Im Hinblick auf die Beziehung der KMU zu Online-Suchmaschinen ist der Datenverkehr die zentrale Quelle, die den geschäftlichen Erfolg der KMU im Binnenmarkt direkt beeinflusst.[1064] Auffallend ist in diesem Zusammenhang die eindeutige Benennung des Rankings von Webseiten und Dienstleistungen der Anbieter von Online-Suchmaschinen, da Rankings die Wahlmöglichkeiten der Verbraucher und damit den geschäftlichen Erfolg der KMU unmittelbar beeinflussen, Art. 5 P2B-VO. Die Gefährlichkeit der Intransparenz von Rankings sieht der Verordnungsgeber durch die Inanspruchnahme von Online-Suchdiensten unabhängig von einem Vertragsverhältnis zu den jeweiligen KMU.[1065] Hintergrund dieser Bewertung könnte, die im April 2018 veröffentlichte Studie der EU-Kommission sein, in der 46 % teilnehmenden Unternehmen den Umgang mit allen Plattformanbietern monieren.[1066]

Das grenzübergreifende Potential wird mit möglichen schädlichen und deshalb unlauteren Geschäftspraktiken[1067] im Binnenmarkt mangels etwaiger Abhilfemechanismen, wie einem Beschwerdemanagementsystem, aufgrund fehlender spezialisierter Mediatoren und der Angst der KMU vor Ausschließung von den Plattformen, begründet.[1068] In der gesamten Union ist eine Transparenzschaffung durch Kodifizierung wirksamer Abhilfemöglichkeiten zur Gewährleistung eines reibungslos funktionierenden Binnenmarktes daher unerlässlich; auf den Grundsatz des effet utile wird explizit hingewiesen.[1069] Insgesamt werden daher etwaige Risiken aufgezeigt, die für ein systematisches Vorgehen gegen Plattformriesen sprechen,[1070] obschon die P2B-VO ihre Vorgaben unabhängig von der Plattformgröße adressiert. Transparenzvorgaben der P2B-VO werden durch zusätzliche Möglichkeiten der Streitbeteiligung

---

1064 Erwägungsgrund (4) P2B-VO.

1065 Erwägungsgrund (4) P2B-VO: Daher überrascht auch die Entscheidung der Kommission in Google *Shopping*.

1066 *Busch*, GRUR 2019, 788–789.

1067 Erwägungsgrund (6) P2B-VO; Erwägungsgrund (8) P2B-VO: Beim Vorliegen der Voraussetzungen „[…], *sollte diese Verordnung für Anbieter dieser Dienste unabhängig davon gelten, ob sie in einem Mitgliedsstaat oder außerhalb der Union niedergelassen sind.*“.

1068 Erwägungsgrund (5) und (6) P2B-VO.

1069 Erwägungsgrund (7) P2B-VO; Erwägungsgrund (8): „*[…], soweit die Vorschriften des nationalen Zivilrechts mit dem Unionsrecht in Einklang stehen.*“.

1070 *Spindler*, GRUR 2021, 653.

(internes Beschwerdemanagement, Mediation, Verbandsklagen) und Rechtsdurchsetzung flankiert.[1071]

Während der Aspekt der Transparenz den Inhalt der Erwägungsgründe der P2B-VO im großen Umfang prägt, wird der Aspekt der Fairness außerhalb von Art. 1 Abs. 1 P2B-VO und Art. 18 Abs. 2 lit. b) P2B-VO ausschließlich im Erwägungsgrund (8) der P2B-VO aufgegriffen. Die Vorschriften der P2B-VO sollen dabei für einen geeigneten Anreiz zur Förderung von Fairness und Transparenz sorgen, „insbesondere hinsichtlich des Rankings von Nutzern mit Unternehmenswebsite in den von den Online-Suchmaschinen generierten Suchergebnissen(…)“.[1072] Der Aspekt der Fairness knüpft in diesem Sinne an Verhaltensweisen von Online-Suchmaschinen an. Aus kartellrechtlicher Sicht ist der Begriff der Fairness auf Extremfälle ausgerichtet, wie überhöhter und unlauterer Preise bei Unverzichtbarkeit eines Produktes, so beispielsweise lebensrettender Arzneimittel.[1073] Es handelt sich dabei um strukturelle Gegebenheiten in konkreten Märkten, die extreme Lock-in-Effekte aufweisen. Der Begriff des Lock-in-Effekts ist primär für Vorgaben an Online-Vermittlungsdienste von Relevanz und weniger für solche hinsichtlich Online-Suchmaschinen, da es dort – wovon auch der Verordnungsgeber ausgeht[1074] – an einem Vertragsverhältnis zu den KMU fehlt und Umstellungskosten im Bereich der Online-Suchmaschinen gering sind. Für Online-Suchmaschinen entfaltet der Aspekt der Fairness eine nur mittelbare Schutzrichtung gegenüber Verbrauchern, und zwar durch die in Art. 7 Abs. 2 P2B-VO adressierte Offenlegungspflicht einer differenzierten Behandlung von eigenen und fremden Waren oder Dienstleistungen. So wird bei Online-Suchmaschinen die Offenlegungspflicht dadurch gewährleistet werden müssen, dass die Erläuterungen hierzu öffentlich zugänglich bereitgestellt werden, die auch Verbraucher unmittelbar einsehen können. Denn mangels eines Vertragsverhältnisses zu den KMU ist schon keine Registrierung auf dem Plattformdienst erforderlich.[1075]

Während der Aspekt der Fairness zumindest in Extremfällen einen unmittelbaren kartellrechtlichen Bezug aufweist, spielt der Gedanke der Intransparenz keine unmittelbare Rolle in kartellrechtlichen Beurteilungen.

1071 *Jungbluth,* in: FS Wiedemann, S. 919.

1072 Erwägungsgrund (8) P2B-VO.

1073 *Kianzad,* GRUR Int. 2021, 1195; Judgment of The Competition Appeals Board, 29. November 2018 (Appeal Board Judgment), Case KL-2-2918, *DC Pharma vs. Danish Competition and Consumer Authority.*

1074 Erwägungsgrund (4) P2B-VO.

1075 So im Ergebnis wohl auch *Podszun,* in: P2B-VO, Art. 7 Rn. 142.

Intransparenz von Geschäftsbedingungen begründet keinen eigenständigen Verstoß gegen kartellrechtliche Normen. Es stellt lediglich einen vernachlässigenden Gesichtspunkt im Rahmen von Interessenabwägungen möglicher Behinderungspraktiken marktmächtiger Unternehmen dar und ist weder Ausfluss von Marktmacht, noch kann es eine Missbrauchspraktik begründen.[1076] Die Erwägungsgründe der P2B-VO, die an strukturelle Gegebenheiten der missbräuchlichen Praktiken im Rahmen der Missbrauchskontrolle anknüpfen, korrelieren daher nicht vollumfänglich mit den gewählten Zielsetzungen.

Ergänzt wird der Regelungsrahmen durch die Einsetzung einer EU-Beobachtungsstelle für die Online-Plattformwirtschaft, um die Arbeit der Europäischen Kommission in diesem Bereich zu unterstützen.[1077] Ziel der Beobachtungsstelle und der Berichte ist es die Umsetzung der P2B-VO zu „überwachen", insbesondere mittels einer stichprobenartigen Überprüfung der Geschäftsbedingungen der Vermittlungsplattformen und Suchmaschinen, Umfragen von KMU, sowie Durchsicht und Auswertung öffentlich verfügbarer Beschwerden.[1078] Zudem soll die Expertengruppe im Evaluierungsprozess der Kommission nach Art. 18 Abs. 4 P2B-VO, für die Frage dienlich sein, ob Änderungen und Anpassungen im Rahmen der P2B-VO für die Plattformwirtschaft notwendig sind, wobei der Inhalt und die Funktionsweise der Verhaltenskodizes nach Art. 17 P2B-VO mitberücksichtigt werden sollen.

Neben dem personellen Anwendungsbereich soll im Folgenden auf Fallgruppen eingegangen werden, die in der Anwendungspraxis des Missbrauchstatbestands an Bedeutung gewonnen haben und im Anwendungsbereich der P2B-VO aufgegriffen werden. Relevant wird dabei, inwieweit Konzentrationstendenzen auf adressierten Online-Plattformen durch die P2B-VO entgegengewirkt werden kann. Daneben bilden die Regelungen zum Ranking und dem Fall der Selbstbevorzugung in Art. 5 u. 7 P2B-VO, sowie der Datenzugang in Art. 9 P2B-VO, den wesentlichen Gegenstand der nachfolgenden Untersuchung, da sie in vergangenen Missbrauchsverfahren stets Relevanz aufwiesen.

1076 Vgl. *Jungbluth,* in: FS Wiedemann, S. 926.

1077 Kommission, Beschl. v. 26.4.2018, C(2018) 2393, S. 5.

1078 Beobachtungsstelle der Europäischen Kommision, Study on „Support to the Observatory for the Online Platform Economy", S. 5, abrufbar unter: https://platformobservatory.eu, zuletzt aufgerufen am: 01.03.2024.

III. Normativer Regulierungsrahmen der P2B-VO

1. *Anwendungsbereich*

Systematisch knüpft der Anwendungsbereich der Verordnung im Hinblick auf den Adressatenkreis an das Vorliegen von zwei zwingenden kumulativen Bedingungen an und beinhaltet zudem zwingende Ausschlüsse.

Nach Art. 1 Abs. 2 P2B-VO gilt die Verordnung für Online-Vermittlungsdienste und Online-Suchmaschinen, d.h. keine anderen Arten von Plattformdiensten. Der Anwendungsbereich umfasst Plattformen dieser Art, unabhängig von der Größe oder Ausrichtung und unabhängig vom Niederlassungsort oder Sitz der Anbieter dieser Dienste.[1079] Der Anwendungsbereich richtet sich daher nicht ausschließlich an Plattformdienste bestimmter Größenordnung, oder an marktmächtige Plattformanbieter. Vielmehr sind auch Plattformen mit einer geringen Nutzeranzahl umfasst, unabhängig von einem konkreten Geschäftsmodell. In diesem Zusammenhang wird im Hinblick auf adressierte Online-Plattformen von einem „One-size-fits-all"-Ansatz der P2B-VO gesprochen:[1080]

Art. 2 Nr. 2 lit. a) – c) P2B-VO definiert den Begriff der Online-Vermittlungsdienste als einen Dienst der Informationsgesellschaft i.S.d. Art. 1 Abs. 1 lit. b) der Richtlinie (EU) 2015/1535. Online-Vermittlungsdienste sind danach Dienstleistungen, die in der Regel gegen Entgelt elektronisch im Fernabsatz und auf individuellen Abruf eines Empfängers erbracht werden. Online-Vermittlungsdienste ermöglichen gewerblichen Nutzern, Verbrauchern Waren oder Dienstleistungen anzubieten, indem sie die Einleitung direkter Transaktionen zwischen den gewerblichen Nutzern und Verbrauchern vermitteln, unabhängig vom Ort der beabsichtigten Transaktion. Vermittlungsdienste werden den gewerblichen Nutzern im Fernabsatz auf Grundlage eines Vertragsverhältnisses zwischen dem Plattformbetreiber und den gewerblichen Nutzern bereitgestellt.[1081]

Wesentliche Voraussetzung für einen Online-Vermittlungsdienst ist die Vermittlung der Einleitung direkter Transaktionen zwischen gewerblichen Nutzern und Verbrauchern. Irrelevant ist dabei, wo diese Transaktion letztlich erfolgt und der Vertrag mit dem Verbraucher abgeschlossen wird.[1082] Das Merkmal der Vermittlung einer Transaktion bereitet im Zusammenhang mit

---

1079 *Höppner/Schulz*, ZIP 2019, 2332.

1080 Vgl. *Podszun*, in: P2B-VO, Art. 7 Rn. 169.

1081 Vgl. Erwägungsgrund (10) P2B-VO.

1082 *Schulte-Nölke*, in: P2B-VO, Art. 2 Rn. 27.

nur potentiellen Abschlüssen von Verbraucherverträgen Auslegungsschwierigkeiten: Online-Werbeplatzierungsinstrumente, die nicht bereitgestellt werden, um die Anbahnung direkter Transaktionen zu vermitteln, sind aus dem Anwendungsbereich der P2B-VO herausgenommen.[1083] Zum Teil wird dabei vertreten, dass unter dem Begriff der Anbahnung direkter Transaktion, auch Facebook-Seiten im sozialen Netzwerk Facebook unterfallen.[1084] Das ist so uneingeschränkt nicht richtig: Vordergründig handelt es sich bei Facebook-Seiten gewerblicher Nutzer um ein Online-Unternehmensprofil, um das eigene Produkt durch Veröffentlichung von Beiträgen zu präsentieren. Die neue Funktion einer sog. „Call-to-Action"-Schaltfläche erlaubt es auf dem Facebook-Online-Unternehmensprofil eine Schaltfläche hinzuzufügen, um Personen zu einer App oder Website weiterzuleiten. Eine beabsichtigte Transaktion ist mangels eines zumindest abgrenzbaren oder konkreten Produkts noch nicht Teil der Interaktion dieser Nutzergruppen. Es kann keinen Unterschied machen, ob eine URL-Adresse[1085] der eigenen Unternehmenswebsite auf der Facebook-Seite veröffentlicht wird, mit dem Ziel die URL händisch in die Indexierung des Browsers einzufügen, damit der Browser die Seite aufrufen kann oder einer direkten Schaltfläche, die diesen Vorgang technisch vereinfacht. Eine Transaktion wird von Facebook auf diese Weise nicht beobachtet und folgernd auch nicht vermittelt. Vergleichbar ist dies mit einer analogen Werbefläche mit einem integrierten QR-Code[1086], die genauso wenig eine Vermittlung der Einleitung

---

1083 Erwägungsgrund (11) P2B-VO.

1084 *Schulte-Nölke,* in: P2B-VO, Art. 1 Rn. 10, dabei dürfte bereits fraglich sein, ob eine Facebook Unternehmensseite, eine Dienstleistung darstellt, die in der Regel gegen Entgelt elektronisch im Fernabsatz erbracht wird, vgl. Art. 1 Abs. 1 lit. b) der Richtlinie (EU) 2015/1535; nicht differenzierend für alle soziale Netzwerke vgl. *Jungbluth,* in: FS Wiedemann, S. 918.

1085 *Jungs-Weiser,* in: Fezer/Büscher/Obergfell, Lauterkeitsrecht: UWG, Zweiter Teil Domainrecht, Band 1, Rn. 1–5: Die Nutzung des Internets basiert auf dem Austausch elektronischer Daten zwischen Rechnern. URL (Uniform Ressource Locator) – Adressen geben den Dateipfad wieder, der den Internetnutzer zu der konkreten aufzurufenden Datei oder Webseite führt.

1086 QR-Code oder Quick Response Code stellt eine Methode dar, um Informationen so darzustellen, dass sie maschinell schnell gefunden und eingelesen werden können, beispielsweise durch Mobiltelefone mit eingebauter Kamera, sodass Endverbraucher auf Informationen unterschiedlichster Art zu greifen können, worunter auch Internetlinks fallen. Je nach Ausgestaltung können sie diese Informationen selbst oder auch nur einen Link enthalten, über den der Besucher zu weitergehenden Informationen im Internet gelangen kann, vgl. BPatG Beschl. v. 14.10.2015 – 28 W (pat) 535/13, BeckRS 2016, 4300.

direkter Transaktionen darstellt und vielmehr zur Vereinfachung der Zugänglichmachung von Informationen dient.[1087]

Insbesondere Erwägungsgrund (10) der P2B-VO stellt klar, dass die bloße Einbeziehung eines Dienstes von nur untergeordneter Bedeutung nicht gleichzusetzen ist mit einem Online-Vermittlungsdienst.[1088] Der Verordnungsgeber hat es versäumt, eine genaue Definition für Online-Werbeinstrumente einzuführen, die eine klare Abgrenzung zum Begriff der Vermittlung zur Einleitung direkter Transaktionen und Teilleistungen, ermöglicht. Für hybride Plattformen, die auf Schaffung eines Ökosystems ausgerichtet sind,[1089] und daher neben dem Kerndienst viele Teilfunktionen anbieten, wird es auf die Klärung durch die Rechtsprechung hinauslaufen, was mit der Bestrebung der Rechtssicherheit durch die P2B-VO in Diskrepanz steht.

1087 Entgegen der eindeutigen Begründung in Erwägungsgrund (10) und (11) der P2B-VO a.A. *Schulte-Nölke,* in: P2B-VO, Art. 1 Rn. 39: Die Definition des Art. 2 Nr. 2 P2B-VO ist in diesem Sinne gerade nicht „weit", sie wird geradezu durch Erwägungsgrund (10) und (11) und die Bereichsausnahme weitestgehend auf die Kernfunktion eines Plattformdienstes begrenzt. Soziale Netzwerke stellen ihrer Grundausrichtung nach keinen Vermittlungsdienst dar. Es liegt in der Natur von Werbeinstrumenten, dass sie letztendlich auf eine gewollte Transaktion hinauslaufen. Dann wäre die Bereichsausnahme obsolet, da jede Werbemaßnahme auf einen Vertragsabschluss mit dem Endverbraucher „hofft". Der Unterschied zu Vermittlungsplattformen ist, dass diese gerade nicht von Werbemaßnahmen zur Monetarisierung des Geschäftsmodells abhängig sind. Hier zeigt sich der Unterschied zwischen einseitig und mehrseitig wirkenden Netzwerkeffekten und ihrer Internalisierung durch die Plattform. Der Verordnungsgeber geht bei Vermittlungsdiensten im Internet von wechselseitigen Netzwerkeffekten aus, wenn er bei Vermittlungsdiens- ten darauf abstellt, dass der Schutz der P2B-VO in der Intermediärsmacht der Vermittlungsdienste gegenüber den KMU liegt „*„weil der Anstieg bei der Vermittlung von Transaktionen über Online-Vermittlungsdienste, den starke, durch Daten ausgelöste indirekte Netzeffekte noch weiter vorantreiben, dazu führt, dass (…) die KMU, die Verbraucher erreichen wollen, zunehmen von diesen Diensten abhängig werden.*", vgl. Erwägungsgrund (2) P2B-VO. Erst die ausgeprägt wechselseitig wirkenden Datennetzwerkexternalitäten begrün- den diese Verhandlungsmacht gegenüber den KMU, die eine zielgerichtete Senkung der Suchkosten ermöglicht. Zum anderen kann diese Meinung auch den Fall nicht einordnen, wenn es das Ad-Instrument zur Weiterleitung zu einem eindeutigen Vermittlungsdienst genutzt wird.

1088 Erwägungsgrund (10) P2B-VO.

1089 Vgl. hierzu näher Kap. 2.B.II,III, Kap. 3.II.1., Kap. 3.B.II.6.a

Art. 2 Nr. 5 P2B-VO definiert Online-Suchmaschinen als digitale Dienste, die es Nutzern ermöglichen, in Form eines Stichworts, einer Spracheingabe, einer Wortgruppe oder einer anderen Eingabe Anfragen einzugeben, um prinzipiell auf allen Websites oder auf allen Websites in einer bestimmten Sprache eine Suche zu einem beliebigen Thema vorzunehmen und Ergebnisse in einem beliebigen Format angezeigt zu bekommen, über die sie Informationen im Zusammenhang mit dem angeforderten Inhalt finden können. In Anlehnung daran müssen Online-Suchmaschinen in der Lage sein, prinzipiell das gesamte Internet zu durchsuchen.[1090] Andernfalls nehmen sie keine eigenständige Suche auf diesen Websites vor.

Vertreten wird dabei, dass unter diese Definition unproblematisch sog. Metasuchmaschinen fallen.[1091] Dies ist bei näherer Betrachtung nicht derart eindeutig:

Große und bekannte Online-Suchmaschinen wie Google, durchforsten das Internet durch einen sog. Crawler zur Indexierung, der – technisch vereinfacht – in der Lage ist selbständig Websites im Internet nach Daten zu durchsuchen, die Inhalte zu analysieren und das möglichst passende Suchergebnis dem Suchenden zur Verfügung zu stellen.[1092] Reine Metasuchmaschinen sind nicht in der Lage, auf Inhalte potentiell aller Websites im Internet zuzugreifen, da sie keine direkte Verbindung zu den Websites herstellen. Sie stellen lediglich eine Verbindung zu anderen Suchmaschinen her, indem sie auf ihre Ergebnisse zugreifen, um die Ergebnisse einem eigenen Ranking zu unterziehen.[1093] Wenn eine Suchmaschine eine bestimmte Website gar nicht indexiert hat oder auf deren Inhalte nicht zugreifen kann, wird diese Website auch nicht in den Ergebnissen der Metasuchmaschine erscheinen.[1094] Problematisch ist dies vor dem Hintergrund der aktuellen Entwicklung von Online-Suchmaschinen, die auf einen vorhandenen Datenbestand einer einzigen etablierten Online-Suchmaschine für das Suchergebnis zugreifen: ECOSIA ist ein allgemeiner Online-Suchdienst, der für die Suche auf den Datenbestand von Bing, dem Online-Suchdienst des Konzerns Microsoft, zugreift und hierfür u.a. auch eigene Algorithmen für das Ranking nutzt. Es handelt sich daher um eine bloße Suchmaske für Bing, ohne eine anbieterübergreifende Metasuche. Durch

1090 *Schulte-Nölke*, in: P2B-VO, Art. 2 Rn. 63.
1091 *Schulte-Nölke*, in: P2B-VO, Art. 2 Rn. 64.
1092 *Hoeren*, MMR-Beil. 2001, 2–3.
1093 *Hoeren*, MMR-Beil. 2001, 2.
1094 Vgl. *Hoeren*, MMR-Beil. 2001, 5.

ein Geschäftsmodell, welches vordergründig auf Nachhaltigkeit und Klimaschutz ausgerichtet ist, wird ECOSIA vorwiegend von Nutzern genutzt, die auf Umwelt- und Klimaschutz besonderen Wert legen. Das Geschäftsmodell wirft durchschnittliche monatliche Einnahmen in Höhe von 3 Millionen Euro ab. ECOSIA finanziert sich dabei genauso wie Google, Bing, etc. über Werbeeinnahmen, die in einem nicht unerheblichen Teil wiederum an Microsoft fließen.[1095]

Obwohl es sich bei ECOSIA um ein im Kern gleiches Geschäftsmodell wie bei anderen Online-Suchmaschinen handelt und nach den Erwägungen der P2B-VO ECOSIA ein relatives Machtgefälle zu seinen Nutzern aufweist, unterfällt der Dienst nach dem eindeutigen Wortlaut von Art. 2 Nr. 5 P2B-VO nicht dem Anwendungsbereich der P2B-VO, weil es gerade keine Suche in Webseiten ermöglicht, sondern eine Suche nur an Bing weitergibt. Von Nutzern wird ECOSIA gleichwohl als vergleichbarer Dienst zu Google oder DuckDuckGo angesehen, weshalb die Nutzeranzahl in 2022 prozentual bereits Yahoo überholt hat, und dem Nutzerbestand von DuckDuckGo gleicht, die aufgrund der Crawler Funktion unstreitig unter die P2B-VO fallen.[1096] Auch hier wird es auf die Klärung durch die Rechtsprechung hinauslaufen, wie ein nur auf mittelbaren Suchergebnissen basiertes Ranking einer Online-Suchmaschine einzuordnen ist, was auch in diesem Punkt mit der Bestrebung der Rechtssicherheit durch die P2B-VO in Diskrepanz steht.

In räumlicher Hinsicht gilt für den personellen Anwendungsbereich, dass sich der Plattformdienstbetreiber nicht zwingend in einem Mitgliedsstaat der Europäischen Union niedergelassen haben muss. Ausreichend ist nach Art. 1 Abs. 2 P2B-VO vielmehr, dass die KMU, an die diese Dienste adressiert werden, und der von den KMU adressierte Verbraucherkreis, sich in der EU befinden.[1097] Diese Normierung entspricht dem bereits im Anwendungsbereich des Art. 102 AEUV verankerten Auswirkungsprinzip.[1098]

Ausgenommen aus dem Anwendungsbereich sind insbesondere B2B-Geschäfte zwischen den Plattformnutzern,[1099] Online-Zahlungsdienste, die benannten Online-Werbeinstrumente und Online-Werbebörsen, die nicht den

1095 Siehe zum Geschäftsmodell von ECOCIA: https://de.blog.ecosia.org/ecosia-finanzberichtebaumplanzbelege/, https://info.ecosia.org/privacy, https://info.ecosia.org/what, zuletzt aufgerufen am: 01.03.2024.

1096 Vgl. zu den einzelnen Diensten: *Schulte-Nölke*, in: P2B-VO, Art. 2 Rn. 64.

1097 Ebenda.

1098 Vgl. Kap. 3.A.

1099 Erwägungsgrund (9) und (10) P2B-VO.

Zweck einer direkten Vermittlung haben und bei denen kein Vertragsverhältnis mit einem Verbraucher besteht, Art. 1 Abs. 3 P2B-VO.

2. Art. 4 Abs. 1, 5 P2B-VO und das interne Beschwerdemanagementsystem Art. 11 Abs. 1, 2 P2B-VO

Marktfördernden Plattformen kommt zur Aufrechterhaltung der Qualität der gehandelten Wirtschaftsgüter auf ihrer Plattform eine regulierende Tätigkeit zu. Plattformen verhängen Sanktionen, indem sie den Zugang zu künftigen Geschäftsmöglichkeiten entziehen. Für Marktteilnehmer kann dies sämtliche künftige Austauschgewinne kosten, wenn sie dauerhaft von der Nutzung des Plattformdienstes ausgeschlossen werden.[1100]

Um den Rechtsschutz der Betroffenen auf Plattformen noch vor einer langwierigen gerichtlichen Auseinandersetzung sicherzustellen, wie es im Anwendungsbereich des Art. 102 AEUV beanstandet wird,[1101] sind Plattformanbieter nach Art. 11 Abs. 1 P2B-VO verpflichtet ein internes Beschwerdemanagementsystem zu implementieren bzw. ein vorhandenes Beschwerdemanagementsystem so weit anzupassen, dass es den Anforderungen an der P2B-VO genügt.

Das Beschwerdemanagementverfahren nach Art. 11 P2B-VO soll nach Art. 4 Abs. 3 S. 1 P2B-VO für die Einschränkung, Aussetzung oder Beendigung des Online-Vermittlungsdienstes in Fällen des Art. 4 Abs. 1 u. 2 P2B-VO einschlägig sein. Die Pflicht ein Beschwerdemanagementsystem einzuführen, kann hilfreich sein den allgemeinen Zugang der KMU zum Plattformdienst zu stärken.

Da die P2B-VO für den Anwendungsbereich eine marktbeherrschende Stellung von Online-Vermittlungs- und Online-Suchmaschinendiensten nicht vorsieht, ist diese Regelung damit zu rechtfertigen, dass die Plattformen gegenüber einzelnen kleinen oder mittleren Unternehmen, die dem Schutzbereich der P2B-VO unterliegen, relative Marktmacht ausüben,[1102] soweit die KMU keine ausreichenden und zumutbaren Ausweichmöglichkeiten auf eine andere Plattform haben.[1103] Ein internes Beschwerdemanagementsystem scheint vor diesem Hintergrund ein Überdenkungsverfahren des Plattformdienstes anzustoßen, das geeignet ist einen Interessensausgleich herzustellen.

1100 *Engert*, AcP 218 (2018), 352, 370.

1101 Vgl. Kap. 3.C.III, Kap. 3.E.II.2, Kap. 3.E.III.2.

1102 *Heinz*, in: FS Schroeder, S. 321 ff.

1103 *Engert*, AcP 218 (2018), 373: Mit Verweis auf die nationale Regelung des § 20 Abs. 1 S. 1 GWB.

Ein internes Beschwerdesystem kann jedoch auch dazu führen, dass das Zugangsrecht langwieriger erstritten werden muss, wenn der Plattformbetreiber aufgrund eines rechtswidrigen Ausschlusses Regressansprüche des KMU wegen seiner Gewinneinbußen befürchten muss. Denkbar sind dabei Fälle, dass ein Ausschluss aus Sicht der Plattform ex ante regelkonform war, jedoch ex post zu einem rechtswidrigen Plattformausschluss führt. Dies kann dazu führen, dass eine teleologische Reduktion dahingehend erfolgen muss, dass der Plattformbetreiber keine Nachforschungen anstreben muss, um festzustellen, ob der betreffende KMU beispielsweise vorsätzlich Pflichten verletzt hat, was einen Ausschluss rechtfertigen würde oder nur leicht fahrlässig gehandelt hat, was einen Ausschluss regelmäßig nicht rechtfertigen kann. Die Abwicklung der Beantwortung solcher Fragen der Sachverhaltsfeststellung und Beweisfragen können der Plattform aufgrund der enormen Nutzeranzahl nicht zugemutet werden.

3. Art. 5 P2B-VO – Auswahl und Reihung innerhalb eines Rankings und Datenzugang, Art. 9 P2B-VO

Der Regelungsansatz ist im Grundsatz von formalen Transparenzvorschriften geprägt. Materielle Vorgaben, wie beispielsweise unmittelbare Verbote bestimmter Handelspraktiken oder Regelungen hinsichtlich vertraglicher Leistungspflichten der Plattformbetreiber, enthält die Verordnung nicht.[1104]

Der Plattformanbieter muss im Falle eines Rankings von Angeboten auf der Plattform, die das Ranking bestimmenden Hauptparameter und die Gründe für die relative Gewichtung dieser Hauptparameter gegenüber anderen Parametern je nach Plattformdienst in geeigneter Weise darstellen. Insbesondere muss der Anbieter über etwaige Einflussnahmen der Nutzer (gemeint sind entweder die gewerblichen Nutzer oder die eigenen „vertikal" integrierten Nutzerdienste) auf das Ranking, beispielsweise mittels Subventionierung, aufklären, Art. 5 Abs. 3 P2B-VO.

Hierdurch soll bewirkt werden, dass die finanzielle Einflussnahme der Anbieterseite[1105], zu der auch die eigenen (vertikal) integrierten Angebote des Kern-Plattformdienstes zählen, offengelegt werden.

Der rein als Transparenzpflicht ausgestalteten Regelung ist die Tendenz zu entnehmen, Rankings nicht gänzlich von Plattformdiensten zu verbannen. Denn grundsätzlich führt die Zahlung durch eine Marktseite, um das

1104 *Höppner/Schulz*, ZIP 2019, 2329.
1105 *Engert*, AcP 218 (2018), 335.

Geschäftsmodell insgesamt zu finanzieren, zu keinem anstößigen Interessenkonflikt. Vorteile aus der bezahlten Platzierung sollen grundsätzlich für derartige Ertragsmodelle erhalten bleiben.[1106]

Doch kann diese Regelung den auch in den Erwägungsgründen angesprochenen Verbraucherschutz nicht fördern. Hierfür wäre es erforderlich gewesen offenzulegen, ob mit den höheren Rängen ein höherer Preis einhergeht. Erst durch Kenntnis dieser höheren Marge würde sich eine weitere Suche der Nachfrager ergeben. Offenlegungspflichten können daher allenfalls einen Teil dazu beitragen, nachteilige Folgen einer durch Geldzahlungen beeinflussten Rangfolge zu begrenzen.[1107]

Besser ist dagegen die Regelung des Art. 9 P2B-VO gelungen, die weitreichende Informationspflichten des Plattformdienstes im Hinblick auf seinen Datenzugang und die mit der Nutzung der Plattform einhergehende Datenverarbeitung normiert. Hierdurch kann das KMU ersehen, inwieweit der Plattformdienstbetreiber Dritt-Daten des KMU für den eigenen Dienst nutzt. Dadurch wird die hier als Ausbeutungsmissbrauch qualifizierte Fallgruppe der Datenabschöpfung (vgl. Kap. 3.E.I.1.b.) minimiert, da das KMU in der Lage ist die konkreten Datenverarbeitungsvorgänge nachzuvollziehen. Auf diese Weise kann ein KMU die Leistungs- und Gegenleistung gegeneinander besser abwägen.

4. *Art. 7 P2B-VO Selbstbevorzugung bei vertikal integrierten Plattformmärkten*

a. *Regelungsgegenstand – „Hilfe zur Selbsthilfe“*[1108]

Im Hinblick auf wettbewerbsrechtliche Problemstellungen im Zusammenhang mit vertikal integrierten Online-Suchmaschinen greift Art. 7 Abs. 2 P2B-VO den Fall Google (Search) Shopping[1109] auf. Streitgegenständlich ist dabei, inwieweit beim Vermitteln des Zugangs zu Beschaffungs- und Absatzmärkten eigene Angebote des Plattformdienstes gegenüber denen von Wettbewerbern bevorzugt behandelt werden. Wettbewerbsrechtlich gewinnt der Fall insbesondere dann an Relevanz, wenn die eigenen Angebote bei der Darstellung

---

1106 Ebenda.

1107 *Engert*, AcP 218 (2018), 335–337.

1108 *Körber*, MMR 2020, 292.

1109 Kommission, Entscheidung v. 27.6.2017 – AT.39740, C(2017) 4444 – *Google Shopping*, Rn. 341 ff.

auf der Plattform bevorzugt werden.[1110] Ähnlich ist auch die Regelung für Online-Vermittlungsdienste in Art. 7 Abs. 1 P2B-VO ausgestaltet. Derartige Plattformdienste sind ebenfalls in der Lage, eigene Nebendienstleistungen, wie beispielsweise Zahlungsdienste, mit der eigentlichen zentralen Plattform zu verknüpfen, insbesondere wenn sie als vertikal integriertes Ökosystem agieren. So kann eine bestehende Macht eines Plattformdienstes auf andere Nebenleistungen übertragen werden.[1111] Hinzu kommt dann die benannte bevorzugte Darstellung auf dem Kerndienst. Vereinfacht wird die vertikale Integration, wenn der zentrale Plattformdienst die Transaktionsdaten seiner gewerblichen Nutzer dazu nutzt, ähnliche Dienstleistungen wie seine gewerblichen Nutzer anzubieten.[1112]

Die so eingenommene „Doppelrolle“[1113] der Plattformbetreiber als Plattformdienst und Anbieter von Waren führt zu einem möglichen Interessenkonflikt[1114], der trotz der Regelung des Art. 5 P2B-VO (Ranking), in Art. 7 P2B-VO gesondert berücksichtigt und als „differenzierte Behandlung“ bezeichnet wird.[1115]

Als Musterfall gelten in diesem Zusammenhang die bereits 2010 eingeleiteten Verfahren seitens der EU-Kommission im Fall Google Shopping, in welchem Google vorgeworfen wurde, auf dreizehn EWR-Märkten seinen eigenen Preisvergleichsdienst Google Shopping gegenüber konkurrierenden Preisvergleichsdiensten auf dem eigenen Online-Suchmaschinendienst bevorzugt dargestellt zu haben, um seine Marktmacht auf andere Märkte auszudehnen.[1116]

1110 BeckOK InfoMedienR/*Zimmer/Liebermann*, MStV § 94 Rn. 49; In diesem Zusammenhang wird auch der Begriff des self-preferencing genutzt.

1111 Vorschlag für eine VERORDNUNG DES EUROPÄISCHEN PARLAMENTS UND DES RATES über bestreitbare und faire Märkte im digitalen Sektor (Gesetz über digitale Märkte) 2020/0374 (COD), 15.12.2020, COM (2020) 842 final, 5. Weitere Angaben, S. 19–20, Erwägungsgrund 14; Erwägungsgrund (46) VO (EU) 2022/1925 DMA.

1112 Vorschlag für eine VERORDNUNG DES EUROPÄISCHEN PARLAMENTS UND DES RATES über bestreitbare und faire Märkte im digitalen Sektor (Gesetz über digitale Märkte) 2020/0374 (COD), 15.12.2020, COM (2020) 842 final, 5. Weitere Angaben, S. 27, Erwägungsgrund 43; Erwägungsgrund (2) VO (EU) 2022/1925 DMA.

1113 *Busch,* in: P2B-VO, Art. 6 Rn. 5.

1114 Vgl. hierzu näher Kap. 3.F.III.2.a.

1115 *Busch*, GRUR 2019, 793; *Busch,* in: P2B-VO, Art. 6 Rn. 5.

1116 Kommission, Entscheidung v. 27.6.2017 – AT.39740, C(2017) 4444 – *Google Shopping,* Rn. 2 ff., 28 ff., 344; *Hamelmann/Haucap*, ORDO 2016, Band 67 Heft 1,

Eine höhere Einstufung des eigenen Dienstes als die von Konkurrenten angebotenen, kann eine „Suchverzerrung" hervorrufen, die dazu führen kann, dass jeder, der mit Google-Diensten konkurriert, effektiv aus den Google-Suchergebnissen verschwinden kann.[1117] Die wesentlichen Beanstandungen hat wie unter Kapitel 2.F.III. dargestellt, das EuG bestätigt.[1118]

Damit wurde die Fallgruppe des Selbstbegünstigungsverbots erstmals für Online-Plattformen begründet, welche sich so nicht unmittelbar aus dem Wortlaut oder den Regelbeispielen des Art. 102 AEUV ergeben hat.[1119] Unabhängig davon, ob der Entscheidung überhaupt eine verallgemeinernde Wirkung entnommen werden kann, dass jede Selbstbevorzugung eines marktmächtigen Unternehmens verboten ist,[1120] wurde in Art. 7 P2B-VO eine Transparenzregelung geschaffen, damit Online-Suchmaschinen und Online-Vermittlungsdienste ihre Selbstbegünstigungspraktiken offen legen.

Nach Art. 7 Abs. 1 u. 2 P2B-VO sind Anbieter von Online-Suchmaschinen, so beispielsweise der Suchmaschinendienst Google sowie Online-Vermittlungsdienste, wie beispielsweise Amazon Marketplace, verpflichtet, jegliche differenzierte Behandlung in einer für diese Dienste vorgeschriebenen Art und Weise zu erläutern und daher offenzulegen. Für Online-Vermittlungsdienste muss die Erläuterung der differenzierten Behandlung zusätzlich die wichtigsten wirtschaftlichen, geschäftlichen oder rechtlichen Erwägungen beinhalten, Art. 7 Abs. 1 Satz 2 P2B-VO. Welche konkreten Maßnahmen oder Verhaltensweisen davon umfasst sein können, wird in Abs. 3 durch Regelbeispiele näher geregelt. Die nicht abschließende Aufzählung benennt in lit. b) ausdrücklich das Ranking.[1121]

Begründet wird die Notwendigkeit dieser Transparenzpflicht[1122] insbesondere damit, dass das Ranging einen erheblichen Einfluss auf die Wahlentscheidung der Verbraucher hat,[1123] und daher auch den geschäftlichen Erfolg der gewerblichen Nutzer beeinflussen kann. Aus der Perspektive der gewerblichen

269 ff.; *Hoffer/Lehr*, NZKart 2019, 11; *Schweitzer/Haucap/Kerber/Welker*, Modernisierung der Missbrauchsaufsicht für machtmächtige Unternehmen, S. 31.

1117 *Khan*, Columbia Law Review, Band 119, Nr. 4, 2019, 978 ff.

1118 EuG, Urt. v. 10.11.2021 – T-612/17 – *Google Search*, NZKart 2021, 684 Rn. 596 ff.

1119 *Busch*, GRUR 2019, 793.

1120 *Hoffer/Lehr*, NZKart 2019, 16; *Höppner*, WUW 2017, 421; *Körber*, NZKart 2015, 419 ff.

1121 *Schneider/Kremer*, WRP 2020, 1134.

1122 Erwägungsgrund (24), P2B-VO; *Schneider/Kremer*, WRP 2020, 1134.

1123 Bundeskartellamt, Sektoruntersuchung Vergleichsportale, S. 79.

Nutzer ist für ihre geschäftliche Ausrichtung wichtig, Klarheit über die wichtigsten Rankingkriterien zu erfahren, um Optimierungsmöglichkeiten für die eigene Stellung im Ranking zu ergreifen.[1124] Aus diesem Grund sollen nach Art. 5 Abs. 1 und Abs. 2 P2B-VO Hauptparameter für das Ranking offen gelegt werden, um die Entscheidungsfindung der KMU für eine geschäftliche Tätigkeit auf einer Plattform im Vorfeld zu erleichtern.[1125] Die Regelung des Art. 7 P2B-VO ergänzt diese Offenlegungspflicht durch eine weitreichendere Transparenzpflicht, in Bezug auf die Nutzung von Parametern für eine differenzierte Behandlung der eigenen Dienste in Gegenüberstellung zu den gewerblich unabhängigen Nutzern.[1126] Dies folgt daraus, dass dem Wettbewerbsverfahren Google Shopping die Erkenntnis folgte, dass allein die Offenlegung von unsachgemäßen Ranking-Kriterien, wie es Art. 5 P2B-VO vorsieht, eine negative Auswirkung dieser Kriterien nicht beseitigen kann.[1127]

Eine unmittelbare Rechtsfolge bei einem Verstoß sieht die Verordnung für den Fall der Selbstbevorzugung jedoch nicht vor. Es verbleibt daher bei dem für alle Verstöße geltenden Verbandsklagerecht und der im Übrigen den Mitgliedsstaaten überlassenen Durchsetzung.[1128]

b. Bewertung

aa. Vorteile des gewählten Ansatzes

Obschon der Fall der Selbstbegünstigung durch die EU-Kommission über Art. 102 AEUV als missbräuchliche Ausnutzung einer marktbeherrschenden Stellung und daher als verbotene Verhaltensweise angesehen wurde, ist der Regelung des Art. 7 P2B-VO eine Ausgestaltung dieser Fallgruppe zumindest in Form eines hinreichenden Verbots nicht zu entnehmen. Stattdessen bedient sich die P2B-VO rein formeller Transparenzvorschriften, was teils sogar als „Regelungsversagen“ beurteilt wird.[1129]

In der Tat sah die Parlamentsfassung in Art. 6 Abs. 2a E-P2B-VO ein materiell-rechtliches (Diskriminierungs)-Verbot für den Fall der Selbstbevorzugung vor, wenn der Plattformbetreiber selbst als gewerblicher Nutzer seiner Plattform tätig ist. Anhand objektiver Kriterien erfolgte dann eine

---

1124 *Busch*, GRUR 2019, 793.
1125 Erwägungsgrund (24), P2B-VO.
1126 *Busch*, GRUR 2019, 793.
1127 *Höppner/Schulz*, ZIP 2019, 2334.
1128 *Höppner*/Schulz, ZIP 2019, 2335.
1129 *Schneider/Kremer*, WRP 2020, 1134.

Rechtfertigungsmöglichkeit, die für alle gewerblichen Nutzer gleichermaßen gelten sollte. Diese weitgehenden materiellen Vorgaben des Parlaments fanden jedoch keinen Eingang in die endgültige Fassung.[1130]

Dem kann allerdings entgegengehalten werden, dass die P2B-VO nicht ausschließlich auf marktmächtige (Plattform-) Unternehmen zugeschnitten sein soll. Sie ist vielmehr auf die Besonderheiten der Plattformökonomik als solche ausgerichtet und daher bereits bei fehlender Marktmacht einschlägig.[1131] Verhindert werden soll daher nur eine unbemerkte Selbstbevorzugung der betreffenden Plattformbetreiber in Relation zu den gewerbetreibenden Nutzern.[1132] Die P2B-VO wird daher auch als „Hilfe zur Selbsthilfe" gesehen,[1133] sodass ihr neben dem Anwendungsbereich des Art. 102 AEUV nur eine beweiserleichternde Wirkung zukommen wird.[1134]

Dies stellt jedoch keinen systematischen Widerspruch dar, soweit es sich nicht um eine asymmetrische, sondern um eine symmetrische Regulierung handelt, die eben nicht nur für beispielsweise Online-Suchmaschinen mit einer besonderen Machtposition gelten soll, sondern für alle Online-Suchmaschinen gleichermaßen.[1135] Hierfür spricht auch die Tatsache, dass der DMA ausschließlich an Anbieter von Online-Plattformen mit Gatekeeper-Eigenschaft adressiert ist.[1136]

Schaut man auf die tatbestandlichen Voraussetzungen des Art. 102 AEUV, so nimmt die an eine Marktabgrenzung anschließende Bestimmung einer marktbeherrschenden Stellung eine weitere Filterfunktion für die Schwelle ein, ab wann Unternehmen eine „besondere Verantwortung" bei potenziell wettbewerbsgefährdenden Verhaltensweisen zukommt.[1137] Hierdurch soll sichergestellt werden, dass ein zu frühes Eingreifen der Wettbewerbsbehörden verhindert wird und ggfs. Irrtumskosten[1138] reduziert werden.[1139] Transparenzpflichten scheinen daher ein vertretbares und milderes Mittel zu sein,

---

1130 *Höppner/Schulz*, ZIP 2019, 2329, 2331.
1131 *Busch*, GRUR 2019, 793.
1132 *Dewenter/Rösch/Terschüren*, NZKart 2014, 387.
1133 *Körber*, MMR 2020, 292.
1134 *Polley/Pesch/Tönnies*, WUW 2019, 498.
1135 *Höppner/Schulz*, ZIP 2019, 2329, 2337.
1136 *Paal/Kumkar*, NJW 2021, 809 Rn. 37; *Völcker/Benditz*, EuZW 2021, 461.
1137 *Mestmäcker/Schweitzer*, Europäisches Wettbewerbsrecht, § 16 Rn. 44. ff.
1138 *Joskow/Klevorick*, The Yale Law Journal, 1979, Band 89, Nr. 2, 233.
1139 *Schweitzer/Haucap/Kerber/Welker*, Modernisierung der Missbrauchsaufsicht für machtmächtige Unternehmen, S. 30.

um den Aufwand von Marktmachtbestimmung, der bei digitalen Plattformen wegen der dynamischen Marktverhältnisse immens ist,[1140] zu begrenzen. Denn Online-Plattformdienste haben in ihrer Stellung als Intermediäre keine Interessenswahrungspflichten im Sinne der „Verschaffung geeigneter Geschäftsgelegenheiten".[1141] Normierte Aufklärungspflichten können daher dazu beitragen nachteilige Folgen für die Plattformnutzer zu begrenzen.[1142]

bb. Schwächen des gewählten Ansatzes

In der Zeit zwischen dem Inkrafttreten der P2B-VO und der Entscheidung der Kommission im Fall Google Shopping, die für die Einführung des Art. 7 Abs. 2 P2B-VO ausschlaggebend war, führte Google wie in Kapitel 3.F.III.2.c.bb. dargestellt eine bezahlte Auktionsform ein. Dabei wird das Produktlisting mit einem Werbeinstrument verbunden, das losgelöst von der generischen Suche fungiert. Ähnlich wie bei Google Ads, zahlt der Gewinner der Auktion an Google pro Klick. Online-Werbeinstrumente unterliegen nach Art. 1 Abs. 3 P2B-VO der Bereichsausnahme. Für den Anwendungsbereich verbleibt daher die generische Suche von Google, die mittlerweile wie gezeigt[1143] jedoch für Gewerbetreibende, die sich gegenüber der Einbindung spezifischer Dienste von Google als missbräuchliche Verhaltensweisen ausgesprochen haben, durch Loslösung der Dienste vom allgemeinen Suchdienst, nur noch eine untergeordnete Rolle spielt.

Betrachtet man die Regelungen in Gegenüberstellung zum nationalen Vertragsrecht, so wird im Hinblick auf § 310 Abs. 1 S. 2 BGB deutlich, dass eine Flexibilisierung der AGB-Kontrolle im P2B-Verkehr[1144] durch mögliche materiellrechtliche Normierungen eingeschränkt ist und zu einem Schutz der strukturell unterlegenen Partei führt, was der Angemessenheitskontrolle außerhalb von Verbraucherverträgen allerdings fremd ist.[1145]

Die Transparenzpflicht in Bezug auf das Ranking versetzt Kartellbehörden in die Lage, Algorithmen auf ihr Ergebnis hin mittelbar zu überprüfen. Unmittelbare Folge für Online-Suchmaschinen wäre eine praktische Umsetzung der

---

1140 BKartA, Beschl. v. 04.12.2017, B6-132/14-2, BeckRS 2017, 143035 Rn. 202 – *CTS Eventim.*

1141 *Engert*, AcP 218 (2018), 335.

1142 Ebenda.

1143 Vgl. Kap. 3.E.III.2.c.bb.

1144 Vgl. *Berger/Kleine,* BB 2007, 2138; *Dauner-Lieb/Axer,* ZIP 2010, 312; *Fuchs,* in: Ulmer/Brandner/Hensen, § 307 BGB, Rn. 373.

1145 Ebenda.

Suchneutralität: Suchneutralität meint dabei eine Objektivität der Suche,[1146] die jedoch eine innovationshemmende Wirkung entfalten kann.[1147] Denn der Schutz von Geschäftsgeheimnissen ist in der Praxis von erheblicher Bedeutung und bezieht sich auch grundsätzlich auf die Hauptparameter eines Rankings.[1148] Innovationen schützen Unternehmen nicht nur durch Patente, sondern insbesondere durch Geheimhaltung, da Patent- und Gebrauchsmusterschutz eine Offenbarung der technischen Lösung verlangt, die oftmals von den Unternehmen gar nicht erwünscht ist. Entwicklungen mit langfristiger Anwendungsperspektive gelingen am effektivsten durch Geheimhaltung, da sie den Schutz vor Nachahmung deutlich länger wahrt, als ein Patent.[1149] Aus diesem Grund haben Geschäftsgeheimnisse durch Richtlinie (EU) 2016/943 des Europäischen Parlaments und des Rates vom 8. Juni 2016 über den Schutz vertraulichen Know-hows und vertraulicher Geschäftsinformationen (Geschäftsgeheimnisse) vor rechtswidrigem Erwerb sowie rechtswidriger Nutzung und Offenlegung, einen umfassenden Schutz auf europäischer Ebene erfahren und sind durch die Überführung ins nationale Recht mittels des Geschäftsgeheimnis gesetzt (GeschGehG) vollumfänglich geschützt.

Da die P2B-VO gerade nicht nur an marktbeherrschende Unternehmen adressiert ist, hätte dies für potentielle Marktteilnehmer, die auf große Gatekeeper eine disziplinierende Wirkung entfalten sollen, eine negative Auswirkung, da sie keine Anreize haben, in innovative Algorithmen zu investieren, soweit sie einer Suchneutralität unterliegen und der Verpflichtung wesentlicher Informationsoffenlegung durch die P2B-VO. Für die Rechtspraxis bedeutet die technische Neutralität der P2B-VO folgerichtig eine Interessenabwägung zwischen einer Offenlegungspflicht und dem Schutz von Geschäftsgeheimnissen,[1150] die wiederum mit der gewollten Rechtssicherheit in Diskrepanz steht.

1146 *Schweitzer/Fetzer/Peitz*, ZEW Discussion Paper Nr. 16-042, 29.5.2016, 32, m.W.N.

1147 *Peitz/Schweitzer*, Wirtschaftsdienst 2016 Jg. 96, Heft 11, 829.

1148 *Alexander*, MMR 2021, 690 ff.; *Hoppe,* in: Geschäftsgeheimnisse, Schutz von Know-how und Geschäftsinformationen, Hrsg. Hoppe/Oldekop, Hürth 2022, S. 6.

1149 *Hoppe,* in: Geschäftsgeheimnisse, Schutz von Know-how und Geschäftsinformationen, Hrsg. Hoppe/Oldekop, Hürth 2022, S. 6.

1150 So im Ergebnis auch: *Alexander*, MMR 2021, 695.

IV. Abschließende Stellungnahme zum Regelungsansatz der P2B-VO

Die neue Verordnung schafft erstmals einen umfassenden Regelungsrahmen für die Plattformwirtschaft im europäischen Binnenmarkt.[1151]

Hervorzuheben ist, dass die Zielsetzungen der P2B-VO für die Plattformwirtschaft gewichtige Bestrebungen aufzeigen, die im Rahmen des Art. 102 AEUV zum Teil ebenfalls relevant sind und daher für eine soziale Marktwirtschaft überzeugen sind.

Die uneinheitliche Durchsetzung des Primärrechts durch die Mitgliedstaaten konnte Hindernisse für den Markteintritt und zur unionsweiten Schaffung fairer wettbewerbsorientierter (Plattform-) Märkte, auf denen Unternehmen in einem leistungsorientierten Wettbewerb zueinander stehen, oftmals nicht beseitigen.[1152] Dabei spielt insbesondere die unzureichende Beweislage der Kartellbehörden, die zu langwierigen Verfahren geführt hat, eine nicht nur unerhebliche Rolle.[1153]

Aus diesem Grund ist die Motivation auf der europäischen Ebene durch gezielte Vorschriften ein faires, vorhersehbares, tragfähiges und vertrauenswürdiges Online-Geschäftsumfeld im Binnenmarkt sicherzustellen,[1154] begrüßenswert und stützt die benannten Ziele, indem es durch das mildere Mittel der Transparenz,[1155] – zumindest theoretisch – einen besseren Zugang zu beweiserheblichen Informationen bietet. Auf diese Weise soll das Vertrauen der KMU in die Plattformwirtschaft wieder gestärkt werden.[1156]

Zudem verzichtet die P2B-VO auf eine Marktabgrenzung,[1157] sodass sich die damit einhergehenden Problemfelder nicht stellen, die u. a. dazu geführt haben, dass langwierige Verfahren entstanden und hieraus die berechtigte Kritik resultierte, dass Art. 102 AEUV in der schnelllebigen Plattformökonomik keinen hinreichenden Schutz für gewerbliche Nutzer in ihrer Abhängigkeit zu

1151 *Alexander,* WRP 2020, 945; *Busch,* GRUR 2019, 788.

1152 RICHTLINIE (EU) 2019/1 vom 11. Dezember 2018 zur Stärkung der Wettbewerbsbehörden der Mitgliedstaaten im Hinblick auf eine wirksamere Durchsetzung der Wettbewerbsvorschriften und zur Gewährleistung des reibungslosen Funktionierens des Binnenmarkts ABl. EU L 11/3 v. 14.1.2019, Erwägungsgrund (6).

1153 Ebenda.

1154 Erwägungsgrund (7), P2B-VO.

1155 Ebenda.

1156 *Höppner/Schulz,* ZIP 2019, 2329.

1157 *Busch,* GRUR 2019, 794.

den (Online-)Plattformdiensten bieten könne.[1158] Es konzentriert sich daher auf Machtverhältnisse zu einer Plattform, ohne diese einem Markt zuzuordnen.

Inwieweit die P2B-VO das bestehende Machtgefälle zwischen den Plattformbetreibern und den gewerblichen Nutzern in der Plattformökonomie tatsächlich auflösen kann, wird sich insbesondere daran zeigen, wie effektiv die Mitgliedstaaten etwaige Verstöße ahnden und entsprechende Sanktionen verhängen. Denn die Mitgliedstaaten sind nicht verpflichtet, die vertraglichen Transparenzpflichten ex officio durchzusetzen.[1159] Die Transparenz alleine wird die wirtschaftlichen Asymmetrien bereits aus diesem Grund nicht verändern können.[1160] Dies kann jedoch dadurch korrigiert werden, indem zu den rein formalen Regelungsansätzen in der Novellierung auch materielle Vorgaben aufgenommen werden.[1161]

Widersprüchlich ist der Regelungsansatz der P2B-VO, dahingehend, dass B2B-Online-Vermittlungsdienste vollständig aus dem Anwendungsbereich herausgenommen wurden, obschon auch im B2B-Verhältnis Abhängigkeiten der KMU von den Online-Vermittlungsdiensten für ihre geschäftliche Ausrichtung bestehen und daher ein vergleichbares Missbrauchspotential zu befürchten ist. Aus diesem Grund wird eine Öffnung des Anwendungsbereichs auch für B2B- Vermittlungsdienste befürwortet.[1162]

Bereits Anfang des Jahres 2021 veröffentlichte die Beobachtungsstelle der Kommission zu ihrem Monitoring der Plattformdienstbetreiber eine erste Einschätzung zur Wirkung der Transparenzregelungen.[1163] In diesem werden bereits die wesentlichen Schwachpunkte der Verordnung offenbart:

Art. 3 Abs. 1 b) P2B-VO regelt, dass die AGB der Plattformdienstbetreiber „auch während der Phase vor Vertragsschluss leicht verfügbar sind". Ab welchem Zeitraum diese Phase (ggfs. im technischen Sinne) besteht, versäumte man in die P2B-VO aufzunehmen, da der Verordnungsgeber davon ausgeht, Transparenzvorschriften seien in der digitalen Plattformökonomik technisch neutral zu bestimmen. Dass dies in einer von Daten getriebenen Technologiewelt ein unzulänglicher Ansatz ist, zeigt sich nunmehr darin, dass etwaige

---

1158 *Podszun/Kersting*, ZRP 2019, 38.

1159 *Höppner/Schulz*, ZIP 2019, 2331.

1160 *Schneider/Kremer*, WRP 2020, 1128.

1161 *Höppner/Schulz*, ZIP 2019, 2329.

1162 *Schneider/Kremer*, WRP 2020, 1129.

1163 Beobachtungsstelle der Europäischen Kommision, Study on „Support to the Observatory for the Online Platform Economy", S. 5, abrufbar unter: https://platformobservatory.eu, zuletzt aufgerufen am: 01.03.2024.

Plattformen wie Apple für seinen betriebseigenen App-Store ihre AGB für gewerbetreibende Nutzer erst nach einer Registrierung zur Plattform sichtbar machen.[1164] Die Entscheidungsfindung des „Ob" für eine Plattform wird damit in einem nicht nur unerheblichen Teil eingeschränkt. Eine Registrierung begründet nicht per se eine Vertragsbeziehung für jegliche Dienste eines Plattformbetreibers, wie auch das Aufsuchen einer Webseite eine Vertragsbeziehung nicht begründet. Dies ist vor dem Hintergrund der Sanktionswirkung in Art. 3 Abs. 3 P2B-VO, der nach seinem Wortlaut: „Allgemeine Geschäftsbedingungen oder darin enthaltene Einzelbestimmungen, die den Anforderungen des Absatzes 1 nicht genügen, sowie vom Anbieter von Online-Vermittlungsdiensten vorgenommene Änderungen der allgemeinen Geschäftsbedingungen, die den Bestimmungen von Absatz 2 zuwiderlaufen, sind nichtig", die Nichtigkeit der AGB anordnet, fragwürdig. Richtigerweise wird den Transparenzvorschriften der P2B-VO dann eine den Wettbewerb schützende Funktion zugesprochen, soweit zwischen den verschiedenen Plattformanbietern funktionierender Wettbewerb besteht. Eine informierte Entscheidung der KMU zugunsten einer Plattform unter Einhaltung oder Nichteinhaltung der Vorgaben der P2B-VO ist dann auf die Plattformwahl zurückzuführen, die seinen Bedarf am besten erfüllen kann.[1165]

Dem eigentlich gefürchteten Lock-in-Effekt, welches das Tipping der Märkte in der Online-Plattformwirtschaft begünstigen kann, wird hierdurch keine Abhilfe geschaffen. Es ist das Gegenteil der Transparenzschaffung eingetreten. Dadurch, dass das Entstehen des Vertragsverhältnisses im Hinblick auf die wesentlichen Leistungspflichten seitens der großen Plattformbetreiber von der Anmeldung abgekoppelt wurde und die Offenlegung der AGB bei Anmeldung nicht mehr stattfindet, wird die Transparenz durch marktmächtige Plattformen noch mehr eingeschränkt. Diese Einschränkung werden KMU hinnehmen, wenn sie alternativlosen Plattformbetreibern gegenüberstehen.[1166] Diesem

---

1164 Beobachtungsstelle der Europäischen Kommision, Study on „Support to the Observatory for the Online Platform Economy", S. 1–10, abrufbar unter: https://platformobservatory.eu, zuletzt aufgerufen am: 01.03.2024.

1165 *Jungbluth,* in: FS Wiedemann, S. 923.

1166 So im Ergebnis wohl auch: *Jungbluth,* in: FS Wiedemann, S. 923, allerdings dürfte ein KMU aufgrund der aufgezeigten Praxis durch die P2B-VO gerade nicht im Vorfeld über die Verhaltensweisen des Plattformbetreibers stets in Kenntnis sein. Die Vorgaben der P2B-VO sind nicht derart weitreichend, dass sie selbstausführend sind, sodass potentielle Verhaltensweisen oder Umgehungspraktiken allein durch den Regelungsgehalt der P2B-VO offenkundig sind.

gewichtigen Umstand trägt die P2B-VO keine Rechnung. Es hätte daher einer positiven Regelung bedurft, dass bereits bei Inanspruchnahme eines Dienstes AGB öffentlich zugänglich sein müssen.

Diese Problematik führt, da sie einen grundsätzlichen Charakter für vorstehende Transparenzpflichten aufweist, zu weiteren Konsequenzen: Die Pflicht zur Errichtung eines internen Beschwerdemanagementsystems ist nach Art. 11 Abs. 3 P2B-VO in den allgemeinen Geschäftsbedingungen der Online-Vermittlungsdienste im Hinblick auf einschlägige Informationen, die sich auf den Zugang zu dem internen Beschwerdesystem und dessen Funktionsweise beziehen, zu erläutern. Ohne einer vorgelagerten Einsicht bei Registrierung, ist es den KMU nicht ersichtlich und nicht nachvollziehbar, wie das Beschwerdemanagementsystem tatsächlich ausgestaltet ist und ob es die Interessen der KMU effektiv durchsetzen kann, bevor das KMU der Plattform beitritt. Für eine Entscheidung des „Ob" der Nutzung eines Plattformdienstes kann dies eine enorme Relevanz aufweisen. Denn erst durch die Entscheidung zum Beitritt auf einen Plattformdienst kann überhaupt erst eine hinreichende Nutzeranzahl auf der Plattform entstehen, die die Henne-Ei-Problematik löst,[1167] und im nächsten Schritt die befürchteten indirekten Netzwerkeffekte zur Folge hat, die eine Marktzutrittsschranke für Konkurrenzanwendungen bilden kann.[1168]

Anknüpfend daran kann daher eine transparenzorientierte Herangehensweise eine bestehende Marktmacht insbesondere im Digitalen Sektor allein nicht beseitigen und für sonstige Umstände, wie beispielsweise bei personalisierten Preisen die Trägheit[1169] und Unwissenheit[1170] des Verbrauchers, eine Abhilfe schaffen.[1171] Dies stünde aber mit den Zielen der P2B-VO, die für den Verbraucher als mittelbar nutzbringend bezeichnet werden,[1172] nicht im Einklang.

1167 Vgl. Kap. 3.B.II.2, Kap. 3.B.II.3a.

1168 Vgl. *Schweitzer*, ZEuP 2019, 10.

1169 *Belleflamme/Peitz*, Industrial Organization – markets and strategies, Cambridge, S. 601: Mit Trägheit wird der Umstand bezeichnet, dass Nutzer nicht zu einem anderen Netzwerk wechseln, obwohl sie bei einem Umstieg aller Nutzer mehr Vorteile erhalten würden.

1170 *Belleflamme/Peitz*, Industrial Organization – markets and strategies, Cambridge, S. 601: Übermäßige Trägheit tritt eher auf Märkten mit indirekten als mit nur direkten Netzwerkeffekten auf und für den Fall, dass jeder Nutzer nur unvollständige Informationen über die Präferenzen anderer Nutzer hat, die mit seinen eigenen in Konflikt geraten könnten.

1171 *Zurth*, ZWeR 2021, 379.

1172 Erwägungsgrund (3), P2B-VO.

Die Transparenzvorschriften versetzen im Ergebnis lediglich die Wettbewerbsbehörden in die Lage, unmittelbar Einblicke in die Geschäftsbeziehungen der Akteure zu erlangen, soweit diese zugänglich sind.[1173] Damit bleibt der Regelungsrahmen hinter den eigentlichen Zielen weit zurück,[1174] und erschöpft sich in der Annahme, Transparenzvorschriften könnten situative Unterlegenheit bereinigen und daher die Richtigkeitsgewähr des Vertragsschlusses durch auferlegte Kontrollbefugnisse wieder herstellen.[1175] Es ist lediglich ein Anreiz zur Selbstdisziplinierung, die durch mehr Transparenz sowohl für Geschädigte als auch für Wettbewerbsbehörden einen Zugang zu beweiserheblichen Informationen bereitstellen kann.[1176]

Die Regulierung zeugt von einem fehlenden Verständnis, was einem KMU an Informationsfülle für den Beitritt zu einer Plattform zugemutet werden kann. Diese Heranziehung verwischt die Grenze zwischen unternehmerischer Entscheidung und der Einmischung in innerstaatliche Marktstrukturen, die – und so haben es die Gründer des Binnenmarktes auch erkannt – auf gänzlich unterschiedlichen Präferenzen und Anschauungen basieren. Eine nur relative Abhängigkeit von Online-Plattformdiensten, die es den KMU vereinfacht, positive Effekte der Digitalwirtschaft für die Ausbreitung des eigenen Dienstes zu nutzen, kann eine Binnenmarktregulierung nicht begründen. Auch der verwendete Begriff der „potenziell schädlichen Geschäftspraktiken“[1177] zeigt, dass die besondere Schwelle der missbräuchlichen Ausnutzung einer marktbeherrschenden Stellung, insbesondere im Hinblick auf den Zurechnungszusammenhang als notwendige Voraussetzung des Art. 102 AEUV, gerade nicht erreicht wurde und eine Unternehmensregulierung nicht in Betracht kommt.

Die teilweise Vereinheitlichung der Plattform-AGB ist nicht durchgehend einleuchtend und ist rechtlich bedenklich. Die Geltung beispielsweise deutschen AGB-Rechts kann dadurch umgangen werden, dass die Plattformbetreiber sowohl eine Derogation als auch im Hinblick auf die Rechtswahl eine für sie günstige Regelung vorformulieren. Dem ist schon deshalb keine marktmissbräuchliche Tragweite beizumessen, weil den Plattformnutzern in einer einfachen Form, beispielsweise auf der eigenen Unternehmenswebsite, vorbehalten

---

1173 *Höppner/Schulz*, ZIP 2019, 2331.

1174 *Höppner/Schulz*, ZIP 2019, 2329.

1175 So, wohl im Ergebnis auch: *Schweitzer*, ZEuP 2019, 10.

1176 *Höppner/Schulz*, ZIP 2019, 2335.

1177 VO (EU) 2019/1150 v. 20.6.2019 zur Förderung von Fairness und Transparenz für gewerbliche Nutzer von Online-Vermittlungsdiensten, ABl. EU L 186/57 v. 11.7.2019 – Erwägungsgrund (6).

bleibt, kollidierende AGB einzubeziehen.[1178] Nach der herrschenden Trennungstheorie führen widersprüchliche Rechtswahlklauseln zum Scheitern der Rechtswahl.[1179] Das Verwenden von nachteiligen AGB kann daher schon keine nur den finanziell großvolumigen Unternehmen vorbehaltene Stärke begründen. Mangels eines Handelshemmnisses oder einer spürbaren Wettbewerbsverzerrung kann eine Verordnung auf eine Rechtsangleichung, Art. 114 AEUV nicht gestützten werden, weil allenfalls eine abstrakte Gefahr von Wettbewerbsverzerrungen besteht, die eine begrenzte Einzelermächtigung nach Art. 114 AEUV nicht mehr begründen kann. Die Ausgestaltung der P2B-VO erinnert vielmehr an die Neuregelungen auf nationaler Ebene, insbesondere des § 18 Abs. 3 lit. a) Nr. 3 GWB, sodass der Eindruck entsteht, dass die „Case-Handler Stellung“ der Kommission verstärkt werden soll, weil sie sich der Beurteilung von Wettbewerbsbeschränkungen anhand der Art. 101 u. 102 AEUV und einer umfassenden Aufklärung aufgrund der weiten Formulierung[1180] des Primärrecht entziehen kann.

V. Künftige Ausrichtung

Insgesamt überzeugt die P2B-VO im Sinne einer Transparenzverordnung nicht gänzlich, um die adressierten Plattformdienste zu regulieren. Denn dem vermeintlichen Machtgefälle kann durch mildere Mittel begegnet werden, im Wege normativer Kodifizierung von Förderpflichten des Multi-Homings: Das sog. Multi-Homing beschreibt die Möglichkeit, andere Plattformdienste zu nutzen, die die gleiche oder ähnliche Dienstleistung anbieten. Multi-Homing hängt wiederum von den Wechselkosten ab, die je nach Art und Eigenschaft der Plattformen variieren, um einen reibungslosen Wechsel zu gewährleisten. Geringe Kosten sind auf dem Suchmaschinenmarkt zu verzeichnen,[1181] sodass es für Google-Nutzer leicht ist, Bing oder DuckDuckGo als Alternative zu verwenden.[1182] Die Regulierung erfolgt auf dieser Ebene jedoch zwischen dem Nutzer (Verbraucher) und dem Plattformbetreiber und nicht unbedingt

1178 Vgl. MüKoBGB/*Fornasier*, BGB vor § 305 Rn. 8 ff.: Sodass AGB kein wettbewerblicher Bezug zu entnehmen ist.

1179 MüKoBGB/*Spellenberg*, Rom I-VO Art. 10 Rn. 201.

1180 *Kerber*, Wirtschaftsdienst 2016 Jg. 96, Heft 4, 293: gestützt auf die Zusagepraxis der europäischen Kommission und der bereits bestehenden Kritik der Kompetenzüberschreitung der Kommission und ihrer Ausführorgane.

1181 *Haucap*, DICE Ordnungspolitische Perspektiven, 2012 (Nr. 32), 5.

1182 Paschke/Berlit/Meyer/Kröner – *Paschke*, Hamburger Kommentar Gesamtes Medienrecht, GWB § 18 Rn. 30.

zwischen dem KMU und dem Plattformbetreiber. Das liegt insbesondere daran, dass positive Netzwerkeffekte unmittelbar aufgrund der Nutzereffizienz von Suchenden entstehen, d.h. der Effizienz, die in der Handhabung der Suchmaschine vorliegt und welche die Nutzer erfahren. Sind Nutzereffekte nicht mehr derart vom Plattformbetreiber beeinflussbar, entsteht zwangsläufig ein positiver Effekt zwischen dem Plattformbetreiber und dem Unternehmer im Hinblick auf die P2B Beziehung. Eine Abhängigkeit der KMU zu den Plattformbetreibern wird durch ein effizientes Multi-Homing von Nutzern des Suchdienstes effizient und ohne unmittelbare Eingriffe in die privatrechtlichen Ausgestaltungen zwischen den Betroffenen, relativiert. Auf Plattformen sollte daher auch mit Plattformen reagiert werden. Eine disziplinierende Wirkung kann erst durch effiziente Konkurrenten geschaffen werden, wie es auch im Rahmen des Art. 102 AEUV anerkannt ist.

Durch die Stärkung des Multi-Homings kann die Reputationswirkung großer Plattformen abgeschwächt werden, Exklusivitätsverträge werden gegenstandslos und die Nutzung aller Plattformen wird erleichtert. Um ein höheres Multi-Homing zu erreichen, müssten für Nutzer positive Anreize geschaffen werden, sich auf mehreren Plattformen zu bewegen oder auf neue Plattformen auszuweichen. Förderlich kann dabei sein, Anreize zur Datensammlung zu minimieren und die Reputation anderer Plattformen durch Stärkung des Datenschutzes zu stärken.

Eine nur partielle Vollharmonisierung des Vertragsrechts führt dazu, dass die Einbeziehung und Inhaltskontrolle von AGB im Hinblick auf die Vorgaben der P2B-VO dem innerstaatlichen Recht vorbehalten bleibt. Es entsteht daher ein unübersichtlicheres Regelungskonstrukt, dessen Anwendung der europäische Gesetzgeber den KMU trotz der angenommenen schwachen „Macht" gegenüber den Plattformbetreibern gleichwohl zumutet.

Der „One-size-fits-all"-Ansatz der P2B-VO gilt auch gegenüber allen gewerbetreibenden Nutzern, sodass neben den KMU auch Unternehmen geschützt werden, die aufgrund ihrer Finanz- und Marktmacht nicht schutzbedürftig sind. Dies ist schwer erklärbar, wenn man sich den Fall vergegenwärtigt, dass eine neue Plattform in den Markt eintritt, die einem marktmächtigen Nachfrager gegenübersteht und gleichzeitig strengeren Offenbarungspflichten unterliegt.

C. Digital Market Acts

I. Einführung

Die EU-Kommission veröffentlichte am 15.12.2020 zwei Vorschläge für Verordnungen zur Digitalwirtschaft: den Digital Services Act und den Digital Markets Act. Der Digital Markets Act (DMA) ist am 1.11.2022 und der Digital Services Act ist am 16.11.2022 in Kraft getreten.[1183] Der Digital Services Act zielt auf ein harmonisiertes medienrechtliches Regime. Der persönliche Anwendungsbereich umfasst alle Internet Service Provider, die Dienste an Empfänger in der Union erbringen. Es soll für bestimmte Bereiche ein Verfahren ausgestaltet werden, welches auf Vermeidung und Entfernung illegaler Inhalte wie z.B. Hassrede, Kinderpornographie oder urheberrechtswidrigen Materials ausgerichtet ist.[1184] Vordergründig soll der Digital Services Act den aus dem Jahr 2000 stammenden Rechtsrahmen der E-Commerce-RL modernisieren.[1185]

Der Digital Markets Act (Gesetz über digitale Märkte[1186]) legt hingegen den Schwerpunkt auf „wirtschaftliche Ungleichgewichte, unlautere Geschäftspraktiken von Gatekeepern (Torwächter)[1187] und ihre negativen Folgen wie eine geschwächte Bestreitbarkeit auf den Plattformmärkten."[1188] Beide Regelungsregime sollen daher wegen der unterschiedlichen Zielsetzungen und Regelungsrahmen nebeneinander Geltung entfalten.[1189]

1183 VO (EU) 2022/1925 des Europäischen Parlaments und des Rates vom 14.9.2022 über bestreitbare und faire Märkte im digitalen Sektor und zur Änderung der RL (EU) 2019/1937 und (EU) 2020/1828 (Gesetz über digitale Märkte); Verordnung (EU) 2022/2065 des Europäischen Parlaments und des Rates vom 19. Oktober 2022 über einen Binnenmarkt für digitale Dienste und zur Änderung der Richtlinie 2000/31/EG (Gesetz über digitale Dienste).

1184 *Basedow*, ZEuP 2021, 217.

1185 *Paal/Kumkar*, NJW 2021, 815.

1186 *Kettemann/Schulz/Fertmann*, ZRP 2021, 138; *Paal/Kumkar*, NJW 2021, 815.

1187 *Gerpott*, NZKart 2021, 273.

1188 Vorschlag für eine VERORDNUNG DES EUROPÄISCHEN PARLAMENTS UND DES RATES über bestreitbare und faire Märkte im digitalen Sektor (Gesetz über digitale Märkte) 2020/0374 (COD), 15.12.2020, COM (2020) 842 final, 1. Kohärenz mit den bestehenden Vorschriften in diesem Bereich, S. 4.; Erwägungsgrund (3) VO (EU) 2022/1925 DMA.

1189 Vorschlag für eine VERORDNUNG DES EUROPÄISCHEN PARLAMENTS UND DES RATES über bestreitbare und faire Märkte im digitalen Sektor (Gesetz über digitale Märkte) 2020/0374 (COD), 15.12.2020, COM (2020) 842 final, 1. Kohärenz mit den bestehenden Vorschriften in diesem Bereich, S. 3; Erwägungsgrund (12) VO (EU) 2022/1925 DMA.

Auffallend ist in diesem Zusammenhang, dass die Kommission das neue Regelungsregime auf Art. 114 AEUV stützt, die Wettbewerbsregeln aber nicht auf Grundlage von Art. 103 AEUV zu modernisieren versucht.[1190] Nach Art. 103 Abs. 1, Abs. 2 lit. c) AEUV i.V.m. Art. 102 AEUV können auf Vorschlag der Kommission vom Rat und nach Anhörung des Europäischen Parlamentes, zweckdienliche Verordnungen oder Richtlinien zur Verwirklichung der in Art. 102 AEUV niedergelegten Grundsätze beschlossen werden. Dabei kann nach Art. 103 Abs. 2 lit. c) AEUV der Anwendungsbereich im Wege einer solchen Verordnung oder Richtlinie für die einzelnen Wirtschaftszweige näher bestimmt werden.

Durch den DMA soll ein weitreichenderer Regulierungsrahmen geschaffen werden, der über den allgemeinen leistungsbezogenen Standard des Wettbewerbsrechts, der, wie gezeigt, in Art. 102 AEUV verankert ist,[1191] hinausgeht.[1192] Begründet wird dies damit, dass die Mitgliedsstaaten auf die unlauteren Praktiken der Gatekeeper gegenüber den gewerblichen Nutzern unterschiedlich reagiert haben. Während vermehrt Mitgliedstaaten einen rechtlichen Rahmen geschaffen haben oder die Schaffung eines solchen beabsichtigen,[1193] unternehmen andere Mitgliedstaaten nichts.[1194]

Darüber hinaus soll der DMA auf der bestehenden P2B-Verordnung[1195] aufbauen und dadurch ein möglicher Widerspruch in der Regulierung vermieden

---

1190 Vorschlag für eine VERORDNUNG DES EUROPÄISCHEN PARLAMENTS UND DES RATES über bestreitbare und faire Märkte im digitalen Sektor (Gesetz über digitale Märkte) 2020/0374 (COD), 15.12.2020, COM (2020) 842 final, 2. Rechtsgrundlage, Subsidiarität und Verhältnismäßigkeit, S. 5; *Schweitzer,* ZEuP 2021, 507: Sieht die Wahl der Rechtssetzungsgrundlage als richtig an; die Wahl des Gesetzgebungsverfahrens ist wegen der Nähe zum Wettbewerbsrecht jedoch auf kritische Stimmen gestoßen.

1191 Vgl. Kap. 3.A., Kap. 3.E.II, Kap. 3.E.III.2.b., Kap. 3.E.III.c.aa.

1192 *Podszun/Bongartz/Langenstein*, EuCML 2021, 60.

1193 *Bueren/Wolf-Posch/Picht,* ZWeR 2021, 173; *Stäuber/Burger,* ZWeR 2021, 235; *Zäch/Tuchschmid,* ZWeR 2021, 217: So beispielsweise die Einführung und/oder Vorschlag für eine Kodifizierung von Verhaltenskontrollregeln für relative Marktmacht in der Schweiz, Österreich und Belgien.

1194 Vorschlag für eine VERORDNUNG DES EUROPÄISCHEN PARLAMENTS UND DES RATES über bestreitbare und faire Märkte im digitalen Sektor (Gesetz über digitale Märkte) 2020/0374 (COD), 15.12.2020, COM (2020) 842 final, 2. Rechtsgrundlage, Subsidiarität und Verhältnismäßigkeit – Begründung (1), S. 5; Erwägungsgrund (9), (7) VO (EU) 2022/1925 DMA.

1195 Verordnung (EU) 2019/1150 des Europäischen Parlaments und des Rates vom 20. Juni 2019 zur Förderung von Fairness und Transparenz für gewerbliche

werden. Das soll zunächst durch den Gleichlauf der Begriffsbestimmungen, wie beispielsweise der Begriffe Online-Vermittlungsdienste und Online-Suchmaschinen, beider Regelungsregime erfolgen.[1196] Art. 2 DMA. verweist für diese Begriffsbestimmungen auf die einschlägigen Regelungen in der P2B-Verordnung. Wie gezeigt,[1197] sind die Begriffe der P2B-VO zum Teil nicht hinreichend eindeutig definiert, was auch im Rahmen des DMA zu selbigen Auslegungsschwierigkeiten führen wird.

Ein wesentlicher Unterschied zur P2B-Verordnung wird bereits im Erwägungsgrund zu 1 aufgeführt: Es soll neben den in der P2B-Verordnung eingeführten Transparenz- und Fairnessvorschriften, die für alle dort adressierten Online-Plattformen unabhängig von ihrer Größe oder Position gelten, ein neues Regelungsregime für eine begrenzte Anzahl an grenzüberschreitenden Betreibern zentraler Plattformdienste, die für gewerbliche Nutzer wichtige Zugangstore zu Endnutzern darstellen, mit eindeutig definierten Verpflichtungen festgelegt werden. Für die Europäische Kommission soll auf diese Weise ein Durchsetzungsinstrument für den rechtlich erstmals definierten „Gatekeeper"[1198] zur Verfügung stehen.[1199]

Der DMA soll zudem das Datenschutzrecht nur ergänzen.[1200] Einerseits soll die Verpflichtung zur Transparenzschaffung im Hinblick auf „umfangreiche

---

Nutzer von Online-Vermittlungsdiensten (Text von Bedeutung für den EWR) (ABl. L 186 vom 11.7.2019, S. 57).

1196 Vorschlag für eine VERORDNUNG DES EUROPÄISCHEN PARLAMENTS UND DES RATES über bestreitbare und faire Märkte im digitalen Sektor (Gesetz über digitale Märkte) 2020/0374 (COD), 15.12.2020, COM (2020) 842 final, 1. Kontext und Vorschlag – Begründung (1), S. 4; vgl. Erwägungsgrund (6) u. (52) VO (EU) 2022/1925 DMA.

1197 Vgl. Kap. 4.B.III.1.

1198 *Zimmer/Göhsl*, ZWeR, 2021, 29.

1199 Vorschlag für eine VERORDNUNG DES EUROPÄISCHEN PARLAMENTS UND DES RATES über bestreitbare und faire Märkte im digitalen Sektor (Gesetz über digitale Märkte) 2020/0374 (COD), 15.12.2020, COM (2020) 842 final, 2. Rechtsgrundlage, Subsidiarität und Verhältnismäßigkeit – Begründung (1): Hier zeigt sich allerdings ein unterschiedliches Verständnis von dem Begriff der Zugangstore. Während die P2B-VO die Eigenart eines Zugangstors zu Nutzergruppen bereits im relativen Machtgefälle zu allen dort adressierten Plattformarten sieht, versteht der DMA diese Eigenschaft für nur zentrale Plattformdienste. Diese Divergenz ist nicht nachvollziehbar; vgl. Erwägungsgrund (1), VO (EU) 2022/1925 DMA.

1200 Vgl. zur Parallelregelung für das DSA: *Von Hagen/ Völzmann*, MMR 2022, 176.

Verbraucherprofile" die Durchsetzung der Datenschutz- Grundverordnung („DSGVO")[1201] fördern. Auf der anderen Seite soll die Verpflichtung zur Einräumung der Möglichkeit, die Verknüpfung von Daten unterschiedlicher zentraler Plattformdienste abzulehnen, das geschaffene Schutzniveau durch die DSGVO (nur) ergänzen. Insgesamt sollen Gatekeeper dafür sorgen, dass alle Regelungsregime nebeneinander eingehalten werden.[1202]

Art. 1 Abs. 6 DMA regelt, dass die Anwendung der Artikel 101 und 102 AEUV durch den DMA nicht berührt wird. In den Erwägungsgründen erfolgt hierzu zunächst nur eine kurze Erläuterung: Der DMA soll für diejenigen Fälle einschlägig sein, die nicht durch bestehende EU-Wettbewerbsvorschriften abgedeckt sind. Das ist für die Kommission insbesondere dann der Fall, wenn ein Gatekeeper keine beherrschende Stellung aufweist oder auf einem abgrenzbaren Markt eine Auswirkung auf den Wettbewerb nicht nachgewiesen werden kann.[1203] Dann stellt sich allerdings die Legitimationsfrage einer derart weitreichenden Verhaltensregulierung, wenn gewichtige Gründe für ein Einschreiten der Kartellbehörden nicht auf einem nachweisbaren, kartellwidrigen Verhalten beruhen. Einzig vertretbar erscheint eine Verhaltensregulierung vor dem Hintergrund, dass der DMA für Fälle einschlägig sein soll, in denen EU-Wettbewerbsvorschriften die unlauteren Praktiken von Gatekeepern nicht wirksam unterbinden können. Hierfür nennt die Kommission für das geltende Kartellrecht diejenigen Fälle, die mit einem langwierigen Untersuchungsverfahren einhergehen.[1204] Eine nähere Eingrenzung dieser Fälle, in welchen ein

---

1201 Verordnung (EU) 2016/679 des Europäischen Parlaments und des Rates vom 27. April 2016 zum Schutz natürlicher Personen bei der Verarbeitung personenbezogener Daten, zum freien Datenverkehr und zur Aufhebung der Richtlinie 95/46/EG (Datenschutz-Grundverordnung) (Text von Bedeutung für den EWR) (ABl. L 119 vom 4.5.2016, S. 1).

1202 Vorschlag für eine VERORDNUNG DES EUROPÄISCHEN PARLAMENTS UND DES RATES über bestreitbare und faire Märkte im digitalen Sektor (Gesetz über digitale Märkte) 2020/0374 (COD), 15.12.2020, COM (2020) 842 final, 2. Rechtsgrundlage, Subsidiarität und Verhältnismäßigkeit – Begründung (1); vgl. Erwägungsgrund (12), (36), (48) VO (EU) 2022/1925 DMA.

1203 Vorschlag für eine VERORDNUNG DES EUROPÄISCHEN PARLAMENTS UND DES RATES über bestreitbare und faire Märkte im digitalen Sektor (Gesetz über digitale Märkte) 2020/0374 (COD), 15.12.2020, COM (2020) 842 final, 2. Ergebnisse der Konsultationen – Begründung (1), S. 9: Dies ist insoweit widersprüchlich, als dass sich die Kommission im Rahmen des Art. 102 AEUV der Nutzerzahl zur Bestimmung der marktbeherrschenden Stellung bedient und diese Werte in den DMA implementiert.

1204 Ebenda.

Vorgehen nach Art. 102 AEUV zwar möglich, aber nicht effizient ist, erfolgt dabei nicht. Die Erwägungsgründe des DMA stellen in diesem Zusammenhang für den Regulierungsbedarf auf die Langwierigkeit der Verfahren ab, die durch die kartellrechtliche Ex-post-Betrachtung hervorgerufen werden.[1205] Maßstäbe nach denen sich genau entscheidet, nach welchen Vorschriften die Kartellbehörden ein Verfahren im Hinblick auf Art. 102 AEUV und dem DMA einleiten oder wann sie von einem Regelungsregime auf ein anderes übergehen, werden nicht erläutert.[1206]

Dies könnte damit zusammenhängen, dass noch keines der einschlägigen Kartellverfahren rechtskräftig abgeschlossen ist. Das vielmals für kartellrechtliche Untersuchungen mehrseitiger Märkte mit Bezug zur digitalen Plattformökonomik analysierte Verfahren der Europäischen Kommission gegen Intel aus 2009 wegen des Vorwurfs eines Missbrauchs einer marktbeherrschenden Stellung auf dem Markt für x86-Prozessoren, hat der EuGH aufgrund erheblicher beweisrechtlicher Fehler der Kommission und des EuG aufgehoben und das EuG zurückverwiesen.[1207] Das EuG hat die Entscheidung nach Verweisung aufgehoben.[1208]

Nachfolgend soll auf den Regulierungsrahmen des DMA näher eingegangen werden, um den materiellen Regelungsgehalt der neuen Bestimmungen in Anlehnung an Verfahren im Rahmen der originären Missbrauchskontrolle, zu erfassen. Eine besondere Rolle für die Lösungsmechanismen des DMA spielt dabei die neue Zielsetzung „Bestreitbarkeit der Märkte". Inwieweit ein geeigneter Regulierungsrahmen tatsächlich geschaffen werden konnte, wird im Anschluss bewertet.

1205 Vgl. Erwägungsgrund (5) VO (EU) 2022/1925 DMA und Vorschlag für eine VERORDNUNG DES EUROPÄISCHEN PARLAMENTS UND DES RATES über bestreitbare und faire Märkte im digitalen Sektor (Gesetz über digitale Märkte) 2020/0374 (COD), 15.12.2020, COM (2020) 842 final, 2. Rechtsgrundlage, Subsidiarität und Verhältnismäßigkeit – Begründung (1), S. 4; vgl. Erwägungsgrund (5) VO (EU) 2022/1925 DMA.

1206 In diesem Zusammenhang zu einem naheliegenden Verstoß gegen das Doppelverfolgungsverbot siehe ausführlich: *Harta*, NZKart 2022, 102–107.

1207 EuGH, Urt. v. 6.9.2017 – C-413/14, GRUR Int. 2018, 69 Rn. 102 ff. – *Intel*.

1208 EuG, Urt. v. 12.6.2014 – T-286/09, BeckRS 2014, 80984 Rn. 529–531 – *Intel/Kommission*.

II. Regulierungsrahmen und Regelungsgehalt

1. *Zielsetzungen*

a. *Einleitung – Fairness und Bestreitbarkeit der Märkte*

Mit dem DMA versucht die Kommission, neben dem bestehenden europäischen Wettbewerbsrecht eine neuartige Form der Ex-ante-Verhaltensregulierung[1209] für Gatekeeper von Online-Plattformdiensten zu implementieren.[1210]

Aus dem Kontext des Pflichtenkatalogs des DMA, dessen Erwägungsgründen und Zielsetzungen, stellt die Kommission die Bedeutsamkeit des Zugangs für den Verbraucher zu einer größeren Auswahl an Produkten und Dienstleistungen in den Vordergrund, die zugleich zur Steigerung der Effizienz und Wettbewerbsfähigkeit der Industrie führe. Als wesentliches Hindernis für diese Effizienzsteigerung werden insbesondere Betreiber zentraler Plattformdienste mit gleichzeitiger Gatekeeper Stellung angesehen, wobei folgende Kriterien hinzukommen müssen: „i) erhebliche Auswirkungen auf den Binnenmarkt, ii) ein oder mehrere wichtige Zugangstore zu Kunden und iii), die hinsichtlich ihrer Tätigkeiten über eine gefestigte und dauerhafte Position verfügen oder voraussichtlich bald verfügen werden“.[1211]

Fairness ist wie im Rahmen der P2B-VO eine der wesentlichen Bestrebungen der Kommission, die im Art. 1 Abs. 1 DMA ihren Ausdruck findet. Daneben tritt als weiteres wesentliches Ziel die „Bestreitbarkeit der Märkte“, Art. 1 Abs. 1 DMA. Beide Ziele bilden auch die Basis für das dritte Kapitel des Normenregimes, welches in Artikel 5, 6 und 7 DMA seine Ausprägung durch Auferlegung von Verpflichtungen gegenüber Gatekeepern findet.[1212]

Kriterien für die Definition von Märkten und Marktmachtbewertungen fehlen im Entwurf gänzlich.[1213] Der DMA ist motiviert, aufgespürte Defizite der

---

1209 *Schweitzer*, ZEuP 2021, 507.

1210 *Kerber*, ZD 2021, 544.

1211 Vorschlag für eine VERORDNUNG DES EUROPÄISCHEN PARLAMENTS UND DES RATES über bestreitbare und faire Märkte im digitalen Sektor (Gesetz über digitale Märkte) 2020/0374 (COD), 15.12.2020, COM (2020) 842 final, 2. Rechtsgrundlage, Subsidiarität und Verhältnismäßigkeit – Begründung (1), S. 1– 2; vgl. Erwägungsgrund (2), (7), (28), (31) VO (EU) 2022/1925 DMA.

1212 Vorschlag für eine VERORDNUNG DES EUROPÄISCHEN PARLAMENTS UND DES RATES über bestreitbare und faire Märkte im digitalen Sektor (Gesetz über digitale Märkte) 2020/0374 (COD), 15.12.2020, COM (2020) 842 final, 5. Weitere Angaben – Begründung (1), S. 44–46; vgl. Erwägungsgrund (2), (3), (6) (7), (13) VO (EU) 2022/1925 DMA.

1213 *Podszun/Bongartz/Langenstein*, EuCML 2021, 61.

Anwendungspraxis des Wettbewerbsrechts in vergangenen Verfahren zu beheben.[1214] Hierzu gehört u.a. die mit erheblichen Rechtunsicherheiten und Dauer behaftete Ex-post-Kontrolle des Art. 102 AEUV bzw. § 19 Abs. 2 Nr. 4 GWB.[1215]

Die neuen Zielsetzungen haben nicht nur eine Diskussion über die zutreffende Rechtsgrundlage für den DMA ausgelöst,[1216] sondern auch ob die Zielsetzungen durch den Pflichtenkatalog des DMA umsetzbar sind.[1217] Maßnahmen, die der Gatekeeper ergreifen muss, um den Verpflichtungen aus Art. 5, 6 u. 7 DMA nachzukommen, müssen nach Art. 8 Abs. 1 DMA dazu führen, dass die mit den jeweiligen Verpflichtungen verbundenen Zielsetzungen wirksam erreicht werden. Können die ergriffenen Maßnahmen die Verpflichtungen nach Art. 6 DMA aus Sicht der Kommission nicht erfüllen, so kann die Kommission nach Art. 8 Abs. 2 DMA per Beschluss den Gatekeepern erforderliche Maßnahmen auferlegen. Dabei obliegt der Kommission bei der Auferlegung von Maßnahmen insbesondere die Sicherstellung der Ziele des DMA, Art. 8 Abs. 7 DMA. Der DMA versucht diese Ziele jedoch mit zwei unterschiedlichen Instrumentarien zu erreichen und wirft daher ein konzeptionelles Problem der effektiven Umsetzung des DMA auf:

Vordergründig ist er auf einen Mechanismus der automatischen Geltung ausgelegt. Sämtliche Verpflichtungen gelten per se. Von den Unternehmen wird verlangt, dass sie den Pflichtenkatalog einhalten.[1218] Die effektive Einhaltung der Verpflichtungen gelingt nur dann, wenn die Zielsetzungen überhaupt umsetzbar sind. Dazu müssen die Verpflichtungen in Kohärenz zu den bestrebten Zielsetzungen sein. Aus diesem Grund soll nachfolgend auf die wesentlichen Aspekte der Zielsetzung der Bestreitbarkeit der Märkte näher eingegangen werden.

b. Bestreitbarkeit der Märkte – aus ökonomischer Perspektive

Eine wesentliche Stützte für den Regulierungsbedarf wird in der Erhaltung der Bestreitbarkeit digitaler Märkte gesehen. Der DMA enthält in seiner aktuellen Fassung keine genaue Definition der Bestreitbarkeit, obschon dieser Begriff die elementare Stützte des gesamten Regelungsregimes darstellt.

1214 *Schweitzer*, ZEuP 2021, 507.

1215 Vgl. *Körber*, in: Immenga/Mestmäcker, Band 3, 5. Aufl., 2. Teil. Sonderbereiche, VIII. Abschnitt. Telekommunikation Rn. 5.

1216 *Basedow*, ZEuP 2021, 217 ff.

1217 *Schweitzer*, ZEuP 2021, 511: *„Contestability"*; *Seip/Berberich*, GRUR Prax 2021, 47.

1218 *Podszun/Bongartz/Kirk*, NJW 2022, 3249 Rn. 16.

Den Begriff der Bestreitbarkeit verbinden Ökonomen mit der Theorie der bestreitbaren/angreifbaren Märkte,[1219] die auf Deregulierungen[1220] im Flugsektor in den 70er Jahren zurückzuführen ist. Erstmals im Jahr 1982 kam es durch Veröffentlichungen der Ökonomen William J. Baumol, John Panzer und Robert Willig zur Konkretisierung der Theorie.[1221] Sie befasst sich abseits von Deregulierungen[1222] mit der Einschränkung von Monopolverhalten auf einem natürlichen[1223] Monopolmarkt[1224] und ist nicht unumstritten.[1225]

Die klassische Form ökonomischer Betrachtung bildet die Theorie der vollständigen Konkurrenz,[1226] die den Ausgangspunkt jeder Wettbewerbsanalyse darstellt.[1227] Diese geht u.a. von einer „automatischen Marktstruktur“, freiem Marktzutritt und von vielen kleinen Anbietern mit jeweils geringem Marktanteil aus.[1228] Die Menge an Teilnehmern ist dabei so groß, dass Einzelne den Markt nicht beeinflussen können.

Zu den Merkmalen eines vollkommenen Marktes gehören insbesondere viele Anbieter und viele Nachfrager, Rationalität der Marktteilnehmer, Markttransparenz, Homogenität von Angebotsgütern etc. Ein vollkommener Markt ist in der Realität eher die Seltenheit und kaum anzutreffen, weshalb es sich um ein theoretisches Modell handelt. Es wird bereits dann von unvollständiger Konkurrenz (unvollkommener Markt) ausgegangen, sobald die andere Marktseite aus vielen kleinen Nachfragern besteht und jeder Nachfrager für sich genommen keinen Einfluss auf den Marktpreis hat. Dies ähnelt den Gegebenheiten auf mehrseitigen Plattformdiensten. Denn der eigentliche Mehrwert

---

1219 *Knieps*, Wettbewerbsökonomie, S. 28.

1220 *Fuchs,* in: Körber, Wettbewerbsbeschränkungen auf staatlich gelenkten Märkten, S. 9.

1221 Vgl. *Baumol/Panzar/Willig*, The American Economic Review 1982, Band 72, Nr. 1, 1 ff.

1222 *Knieps,* in: Knieps/Brunekreeft, Zwischen Regulierung und Wettbewerb: Netzsektoren in Deutschland, 2000, S. 9.

1223 *Körber*, in: Immenga/Mestmäcker, Band 3, 5. Aufl., 2. Teil. Sonderbereiche, VIII. Abschnitt. Telekommunikation Rn. 2.

1224 Vgl. hierzu im Kontext des Regulierungsrecht: *Säcker*, Schriftenreihe Kartell- und Regulierungsrecht, Freiheit durch Recht, Kapitel B.10. S. 642 ff.

1225 *Knieps*, Wettbewerbsökonomie, S. 28–29: *„contestable markets“*.

1226 *Brettschneider*, Der Staat 2015, Band 54, Heft 4, 507: Das Modell der vollständigen Konkurrenz als Basis der normativen Theorie der Regulierung.

1227 *Braulke*, WuW 12/1983, 946 ff.; *Knieps,* in: Knieps/Brunekreeft, Zwischen Regulierung und Wettbewerb: Netzsektoren in Deutschland, 2000, S. 9.

1228 *Brettschneider*, Der Staat 2015, Band 54, Heft 4, 507.

des Plattformdienstes entsteht aus dem Zusammenspiel direkter und/oder indirekter Netzwerkeffekte,[1229] wofür im selben Netzwerk und/oder dem weiteren Netzwerk eine gewisse Nutzeranzahl der Plattform eingebunden werden muss.[1230] Wie aufgezeigt,[1231] können in innovativen Technologiemärkten Netzwerkeffekte mit einem Erstanbietervorteil (sog. „first mover advantage") zu einer besonderen Stellung im Markt führen, sodass aus Sicht der Nachfrager keine Alternativen bestehen,[1232] wie im Falle der KMU zu bestimmten Plattformanbietern.

Aufgrund der Bedeutung von Netzwerkeffekten wird für die hier vorliegende Analyse insbesondere der Grundsatz fehlender unfreiwilliger Austauschbeziehungen relevant, d.h. der Abwesenheit technologischer, externer Effekte, die für einen vollkommen Markt wesentlich ist.[1233]

Während die Theorie der vollständigen Konkurrenz für einen effizienten Markt stets von dem Bestehen einer Vielzahl von Anbietern auf einem wettbewerbsorientierten Markt ausgeht,[1234] greift die Theorie der bestreitbaren Märkte diejenigen Branchen auf, die beispielsweise einem vergleichsweise kleinen Markt angehören, auf dem es gerade nicht effizient wäre, eine Vielzahl von Anbietern erzwingen zu wollen. Auf diesen Märkten soll die Vielzahl von Anbietern in der Modellierung daher nicht unterstellt werden, um potentielle Auswirkungen abzubilden.[1235]

Der gewählte Ansatz der Theorie der bestreitbaren Märkte besteht vielmehr darin, ein bestreitbares bzw. angreifbares Marktumfeld in dieser Art von Märkten zu schaffen.[1236] Die Theorie der bestreitbaren Märkte geht grundsätzlich von der Beständigkeit natürlicher Monopole aus. Daher rechtfertige das Vorhandensein eines natürlichen Monopols eine Regulierung des Sektors nicht in jedem Fall,[1237] „solange die Handlungsfreiheit des Monopolisten durch potentiellen Wettbewerb hinreichend eingeschränkt ist".[1238]

1229 Siehe hierzu näher Kap. 2.B.II.

1230 *Basedow,* ZEuP 2021, 217 ff.

1231 Vgl. Kap. 3.E.II.1.b.

1232 *Scholz,* in: Wiedemann KartellR-HdB, § 22 Das Verbot des Missbrauchs marktbeherrschender Stellungen im EU-Kartellrecht (Art. 102 AEUV) Rn. 44.

1233 *Brettschneider,* Der Staat 2015, Band 54, Heft 4, 508.

1234 *Brettschneider,* Der Staat 2015, Band 54, Heft 4, 507.

1235 *Braulke,* WuW 12/1983, 947.

1236 *Knieps,* Wettbewerbsökonomie, S. 28–29: *„contestable markets"*.

1237 *Knieps,* Wettbewerbsökonomie, S. 29.

1238 *Körber,* in: Immenga/Mestmäcker, Band 3, 5. Aufl., 2. Teil. Sonderbereiche, VIII. Abschnitt. Telekommunikation Rn. 5.

Die Struktur zweiseitiger Märkte wurde erstmals anhand von lokalen Zeitungsmonopolen untersucht, wodurch die Untersuchung bereits auf wesentlichen Aspekten mehrseitiger (analoger) Märkte beruht.[1239] Die Betrachtung der Theorie der Bestreitbarkeit von Märkten, die auf natürliche Monopole ausgerichtet ist, überrascht daher im Zusammenhang mit der Regulierung von mehrseitigen Online-Plattformmärkten nicht.

Damit ein Markt bestreitbar ist, müssen Markteintritt frei und Marktausstieg kostenfrei möglich sein. Freier Eintritt meint dabei, dass dem neuen Konkurrenten keine Kostennachteile im Vergleich mit dem etablierten Monopolunternehmen entstehen dürfen. Nicht gemeint ist damit, dass der Marktzutritt kostenlos oder leicht ist.[1240] Mit freiem Zugang ist ferner gemeint, dass potentielle Konkurrenten keine Nachteile gegenüber Abnehmern haben und der uneingeschränkte Zugriff mit denselben technologischen Ressourcen wie im Markt befindlichen Firmen ermöglicht wird. Aus Verbrauchersicht muss das Produkt des neuen Marktteilnehmers dem des etablierten gleichen.[1241]

Wesentlich ist daher, dass allein die Möglichkeit kostenloser Markteintritte und Marktaustritte das Verhalten der im Markt befindlichen Unternehmen beeinflusst. Folge ist, dass das Marktgleichgewicht in vollständig bestreitbaren Märkten frei von Ineffizienz ist. Diese Folge beruht darauf, dass Unternehmen im Marktgleichgewicht zu den geringstmöglichen durchschnittlichen Gesamtkosten produzieren und folglich keine weitere Effizienzsteigerung mehr zu erreichen ist. Dies leuchtet ein, wenn man bedenkt, dass neue Wettbewerber keine „Eintrittskosten" haben. Dadurch sind sie flexibler in der Preisgestaltung, da sie sich nicht um Markteintrittskosten kümmern müssen, so beispielsweise aufgrund etwaiger Produktionskosten basierend auf Ressourcenknappheit oder kleiner Produktionsmengen.[1242]

Hierdurch unterscheidet sich ein angreifbarer Markt von einem „hit-and-run entry", denn selbst kleine vorübergehende Gewinne des aktiven Anbieters setzen Anreize für den Marktzutritt potenzieller Anbieter. Hierdurch wird die benannte Preisflexibilität gewährleistet und ist zugleich Voraussetzung für potenzielle Anbieter die aktiven Marktakteure unterbieten können. Ein potenzieller Anbieter kann die Profitabilität seines Eindringens auf Grundlage der herrschenden Preise berechnen.[1243] Das ist die unmittelbare Folge davon, dass

---

1239 *Blair/Romano*, Southern Economic Journal 1993, Band 59, Nr. 4, 721 ff.

1240 *Braulke*, WuW 12/1983, 947.

1241 *Knieps*, Wettbewerbsökonomie, S. 29 ff.

1242 *Mankiw/Taylor*, Grundzüge der Volkswirtschaftslehre, 2021, S. 471 ff.

1243 *Knieps*, Wettbewerbsökonomie, S. 29.

keinerlei spezifische Kosten durch Markteintritt und Austritt entstehen. Sobald ein etabliertes Unternehmen supernormale Profite macht, wird der potenzielle Anbieter in den Markt einsteigen und einen Preiswettbewerb auslösen. Allein diese beständige Gefahr der Bestreitbarkeit der Marktposition des Monopolisten, begrenzt die Gefahr von Monopolrenditen und eine aus volkswirtschaftlicher Sicht ineffizienten Produktionsmenge aufgrund der Monopolstellung.[1244]

Zusammenfassend dürfen Monopole nur reguliert werden, wenn sie resistent gegen Marktzutritt sind. Das ist dann der Fall, wenn Markzutrittsbarrieren den Marktzutritt verhindern bzw. erschweren. Sind Monopole nach den oben genannten Kriterien bestreitbar, so führt schon potenzieller Wettbewerb zu effizienten Ergebnissen. In bestreitbaren Märkten werden Monopole daher zu effizienter Produktion quasi gezwungen.

c. *Rechtliche Zielsetzungen der Bestreitbarkeit im Regulierungssektor der digitalen Plattformökonomik*

Wettbewerbliche Wirkungen konglomerater Fusionen werden in spezifischen Bereichen der digitalen Ökonomie häufig mit der Problematik der angreifbaren Märkte beleuchtet. Scheint es das zentrale Ziel der Übernahme eines Tech-Start-Ups durch einen Tech-Riesen eher zu sein, ein Plattform-Ökosystem[1245] zu schaffen und weniger, einen potentiellen Wettbewerber zu übernehmen, so kann nicht ausgeschlossen werden, dass ein anfänglich komplementäres Produkt sich zu einem Substitut des Tech-Riesen entwickelt hat. Facebook beispielsweise kann aufgrund seiner ausgereiften Technologien erkennen, welche Apps erfolgreich sind. Unternehmen werden oft vor die Wahl gestellt, von Facebook übernommen zu werden oder Gefahr zu laufen, dass Facebook eine direkte Kopie auf den Markt bringt. Das Risiko, mit einem Tech-Giganten auf demselben Terrain zu konkurrieren, hat unmittelbaren Einfluss auf die Investitionsentscheidungen von Risikokapitalgebern.[1246] Auf diese Weise kann die Anwesenheit von Tech-Giganten wie Facebook Einfluss auf die Entscheidungsfindung potentieller Konkurrenten für das „Ob" eines Markteintritts in bestimmte technologische Märkte sein, die nicht dem Kernmarkt von Facebook angehören.

1244 *Braulke*, WuW 12/1983, 947.

1245 Teilweise auch als „walled garden" bezeichnet, vgl. *Haus/Weusthof*, WUW 2021, 323.

1246 *Khan*, Columbia Law Review, Band 119, Nr. 4, 2019, 979–980.

Die beschriebene Art von Übernahmen kann langfristig zu nicht mehr angreifbaren Marktpositionen der Tech-Riesen führen.[1247] Negative Auswirkungen auf die Innovationstätigkeit können die unmittelbare Folge solcher Übernahmen sein:[1248] Sind die beteiligten Unternehmen auf denselben sachlich und räumlich relevanten Märkten aktiv, ist es häufig ineffizient, eine parallele kostenintensive Forschung für Innovationen nach dem Zusammenschluss zu betreiben.[1249]

In Anlehnung an die Fusionskontrolle wird der Begriff der Bestreitbarkeit der Märkte, anders als der ökonomische Begriff,[1250] nicht so weit verstanden, dass Regulierungen grundsätzlich nicht möglich oder gänzlich ausgeschlossen sind. Vielmehr beruht die so verstandene Bestreitbarkeit nicht unmittelbar auf einer Nichtregulierung der Märkte.[1251] Positiv ausgedrückt, kann die Bestreitbarkeit der Märkte erst auf Regulierungsmaßnahmen zurückzuführen sein. Ausgangspunkt ist dabei, dass jede einmal erlangte Machtposition bestreitbar sein muss.[1252]

Das vorgestellte ökonomische Grundmodell der vollständigen Konkurrenz,[1253] welches auch im Regulierungsrecht als Grundlage für normative Ausgestaltung für die Schaffung von Wettbewerb fungiert,[1254] kann aus rechtswissenschaftlicher Sicht Einfluss auf ein Regulierungsvorhaben begründen,[1255] soweit ein Marktversagen vorliegt.[1256] Für die Regulierungsgestaltung können wiederum ökonomische Aspekte maßgebend sein, wie beispielsweise

---

1247 *Schwalbe/Zimmer*, Kartellrecht und Ökonomie 2021, S. 736; *Podszun/Kersting*, ZRP 2019, 38.

1248 Vorschlag für eine VERORDNUNG DES EUROPÄISCHEN PARLAMENTS UND DES RATES über bestreitbare und faire Märkte im digitalen Sektor (Gesetz über digitale Märkte) 2020/0374 (COD), 15.12.2020, COM (2020) 842 final, 5. Weitere Angaben, S. 23, Erwägungsgrund 26; vgl. Erwägungsgrund (71) VO (EU) 2022/1925 DMA.

1249 *Künstner*, in: Handbuch Fusionskontrolle, 2020, Kap. 2, Rn. 489; *Wen/Zhu*, Strategic Management Journal, Band 40, Heft 9, 1331 ff.

1250 Vgl. *Körber*, in: Immenga/Mestmäcker, Band 3, 5. Aufl., 2. Teil. Sonderbereiche, VIII. Abschnitt. Telekommunikation Rn. 5.

1251 *Podszun/Bongartz/Langenstein*, EuCML 2021, 67.

1252 *Schweitzer*, in: Körber/Kühling, Regulierung – Wettbewerb – Innovation, S. 292.

1253 Vgl. Kap. 4.A.II.

1254 Vgl. *Dohms*, in: Wiedemann KartellR-HdB, § 35 Unternehmen nach Art. 106 AEUV Rn. 667, m.W.N.

1255 *Brettschneider*, Der Staat 2015, Band 54, Heft 4, 509.

1256 *Brettschneider*, Der Staat 2015, Band 54, Heft 4, 508.

technologische, externe Effekte, deren Abwesenheit für einen vollkommen Markt wesentlich ist.[1257]

Die Erwägungsgründe zu den Zielsetzungen des DMA haben es vermieden, positive indirekte Netzwerkeffekte als entweder auch negative oder pekuniäre externe Effekte zu qualifizieren.[1258] Auf Basis der Annahme eines vollkommenen Wettbewerbs können pekuniäre Effekte, die Auswirkungen des Wettbewerbs auf Preise und Marktverhältnisse darstellen, einen Regulierungsbedarf nicht per se begründen,[1259] insbesondere weil externe Effekte an sich allgegenwärtig sind.[1260] Die Existenz von Netzwerkeffekten oder hohe Marktanteile sind keine zwingende Indikation für eine Fehlfunktion des Wettbewerbs.[1261] Ein Marktversagen wird im DMA auf Grundlage der gewonnenen Erkenntnisse in vergangenen kartellrechtlichen Verfahren im Bereich digitaler Plattformmärkte richtigerweise nicht unmittelbar angenommen.

Während Art. 102 AEUV in seinen Zielsetzungen vorrangig an das Fehlen wirksamen Leistungswettbewerbs anknüpft,[1262] die Monopolbildung also gerade nicht verbietet, ist der DMA danach ausgerichtet, gegen eine dauerhafte Marktstellung im digitalen Sektor[1263] und Monopoltendenzen anzukämpfen, die mit einer unvollkommenen Angreifbarkeit einhergehen. Durch den Verzicht der genauen Einordnung der regulierten Branchen als natürliche Monopole mit hohen Fix- und niedrigen Grenzkosten in Anlehnung an die ökonomische Betrachtungsweise,[1264] entsteht eine Abkehr von der Betrachtung der Unternehmensstruktur, wie sie im Wettbewerbsrecht klassisch ist, hin zu einer Verhaltensregulierung. Anders ausgedrückt, ging man früher von einer Deregulierung staatlicher Monopole aus, so scheint im digitalen Sektor die

---

1257 Vgl. Kap. 4.A.II.

1258 Zu den Begrifflichkeiten siehe näher: *Brettschneider*, Der Staat 2015, Band 54, Heft 4, 510 ff.

1259 *Brettschneider*, Der Staat 2015, Band 54, Heft 4, 512.

1260 *Brettschneider*, Der Staat 2015, Band 54, Heft 4, 513.

1261 *Esser*, in: FS Wiedemann, S. 287.

1262 *Säcker*, Schriftenreihe Kartell- und Regulierungsrecht, Freiheit durch Recht, Kapitel B.9 S. 605.

1263 Vorschlag für eine VERORDNUNG DES EUROPÄISCHEN PARLAMENTS UND DES RATES über bestreitbare und faire Märkte im digitalen Sektor (Gesetz über digitale Märkte) 2020/0374 (COD), 15.12.2020, COM (2020) 842 final, 5. Weitere Angaben, S. 26, Erwägungsgrund 39; vgl. Erwägungsgrund (15) VO (EU) 2022/1925 DMA

1264 Vgl. allgemein zu Kriterien für einen Regulierungssystem: *Khan*, Columbia Law Review, Band 119, Nr. 4, 2019, 1026.

Deregulierung privater Akteure das Ziel zu sein. Dies zeigt insbesondere die Anknüpfung an eine Gatekeeper Stellung eines Unternehmens, die losgelöst von einem bestimmten Sektor ist. „Digitaler" Sektor ist kein eigenständiger Wirtschaftszweig.

Dem Unionsgesetzgeber steht in seiner rechtspolitischen Gestaltungsentscheidung im Rahmen seiner Normgebungskompetenz ein weiter Ermessensspielraum in Form einer Einschätzungsprärogative zu.[1265] Die Ausübung dieser Einschätzungsprärogative muss der europäische Gesetzgeber jedoch i.S.d. Art. 296 Abs. 2 AEUV hinreichend begründen.[1266] Die Zielsetzung der Bestreitbarkeit der Märkte beschränkt sich im Wesentlichen jedoch auf den Inhalt, die Bestreitbarkeit auf betreffenden Diensten sicherzustellen.[1267] Gewährleistet werden soll also nur die Bestreitbarkeit zentraler Plattformdienste,[1268] obschon der vergangene Machtwechsel auf diesen Märkten eine abstrakte Angreifbarkeit der Marktposition gerade indiziert.[1269]

Die dauerhafte, unvollkommene Bestreitbarkeit eines digitalen Plattformdienstes wird darüber hinaus in der Gefahr eines Tippings, ohne empirische oder durch ein rechtskräftig abgeschlossenes kartellrechtliches Verfahren bewiesene Grundlage, gesehen.[1270] Das Kippen eines Marktes ist allerdings nicht grundsätzlich Ausdruck eines Marktversagens oder gar eines missbräuchlichen Verhaltens. Es kann vielmehr Ausdruck einer besonderen Effizienz eines

---

1265 *Pache*, in: Pechstein/Nowak/Häde, Frankfurter Kommentar EUV/GRC/AEUV, EUV Art. 5 Rn. 101 ff.

1266 *Pache*, in: Pechstein/Nowak/Häde, Frankfurter Kommentar EUV/GRC/AEUV, EUV Art. 5 Rn. 102.

1267 Vorschlag für eine VERORDNUNG DES EUROPÄISCHEN PARLAMENTS UND DES RATES über bestreitbare und faire Märkte im digitalen Sektor (Gesetz über digitale Märkte) 2020/0374 (COD), 15.12.2020, COM (2020) 842 final, 5. Weitere Angaben, S. 23, Erwägungsgrund 27; Erwägungsgrund (28) VO (EU) 2022/1925 DMA.

1268 Vorschlag für eine VERORDNUNG DES EUROPÄISCHEN PARLAMENTS UND DES RATES über bestreitbare und faire Märkte im digitalen Sektor (Gesetz über digitale Märkte) 2020/0374 (COD), 15.12.2020, COM (2020) 842 final, 5. Weitere Angaben, S. 25, Erwägungsgrund 36; Erwägungsgrund (2) VO (EU) 2022/1925 DMA.

1269 Vgl. BGH, Beschl. v. 23.6.2020 – KVR 69/19, GRUR 2020, 1318 Rn. 52 – *Facebook*.

1270 Vorschlag für eine VERORDNUNG DES EUROPÄISCHEN PARLAMENTS UND DES RATES über bestreitbare und faire Märkte im digitalen Sektor (Gesetz über digitale Märkte) 2020/0374 (COD), 15.12.2020, COM (2020) 842 final, Erwägungsgrund 26; Erwägungsgrund (25), (26) VO (EU) 2022/1925 DMA.

einzelnen Unternehmens in einer spezifischen Branche oder einer herausragenden Technologie sein. Die Effizienz kann dadurch entstehen, dass die Plattform in der Lage ist, alle denkbaren Netzwerkeffekte im Markt zu internalisieren, was sich in einem natürlichen Ergebnis eines Gewinners des Wettbewerbs ausdrücken kann.[1271] Das Tipping von Märkten ist wettbewerbspolitisch daher nicht zu beanstanden.[1272]

Im Kern betrifft der Pflichtenkatalog des DMA zum überwiegenden Teil nicht das Horizontalverhältnis, was der Theorie der Bestreitbarkeit der Märkte immanent ist, sondern wie die P2B-VO zumeist das Verhältnis zwischen dem Plattformbetreiber und den auf der Plattform agierenden gewerblichen Nutzern. Gewerbliche Nutzer gelangen ohne Nachteile und insbesondere ohne eine monetäre Gegenleistung an den Nutzerstamm zentraler Plattformdienste, um unter Ausnutzung des Vertriebskanals diese auf den für sich günstigeren Vertriebskanal zu lenken.[1273] Dies kann im Kern einer mittelbaren Zerschlagung gleichkommen, soweit dem Geschäftsmodell, wie beispielsweise Transaktionsplattformen, vollständig die Basis entzogen wird, weil Transaktionsgebühren vollständig ausbleiben. Dies kann auf lange Sicht dazu führen, dass Suchkosten im Internet für Verbraucher wieder zunehmen, da vermehrt Intermediären die Basis für ihr Geschäftsmodell entzogen wird. Die Theorie der Bestreitbarkeit von Märkten hat, wie gezeigt, jedoch gerade nicht zur Grundlage, dass der Marktzutritt für jegliche Teilnehmer kostenlos oder leicht ist.[1274]

Bußgeldbewehrte Zugangs- und Informationsansprüche, Ge- und Verbote sollen die Bestreitbarkeit der Märkte fördern, indem die Eintrittskosten auf diese Weise für Wettbewerber gesenkt werden. Die faktische Effektivität der Vorgehensweise ist zweifelhaft. Die Erwägungsgründe setzen sich mit konkreten Folgen für konkrete Märkte nicht auseinander. Zudem gefährden Überwachungen von Verhaltensweisen stets die Innovationsgeschwindigkeit von Unternehmen.[1275]

1271 *Esser*, in: FS Wiedemann, S. 287.

1272 *Esser*, in: FS Wiedemann, S. 288, m.W.N.

1273 Vgl. Vorschlag für eine VERORDNUNG DES EUROPÄISCHEN PARLAMENTS UND DES RATES über bestreitbare und faire Märkte im digitalen Sektor (Gesetz über digitale Märkte) 2020/0374 (COD), 15.12.2020, COM (2020) 842 final, 5. Weitere Angaben, S. 26, Erwägungsgrund 38; nichts anderes kann auch dem Erwägungsgrund 39 entnommen werden, wenn es um die Bestreitbarkeit im digitalen Sektor geht, weil auch dahingehend keine Spezifizierung erfolgt; Erwägungsgrund (39), (40) VO (EU) 2022/1925 DMA.

1274 Vgl. Kap. 4.C.II.1.

1275 *Khan*, Columbia Law Review, Band 119, Nr. 4, 2019, 1022.

Das Ziel der Bestreitbarkeit der Märkte drückt allenfalls deutlich genug aus, dass selbst die allgegenwärtige Bedrohung der Marktposition durch direkte Konkurrenten von zentralen Plattformdiensten eingeschränkt werden soll. Diese potentielle Bedrohung soll nicht dazu führen, dass Marktteilnehmer genötigt sind, ihre Tätigkeit auf Märkte zu verlagern, die nicht vom Markteintritt zentraler Plattformdienste betroffen sind.[1276] Vielmehr sollen potentielle Konkurrenten geneigt sein, in den gegenständlichen Plattformsektor einzutreten, um die Voraussetzungen für eine spürbare Dekonzentration zu schaffen.

Nichtsdestotrotz bleibt das Konzept des DMA vage und spiegelt kein klares wettbewerbsökonomisches Konzept[1277] wider, dessen Vorliegen die Kommission in der wettbewerbsrechtlichen Praxis stets betont hat und für die kartellrechtliche Anwendungspraxis höhere Hürden geschaffen hat.[1278]

Die Gefahr einer unscharfen Zielsetzung kann dazu führen, dass der Wettbewerb im Ergebnis nicht gefördert wird, sondern ineffiziente Wettbewerber schützt, was im Marktgeschehen zu höheren Preisen, schlechteren Produkten und weniger Innovation führen kann. Das marktwirtschaftliche Leistungsprinzip ist allerdings dadurch gekennzeichnet, dass Unternehmen eine marktbeherrschende Stellung anstreben, was als Motivation jedem wettbewerblichen Handeln zugrunde liegt.[1279] Daher hätte es im Hinblick auf die Zielsetzung der Bestreitbarkeit von Märkten im digitalen Sektor, einer Präzisierung bedurft, inwieweit der Druck, den (auch) möglicherweise ineffiziente Konkurrenten auf Gatekeeper ausüben können, den Wettbewerbsprozess gerade in digitalen Märkten nichtsdestotrotz schützen kann, in dem Sinne, dass neue Konkurrenten in dynamischen Märkten das Potenzial haben, aber Zeit brauchen, um Effizienz zu erreichen. Denn Art. 102 AEUV entfaltet gegenüber ebenso effizienten Wettbewerbern auch abseits der strengen Erfordernisse der Bronner-Entscheidung den Schutz vor Marktverschließung.

Problematisch bleibt insbesondere, dass der sich herausgebildete Standard auf digitalen Plattformen bereits als Quasi-Standard etabliert haben könnte,[1280]

1276 Vgl. in diesem Zusammenhang zum Verhältnis zwischen App-Entwickler und Google, Händler und Amazon: *Khan*, Columbia Law Review, Band 119, Nr. 4, 2019, 1019.

1277 *Thomas*, ZIIR 2020, 243.

1278 Kommission, Prioritätenmitteilung, ABl. 24.2.2009, Nr. C 45/7, Rn. 1 ff.

1279 *Esser*, in: FS Wiedemann, S. 288.

1280 *Mai/Oelmann*, IWP Discussion Paper, Nr. 2001/1, 20 ff.

weshalb eine ex-ante Verhaltensregulierung durch den DMA bereits zu spät kommt und es eines anderen Ansatzes bedurft hätte.[1281]

2. *Rechtsgrundlage, Art. 114 AEUV*

a. *Legitimation einer Sektorregulierung des digitalen Binnenmarktes*

Die aufgezeigten Problemstellungen rund um die Zielsetzungen des DMA führten zu Folgeproblemen im Hinblick auf die richtige Wahl der normativen Grundlage für eine derartige „Sektorregulierung". Kritik hat die Wahl der Kommission hinsichtlich des Vorschlags erfahren, den DMA auf ihre Rechtsangleichungskompetenz[1282] des Art. 114 AEUV zu stützen.[1283] Zur „Vereinheitlichung" des Binnenmarktes wurde der DMA im Sinne dieser Norm eingeführt.[1284] Trotz der vermeintlich klaren und einfachen Begründung der durch die Europäische Kommission angenommenen Fragmentierung des digitalen Binnenmarktes, stellte sich unweigerlich die Frage, weshalb die Kommission Art. 103 AEUV überhaupt nicht oder zumindest nicht ergänzend anwendete.[1285]

Folge ist ein ungelöstes Spannungsverhältnis der Legitimation des europäischen Gesetzgebers, welches zur Umgehung des Einstimmigkeitsprinzips in Art. 352 AEUV weitreichendere Überlegungen angestoßen hat. Wegen der aufgezeigten Möglichkeit, Regelungen auf Art. 114 AEUV zu stützen, hat das Bundeswirtschaftsministerium am 21.09.2021 ein von ihm beauftragtes Rechtsgutachten über die Rechtsgrundlage des DMA veröffentlicht. Das Rechtsgutachten „Article 114 TFEU as a Legal Basis for Strengthened Control of Acquisitions by Digital Gatekeepers" untersucht, ob die Einführung einer schärferen Zusammenschlusskontrolle für Gatekeeper auf Artikel 114 AEUV gestützt

---

1281 Zur Theorie bestreitbarer Märkte und ihren Folgen für die Regulierung siehe näher: *Mai/Oelmann*, IWP Discussion Paper, Nr. 2001/1, 10 ff.

1282 *Schweitzer*, in: Zimmer/Kühling, Neue Gemeinwohlherausforderungen – Konsequenzen für Wettbewerbsrecht und Regulierung, S. 43.

1283 *Basedow*, ZEuP 2021, 217–226; Befürwortend für eine teilweise Anwendung: *Haus/Weusthof*, WuW 2021, 318 ff.

1284 Vorschlag für eine VERORDNUNG DES EUROPÄISCHEN PARLAMENTS UND DES RATES über bestreitbare und faire Märkte im digitalen Sektor (Gesetz über digitale Märkte) 2020/0374 (COD), 15.12.2020, COM (2020) 842 final, 2. Rechtsgrundlage, Subsidiarität und Verhältnismäßigkeit – Begründung (1)., S. 5; Erwägungsgrund (6) VO (EU) 2022/1925 DMA.

1285 *Podszun/Bongartz/Langenstein*, EuCML 2021, 60.

werden kann, ohne eine Änderung der EU-Fusionskontrollverordnung, die auf dem Einstimmigkeitsprinzip beruht.[1286]

Hintergrund der Überlegung einer verschärften Zusammenschlusskontrolle für digitale Märkte ist, dass der DMA nicht in der Lage ist, systematische Aufkäufe (sog. „Killer-Acquisitions") kleinerer Start-Ups durch die digitalen Gatekeeper zu unterbinden.[1287] Systematische Aufkäufe führen aus ökonomischer Sicht zu enormen Risiken für den Wettbewerb und Innovationen auf digitalen Märkten, weil sie Konglomerate begünstigen und strukturelle Veränderungen herbeiführen, die im Nachgang nur schwer aufzulösen sind. Bislang blieben diese Übernahmen seitens der Wettbewerbsbehörden entweder ungeprüft oder wurden bedingungslos genehmigt. Dies deutet auf eine Lücke in der Fusionskontrolle hin, die es zu schließen gilt.[1288]

Diese Dynamik, eine Sektorregulierung auch auf weitere Säulen des Wettbewerbsrechts für digitale Gatekeeper auszuweiten, zeigt das Gewicht der kritischen Auseinandersetzung.

aa. Art. 114 AEUV

Schweitzer sieht die Rechtfertigung der Wahl der Rechtsgrundlage in dem Argument, dass zwar beide Regelungsregime den fairen und unverfälschten Wettbewerb gleichsam als Zielrichtung haben, jedoch nicht unbedingt „im Sinne des Wettbewerbsrechts".[1289] Die Abkehr von den zwingenden Erfordernissen Markt und marktbeherrschende Stellung sei eine weitergehende Zielrichtung, die den ausschlaggebenden Unterschied ausmache.[1290]

bb. Art. 103 AEUV

In der Abkehr von dem Erfordernis des Marktes und der Marktmacht[1291] sieht Basedow die Wahl der Rechtsgrundlage des Art. 114 AEUV als nicht überzeugend an. Die Kennzeichnung als Gatekeeper in Art. 3 DMA konkretisiert nichts anderes als die Marktbeherrschung im Sinne des Art. 102 AEUV. Aus

---

1286 Franck/Monti/de Streel, Rechtsgutachten, „Article 114 TFEU as a Legal Basis for Strengthened Control of Acquisitions by Digital Gatekeepers", S. 4.

1287 Franck/Monti/de Streel, Rechtsgutachten, „Article 114 TFEU as a Legal Basis for Strengthened Control of Acquisitions by Digital Gatekeepers", S. 5.

1288 Franck/Monti/de Streel, Rechtsgutachten, „Article 114 TFEU as a Legal Basis for Strengthened Control of Acquisitions by Digital Gatekeepers", S. 4.

1289 *Schweitzer*, ZEuP 2021, 511.

1290 *Schweitzer*, ZEuP 2021, 509–511.

1291 *Schweitzer*, ZEuP 2021, 509 ff.

diesem Grund hätte diese Konkretisierung der Adressatenstellung bereits auf Art. 103 Abs. 2 lit. c) gestützt werden müssen.[1292] Nach dieser Norm kann der Anwendungsbereich des Artikel 102 AEUV für die einzelnen Wirtschaftszweige näher bestimmt werden. Sind also – wie nach Basedow – der Begriff der Marktbeherrschung und Gatekeeper in ihrem Inhalt gleich, kann das neue Regelungsregime nicht auf Art. 114 AEUV gestützt werden,[1293] da im Bereich der Wettbewerbspolitik zumindest Art. 103 AEUV parallel zu Art. 114 AEUV angewendet wird.[1294]

b. Stellungnahme

Im Kern dreht sich die kritische Auseinandersetzung um die Frage, ob die Streichung des normativen Erfordernisses einer Marktabgrenzung ein vom Wettbewerbsrecht unabhängiges Regime für digitale Gatekeeper auf Basis von Art. 114 AEUV so uneingeschränkt rechtfertigen kann.

Aus der Perspektive des europäischen Primärrechts kann das sekundärrechtliche Wettbewerbsrecht nicht Teil der Wettbewerbsverfassung sein.[1295] Die Ziele des DMA sind allerdings eng mit denen des klassischen Wettbewerbsrechts verwandt. Die Streichung des Erfordernisses einer Marktabgrenzung verlagert die Schwerpunktsetzung auf den Schutz des Wettbewerbs als solchem.[1296] Es ist jedoch nicht nachvollziehbar, wie aus der Streichung zwingender primärrechtlicher Erfordernisse eine weitreichendere Zielrichtung auf der Sekundärebene werden kann. Die Abkehr von den Erfordernissen Markt und marktbeherrschende Stellung stellt nicht, wie von Schweitzer gefolgert, eine weitergehende Zielrichtung, sondern einen Verzicht auf die Leistungsbezogenheit des Wettbewerbsprozesses dar, wenn Marktprozesse nicht hinreichend bestimmt werden. Hierfür ist eine Marktabgrenzung, die erst die Bestimmung der Marktverhältnisse ermöglicht, ausschlaggebend. Zum anderen bezieht sich Bestreitbarkeit der Märkte auf die Struktur und die inhärenten Merkmale der relevanten Märkte. Diese finden im DMA keinen Niederschlag.

1292 Eine Aufspaltung des Regelungsregimes auf Art. 114 AEUV einerseits und auf Art. 103 AEUV andererseits scheint vor diesem Hintergrund nur schwer vertretbar, weil die Gatekeeperstellung das ausschlagende Kriterium für etwaige Pflichten nach Art. 5 u. 6 DMA ist, für diesen Ansatz jedoch vgl. *Haus/Weusthof,* WuW 2021, 318 ff.

1293 *Basedow,* ZEuP 2021, 222.

1294 Calliess/Ruffert/*Korte,* AEUV Art. 114 Rn. 158.

1295 *Müller,* in: FS Roth, S. 507.

1296 *Podszun/Bongartz/Langenstein,* EuCML 2021, 60.

Obschon in diesem Zusammenhang das Argument, der digitale Sektor sei als ein Ganzes von Natur aus grenzüberschreitend,[1297] zutrifft, kann eine gewollte Vollharmonisierung als abschließende Regelung auf Grundlage von Art. 114 nicht über die Zielsetzung der Art. 101 und 102 AEUV hinausgehen, es sei denn über Art. 352 AEUV kommt es zu einer Einstimmigkeitsentscheidung,[1298] arg. e contrario Art. 352 Abs. 3 AEUV. Zielsetzungen des DMA, wie „Offenhaltung und Bestreitbarkeit der Märkte“ sind richtigerweise ebenso Ziele des Wettbewerbsrechts.[1299]

Das Argument, die Abkehr von dem Erfordernis des Marktes und damit der Marktmacht sei eine weitergehende Zielrichtung, die den ausschlaggebenden Unterschied zu den Zielrichtungen der Art. 101 u. 102 AEUV ausmache,[1300] verfängt nicht. Dem Argument ist entgegenzuhalten, dass es sich um eine nicht mehr vom Anwendungsbereich des Art. 114 Abs. 1 AEUV erfasste Regelung handelt, da sie mit der Konsequenz einhergeht, dass die Überwachung des Erreichens einer Monopolstellung ermöglicht wird, die Art. 102 AEUV gerade nicht sanktioniert.[1301] Denn digitale Gatekeeper-Stellungen werden überhaupt – so auch die Kommission – erst ab einer gewissen Marktkonzentration relevant. Die benannten Zielsetzungen des DMA sind daher gerade nicht nur ein aliud, welches die Anwendung des Art. 114 AEUV rechtfertigen könnte, sondern ein Mehr zu den Zielsetzungen des Art. 101 und 102 AEUV. Sie sind in der Lage, auch nicht effiziente Wettbewerber zu schützen, indem sie sich von zu bestimmenden Märkten loslösen.

Allenfalls wäre daher die gewählte Rechtsgrundlage des Art. 114 AEUV damit zu rechtfertigen, dass die Interventionsschwelle für Tipping-geneigte Märkte, bei denen eine einmal erfolgte Monopolisierung, wie sie bei Online-Plattformdiensten zu beobachten ist,[1302] kaum noch rückgängig gemacht

---

1297 Vorschlag für eine VERORDNUNG DES EUROPÄISCHEN PARLAMENTS UND DES RATES über bestreitbare und faire Märkte im digitalen Sektor (Gesetz über digitale Märkte) 2020/0374 (COD), 15.12.2020, COM (2020) 842 final, 2. Rechtsgrundlage, Subsidiarität und Verhältnismäßigkeit – Begründung (1)., S. 5; Erwägungsgrund (1) VO (EU) 2022/1925 DMA.

1298 *Schweitzer*, ZEuP 2021, 509–511.

1299 *Schweitzer*, ZEuP 2021, 509; vgl. Kap. 3.A.

1300 *Schweitzer*, ZEuP 2021, 509–511.

1301 Zu der Konsequenz der Winner-take-it-all Märktes, siehe näher: *Podszun/Bongartz/Langenstein*, EuCML 2021, 60.

1302 *Mohr*, EuZW 2019, 265; *Podszun/Bongartz/Langenstein*, EuCML 2021, 60.

werden kann, niedriger sein muss.[1303] Ein tatsächliches Vorliegen von Tipping und eine hierdurch unangreifbare Monopolstellung kann allerdings nur im Rahmen einer Marktuntersuchung durch die Kommission festgestellt werden,[1304] und setzt begrifflich eine Marktabgrenzung voraus. Ein unwiderleglicher Erfahrungssatz, dass Plattformen stets zum Tipping neigen, besteht nicht.

In der Abkehr von dem Erfordernis des Marktes und der Marktmacht[1305] normiert der DMA inhaltlich ausschließlich Ausführungsvorschriften im Hinblick auf die Adressatenstellung und Verhaltenspflichten nach Art. 102 AEUV, die de lege lata bereits bestehen. Dies soll durch die weitere Untersuchung nachfolgend näher erläutert werden.

3. *Anwendungsbereich – „Gatekeeper Stellung"*

Der Prüfung der Eingriffsbefugnisse der Kommission ist in zwei Stufen aufgebaut: die Adressatenstellung, die an eine Gatekeeper-Stellung knüpft und sich an die Gatekeeper-Stellung anknüpfende Ge- und Verbote.[1306] Das wohl wesentliche Merkmal der Verordnung ist daher die sog. Gatekeeper Stellung.

An vielen Stellen wird in den Erwägungsgründen versucht, die Gatekeeper-Stellung zu umschreiben. Ohne nähere Konkretisierung des Geschäftsmodells wird die Gatekeeper-Stellung dann angenommen, wenn ein Betreiber eines zentralen Plattformdienstes erhebliche Auswirkungen auf den Binnenmarkt hat.[1307] Hierdurch erwächst der Eindruck, beide Begrifflichkeiten, die des Gatekeepers und des zentralen Plattformdienstes, würden synonym verstanden oder würden anhand selbiger Kriterien beurteilt.

Art. 1 abs. 2 DMA bietet hierzu eine definitorische Abhilfe, indem er den Geltungsbereich des DMA für „zentrale Plattformdienste, die Torwächter

---

1303 Vorschlag für eine VERORDNUNG DES EUROPÄISCHEN PARLAMENTS UND DES RATES über bestreitbare und faire Märkte im digitalen Sektor (Gesetz über digitale Märkte) 2020/0374 (COD), 15.12.2020, COM (2020) 842 final, 5. Weitere Angaben – Begründung (25), S. 24; Erwägungsgrund (26), (36), (48) VO (EU) 2022/1925 DMA.

1304 Ebenda.

1305 *Schweitzer,* ZEuP 2021, 509–511.

1306 *Basedow,* ZEuP 2021, 219.

1307 Vorschlag für eine VERORDNUNG DES EUROPÄISCHEN PARLAMENTS UND DES RATES über bestreitbare und faire Märkte im digitalen Sektor (Gesetz über digitale Märkte) 2020/0374 (COD), 15.12.2020, COM (2020) 842 final, 5. Weitere Angaben – Begründung (1), S. 14; Erwägungsgrund (11), (23), (31), (73), (75) VO (EU) 2022/1925 DMA.

bereitstellen oder anbieten, […]“ für anwendbar erklärt. Beide Begriffe sind daher so zu verstehen, dass zunächst ein zentraler Plattformdienst vorliegen muss und erst mit Hinzutreten einer Gatekeeper(Torwächter)-Stellung der (personelle) Anwendungsbereich insgesamt eröffnet ist.[1308] Dies wird systematisch durch Art. 2 Nr. 1 und 2 DMA untermauert. Nr. 1 bezeichnet einen Betreiber zentraler Plattformdienste als Torwächter der nach Art. 3 näher konkretisiert wird. Nr. 2 enthält in a) – j) Dienste, die als zentrale Plattformdienste verstanden werden.[1309]

Kapitel II Art. 3 DMA enthält in Abs. 1 Bedingungen, die kumulativ vorliegen müssen, um einen Betreiber eines zentralen Plattformdienstes als Torwächter (Gatekeeper) zu qualifizieren. In Abs. 1 wird ein Betreiber dann als Torwächter qualifiziert, wenn er a) erheblichen Einfluss auf den Binnenmarkt hat, b) einen zentralen Plattformdienst bereitstellt (Art. 2 Nr. 2 DMA), der als wichtiges Zugangstor für gewerbliche Nutzer[1310] zu Endnutzern dient und c) hinsichtlich seiner Tätigkeiten eine gefestigte und dauerhafte Position innehat oder wenn absehbar ist, dass er eine solche Position in naher Zukunft erlangen wird, Art. 3 Abs. 1 lit. a) – c).[1311]

Der rechtlich bedeutsame Punkt liegt im Art. 3 Abs. 2 DMA: Er enthält eine widerlegbaregesetzlicheVermutungfürdasBesteheneiner„Gatekeeper“-Stellung

---

1308 Vorschlag für eine VERORDNUNG DES EUROPÄISCHEN PARLAMENTS UND DES RATES über bestreitbare und faire Märkte im digitalen Sektor (Gesetz über digitale Märkte) 2020/0374 (COD), 15.12.2020, COM (2020) 842 final, 5. Weitere Angaben – Begründung (1), S. 39; Erwägungsgrund (3), (14), (16), (18), (19) – (27) VO (EU) 2022/1925 DMA.

1309 Vorschlag für eine VERORDNUNG DES EUROPÄISCHEN PARLAMENTS UND DES RATES über bestreitbare und faire Märkte im digitalen Sektor (Gesetz über digitale Märkte) 2020/0374 (COD), 15.12.2020, COM (2020) 842 final, 5. Weitere Angaben – Begründung (1), S. 39 – 40; Erwägungsgrund (3), (14), (16), (18), (19) – (27) VO (EU) 2022/1925 DMA.

1310 VO DMA, 5. Weitere Angaben – Begründung (1), S. 41: Art. 2 Nr. 17 definiert den Begriff als: Eine natürliche oder juristische Person, die im Rahmen einer geschäftlichen oder beruflichen Tätigkeit zentrale Plattformdienste zum Zweck der im Zuge der Bereitstellung von Waren oder Dienstleistungen für Endnutzer nutzt; vgl. Erwägungsgrund (6), (15), (17), (20), (24) VO (EU) 2022/1925 DMA.

1311 Vorschlag für eine VERORDNUNG DES EUROPÄISCHEN PARLAMENTS UND DES RATES über bestreitbare und faire Märkte im digitalen Sektor (Gesetz über digitale Märkte) 2020/0374 (COD), 15.12.2020, COM (2020) 842 final, 5. Weitere Angaben – Begründung (1), S. 41; Erwägungsgrund (15) VO (EU) 2022/1925 DMA.

i.S.d. Abs. 1, wenn die quantitativen Schwellenwerte erreicht sind. Für die jeweiligen Voraussetzungen in Abs. 1 a) – c) werden in Abs. 2 a) – c) Kriterien aufgestellt, wann eine solche Indizwirkung vorliegt:[1312]

Ein erheblicher Einfluss auf den Binnenmarkt ist nach Abs. 1 a) indiziert, wenn das Unternehmen, in jedem der drei vergangenen Geschäftsjahre im Europäischen Wirtschaftsraum einen Jahresumsatz von mindestens 7,5 Mrd. EUR erzielt hat, oder wenn die durchschnittliche Marktkapitalisierung oder ein entsprechender Marktwert des Unternehmens im vergangenen Geschäftsjahr mindestens 75 Mrd. EUR betrug und es in mindestens drei Mitgliedstaaten denselben zentralen Plattformdienst bereitstellt. Das Kriterium in Abs. 1 b), dass ein Unternehmen als Torwächter angesehen wird, wenn es einen zentralen Plattformdienst bereitstellt, der gewerblichen Nutzern als wichtiges Zugangstor zu Endnutzern dient, sieht Abs. 2 b) als indiziert an, sobald der Betreiber eines zentralen Plattformdienstes im vergangenen Geschäftsjahr mehr als 45 Millionen in der Union niedergelassene oder aufhältige monatlich aktive Endnutzer und mindestens 10 000 in der Union niedergelassene jährlich aktive gewerbliche Nutzer hatte. Hierfür wird auf die durchschnittliche Zahl der Endnutzer abgestellt, die während des überwiegenden Teils des vergangenen Geschäftsjahres monatlich auf dem Plattformdienst aktiv waren.[1313]

Für das letzte Kriterium nach Abs. 1 c), dass es sich bei der Tätigkeit des Unternehmens um eine gefestigte und dauerhafte Position handeln muss, oder absehbar ist, dass es eine solche Position in naher Zukunft erlangen wird, wird auf den zeitlichen Faktor von drei Geschäftsjahren im Hinblick auf die Schwellenwerte in Abs. 2 b) abgestellt.[1314]

Zusammenfassend handelt es sich daher um quantitative Schwellenwerte, die als Größenordnung dazu dienen, eine Gatekeeper-Stellung ohne qualitative Bestimmung von Marktmacht zu bestimmen. Eine Marktabgrenzung erfolgt nicht. Daher wird auch auf die Feststellung einer marktbeherrschenden Stellung verzichtet, eine Prüfung der Auswirkungen der adressierten Verhaltensweisen im Einzelfall sowie die Möglichkeit der Effizienzeinrede werden

1312 Ebenda.

1313 Vorschlag für eine VERORDNUNG DES EUROPÄISCHEN PARLAMENTS UND DES RATES über bestreitbare und faire Märkte im digitalen Sektor (Gesetz über digitale Märkte) 2020/0374 (COD), 15.12.2020, COM (2020) 842 final, 5. Weitere Angaben – Begründung (1), S. 42; Erwägungsgrund (18), (19) VO (EU) 2022/1925 DMA.

1314 Ebenda.

vollständig aus dem Regelungsrahmen herausgenommen.[1315] Grund hierfür ist, dass Effizienzgewinne für die Benennung der Plattformdienstbetreiber als Gatekeeper keine Rolle spielen.[1316]

In systematischer Hinsicht ähnelt der Ansatz nichtsdestotrotz der Prüfung des Art. 102 AEUV insoweit, als dass für die Adressatenstellung Rechtfertigungsgründe keine Rolle spielen, sondern erst bei den missbräuchlichen Verhaltensweisen berücksichtigt werden. So wird sichergestellt, dass der personelle Anwendungsbereich greift, ohne, dass es zu zeitlichen Verzögerungen durch das Vorbringen von Rechtfertigungsgründen führt. Auffallend bleibt jedoch, dass Verhaltenspflichten ausschließlich an die Gatekeeper-Stellung anknüpfen, in anderen Bereichen des Wirtschaftsrechts die Vermeidung von Interessenkonflikten jedoch für alle Akteure gilt, wie beispielsweise im Rahmen der DSG-VO.[1317]

Nicht überzeugend ist die pauschale Anknüpfung an die benannte Marktkapitalisierung, Art. 3 Abs. 2 lit. a) DMA. Sie berücksichtigt nicht das wesentliche Merkmal eines Torwächters. Dieses liegt in dem Gefahrpotential, dass der Zugang zu großvolumigen Märkten strukturiert wird.[1318] Dies folgt jedoch aus der Gewinnerzielung auf den Plattformen durch gewerbliche Nutzer, nicht des Plattformbetreibers.

Der DMA versucht dagegen, eine Verknüpfung zwischen Nutzeranzahl und Marktkapitalisierung zu schaffen. Wie das Verhältnis der Bezugsgröße[1319]

1315 Vorschlag für eine VERORDNUNG DES EUROPÄISCHEN PARLAMENTS UND DES RATES über bestreitbare und faire Märkte im digitalen Sektor (Gesetz über digitale Märkte) 2020/0374 (COD), 15.12.2020, COM (2020) 842 final, 5. Weitere Angaben – Begründung (25), S. 23; so im Ergebnis auch die *Monopolkommission*, Policy Brief der Monopolkommission vom 07.2021, S. 2; Erwägungsgrund (23) VO (EU) 2022/1925 DMA.

1316 Vorschlag für eine VERORDNUNG DES EUROPÄISCHEN PARLAMENTS UND DES RATES über bestreitbare und faire Märkte im digitalen Sektor (Gesetz über digitale Märkte) 2020/0374 (COD), 15.12.2020, COM (2020) 842 final, 5. Weitere Angaben – Begründung (25), S. 23; Erwägungsgrund (23) VO (EU) 2022/1925 DMA.

1317 *Basedow*, ZEuP 2021, 219.

1318 Zum anderen ist die unklare Verlagerung der *Finanzkraft* auf den Gatekeeper unklar, da erst die geringe Finanzkraft der Mittbewerber in Fällen vertikaler Behinderungsmissbräuche Relevanz aufweist, vgl.: EuGH, Urt. v.17.2.2011 –C-52/09, EuZW2011, 339 Rn. 40 – *Konkurrensverket / TeliaSonera Sverige AB* – hier liegt daher bereits keine einen Regulierungsbedarf begründende Tatsache vor; *Khan*, Columbia Law Review, Band 119, Nr. 4, 2019, 977.

1319 *Heidel/Illner*, in: Hirte/Heidel, Das neue Aktienrecht, AktG § 111b Rn. 66 ff.

„Nutzeranzahl" so pauschal zur Marktkapitalisierung steht, wird nicht begründet. Die Nutzeranzahl gewerblicher Nutzer in Verbindung mit der Marktkapitalisierung kann zwar bei Transaktionsplattformen ein Indiz für eine Torwächter-Stellung sein, weil sich aus dem Transaktionsvolumen der Gewinn generieren lässt. Dies ist jedoch nicht für alle Plattformbetreiber verallgemeinerungsfähig. Für Transaktionsplattformen wäre die Bezugsgröße der Anzahl gewerblicher Nutzer ausreichend, da es bei Transaktionsplattformen vorrangig auf das Transaktionsvolumen der gewerblichen Nutzer ankommt. In diesem Zusammenhang bleibt auch unklar welchen Einfluss eine Neu- und Umverteilung von Nutzern auf die Gatekeeper-Stellung hat.

4. *Normative Verpflichtungen für Gatekeeper*

Der DMA unterscheidet zwischen selbstausführenden Vorschriften und konkretisierungsbedürftigen Vorschriften, die wiederum so weit wie möglich selbstausführend sein sollen. Selbstausführend kann eine Pflicht nur dann sein, wenn sie ohne die Regulierungsbehörde umsetzbar ist und nicht Interessen Dritter oder Umstände des Einzelfalls berücksichtigen muss. Je größer der Ermessensspielraum ist, umso eher bewegt sich die Vorschrift weg von einer selbstausführenden Norm. Der Gatekeeper muss daher normativ in die Lage versetzt werden, durch technisch genaue Gestaltungslösungen solche Verpflichtungen einseitig umzusetzen. Für die Adressatenstellung, die definitorisch auf die P2B-VO verweist, ist dies, wie gezeigt,[1320] nicht gegeben. Inwieweit und in welchem Umfang dies für etwaige Verpflichtungen tatsächlich gelungen ist, wird nachfolgend für einschlägige Geschäftspraktiken näher beleuchtet.

a. *Kopplungsverbot, Art. 5 Abs. 2 lit. b) DMA*

Art. 5 Abs. 2 lit. b) DMA enthält ein weitgefasstes Verbot der Zusammenführung von personenbezogenen Daten der Endnutzer, außer „wenn dem Endnutzer diesbezüglich gemäß der Verordnung (EU) 2016/679 eine Wahl gegeben wurde und er eingewilligt hat". Begründet wird dies damit, dass das Zusammenführen von Endnutzerdaten aus unterschiedlichen Quellen aufgrund der Anhäufung von Daten dem Gatekeeper potenzielle Vorteile verschafft, „wodurch die Zugangsschranken höher werden."[1321] Im Kern sollen daher durch

---

1320 Vgl. Kap. 4.B.III.1.

1321 Vorschlag für eine VERORDNUNG DES EUROPÄISCHEN PARLAMENTS UND DES RATES über bestreitbare und faire Märkte im digitalen Sektor (Gesetz über digitale Märkte) 2020/0374 (COD), 15.12.2020, COM (2020) 842 final,

Datennetzwerkexternalitäten entstehende Marktzutrittsschranken zumindest abgeschwächt werden.

Unklar ist in diesem Zusammenhang, was genau unter Zusammenführen von Daten zu verstehen ist. Zusammenführen ist bereits vom Sprachgebrauch her nicht lediglich eine Anhäufung. Art. 4 Nr. 2 DS-GVO benennt für die Verarbeitung von personenbezogenen Daten zwar nicht das Zusammenführen von Daten, jedoch kennt es den Begriff des Verknüpfens. Die englische Version spricht im DMA von to combine und auch die englische Sprachfassung der DS-GVO nutzt für das Verknüpfen den Begriff combination. In diesem Sinne meint Verknüpfen eine Zusammenführung von (personenbezogenen) Daten über einen Betroffenen aus mehreren Dateisystemen, aber auch die Verknüpfung von Daten mehrerer Betroffener über ein verbindendes Merkmal.[1322] Eine Verknüpfung von Daten ist also nur ein Bestandteil der Verarbeitung i.S.d. Art. 4 Nr. 2 DS-GVO, sodass beispielsweise das bloße Abgleichen von Daten oder das in Erwägung 36 missverständlich aufgeführte Anhäufen, wenn z.B. ein User auf mehreren Plattformen aktiv ist, nicht untersagt ist. Denn der DMA spricht nicht im Allgemeinen von Verarbeiten. Die separate Auswertung der Daten und die Speicherung hieraus nutzbringend gewonnener Informationen ist daher nicht verboten. Im Ergebnis stellt die Regelung nichts anderes als eine Sperre für eine Datenverknüpfung auf Grundlage des Art. 6 Abs. 1 S. 1 lit. f.) DS-GVO dar.[1323]

Dieses Verbot der Zusammenführung von Daten nach Art. 5 Abs. 2 lit. b) DMA können Plattformdienste umgehen, indem sie eine mit weniger personenbezogenen Daten verbundene Alternative (sog. „Opt-in"-Lösung) anbieten und für eine Erweiterung des Dienstes eine ausdrückliche Einwilligung für die Zusammenführung der Daten einholen.[1324] So können sie Nutzer in den Plattformdienst einschließen und im nächsten Schritt die Verfolgung gewährleisten.

---

5. Weitere Angaben – Begründung (36), S. 26; Erwägungsgrund (25), (32), (36), (46) VO (EU) 2022/1925 DMA.

1322 Paal/Pauly/*Ernst*, 3. Aufl. 2021, DS-GVO Art. 4 Rn. 31–32.

1323 Vgl. zu den einzelnen Verarbeitungskonstellationen: *Hoffmann/Schmidt*, GRUR 2021, 679 ff.

1324 Vorschlag für eine VERORDNUNG DES EUROPÄISCHEN PARLAMENTS UND DES RATES über bestreitbare und faire Märkte im digitalen Sektor (Gesetz über digitale Märkte) 2020/0374 (COD), 15.12.2020, COM (2020) 842 final, 5. Weitere Angaben – Begründung (36), S. 26; Erwägungsgrund (36), (37) VO (EU) 2022/1925 DMA.

Begreift man die Regelung als eine zusätzliche datenschutzrechtliche Einwilligung, treten die gleichen Probleme wie bei anderen Einwilligungen auf:[1325] An dieser Stelle wird dem privacy paradox[1326] nicht hinreichend Beachtung geschenkt. Auf den Verbraucher kommt nunmehr eine größere Informationsflut zu, die er schon jetzt kaum bewerkstelligen kann.

Hinzukommt, dass Gatekeeper in der Lage sind, durch geschicktes Design der Plattform die Wahl zur Zustimmung zu erleichtern. Zwar soll diese Wahlmöglichkeit dem Endnutzer „proaktiv auf explizite, klare und überschaubare Weise präsentiert werden", die genaue Ausgestaltung bleibt jedoch unklar.[1327] Zu solchen Maßnahmen könnte auch gehören, die Nutzung des Basisdienstes zu einem Preis bereitzustellen und den Volldienst unentgeltlich anzubieten.[1328] Verbraucher wären geneigt den Volldienst in Anspruch zu nehmen und dabei eine umfassende Einwilligung in personenbezogene Daten zu gewähren, die das Zusammenführen von Daten auch aus Drittdiensten ermöglicht.

Die konkrete Ausgestaltung des Plattformdienstes im Hinblick auf die Einholung einer umfassenden Einwilligung, führt daher dazu, dass die Gefahr besteht, dass sich Streitfragen verlagern, insbesondere im Hinblick darauf, wann eine „mit weniger personenbezogenen Daten verbundene Alternative" besteht und welche Daten hierzu „notwendig" sind, um diesen Dienst zu nutzen. Von einer selbstausführenden Norm kann vor diesem Hintergrund nicht mehr die Rede sein.[1329]

Ob diese Regelung überhaupt zum Abbau von Marktzutrittsschranken geeignet sein kann, ist zweifelhaft. Ein spürbarer positiver Effekt kann allenfalls dann auftreten, wenn ein hinreichend großer Teil der Endnutzer des Plattformdienstes ihre Einwilligung nicht erteilen.[1330]

b. Datennutzung zu Wettbewerbszwecken

Für alle Arten von Daten[1331] enthält Art. 6 Abs. 2 DMA eine eigenständige Regelung. Untersagt ist im Wesentlichen, nicht öffentlich zugängliche Daten,

---

1325 *Kerber*, ZD 2021, 546 ff.; *Podszun*, GRUR Int. 2022, 197 ff.

1326 Vgl. Kap. 3.E.I.2.c.bb.

1327 *Kerber*, ZD 2021, 546 ff.

1328 Vgl. *Podszun*, GRUR Int. 2022, 197 ff. m.W.A.

1329 So wohl auch im Ergebnis: *Podszun*, GRUR Int. 2022, 197 ff.

1330 *Kerber*, ZD 2021, 546 ff.

1331 Vgl. Vorschlag für eine VERORDNUNG DES EUROPÄISCHEN PARLAMENTS UND DES RATES über bestreitbare und faire Märkte im digitalen Sektor (Gesetz über digitale Märkte) 2020/0374 (COD), 15.12.2020, COM (2020) 842 final, 5. Weitere Angaben – Begründung (43), S. 28–29.

die durch Tätigkeiten von gewerblichen Nutzern der zentralen Plattformdienste, einschließlich der Tätigkeiten von Endnutzern dieser gewerblichen Nutzer, generiert oder von diesen gewerblichen Nutzern ihrer zentralen Plattformdienste oder von den Endnutzern dieser gewerblichen Nutzer bereitgestellt werden, im Wettbewerb mit diesen gewerblichen Nutzern zu verwenden. Solche Daten unterliegen daher einer Verwendungsbeschränkung. Erwägungsgründe 45–47 des DMA weisen drauf hin, dass solche Probleme in unterschiedlichen Konstellationen auch bei Werbediensten eine besondere Rolle spielen können.[1332] Dabei ist insbesondere das Verhältnis zu Art. 5 Abs. 2 lit. a) DMA problematisch:

Art. 6 Abs. 2 DMA bezieht sich grundsätzlich auf Fälle des datengetriebenen Marktmachttransfers. Das Gefahrpotential folgt aus der Doppelrolle des Gatekeepers, in Geschäftsbereiche der gewerblichen Nutzer seiner Plattform einzudringen. Es wird davon ausgegangen, dass die im Zusammenhang mit Transaktionen auf der Plattform generierten Daten dem Plattformbetreiber einen unfairen Wettbewerbsvorteil liefern, wenn er dieselben Dienstleistungen oder Produkte für dieselben Endkunden der gewerblichen Nutzer anbietet,[1333] d.h. in Drittmärkte vordringen will. Das Verwendungsverbot bezieht sich daher auf die Verwendung von Daten aus der gemeinsamen Nutzerbeziehung mit gewerblichen Nutzern. Dies ist eine typische Konstellation bei reinen Transaktions- oder Vermittlungsplattformen wie dem Online-Marktplatz von Amazon.[1334]

Unklar ist an dieser Stelle, wann der Plattformdienstbetreiber diese Daten „im Wettbewerb mit diesen gewerblichen Nutzern verwendet“, also ein Drittmarkt vorliegt. Wie gezeigt,[1335] ist die Abgrenzung zwischen einem möglichen Basis- und Kerndienst bei werbefinanzierten sozialen Netzwerken kaum

1332 Erwägungsgrund (45) – (47) VO (EU) 2022/1925 DMA; vgl. Vorschlag für eine VERORDNUNG DES EUROPÄISCHEN PARLAMENTS UND DES RATES über bestreitbare und faire Märkte im digitalen Sektor (Gesetz über digitale Märkte) 2020/0374 (COD), 15.12.2020, COM (2020) 842 final, 5. Weitere Angaben – Begründung (44), S. 29; *Kerber*, ZD 2021, 546 ff.

1333 Erwägungsgrund (45) – (47) VO (EU) 2022/1925 DMA; vgl. Vorschlag für eine VERORDNUNG DES EUROPÄISCHEN PARLAMENTS UND DES RATES über bestreitbare und faire Märkte im digitalen Sektor (Gesetz über digitale Märkte) 2020/0374 (COD), 15.12.2020, COM (2020) 842 final, 5. Weitere Angaben – Begründung (43), S. 28–29.

1334 *Kerber*, ZD 2021, 546 ff.

1335 Vgl. Kap. 3.E.I.2.c.

möglich. Weitestgehend unproblematisch ist die Unterscheidung bei einer Transaktionsplattform. Deren Geschäftsmodell bleibt unberührt, da die Einschränkung nicht unmittelbar den/die Ursprungsmarkt/Ursprungsmärkte betrifft. Wettbewerbsrelevante Daten können – abgesehen von den Einschränkungen des Art. 5 Abs. 2 lit. a) DMA – für den Ursprungsmarkt generiert und verwendet werden.

Problematisch ist dies bei solchen Plattformen, bei denen der Ursprungsmarkt der Werbemarkt ist, wie beispielsweise im Fall von Facebook.[1336] Sie stehen definitorisch mit jedem gewerblichen Nutzer in Wettbewerb, der eine Internetseite betreibt und eigenständig Werbung schaltet, beispielsweise Publisher, die selbst im Werbemarkt tätig sind. Der Ursprungsmarkt ist je nach Vertragspartner auch der Drittmarkt. Wird dabei die Einwilligung in Art 5 Abs. 2 lit. a) DMA ordnungsgemäß eingeholt, ist es einem Gatekeeper verwehrt, im Werbeanzeigemarkt mittels dieser Daten Wettbewerb zu betreiben. Dieses Ergebnis schießt weit über die Zielsetzungen hinaus. Sind diese Daten – denn Art. 6 Abs. 2 DMA unterscheidet nicht nach der Art der Daten – ausschlaggebend für, wie im Ad-Markt üblich, die Passgenauigkeit der Werbung und stellt der gewerbliche Nutzer diese Daten zu diesem Zwecken einer passgenauen Werbung freiwillig zur Verfügung, damit auch seine Werbung einem möglichst passgenauen Nutzerkreis präsentiert wird, darf Facebook seine Leistungspflicht im Ergebnis ggfs. nur eingeschränkt erfüllen. Vertragsbruch wäre die Folge. Für den Publisher könnte dies im Ergebnis bedeuten, dass der begehrte Zugang zu Nutzergruppen auf Facebook eher abschwächt. Die Zielsetzung, Gatekeeper Stellung bestreitbar zu machen und einen Zugang zur Nutzergruppe zu gewähren, würde so ins Gegenteil verkehrt.

Ob Facebook künftig dieses Problem damit löst, dass es seine Werbedienstleistungen nicht mehr potentiellen Vertragspartnern anbietet, die im Werbemarkt tätig sind, oder ob es das Tracking dieser Partner einschränkt, bleibt abzuwarten. Die Regelung ist daher für die Tätigkeit der gewerbetreibenden Nutzer gleichermaßen ungünstig und hätte daher entweder einer Einschränkung oder weitreichenderen Differenzierung bedurft.

c. *Datenzugang, Art. 6 Abs. 10 u. 11 DMA*

Die oben genannten Problemstellungen lassen sich, anders als teilweise vertreten,[1337] auch nicht durch den in Art. 6 Abs. 10 DMA normierten Datenzugang

1336 Vgl. hierzu näher: Kap. 3.F.I.1.a.
1337 *Kerber*, ZD 2021, 546 ff.

lösen. Nach dem Wortlaut der Norm erhält der gewerbliche Nutzer keinen vollumfänglichen Datenzugang, sondern nur für diejenigen Daten, die durch eigene Aktivität auf der Plattform und eigener Endnutzer, generiert werden.[1338] Welcher Mehrwert genau hierdurch erreicht werden soll, ist unklar, werden die wichtigsten Informationen über bestimmte Nutzertools in geordneter Form sowieso schon zur Verfügung gestellt. Der Zugang zu personenbezogenen Daten, die unmittelbar im Zusammenhang mit der Nutzung der Produkte oder Dienstleistungen der Endnutzer stehen, dürfen nur bereitgestellt werden, soweit der Datenaustausch auf einer der DS-GVO konformen Einwilligung basiert, Art. 6 Abs. 10, 2. HS DMA.[1339]

Deutlich misslungen ist in diesem Kontext Erwägungsgrund (60), der im Zusammenhang mit der Gewährung des Datenzugangs nach Art. 6 Abs. 10 DMA und einer etwaigen Mitwirkungshandlung des Gatekeepers wie folgt formuliert ist: „(…), wenn eine solche Einwilligung nach der Verordnung (EU) 2016/679 und der Richtlinie 2002/58/EG erforderlich ist.“. Diese Formulierung hat dazu geführt, dass nunmehr teilweise vertreten wird, dass auch der gesetzliche Erlaubnistatbestand – entgegen des eindeutigen Wortlauts – des Art. 6 Abs. 1 lit. c oder lit. f. DS-GVO in diesem Zusammenhang gleichermaßen einschlägig sei.[1340]

Der Halbsatz des Erwägungsgrundes (60) bezieht sich jedoch auf alle Daten im Anwendungsbereich des Art. 6 Abs. 10 DMA. Geht es um den Zugang zu personenbezogenen Daten, so ist der Datenaustausch nur und ausschließlich mit einer Einwilligung nach Art. 6 Abs. 1 lit. a) DSG-VO möglich. Für andere

---

1338 Vgl. Vorschlag für eine VERORDNUNG DES EUROPÄISCHEN PARLAMENTS UND DES RATES über bestreitbare und faire Märkte im digitalen Sektor (Gesetz über digitale Märkte) 2020/0374 (COD), 15.12.2020, COM (2020) 842 final, 5. Weitere Angaben – Begründung (55), S. 31.

1339 a.A. *Kerber*, ZD 2021, 546: Der auch den gesetzlichen Erlaubnistatbestand des Art. 6 Abs. 1 lit. c oder lit. f. DS-GVO in diesem Zusammenhang gleichfalls für einschlägig hält. Dies dürfte im Ergebnis kaum vertretbar sein, da der Wortlaut der Norm ausdrücklich von einer Zustimmung durch Einwilligung spricht.

1340 Vorschlag für eine VERORDNUNG DES EUROPÄISCHEN PARLAMENTS UND DES RATES über bestreitbare und faire Märkte im digitalen Sektor (Gesetz über digitale Märkte) 2020/0374 (COD), 15.12.2020, COM (2020) 842 final, 5. Weitere Angaben – Begründung (55), S. 31; *Kerber*, ZD 2021, 546: Zum inhaltsgleichen Art. 6 Abs. 1 lit. i) DMA-E und einer etwaigen Mitwirkungshandlung des Gatekeepers, die wie folgt formuliert war: „(…), wenn eine solche Einwilligung nach der Verordnung (EU) 2016/679 und der Richtlinie 2002/58/EG erforderlich ist.“

aggregierte und nichtaggregierte Daten sind ggfs. noch die Vorgaben der e-Privacy Richtlinie ausschlaggebend.[1341] Zu welchen Zwecken diese Daten von den gewerbetreibenden Nutzern genutzt werden können, hängt wiederum von ihrer Zulässigkeit nach den Vorgaben der DS-GVO ab.

Im Ergebnis ist diese Regelung für personenbezogene Daten nichts, was nicht schon nach Art. 20 Abs. II, I DS-GVO verbunden mit einer Vollmacht des privaten Nutzers für einen gewerblichen Nutzer möglich wäre. Zum anderen ist sie in Fällen wertlos, in denen der Nutzer nicht zustimmt, und berücksichtigt die Überforderungstendenzen der Nutzer nicht hinreichend.

Explizit für Online-Suchmaschinen sieht Art. 6 Abs. 11 vor, dass Dritten, die Online-Suchmaschinen bereitstellen, auf deren Antrag hin zu fairen, zumutbaren und diskriminierungsfreien Bedingungen Zugang zu Ranking-, Such-, Klick- und Anzeigedaten, die von Endnutzern in Online-Suchmaschinen generiert werden, in Bezug auf unbezahlte und bezahlte Suchergebnisse, vorbehaltlich etwaiger personenbezogener Daten, zu gewähren ist. Ähnlich wie im Anwendungsbereich der P2B-VO kommt die Regelung zu spät. Für vertikale Beschränkungen, die überhaupt eine Rolle für Missbrauchsverfahren gespielt haben, hat die Regelung wie im Rahmen der P2B-VO gezeigt, keine Auswirkungen, solange der zentrale Plattformdienst die Ausgestaltung von speziellen Diensten an Auktions- und Werbemarktformen knüpft.

d. Zwischenergebnis

Die Zielrichtung der normativen Ausgestaltung als „self-executable“[1342] sollen dazu beitragen, dass die Kommission keinen Zeitverlust mehr dadurch erleidet, dass sie von den betreffenden Gatekeepern alle maßgeblichen Unterlagen für die Bestimmung der maßgeblichen Faktoren verlangen müsste, um den entsprechenden Nachweis eines Pflichtenverstoßes führen zu können.[1343] Die Ausgestaltung ist, wie gezeigt, weder derart konkret, dass sie ohne weiteres befolgt werden kann, noch ist sie widerspruchsfrei in systematischer Sicht.

1341 Die Mehrdeutigkeit des Erwägungsgrundes (55) beruht auch auf der unpräzisen Formulierung in englischer Sprache: „*(...) where such consent is required under Regulation (EU) 2016/679 and Directive 2002/58/EC.*“, was kontextbezogen auch bedeutet: „*falls eine solche Einwilligung gemäß (...) erteilt werden kann.*“, d.h. kein Verbot einer Verarbeitung solcher Daten entgegensteht, wie beispielsweise nach Art. 9 Abs. I i.V.m. Abs. II lit. a) DS-GVO.

1342 *Körber*, NZKart 2021, 436; *Podszun*, Handwerk in der digitalen Ökonomie, S. 101.

1343 Vgl. EuGH Urt. v. 14.2.1978 – 27/76, BeckRS 2004, 72814 Rn. 248/257 – *United Brands*.

III. Abschließende Stellungnahme/Ergebnis

Mit sechs Kapiteln und 54 Artikeln ist der DMA für eine derart komplexe ökonomische und rechtliche Materie übersichtlich gestaltet und bedient sich einer ähnlichen Struktur wie die P2B-VO.

Der DMA lässt genauere Bestimmungen, nach welchem Regelungsregime die EU-Kommission ein Verfahren einleitet oder zu welchem Zeitpunkt sie in einem laufenden Verfahren von einem Regelungsregime auf das andere, so beispielsweise von gesammelten Erkenntnissen im Verfahren nach Art. 102 AEUV in das nach DMA, übergehen kann, vermissen. Dies ist für den Gesichtspunkt der Rechtssicherheit und für die Vorhersehbarkeit, ob das Verhalten der Gatekeeper rechtskonform ist, eine unabdingbare Bedingung.

Zum Teil wird in der Literatur[1344] die Ausrichtung des DMA im Hinblick auf die Problematik der langen Verfahrensdauern im Anwendungsbereich des Art. 102 AEUV als überzeugend angesehen. Das Verfahren Google Shopping hat sieben Jahre gedauert, ein rechtskräftiges Urteil gegen die „Big Tech" gibt es nicht.[1345] Die größte Problemstellung scheint daher insgesamt der Zeitfaktor in den einschlägigen Verfahren zu sein, insbesondere die lange Prüfung der Missbrauchstatbestände durch die Kommission aufgrund fehlender eindeutiger preisbezogener Kriterien, die sie aus vergangenen Verfahren in einseitigen Märkten nicht nutzen kann. Die Zeit zum Aufsuchen von Beweismitteln, ohne einen Einblick in die Geschäftsmodelle, Strukturen, Abläufe und Datensammlungen, hat dazu geführt, dass die GAFA die Algorithmen[1346] so umgeschrieben haben,[1347] dass die Suche nach möglichen Missbrauchspraktiken wieder von vorne angefangen musste. Diesen Vorteil der Gatekeeper könnte der DMA eindämmen. Hierzu tragen insbesondere die klaren Schwellenwerte zur Indizierung der Gatekeeper-Stellung bei. Anders als die Missbrauchskontrolle enthält das neue System spezifische Regeln, die eine zeitnahe Durchsetzung zumindest ermöglichen und daher Einzelfallentscheidungen auf Basis einer Generalklausel vermeiden wollen, die in der Vergangenheit zu den langwierigen Verfahren geführt hat.[1348] Kriterienkataloge haben sich aus ihrer Natur heraus als Orientierungspunkt für Parteien, Behörden und Gerichte als zweckmäßig

1344 *Podszun/Bongartz/Langenstein*, EuCML 2021, 60.
1345 *Podszun/Kersting*, ZRP 2019, 38; *Schweitzer*, ZEuP 2021, 542.
1346 *Schweitzer/Peitz,* NJW 2018, 275.
1347 *Künstner,* GRUR 2019, 42; vgl. Kap. 3.E.III.2.c.bb.
1348 *Schweitzer/Peitz,* NJW 2018, 275.

erwiesen.[1349] Ökonomische Gutachterschlachten könnten hierdurch vermieden werden.[1350]

Konsequent ist daher der DMA, insoweit als er auf Merkmale wie Marktabgrenzung und Feststellung der marktbeherrschenden Stellung vollständig verzichtet, um die Maßnahmen schneller adressieren zu können.[1351] Konsequent ist dieses Vorgehen auch, weil allgemeingültige Aussagen und Vorhersagen über die Wettbewerbsintensität auf Plattformmärkten noch kaum möglich sind, weshalb sich auch die ökonomische Literatur weiterhin Einzelfällen bedient.[1352]

Die genutzten quantitativen Kennzahlen und Kriterien in Art. 3 Abs. 2 DMA sind jedoch kein „neues" rechtliches Phänomen. Die Kommission bedient sich einer „widerlegbaren Vermutung"[1353] zur Bestimmung des Gatekeeper-Status. Damit verkürzt sie zwar – was sich noch zeigen wird – faktisch die Inanspruchnahme, verlagert das Problem jedoch auf die gerichtliche Kontrollebene.[1354] Die fallbezogene qualitative Beurteilung[1355] hat bereits im Ansatz diejenige Einzelfallbezogenheit, die im Rahmen des Missbrauchstatbestands moniert wurde und daher den zeitlichen Faktor der Verfahrensdauer wohl auch hier nicht relativieren wird.

Richtigerweise wird dem DMA eine fehlende visionäre Idee eines Rahmens für die Geschäftstätigkeit von GAFA und für die Marktwirtschaft im digitalen Zeitalter vorgeworfen.[1356] Mangels eines eindeutigen Arbeitsmechanismus kann der Entwurf einen solchen nicht liefern. Er stützt sich ausschließlich auf vergangene Fälle von Kommissionsentscheidungen,[1357] die nicht

---

1349 *Künstner,* in: Handbuch Fusionskontrolle, 2020, Kap. 2, Rn. 489: Zum Kriterienkatalog in § 18 Abs. 3, 3a GWB.

1350 *Mohr,* ORDO 69 (2018) 2019, S. 279.

1351 *Monopolkommission*, Policy Brief der Monopolkommission vom 07.2021, S. 2.

1352 Vgl. *Hannappel/Rehm/Roth*, Otto-Wolff-Discussion Paper 6/2017, 4.

1353 Vorschlag für eine VERORDNUNG DES EUROPÄISCHEN PARLAMENTS UND DES RATES über bestreitbare und faire Märkte im digitalen Sektor (Gesetz über digitale Märkte) 2020/0374 (COD), 15.12.2020, COM (2020) 842 final, 2. Rechtsgrundlage, Subsidiarität und Verhältnismäßigkeit – Begründung (1), S. 2; Erwägungsgrund (23) VO (EU) 2022/1925 DMA.

1354 Vgl. Kap. 4.C.II.3.

1355 Ebenda.

1356 *Podszun/Bongartz/Langenstein*, EuCML 2021, 61; wohl auch insgesamt kritisch: *Basedow,* ZEuP 2021, 219 ff.

1357 *Körber,* NZKart 2021, 436–437.

verallgemeinerungsfähig sind. Daher stellt er kein in sich geschlossenes System, das ein Ineinandergreifen der jeweiligen Anknüpfungspunkte erlaubt.[1358]

Beispielsweise stellt die in Art. 3 Abs. 2 b) DMA genutzte Formulierung für die Begriffsbestimmung „monatlich aktiver Endnutzer“ auf die „durchschnittliche Zahl der Endnutzer, die während des überwiegenden Teils des vergangenen Geschäftsjahres monatlich aktiv waren“ ein solches unklares Kriterium dar. Denn die eigentlich konkretisierende Formulierung knüpft wiederum an unbestimmte Begriffe wie „überwiegender Teil“ an.[1359] Hinzu kommt bei Nichterreichen der Schwellenwerte von Art. 3 Abs. 2 DMA eine Öffnungsklausel für die Kommission in Art. 3 Abs. 8 DMA für ein Verfahren nach Art. 17 DMA, die wiederum an weitere unbestimmte Rechtsbegriffe wie „sonstige strukturelle Geschäfts- und Dienstmerkmale“ anknüpft. Die Bestimmung des Adressaten ist daher aus Sicht der Plattformbetreiber extrem offengehalten.

Es ist daher wie in der Vergangenheit zu erwarten, dass auf diesen Regulierungsversuch die (zentralen) mächtigen Plattformbetreiber mit entsprechenden technischen Vorkehrungen und Algorithmen vorbereitet sein werden. Es ist unwahrscheinlich, dass der DMA die Rechtsdurchsetzung tatsächlich verkürzen kann, wenn sein Pflichtenkatalog im Ergebnis nicht selbstausführend ist.

Das so noch zu offen gehaltene Instrument wird der Innovationskraft der GAFA kaum standhalten können. Es bleibt ein Orientierungskatalog für vergangene unerwünschte Verhaltensweisen. Während vormals eine Vorab-Regulierung teilweise noch als verfrüht angesehen wurde,[1360] dürfte aus heutiger Sicht der Angriff auf vergangene Praktiken von Gatekeepern für (unterstellt) gekippte Märkte zu spät kommen.

Zur Eindämmung dieser Probleme wird teilweise befürwortet, die bestehenden Ziele um weitere Zielsetzungen wie „Unabhängigkeit der Entscheidungsfindung“ der Plattformnutzer zu ergänzen.[1361] Dies basiert auf dem Gedanken, dass nur gut informierte und in der Entscheidungsfindung freie Akteure den Marktmechanismus aufrechterhalten, was dem Merkmal eines vollkommenen Marktes in ökonomischer Sicht entspricht. Diese Zielsetzung soll zusätzlich durch Datensouveränität, echte Wahlmöglichkeit eines Plattformdienstes,

1358 *Podszun/Bongartz/Langenstein*, EuCML 2021, 61; wohl auch insgesamt kritisch: *Basedow*, ZEuP 2021, 219 ff.

1359 Vgl. Anhang: B.2. VO (EU) 2022/1925 DMA.

1360 *Haucap*, DICE Ordnungspolitische Perspektiven, 2012 (Nr. 32), 6.

1361 Ebenda.

einer Schnittstelle für einen Nutzerwechsel und sanktionslose Beschwerdemöglichkeit bei staatlichen Stellen, gewährleistet werden.[1362]

Dieser Ansatz überzeugt insoweit als weder die gewünschte Fairness noch die Bestreitbarkeit der Märkte sicherstellen können, dass im Kern das einfache Prinzip aufrechterhalten wird: Das Angebot darf nicht (heimlich) zur Nachfrage werden.[1363] Am besten lässt sich dies am Beispiel von digitalen Medienmärkten veranschaulichen:

Der technologische Fortschritt hat dazu geführt, dass kaum mehr ein begrenzter Zugang für Medieninhalte besteht. Hieraus resultiert eine neue strukturelle Marktzutrittsschranke, die mit der Bestreitbarkeit der Märkte nichts zu tun hat. Denn sie beruht auf einer fehlenden redaktionellen Vorauswahl medialer Inhalte, wodurch es zu einer Informationsüberflutung kommt, in welcher der Konsument das Gesamtangebot nicht mehr überblicken kann.[1364] Durch diese Entwicklung wird die Aufmerksamkeit des Publikums verstärkt zu einem knappen Gut,[1365] das gut aufgestellte Intermediäre ausnutzen können:

Durch diesen Mechanismus können diejenigen, die den Zugang zum Publikum steuern und in der Lage sind, dem Konsumenten die notwendige Vorauswahl von Inhalten zu liefern, ein unabdingbares Zugangstor werden. Denn angesichts der Informationsfülle treffen Konsumenten überhaupt erst eine operationale Konsumentscheidung durch eine Vorauswahl an Inhalten. Andererseits wird den Inhalteanbietern die Dienstleistung des Zugangs zur Aufmerksamkeit des Publikums ermöglicht.[1366] Dies verbildlicht, dass inhärente Merkmale von Plattformmärkten wie Netzwerkeffekte, Skaleneffekte etc.

1362 *Podszun/Bongartz/ Langenstein*, EuCML 2021, 62.

1363 Vgl. zu sog. Targeting-Mechanismen vorwiegend auf sozialen Netzwerken: Europäische Datenschutzausschuss (EDSA) Leitlinien 8/2020 über die gezielte Ansprache von Nutzer:innen sozialer Medien – 13. April 2021, S. 7 Rn. 12, abrufbar unter: https://edpb.europa.eu/system/files/2021-11/edpb_guidelines_082020_on_the_targeting_of_social_media_users_de_0.pdf, zuletzt abgerufen am: 01.03.2023; zu potentiellen Auswirkungen auf die Steuerbarkeit der Nachfrager siehe näher: *Schweitzer,* in: Zimmer/Kühling, Neue Gemeinwohlherausforderungen – Konsequenzen für Wettbewerbsrecht und Regulierung, S. 45 ff.

1364 *Budzinski,* WuW 2021, 396 – 397.

1365 Vgl. *Budzinski/Gaenssle*, Journal of Media Economics 2020, Band 31, Heft 3–4, 82 ff.; *Budzinski,* WuW 2021, 397; *Falkinger,* The Economic Journal, Band 118, Heft 532, 2008, 1599 ff.

1366 *Budzinski,* WuW 2021, 397: Meist durch personalisierte algorithmische Such- und Empfehlungssysteme (PASES).

oftmals in Verbindung mit weitreichenderen Marktbedingungen einhergehen, die noch nicht hinreichend erfasst sind. Im Ergebnis ist nicht eine Anreicherung an Zielsetzungen ausschlaggebend, sondern eine passende Zielsetzung. Umfangreiche Zielsetzungen bergen die Gefahr von Rechtsstreitigkeiten über ihre genaue Bedeutung, ihren Umfang und ihre Anwendung.

IV. Zusammenfassung

Nach der hier vertretenen Ansicht bietet die kartellrechtliche Analysepraxis für die Marktabgrenzung durch eine konsequente Anwendung des Bedarfsmarktkonzepts verbunden mit dem Single-Market-Approach und der Rückkehr zu nichtpreislichen Erwägungen im Rahmen der Missbrauchskontrolle eine hinreichende Anwendungspraxis für mehrseitige Plattformanbieter, die auf mehreren Märkten unter Ausnutzung von Netzwerkexternalitäten konkurrieren. Die Unsicherheiten durch Ausweitung von Analysepraxis für einseitige Märkte auf Basis ökonomischer Preismechanismen zeigen im Ergebnis, dass sie eine komplexe Anwendungspraxis nicht hinreichend abbilden können. Der Großteil mehrseitiger Plattformen im digitalen Sektor operiert nicht in Bereichen, in denen die Preisstruktur formelhaft auf ein bestehendes Wettbewerbsniveau schließen lässt.

Anders als die Neuerungen auf europäischer und nationaler Ebene durch die 10. Novellierung des GWB zeigen, lassen sich ausgeprägte ökonomische Besonderheiten mehrseitiger Plattformdienste so nicht in pauschaler Norm gießen. Netzwerkexternalitäten bei marktbeherrschenden Unternehmen sind nicht per se unerwünscht oder indizieren eine marktbeherrschende Stellung. Derzeit gehen regulatorische Bestrebungen eher von einem Generalverdacht der Netzwerkeffekte aus.

Die neue Ausrichtung des europäischen Gesetzgebers birgt durch umfassende Datenzugangsansprüche im Rahmen wettbewerbsorientierter Regulierungsansätze die Gefahr, externe Informationseffekte zu verstärken, was nachweislich dem Verbraucher schaden kann.[1367] Jeglicher datenschutzrechtlicher Aspekt sollte daher entkoppelt von wettbewerbsorientierten Regulierungsansätzen operieren.

1367 *Choi/Jeon/Kim*, Journal of Public Economics, 2019, Band 173(C), 120.

Kapitel 5: Ein Regulierungsrahmen im digitalen Sektor – eine Abkehr von starren Sanktionsregulierungen

In einem etwas anderes gelagerten Kontext wies der Präsident des Bundeskartellamts darauf hin, dass durch eine Ergänzung der zivilrechtlichen Regelungen durch die behördliche Rechtsdurchsetzung ein umfassender und wirksamer Verbraucherschutz gewährleistet werden kann, ohne dass die große Zahl der Unternehmen in der digitalen Wirtschaft durch neue Regulierungsvorschriften eingeengt werden müssen.[1368] Dies hat sich, wie in der Untersuchung gezeigt, gerade nicht durch den gewählten Rahmen der P2B-Verordnung, bestätigt, in welcher der Verbraucherschutz mittelbar mitgewährleistet werden soll. Der vertragsbezogene Ansatz hat sich nicht bewährt.

Eine hybride Wirtschaft erfordert hybride rechtliche Rahmenbedingungen. Aufzulösen gilt das Spannungsverhältnis zwischen der Förderung des Markteintritts in dynamische Märkte einerseits und dem Abbau von innovationshemmenden Markteintrittsschranken andererseits. Nicht verkannt werden darf dabei, dass sich parallel auch die ökonomische Betrachtung weiterentwickelt und zu gänzlich anderen Ergebnissen führt als die für den Regulierungsrahmen genutzten Grundlagen.[1369] Zum anderen darf ein neuer Regulierungsrahmen nicht dazu führen, dass die Vorzüge der Digitalisierung gehemmt werden zugunsten derjenigen Unternehmen, die in ihrem dominanten Branchenautomatismus in der analogen Welt gefangen sind.[1370] Aussagen durch (vergangene) Akteure der Wirtschaftspolitik, wie dass „eine neue Wirtschaftspolitik" verhindern müsse, dass „Gratisangebote ganze auf bezahlten Gütern fußende Märkte zerstören",[1371] ist gänzlich falsch, für die Effizienz der Internetwirtschaft

---

1368 *Mundt*, Editorial WRP 9/2018.

1369 *Evans/Schmalensee*, in: Blair/Sokol, The Oxford Handbook of International Antitrust Economics 2014, Band 1, S. 8 ff.

1370 Aus diesem Grund erscheint die Ansicht des EuGH, dass der Grad der Entwicklung eines Marktes keine Berücksichtigung findet, soweit eine neue Technologie hohe Investitionen erfordert, im Anwendungsbereich des Art. 102 AEUV nicht vorzugswürdig, vgl. EuGH, Urt. v.17.2.2011 –C-52/09, EuZW2011, 339 Rn. 104, 110–114 – *Konkurrensverket / TeliaSonera Sverige AB.*

1371 Zitierte Aussagen von Sigmar Gabriel, in: *Haucap/Kehder*, ifo Schnelldienst 16/2014, 3.

gefährlich und entfernt sich von allen belastbaren Analysen. Sie sind Ausdruck eines verpassten Strukturwandels, den die Digitalisierung ausgelöst hat.[1372]

Eine strenge Verhaltenskontrolle muss die angesprochene Dynamik berücksichtigen. Vorzugswürdig erscheinen daher allenfalls Ex-ante Vorgaben, die unmittelbar an sog. Lock-out-Gebote[1373] knüpfen, um der dynamischen Entwicklung insbesondere in noch nicht gekippten Märkten gerecht zu werden. Negative Netzwerkeffekte[1374], die innovationshemmend wirken können, sollen für potentielle Konkurrenten dadurch vermieden werden, dass eine Internalisierung[1375] der negativen Netzwerkexternalitäten im betroffenen Unternehmen normativ kodifiziert wird. Zumindest muss jedoch gewährleistet werden, dass der Beitrag der Nutzer, der größtenteils zum Erfolg der Plattformdienste beiträgt, entlohnt wird: Negative Informationseffekte müssen durch eine Neugestaltung des Datenschutzrechts mit einer aktuellen Ausrichtung an ökonomischen Erkenntnissen größtmöglich vermieden werden. Eine dauerhaft erteilte Zustimmung ist in datengetriebenen Plattformmärkten nicht verbraucherfördernd.[1376] Verbrauchervorteile sollen durch wiederkehrende Einwilligungsvorbehalte in die Datenverarbeitung durch vielfältige Möglichkeiten der Sicherung von Datensouveränität innerhalb eines Plattformdienst gewährleistet werden, indem der Leistungswettbewerb möglichst weitestgehend von der Datenabschöpfung isoliert wird.

Schuldrechtliche Ungleichgewichte, wie sie zu den KMU bestehen, sollen nach der hier vertretenen Ansicht grundlegend in einem europäischen Vertragsrecht ausgeglichen werden, da – wie die Analyse gezeigt hat – relative Marktmacht sich nicht in die Missbrauchskontrolle des Art. 102 AEUV fügt. Angezeigt ist dabei und längst überfällig die Pflicht, gegenseitige Leistungspflichten inhaltlich hinreichend zu bestimmen. Für werbebasierte Plattformen muss zudem normativ hinreichend bestimmt werden, für welches Äquivalenzgefälle eine Einwilligung nach den Vorschriften der DSG-VO ausreichend ist und welche datenbasierte Leistungserbringung einer ausdrücklichen Zustimmung bedarf. Der Umweg über eine „Opt-in"-Option in einem

1372 Vgl. *Haucap/Kehder*, ifo Schnelldienst, 16/2014, 6.

1373 *Determann*, GRUR Int. 2006, 647.

1374 Vgl. BKartA, B6-113/15 Arbeitspapier, S. 9 ff.

1375 Zur Reduzierung von externen Effekten, sollen Anreize gesetzt werden, um negative externe Effekte in das Unternehmen zu überführen, damit Unternehmen externe Effekte bei ihrer Entscheidung gegenüber den Konkurrenten berücksichtigen, siehe hierzu näher: *Kreuter-Kirchhof*, EuZW 2004, 711.

1376 *Choi/Jeon/Kim*, Journal of Public Economics, 2019, Band 173(C), 113 ff.

dem Wettbewerbsrecht nahen Regulierungsrahmen ist nicht der richtige Weg. Dieser bestärkt, wie gezeigt, negative Daten- und Informationsexternalitäten, was sich wiederum zuungunsten der Verbraucher auswirkt.[1377] Fairness soll ausschließlich einem vertragsbezogenen Regelungskonstrukt vorbehalten bleiben, weil sich dieser Begriff nach der hier befürworteten Ansicht nicht uneingeschränkt für die Auslegung des marktwirtschaftlichen Leistungsprinzips eignet.

Entscheidet ein Anbieter den Innovationswettbewerb für sich, dann muss auch er im Wettbewerb um den Markt einen Schutz vor Ausbeutungs- und Behinderungsmissbrauch erhalten. Gleichzeitig muss seine Position derart bestreitbar bleiben, dass potentiell effiziente Wettbewerber in einen Leistungswettbewerb eintreten können. Die Marktdynamik muss erhalten bleiben, was Ausfluss der Förderung des Leistungswettbewerbs sein sollte. Die Annahme, wie es die Regulierungsansätze widerspiegeln, dass beispielsweise neben drei allgemeinen Suchmaschinen,[1378] weitere Suchmaschinen ausnahmslos wettbewerbsfördernd seien, spiegelt die Marktdynamik nicht hinreichend dar. Es stellt sich schließlich auch nicht die Regulierungsfrage, ob neben drei Einkaufszentren ein weiteres in unmittelbarer Nähe hinzukommen sollte, nur um ein Marktumfeld um jeden Preis durch weitere Anbieter bestreitbar zu machen. Wie gezeigt,[1379] kann ein Tipping zugunsten eines Anbieters ein Ausdruck des Leistungswettbewerbs sein.

Neue Marktteilnehmer sollen daher durch Stärkung der Möglichkeit des Multi-Homings und der Produktdifferenzierung den Markteintritt bestreitbar machen. Dies muss normativ in einem eigenständigen Regelungsregime derart flexibel gestaltet werden, dass die Besonderheiten des jeweiligen Segments berücksichtigt werden.

Will ein zentraler Plattformdienst ein neues Produktsegment auf seine Plattform bringen oder verbinden, muss es bereits bestehende Konkurrenten an einem Vergabeverfahren um diese Produkterweiterung beteiligen. Denn auch die Fusionskontrolle hat in der Vergangenheit Übernahmeaktivitäten nicht unterbunden, was in vielen Segmenten zu der Erweiterung der Kernplattformdienste zu digitalen Ökosystemen geführt hat. Erst wenn sich kein geeigneter Konkurrent findet, darf in das neue Produktsegment vorgedrungen werden.

1377 Vgl. Kap. 2.B.III.

1378 *Evans/Schmalensee*, in: Blair/Sokol, The Oxford Handbook of International Antitrust Economics 2014, Band 1, S. 412.

1379 Vgl. Kap. 4.C.II.1.c.

Die Beweislast für das Nichtvorliegen der Voraussetzungen trägt ausschließlich der zentrale Plattformdienst. Hierdurch kann das Bedürfnis nach einer späteren Zerschlagung begrenzt werden. Die Rechtfertigung gegenüber einseitigen Märkten liegt in der Dynamik der digitalen Ökonomie im Hinblick auf die Gewinnung von Netzwerkeffekten.

Dass effiziente künftige Konkurrenten im digitalen Bereich einen Mehrwert für etablierte Plattformdienste bieten und daher ein Ansatz eines kodifizierten Vergabeverfahrens förderlich sein kann, zeigt das aktuelle Beispiel der Suchmaschine Bing und der KI-gestützten Chatanwendung ChatGPT: Zur Bewertung von Inhalten der Suchmaschine Bing, hat Bing seine Online-Suchmaschine um einen Antwortgeber eines Drittunternehmens erweitert und in die Suche eingebunden, um die Qualität, Relevanz und Nutzerfreundlichkeit zu erhöhen. ChatGPT ist in Verbindung mit der Bing-Suche in der Lage Antwortmöglichkeiten auf spezifische Sucheingaben und in ausführlicher Form zu liefern.[1380] Hierdurch kann eine nicht nur unerhebliche disziplinierende Wirkung auf den Google Suchdienst entstehen. Dieser Ansatz zeigt, dass effiziente Innovationen in der Lage sind, Plattformbetreiber zu einer Integration zu zwingen.

1380 Vgl. *Poosch*, BC 2023, 143 ff.

Literaturverzeichnis

***Affeldt, Pauline / Filistrucchi, Lapo / Klein, Tobias J.**:* Upward Pricing Pressure in Two-sided Markets, The Economic Journal, Band 123, Heft 572, 2013, S. 505–523.

Alexander, Christian: Anwendungsbereich, Regelungstechnik und einzelne Transparenzvorgaben der P2B-Verordnung, WRP 2020, S. 945–954.

Alexander, Christian: Geschäftsgeheimnisse und Ranking-Transparenz – Spannungsfeld zwischen Schutz von Geschäftsgeheimnissen und neuen Informationspflichten für Anbieter von Online-Suchdiensten, MMR 2021, S. 690–696.

Ammon, Thomas / Brem, Alexander: Digitale Ökosysteme und deren Geschäftsmodelle: Analyse und Implikationen für klassische Buchverlage, in: Digitalisierung und Innovation, Keuper u.a. (Hrsg.), Wiesbaden 2013, S. 91–123, (zitiert: *Ammon/Brem*, in: Keuper, Digitalisierung und Innovation, 2013, S.).

***Armstrong, Mark**:* Competition in two-sided markets, RAND Journal of Economics, Band 37, Heft 3, 2006, S. 668–691.

Auer-Reinsdorff, Astrid / Conrad, Isabell (Hrsg.): Handbuch IT- und Datenschutzrecht, 3. Aufl. München 2019, (zitiert: Auer-Reinsdorff/Conrad/*Bearbeiter*, IT-R-HdB, § Rn.).

Bacher, Klaus / Hempel, Rolf / Wagner-von Papp, Florian (Hrsg.): Beck'scher Online-Kommentar Kartellrecht, 11. Ed., Stand: 01.01.2024, (zitiert: BeckOK KartellR/*Bearbeiter*, Art./§ Rn.).

Bakos, Yannis: The Emerging Role of Electronic Marketplaces on the Internet, Communications of the ACM, 08.1998/Band 41, Nr. 8, S. 35–42.

Barley, Katarina / Wambach, Achim / Dewenter, Ralf / Hildebrandt, Christian, u.a.: Big Data als Geschäftsmodell – Wie mit der Macht der Internetfirmen umgehen?, ifo Schnelldienst, 10/2018, S. 3–21.

Barthelmeß, Stephan: Die Intel-Entscheidung des Europäischen Gerichts: Per se Missbräuchlichkeit von Ausschließlichkeitsrabatten unter Art. 102 AEUV und eingeschränkte Bedeutung des „as-efficient-competitor"-Tests, NZKart 2014, S. 492–497.

Basedow, Jürgen: Das Rad neu erfunden: Zum Vorschlag für einen Digital Markets Act, ZEuP 2021, S. 217–226.

Baumol, William J./ Panzar, John C. / Willig, Robert D.: Contestable Markets and the Theory of Industry Structure, The American Economic Review 1982, Band 72, Nr. 1, S. 1–15.

Bechtold, Rainer (Bgr.) / Bosch, Wolfgang / Brinker, Ingo: EU-Kartellrecht, Kommentar, 4. Aufl., München 2023, (zitiert: *Bearbeiter, in*: Bechtold/Bosch/Brinker, Art. AEUV Rn.).

***Bechtold, Rainer (Bgr.) / Bosch, Wolfgang*:** Gesetz gegen Wettbewerbsbeschränkungen, Kommentar, 10. Aufl., München 2021, (zitiert: *Bearbeiter, in*: Bechtold/Bosch, GWB § Rn.).

Behrens, Peter: Globalisierung und Wettbewerbsschutz in der EU: Die extraterritoriale Anwendung der unionsrechtlichen Wettbewerbsregeln, in: Festschrift für Karsten Schmidt zum 80. Geburtstag, Band 2, München 2019, hrsg. v. Boele-Woelki, Katharina u.a., S. 85–99 (zitiert: *Behrens, in:* FS Schmidt, Band 1, S.).

Bell, Daniel: Die dritte technologische Revolution und ihre möglichen sozioökonomischen Konsequenzen, Merkur-Zeitschrift Heft 491, 1990, S. 28–47.

Belleflamme, Paul / Peitz, Martin: Industrial Organization – markets and strategies, Cambridge 2019.

***Belz, Christian / Bieger, Thomas*:** Dienstleistungskompetenz und innovative Geschäftsmodelle, Institut für Marketing und Handel, St. Galle 2000.

Berger, Klaus Peter / Kleine, Lucas: AGB-Kontrolle im unternehmerischen Geschäftsverkehr, BB 2007, S. 2137–2141.

Bernhöft, Anna Isabel: Die europäische Richtlinie gegen unfaire Handelspraktiken und ihre Umsetzung ins deutsche Recht, ZWeR 2021, S. 317–336.

Blair, Roger D. / Romano, Richard E.: Pricing Decisions of the Newspaper Monopolist, Southern Economic Journal 1993, Band 59, Nr. 4, S. 721–732.

Bourgeois, Jacques / Waelbroeck, Denis (Hrsg.): Theories of Harm in European Competition Law: Ten years of effects-based approach in EU competition law, Brüssel 2012, (zitiert: *Bearbeiter, in: Bourgeois/*Waelbroeck, Theories of Harm in European Competition Law, 2012, S.).

Bourreau, Marc / de Streel, Alexandre: Digital Conglomerates and EU competition policy, 03.2019, veröffentlicht unter SSRN Electronic Journal, abrufbar unter: https://ssrn.com/abstract=3350512, zuletzt aufgerufen am: 01.03.2024.

Brauneck, Jens: Google: Missbrauch marktbeherrschender Stellung durch Suchmaschinenbetrieb?, GRUR 2018, S. 103–110.

Braulke, Michael: Contestable Markets – Wettbewerbskonzept mit Zukunft?, WuW 12/1983, S. 946–954.

Bräutigam, Peter / Kraul, Torsten: Internet of Things, Rechtshandbuch, München 2021 (zitiert: *Bearbeiter, in:* Internet of Things, Rechtshandbuch 2021, § Rn.).

Brettschneider, Jörg: Zur rechtspolitischen Orientierungskraft der normativen Theorie der Regulierung, Der Staat 2015, Band 54, Heft 4, S. 501–538.

Brühl, Volker: Wirtschaft des 21. Jahrhunderts, Herausforderungen in der Hightech-Ökonomie, Wiesbaden 2015.

Budzinski, Oliver: Aktuelle Herausforderungen der Wettbewerbspolitik durch Marktplätze im Internet, Ilmenau Economics Discussion Papers Nr. 103, 2016.

Budzinski, Oliver: Wettbewerbsordnung und digitale Medienmärkte, WuW 2021, S. 396–400.

Budzinski, Oliver / Gaenssle, Sophia: The economics of social media (super-) stars: an empirical investigation of stardom and success on YouTube, 31 Journal of Media Economics 2020, Band 31, Heft 3–4, S. 75–95.

Bueren, Eckart / Wolf-Posch, Anna / Picht, Peter Georg: Relative Marktmacht im D-A-CH-Rechtsraum: Rechtsvergleichung, Ökonomie und Digitalisierung, ZWeR 2021, S. 173–216.

Bundeskartellamt / Autorité de la concurrence: Algorithms and Competition, 06.11.2019, abrufbar unter: https://www.bundeskartellamt.de/SharedDocs/Publikation/EN/Berichte/Algorithms_and_Competition_Working-Paper.html, zuletzt aufgerufen am: 01.03.2024.

Bundeskartellamt / Autorité de la concurrence: Competition Law and Data, 10.05.2016, abrufbar unter: https://www.bundeskartellamt.de/SharedDocs/Publikation/DE/Berichte/Big%20Data%20Papier.pdf?__blob=publicationFile&v=2, zuletzt aufgerufen am: 01.03.2024.

Bundeskartellamt: Arbeitspapier – Marktmacht von Plattformen und Netzwerken, B6-113/15, Juni 2016 abrufbar unter: https://www.bundeskartellamt.de/SharedDocs/Publikation/DE/Berichte/Think-Tank-Bericht.pdf%3F__blob%3DpublicationFile%26v%3D2, zuletzt aufgerufen am: 01.03.2024, (zitiert: BKartA, B6-113/15 Arbeitspapier, S.).

Bundeskartellamt: Arbeitskreis Kartellrecht – Digitale Ökonomie – Internetplattformen zwischen Wettbewerbsrecht, Privatsphäre und Verbraucherschutz – Tagung des Arbeitskreises Kartellrecht, 1. Oktober 2015, abrufbar unter: https://www.bundeskartellamt.de/SharedDocs/Publikation/DE/Diskussions_Hintergrundpapier/AK_Kartellrecht_2015_Digitale_Oekonomie.pdf?__blob=publicationFile&v=2, zuletzt aufgerufen am: 01.03.2024.

Bundeskartellamt: Diskussionspapier – Vertikale Beschränkungen in der Internetökonomie, 10.10.2013, abrufbar unter: https://www.bundeskartellamt.de/SharedDocs/Publikation/DE/Diskussions_Hintergrundpapier/AK_Kartellrecht_2013_Hintergrundpapier.html, zuletzt aufgerufen am: 01.03.2024.

Bundeskartellamt: Fallbericht, Aktenzeichen: B6-22/16 – Facebook; Konditionenmissbrauch gemäß § 19 Abs. 1 GWB wegen unangemessener Datenverarbeitung, 15. Februar 2019, abrufbar unter: https://www.bundeskartellamt.de/SharedDocs/Entscheidung/DE/Fallberichte/Missbrauchsaufsicht/2019/B6-22-16.pdf?__blob=publicationFile&v=5, zuletzt aufgerufen am: 01.03.2024, (zitiert: BKartA Fallbericht v. 06.02.2019 – B6-22/16, S. - *Facebook*).

Bundeskartellamt: Sektoruntersuchung Vergleichsportale, Bericht gemäß § 32e GWB, April 2019, abrufbar unter: https://bundeskartellamt.de/SharedDocs/Publikation/DE/Sektoruntersuchungen/Sektoruntersuchung_Vergleichsportale_Bericht.pdf?__blob=publicationFile&v=7, zuletzt aufgerufen am: 01.03.2024.

Bundeskartellamt: Fallbericht, Aktenzeichen: B7 – 185/17 – Bußgeldverfahren gegen Presseverlage, Regionale Abonnement-Tageszeitungen, 3. September 2018, abrufbar unter: https://www.bundeskartellamt.de/SharedDocs/Entscheidung/DE/Fallberichte/Kartellverbot/2018/B7-185-17.pdf;jsessionid=1835F73AEA1BEBCD36D3350D7AAD929A.2_cid390?__blob=publicationFile&v=3, zuletzt aufgerufen am: 01.03.2024, (zitiert: BKartA Fallbericht v. 03.09.2018 – B7-185/17, S. – *DocMorris/apo-rot.*).

Bundeskartellamt: Hintergrundinformationen zum Facebook-Verfahren, 19.12.2017: B7 – 185/17 – Bußgeldverfahren gegen Presseverlage, Regionale Abonnement-Tageszeitungen, 3. September 2018, abrufbar unter: https://www.bundeskartellamt.de/SharedDocs/Publikation/DE/Diskussions_Hintergrundpapier/Hintergrundpapier_Facebook.pdf?__blob=publicationFile&v=5, zuletzt aufgerufen am: 01.03.2024, (zitiert: BKartA, Hintergrundinformationen, 19.12.2017, S. – *Facebook.*).

Bundesverband Digitale Wirtschaft e.V.: Trends der digitalen Wirtschaft: Daten und Fakten aus der BVDW-Studiensammlung im Überblick, Düsseldorf: BVDW, 2012, (zitiert: Bundesverband Digitale Wirtschaft e.V., 2012, S.), abrufbar unter: https://cdn.pressebox.de/a/5607b19a9a9dc27c/attachments/0492165.attachment/filename/bvdw_zahlen_digitale_wirtschaft.pdf, zuletzt aufgerufen am: 01.03.2024.

Busch, Christoph: Mehr Fairness und Transparenz in der Plattformökonomie? – Die neue P2B-Verordnung im Überblick, GRUR 2019, S. 788–796.

Busch, Christoph (Hrsg.): *Kommentar zur Verordnung (EU) 2019/1150 zur Förderung von Fairness und Transparenz für gewerbliche Nutzer von Online-Vermittlungsdiensten*, 1. Auflage 2022, (zitiert: *Bearbeiter*, in: P2B-VO, Art. Rn.).

Buxmann, Peter / Diefenbach, Heiner / Hess, Thomas: Die Softwareindustrie – Ökonomische Prinzipien, Strategien, Perspektiven, 3. Auflage Heidelberg 2015.

Caillaud, Bernard / Jullien, Bruno: Chicken & Egg: Competition among intermediation service providers, RAND Journal of Economics, Band 34, Heft 2, 2003, S. 309–328.

Calliess, Christian / Ruffert, Matthias (Hrsg.): EUV / AEUV, Das Verfassungsrecht der Europäischen Union mit Europäischer Grundrechtecharta, Kommentar, 6. Aufl. München 2022, (zitiert: Calliess/Ruffert/*Bearbeiter*, Art. Rn.).

Casey, Thomas R. / Töyli, Juuso: Dynamics of two-sided platform success and failure: An analysis of public wireless local area access, Technovation, Band 32, 2012, S. 703–716.

Choi, Jay Pil / Jeon, Doh-Shin / Kim, Byung-Cheol: Privacy and Personal Data Collection with Information Externalities, Journal of Public Economics 2019, Band 173(C), S. 113–124.

Church, Jeffrey / Gandal, Neil / Krause, David: Indirect Network Effects and Adoption Externalities, Review of Network Economics 2008, Band 7, Heft 3, S. 337–358.

Clement, Reiner / Schreiber, Dirk / Bossauer, Paul / Pakusch, Christina: Internet-Ökonomie, Springer Gabler Berlin, Heidelberg 2019.

Conde Gallego, Beatritz: Die Anwendung des kartellrechtlichen Missbrauchsverbots auf „unerlässliche“ Immaterialgüterrechte im Lichte der IMS Health- und Standard-Spundfass-Urteile, GRUR Int. 2006, S. 16–28.

Condorelli, Daniele / Padilla, Jorge: Harnessing Platform Envelopment in the Digital World, Journal of Competition Law & Economics, Band 16, Heft 2, S. 143–187.

Crémer, Jacques / Crawford, Gregory S. / Dinielli, David / Fletscher, u.a.: Fairness and Contestability in the Digital Markets Act, Yale Tobin Center for Economic Policy, Policy Discussion Paper Nr. 3 July 6, 2021, abrufbar unter: https://tobin.yale.edu/research/cfp-1847-fairness-and-contestability-digital-markets-act, zuletzt aufgerufen am: 01.03.2024.

Crémer, Jacques / de Montjoye, Yves-Alexandre / Schweitzer, Heike: Competition policy for the digital era, Final report, abrufbar unter: https://op.europa.eu/de/publication-detail/-/publication/21dc175c-7b76-11e9-9f05-01aa75ed71a1, zuletzt aufgerufen am: 01.03.2024, (zitiert: *Crémer/de Montjoye/Schweitzer*, Competition policy, S.).

Danckert, Burkhard / Mayer, Frank Joachim: Die vorherrschende Meinungsmacht von Google – Bedrohung durch einen Informationsmonopolisten?, MMR 2010, S. 219–222.

Dauner-Lieb, Barbara / Axer, Constantin: Quo vadis AGB-Kontrolle im unternehmerischen Geschäftsverkehr?, ZIP 2010, S. 309–314.

Dauses, Manfred A. (Bgr.) / Ludwigs, Markus (Hrsg.): Handbuch des EU-Wirtschaftsrechts, Band 1, 58. EL München 2023 (zitiert: *Bearbeiter, in:* Dauses/Ludwigs, EU-WirtschaftsR-HdB, Lit. § Art., Rn.).

Day, Gregory / Stemler, Abbey: Infracompetitive Privacy, Iowa Law Review, Band 105, Heft 1, 2019, S. 61–106.

Demange, Garbielle / Gale, David: The Strategy Structure of Two-Sided Matching Markets, Econometrica, Band 53, Heft 4, 1985, S. 873–888.

Deselaers, Wolfgang: Anscheinsbeweis für das Entstehen eines Schadens bei bloßem Informationsaustausch?, in: Festschrift für Dirk Schroeder zum 65. Geburtstag, Köln 2018, hrsg. v. Kokott, Juliane u.a., S. 203–211, (zitiert: *Deselaers, in:* FS Schroeder, S.).

Determann, Lothar: Softwarekombinationen unter der GPL, GRUR Int. 2006, S. 645–653.

Dewenter, Ralf / Linder, Melissa: Bestimmung von Marktmacht in Plattformmärkten, List Forum für Wirtschafts- und Finanzpolitik 2017, Band 43, Heft 2, S. 67–87.

Dewenter, Ralf / Löw, Franziska / Rösch, Jürgen: „Digitale Plattformen aus industrieökonomischer Sicht“, Management digitaler Plattformen, ZfbF-Sonderheft 2020, Band 75/20, S. 35–59.

Dewenter, Ralf / Rösch, Jürgen / Terschüren, Anna: Abgrenzung zweiseitiger Märkte am Beispiel von Internetsuchmaschinen, NZKart 2014, S. 387–394.

Dewenter, Ralf / Rösch, Jürgen: Einführung in die neue Ökonomie der Medienmärkte: Eine wettbewerbsökonomische Betrachtung aus Sicht der Theorie der zweiseitigen Märkte, Wiesbaden 2015.

Drexl, Josef: Designing Competitive Markets for Industrial Data, 8 (2017), JIPITEC, S. 257–292.

Economides, Nicholas: The Economics of networks, International Journal of Industrial Organization, Band 14, Heft 6, 1996, S. 673–699.

Ehmann, Eugen / Selmayr, Martin (Hrsg.): DS-GVO Datenschutz Grundverordnung – Kommentar, 2. Auf. München 2018, (zitiert: *Ehmann/Selmayr/Bearbeiter*, DS-GVO Art. Rn.).

Engert, Andreas: Digitale Plattformen, AcP 218 (2018), S. 304–376.

Ensthaler, Jürgen / Bock, Leonie: Verhältnis zwischen Kartellrecht und Immaterialgüterrecht am Beispiel der Essential-facility-Rechtsprechung von EuGH und EuG, GRUR 2009, S. 1–6.

Esser, Michael / Höft, Jan Christoph: Fusions- und Missbrauchskontrolle 4.0 – Die 9. GWB-Novelle als Antwort auf die Herausforderungen der Digitalisierung?, NZKart 2017, S. 259–264.

Esser, Michael: Kartellrecht und Tipping – Kippt die Missbrauchsaufsicht mit Einführung des § 20 Abs. 3a GWB-RefE in eine präventive Regulierung?, in: Festschrift für Gerhard Wiedemann zum 70. Geburtstag, München 2020, hrsg. v. Klose, Tobias u.a., S. 285–303 (zitiert: *Esser, in:* FS Wiedemann, S.).

Europäische Kommission: Bekanntmachung der Kommission über die Definition des relevanten Marktes im Sinne des Wettbewerbsrechts der Gemeinschaft, 9.12.1997, ABl. 1997 C 372.

Europäische Kommission: Bericht der Kommission an den Rat und das Europäische Parlament – Abschlussbericht über die Sektoruntersuchung zum elektronischen Handel, vom 10.5.2017, COM(2017) 229 final, abrufbar unter: https://eur-lex.europa.eu/legal-content/DE/TXT/?uri=CELEX:52017DC0229, zuletzt aufgerufen am: 01.03.2024.

Europäische Kommission: Evaluierung der Bekanntmachung der Kommission vom 9. Dezember über die Definition des relevanten Marktes im Sinne des Wettbewerbsrechts der Gemeinschaft, SWD (2021) 200 final v. 12.7.2021.

Europäische Kommission: Mitteilung der Kommission – Erläuterungen zu den Prioritäten der Kommission bei der Anwendung von Artikel 82 des EG-Vertrages auf Fälle von Behinderungsmissbrauch durch marktbeherrschende Unternehmen, ABl. EU v. 24.2.2009, Nr. C 45 (zitiert: Kommission, Prioritätenmitteilung, ABl. v. 24.2.2009, Nr. C 45/7 Rn.).

Europäische Kommission: Leitlinien zur Anwendbarkeit von Art. 101 AEUV auf Vereinbarungen über horizontale Zusammenarbeit, 14.01.2011, ABl. 2011 Nr. C 11/1.

Europäische Kommission: Empfehlung betreffend die Definition der Kleinstunternehmen sowie der kleinen und mittleren Unternehmen, 06.05.2003, K(2003) 1422, ABl. EU L 124/36.

Europäische Kommission: commission staff working document on the free flow of data and emerging issues of the European data economy, vom 10.1.2017 SWD(2017) 2 final, abrufbar unter: https://eur-lex.europa.eu/legal-content/EN/TXT/PDF/?uri=CELEX:52017SC0002&from=EN, zuletzt aufgerufen am: 01.03.2024.

Evans, David / Noel, Michael: Defining Antitrust Markets – When Firm Operate Two-Sided Platforms, Columbia Law Review, Band 2005, Nr. 3, S. 102–134.

Evans, David / Schmalensee, Richard: The Antitrust Analysis of Multi-Sided Platform Business, in: Blair, Roger D. u. Sokol, D. Daniel (Hrsg.), The Oxford Handbook of International Antitrust Economics, New York 2014, Band 1, S. 405–406, (zitiert: *Evans/Schmalensee*, in: Blair/Sokol, The Oxford Handbook of International Antitrust Economics 2014, Band 1., S.).

Evans, David: The Antitrust Economics of Multi-Sided Markets, Yale Journal on Regulation, Band 20, Heft 2, 2003, S. 325–381.

Ewerhart, Christian / Schmitz, Patrick W.: Der Lock-in Effekt und das Hold-up Problem, MPRA Paper, Nr. 6944, 2008, abrufbar unter: https://mpra.ub.uni-muenchen.de/6944/1/mpra_paper_6944.pdf, zuletzt aufgerufen am: 01.03.2024.

Ezrachi, Ariel: EU Competition Law Goals and the Digital Economy (June 6, 2018), Oxford Legal Studies Research Paper Nr. 17/2018, abrufbar unter: https://papers.ssrn.com/sol3/papers.cfm?abstract_id=3191766, zuletzt aufgerufen am: 01.03.2024.

Falkinger, Josef: Limited Attention as A Scarce Resource in Information-Rich Economies, The Economic Journal, Band 118, Heft 532, 2008, S. 1596–1620.

Faull, Jonathan / Nikpay, Ali (Hrsg.): The EU Law of Competition, 3. Ed., Oxford 2014, (zitiert: *Bearbeiter*, in: Faull/Nikpay, The EU Law of Competition, Rn.).

Fehling, Michael: Zur gerichtlichen Kontrolldichte bei der kartellrechtlichen Missbrauchsaufsicht und bei der sektorspezifischen Regulierung: Überzeugende Ausdifferenzierung oder Widersprüchlichkeit?, in: Festschrift für Karsten Schmidt zum 80. Geburtstag, Band 2, München 2019, hrsg. v. Boele-Woelki, Katharina u.a., S. 309–325, (zitiert: *Fehling, in:* FS Schmidt, Band 1, S.).

Fezer, Karl-Heinz / Büscher, Wolfgang / Obergfell, Eva I. (Hrsg.): Lauterkeitsrecht – Kommentar zum Gesetz gegen den unlauteren Wettbewerb (UWG), Band 1, 3. Aufl. München 2016, (zitiert: *Bearbeiter*, in: Fezer/Büscher/Obergfell, Lauterkeitsrecht: UWG, Band 1, Rn.).

Filistrucchi, Lapo / Gerardin, Damien / van Damme, Eric / Keunen, Simone, u.a.: Mergers in Two-Sided Markets – A Report to the Netherlands Competition Authority 88 (2010), abrufbar unter: http://perma.cc/L49U-MCGE, zuletzt aufgerufen am: 01.03.2024.

Filistrucchi, Lapo / Geradin, Damien / van Damme, Eric / Affeldt, Pauline: Market Definition in Two-Sided markets: Theory and Practice, Journal of Competition Law and Economics, March 2013, Band 10, Heft 2, S. 293–339.

Förderer, Jens: Erfolgsmodell Digitale Plattformen, Stuttgart 2021.

Forgó, Nikolaus / Helfrich, Marcus / Schneider, Jochen: Betrieblicher Datenschutz – Rechtshandbuch, 3. Auflage München 2019, (zitiert: *Bearbeiter*, in: Forgó/Helfrich/Schneider, Teil Kap. Rn.).

Franck, Jens-Uwe / Linardatos, Dimitrios: Germany's 'Lex Apple Pay': Payment Services Regulation Overtakes Competition Enforcement, Discussion Paper Series – CRC TR 224, Discussion Paper, Nr. 173, Project B 05, 2020, abrufbar unter: https://www.crctr224.de/en/research-output/discussion-papers/archive/2020/DP173v2, zuletzt aufgerufen am: 01.03.2024.

Franck, Jens-Uwe / Monti, Giorgio / de Streel, Alexandre: Rechtsgutachten für das Bundesministerium für Wirtschaft und Klimaschutz, „Article 114 TFEU as a Legal Basis for Strengthened Control of Acquisitions by Digital Gatekeepers", abrufbar unter: https://www.bmwk.de/Redaktion/EN/Publikationen/Wirtschaft/article-114-tfeu-as-a-legal-basis-for-strengthened-control-of-acquisitions-by-digital-gatekeepers.pdf?__blob=publicationFile&v=5, zuletzt aufgerufen am: 01.03.2024.

Frank, Nils: Die wettbewerbliche Nähe in der Analyse unilateraler Effekte – bisherige Entscheidungspraxis, ökonomische Bedeutung und künftige Entwicklung in Deutschland, WuW 2015, S. 369–378.

Frenz, Walter: Marktabgrenzung, Leistungssubstitution und Kreuzpreiselastizität, NZKart 2013, S. 285–288.

Friederiszick, Hans W.: Marktabgrenzung und Marktmacht, Recht und Ökonomie im Europäischen Wettbewerbsrecht, Baden-Baden 2006.

Fritzsche, Alexander: Ökonomische Erfahrungssätze im Kartellverfahren als Schnittstelle zwischen Recht und Ökonomik, in: Festschrift für Christian Kirchner zum 70. Geburtstag, Tübingen 2014, hrsg. v. Kaal, Wulf A. u.a., S. 423–441, (zitiert: Fritzsche, in: FS Kirchner, S.).

Fuchs, Andreas: Kartellrecht und Regulierungsrecht als Marktrecht, in: Körber, Torsten (Hrsg.), Wettbewerbsbeschränkungen auf staatlich gelenkten Märkten 2015, Baden-Baden 2015, S. 9–36, (zitiert: *Fuchs,* in: Körber, Wettbewerbsbeschränkungen auf staatlich gelenkten Märkten, S.).

Gabitz, Eberhard (Bgr.) / Hilf, Meinhard (Frtg.) / Nettesheim, Martin (Hrsg.): Das Recht der Europäischen Union – Kommentierung, 80 EL, München 2023, (zitiert: *Bearbeiter, in:* Grabitz/Hilf/Nettesheim, AEUV Art. Rn.).

Garewal, Karan Singh: Practical Blockchains and Cryptocurrencies, Berkley 2020.

Galle, René: BGH: Facebook – Vorwurf der missbräuchlichen Ausnutzung einer marktbeherrschenden Stellung vorläufig bestätigt, BB 2020, S. 2061–2063.

Gerlach, Heiko / Li, Junqian: Platform Competition, Vertical Differentiation, and Price Coherence, Journal of Law and Economics, University of Chicago Press, Band 64, Heft 3, 2021, S. 439–477.

Georgi, Dominik / Hadwich, Karsten: Management von Kundenbeziehungen – Perspektiven – Analysen – Strategien – Instrumente, Wiesbaden 2010.

Gerpott, Torsten J.: Neue Pflichten für große Betreiber digitaler Plattformen – Vergleich von § 19a GWB und DMA-Kommissionsvorschlag, NZKart 2021, S. 273–280.

Gersdorf, Hubertus / Paal, Boris P. (Hrsg.): Beck'scher Online-Kommentar zum Informations- und Medienrecht, 42. Ed., Stand: 01.11.2023, (zitiert: BeckOK InfoMedienR/*Bearbeiter,* Art./§ Rn.).

Glasner, David / Sullivan, Sean: The Logic of Market Definition, 83 Antitrust Law Journal Nr. 2 (2020), S. 293–354.

Gola, Peter / Heckmann, Dirk (Hrsg.): Datenschutz-Grundverordnung VO (EU) 2016/679 – Bundesdatenschutzgesetz Kommentar, 3. Aufl. München 2022, (zitiert: Gola DS-GVO/*Bearbeiter,* DS-GVO Art. Rn.).

Grünwald, Andreas: „Big-Tech"-Regulierung zwischen GWB-Novelle und Digital Markets Act – Missbrauchsaufsicht über (Digital-)Unternehmen im europäischen Kontext, MMR 2020, S. 822–826.

Gudin, Germain / Mantzari, Despoina: Google Shopping and the As-Efficient-Competitor Test, Journal of European Competition Law & Practice, 2022, Band 13, Nr. 2, S. 125–135.

Hacker, Philipp: Daten als Gegenleistung: Rechtsgeschäfte im Spannungsfeld von DS-GVO und allgemeinem Vertragsrecht, ZfPW 2019, S. 148–198.

Hagiu, Andrei: Merchant or Two-Sided Platform?, Review of Network Economics 2007, Band 6 Heft 2, S. 115–133.

Hamelmann, Lisa / Haucap, Justus / Wey, Christian: Die wettbewerbsrechtliche Zulässigkeit von Meistbegünstigungsklauseln auf Buchungsplattformen am Beispiel von HRS, DICE Ordnungspolitische Perspektiven, Nr. 72, 2015, abrufbar unter: https://www.econstor.eu/bitstream/10419/113806/1/833385763.pdf, zuletzt aufgerufen am: 01.03.2024.

Hamelmann, Lisa / Haucap, Justus: Wettbewerb und Kartellrecht auf Online-Plattformmärkten, ORDO 2016, Band 67, Heft 1, S. 269–298.

Hannappel, Sandra / Rehm, Rebekka / Roth, Steffen J.: Welche systematischen Unterschiede gibt es zwischen digitalen und analogen Plattformmärkten und was bedeutet das für ihre Regulierung?, Otto-Wolff-Discussion Paper 6/2017, abrufbar unter: https://iwp.uni-koeln.de/sites/iwp/Dokumente/04_Publikationen/iwp_Policy_Paper/OWIWO_DP_06_2017.pdf, zuletzt aufgerufen am: 01.03.2024.

Harta, Lukas: Der Digital Markets Act und das Doppelverfolgungsverbot, NZKart 2022, S. 102–107.

Hartenberger, Ute: Transnationale Regulierung: der Fall Telekommunikation, ZSE 2008, S. 476–498.

Haucap, Justus / Kehder, Christiane: Stellen Google, Amazon, Facebook & Co. wirklich die marktwirtschaftliche Ordnung zur Disposition, ifo Schnelldienst, 16/2014, S. 3–7.

Haucap, Justus / Stühmeier, Torben: Competition and antitrust in internet markets, DICE Discussion Paper, Nr. 199, 2015, abrufbar unter: https://www.econstor.eu/bitstream/10419/121420/1/837896487.pdf, zuletzt aufgerufen am: 01.03.2024.

Haucap, Justus / Wenzel, Tobias: Ist eBay unbestreitbar ein nicht bestreitbares Monopol? Monopolisierungsgefahren und Regulierungsbedarf bei Online-Marktplätzen, in: Kruse, Jörn / Dewenter, Ralf (Hrsg.), Wettbewerbsprobleme im Internet, Baden-Baden 2009, S. 7-34, (zitiert: *Haucap/Wenzel*, in: Kruse/Dewenter, Wettbewerbsprobleme im Internet, S.).

Haucap, Justus / Wenzel, Tobias: Wettbewerb im Internet: Was ist online anders als offline?, DICE Ordnungspolitische Perspektiven, Nr. 16, 2011, abrufbar unter: https://www.dice.hhu.de/fileadmin/redaktion/Fakultaeten/Wirtschaftswissenschaftliche_Fakultaet/DICE/Ordnungspolitische_Perspektiven/016_OP_Haucap_Wenzel.pdf, zuletzt aufgerufen am: 01.03.2024.

Haucap, Justus: Plattformökonomie: neue Wettbewerbsregeln – Renaissance der Missbrauchsaufsicht, Wirtschaftsdienst 2020 Jg. 100, Heft 13, S. 20–29.

Haucap, Justus: Wie lange hält Google Monopol?, DICE Ordnungspolitische Perspektiven, Nr. 32, 2012, abrufbar unter: https://www.econstor.eu/obitstream/10419/67103/1/730904032.pdf, zuletzt aufgerufen am: 01.03.2024.

Haus, Florian C. / Weusthof, Anna-Lena: The Digital Markets Act – a Gatekeeper's Nightmare?, WuW 2021, S. 318–325.

***Hayungs, Carsten*:** Regulierung von Online-Plattformen: Das Gutachten für den 73. Deutschen Juristentage 2020/2022 aus verbraucherpolitischer Sicht, VuR 2020, S. 403–411.

Heine, Robert / Stang, Felix: Funktionsweise von NFT und Betrachtung der urheberrechtlichen Nutzungshandlungen, MMR 2021, S. 755-760.

Heinz, Silke: Relative Marktmacht und digitale Plattformen – gibt es plattformbedingte Abhängigkeit?, in: Festschrift für Dirk Schroeder zum 65. Geburtstag, Köln 2018, hrsg. v. Kokott, Juliane u.a., S. 309–331, (zitiert: *Heinz, in:* FS Schroeder, S.).

Heller, C.-Philipp / Sudaric, Slobodan: Das Alleinerwerbsverbot bei der Zentralvermarktung der Fußballmedienrechte: ein wettbewerbliches Eigentor?, NZKart 2020, S. 164–170.

Hirte, Heribert / Heidel, Thomas (Hrsg.): Das neue Aktienrecht – Handkommentar, Baden-Baden 2020, (zitiert: *Bearbeiter*, in: Hirte/Heidel, Das neue Aktienrecht, § Rn.).

Hoeren, Thomas / Sieber, Ulrich / Holznagel, Bernd: Handbuch Multimedia-Recht, Rechtsfragen des elektronischen Geschäftsverkehrs, München 2023, 60. Ergänzungslieferung, (zitiert: *Bearbeiter, in:* Hoeren/Sieber/Holznagel MMR-HdB, Teil Rn.).

Hoeren, Thomas: Rechtliche Zulässigkeit von Mega-Suchmaschinen – Urheber- und wettbewerbsrechtliche Vorgaben, MMR-Beil. 2001, S. 2–10.

Hoffer, Raoul / Lehr, Leo Alexander: Onlineplattformen und Big Data auf dem Prüfstand – Gemeinsame Betrachtung der Fälle Amazon, Google und Facebook, NZKart 2019, S. 10–20.

Hoffmann, Raphael / Schmidt, Dominik: Facebook-Profiling zu Marketingzwecken – datenschutzkonform?, GRUR 2021, S. 679–685.

Holzmüller, Tobias: Anmerkungen zur urheberrechtlichen Verantwortlichkeit strukturierter Content-Plattformen, ZUM 2017, S. 301–304.

Homann, Jochen: Regulierung im Wandel, in: Körber, Torsten (Hrsg.), Wettbewerbsbeschränkungen auf staatlich gelenkten Märkten 2015, Baden-Baden 2015, S. 59–66, (zitiert: *Homann,* in: Körber, Wettbewerbsbeschränkungen auf staatlich gelenkten Märkten 2015, S.).

Hoppe, Daniel / Oldekop, Axel (Hrsg.): Geschäftsgeheimnisse, Schutz von Know-how und Geschäftsinformationen, Hürth 2022, (zitiert: *Bearbeiter, in:* Geschäftsgeheimnisse, Schutz von Know-how und Geschäftsinformationen, Hrsg. Hoppe/Oldekop, Hürth 2022, S.).

Höppner, Thomas / Grabenschröer, Jan Felix: Marktabgrenzung bei mehrseitigen Märkten am Beispiel der Internetsuche, NZKart 2015, S. 162-168.

Höppner, Thomas / Schulz, André: Die EU-Verordnung zur Fairness und Transparenz von Online-Vermittlungsdiensten („P2B-Verordnung"), ZIP 2019, S. 2329-2338.

Höppner, Thomas: Google Search (Shopping): Etablierte Missbrauchskriterien für digitalen Präzedenzfall, WuW 2017, S. 421–422.

Immenga, Ulricht / Mestmäcker, Ernst-Joachim (Bgr.): Wettbewerbsrecht Band 1., Torsten, Körber u.a. (Hrsg.), 6. Auflage München 2019, (zitiert: Immenga/Mestmäcker/*Bearbeiter*, Art. Rn.).

Immenga, Ulricht / Mestmäcker, Ernst-Joachim (Bgr.): Wettbewerbsrecht Band 2., Torsten, Körber u.a. (Hrsg.), 6. Auflage München 2020, (zitiert: Immenga/Mestmäcker/*Bearbeiter*, § Rn.).

Immenga, Ulricht / Mestmäcker, Ernst-Joachim (Bgr.): Wettbewerbsrecht Band 3., Torsten, Körber u.a. (Hrsg.), 6. Auflage München 2020, (zitiert: Immenga/Mestmäcker/*Bearbeiter*, Art. Rn.).

Immenga, Ulricht / Mestmäcker, Ernst-Joachim (Bgr.): Wettbewerbsrecht Band 3., Torsten, Körber u.a. (Hrsg.), 5. Auflage München 2016, (zitiert: *Bearbeiter, in:* Immenga/Mestmäcker, 5. Aufl. 2016, Art. Rn.).

Ingold, Albert: Meinungsmacht des Netzes – Macht im Netz II: Rechtliche Herausforderungen aktueller Regulierungsvorstellungen für digitalisierte Öffentlichkeiten, MMR 2020, S. 82–86.

Jaeger, Wolfgang / Kokott, Juliane / Pohlmann, Petra / Schroeder, Dirk (Hrsg.): Frankfurter Kommentar zum Kartellrecht, Loseblatt, Stand 104. Ergänzungslieferung, Köln 2/2023, (zitiert: *Bearbeiter*, in: Jaeger/Kokott/Pohlmann/Schroeder/Seeliger, Frankfurter Kommentar zum Kartellrecht, Kap., Rn.).

Jakl, Bernhard: Das Recht der Künstlichen Intelligenz – Möglichkeiten und Grenzen zivilrechtlicher Regulierung, MMR 2019, S. 711–715.

Janal, Ruth: Haftung und Verantwortung im Entwurf des Digital Services Acts, ZEuP 2021, S. 227 274.

Johnson, Prince / Laurell, Christofer / Ots, Marts / Sandstöm, Christian: Digital innovation and the effects of artificial intelligence on firms' research and development – Automation or augmentation, exploration or exploration?, Technological Forecasting & Social Change, Band 179 (2022) 121636.

Joskow, Paul L. / Klevorick, Alvin K.: A Framework for Analyzing Predatory Pricing Policy, The Yale Law Journal, 1979, Band 89, Nr. 2, S. 213–270.

Jungbluth, Armin: Die Platform to Business-Verordnung – ein erster Schritt zur Regulierung von Plattformunternehmen?, in: Festschrift für Gerhard Wiedemann zum 70. Geburtstag, München 2020, hrsg. v. Klose, Tobias u.a., S. 917–933 (zitiert: *Jungbluth, in:* FS Wiedemann, S.).

Kaplow, Louis: Why (ever) define Markets?, 124 Harvard Law Review 2010, Band 2, Heft 124, S. 437–517.

Karbaum, Christian / Schulz, Max: Einstweilige Maßnahmen der Kartellbehörden – wirksamer Wettbewerbsschutz im Zeitalter digitaler Ökosysteme, NZKart 2019, S. 407–414.

Katz, Michael / Sallet, Jonathan: Multisided Platforms and Antitrust Enforcement, The Yale Law Journal, 2018, Band 127, Nr. 7, S. 2142–2175.

Katz, Michael / Shapiro, Carl: Network Externalities, Competition, and Compatibility, American Economic Review, Band 75, Nr. 3, 1985, S. 424–440.

Katz, Michael / Shapiro, Carl: Systems Competition and Network Effects, Joural of Economic Perspectives – Band 8, Nr. 2, 1994, S. 93–115.

Kerber, Markus: Wettbewerbsfreiheit oder Effizienz?, Wirtschaftsdienst 2016 Jg. 96, Heft 4, S. 287–295.

Kerber, Wolfgang: Datenrechtliche Aspekte des Digital Markets Act – Datenwirtschaftsrecht: Vorschlag einer Ex-ante-Regulierung von Gatekeeper-Plattformen, ZD 2021, S. 544–548.

Kersting, Christian / Dworschak, Sebastian: Google als Marktbeherrscher? – Zur (geringen) Aussagekraft hoher Nutzerzahlen im Internet, ifo Schnelldienst, 16/2014, S. 7–9.

Kettemann, Matthias C. / Schulz, Wolfgang / Fertmann, Martin: Anspruch und Wirklichkeit der Plattformregulierung – Kommissionsentwurf der Rechtsakte zu digitalen Diensten und Märkten, ZRP 2021, S. 138–141.

Khan, Lina M.: Amazon's Antitrust Paradox, The Yale Law Journal, 2017, Band 126, Nr. 3, S. 710–805.

Khan, Lina M.: The Separation Of Platforms and Commerce, Columbia Law Review, Band 119, Nr. 4, 2019, S. 973–1098.

Kianzad, Behrang: Excessive Pharmaceutical Pricing as an Abuse of Dominant Position – The Case of CD Pharma (Denmark), GRUR Int. 2021, S. 1188–1196.

Kilian, Wolfgang / Wendt, Domenik Henning: Europäisches Wirtschaftsrecht, 9. Aufl. Baden-Baden 2023.

Klasse, Max / Wiethaus, Lars: Digitalisierungsvorschriften in der 9. GWB-Novelle, WuW 2017, S. 354–362.

Klein, Thilo: SSNIP-Test oder Bedarfsmarktkonzept, WuW 2010, S. 169-177.

Klotz, Robert: Die Spinne im Netz – Zur Rolle der Kommission als „regulierungsrechtliche Drehscheibe“ in Europa, in: Manger-Nestler, Cornelia / Gramlich, Ludwig (Hrsg.), Kontinuität und Wandel bei europäisierten Aufsichts- und Regulierungsstrukturen 2016, Baden-Baden 2016, S. 143–168, (zitiert: *Klotz,* in: Manger-Nestler/Gramlich, Kontinuität und Wandel bei europäisierten Aufsichts- und Regulierungsstrukturen, S.).

Knieps, Günter / Brunekreeft, Gert (Hrsg.): Zwischen Regulierung und Wettbewerb: Netzsektoren in Deutschland, Springer-Verlang, Berlin Heidelberg 2000, (zitiert: *Bearbeiter, in:* Zwischen Regulierung und Wettbewerb: Netzsektoren in Deutschland, 2000, S.).

Knieps, Günter: Wettbewerb auf dem Mobilfunkmarkt, MMR-Beil. 2000, S. 1- 15.

Knieps, Günter: Wettbewerbsökonomie, Berlin 2008.

Köhler, Helmut / Bornkamm, Joachim / Feddersen, Jörn / Alexander, Christian: Gesetz gegen den unlauteren Wettbewerb, 41. Auflage, München 2023, (zitiert: Köhler/Bornkamm/Feddersen/*Bearbeiter,* § Rn.).

Kolmar, Martin: Grundlagen der Mikroökonomik, 2. Aufl. Berlin, Heidelberg 2021.

Körber, Torsten: „Digitalisierung“ der Missbrauchsaufsicht durch die 10. GWB-Novelle. Macht im Netz IV: Maßvolle Antwort oder übertriebene Regulierung der Digitalwirtschaft?, MMR 2020, S. 290–295.

Körber, Torsten: „Ist Wissen Marktmacht?“ Überlegungen zum Verhältnis von Datenschutz, „Datenmacht“ und Kartellrecht – Teil 1, NZKart 2016, S. 303–310.

Körber, Torsten: Analoges Kartellrecht für digitale Märkte?, WuW 2015, S. 120–133.

Körber, Torsten: Die Facebook-Entscheidung des Bundeskartellamtes – Machtmissbrauch durch Verletzung des Datenschutzrechts?, NZKart 2019, S. 187–196.

Körber, Torsten: Konzeptionelle Erfassung digitaler Plattformen und adäquate Regulierungsstrategien, ZUM 2017, S. 93–102.

Körber, Torsten: The Commission's „Next Big Thing“?, NZKart 2015, S. 415–423.

Körber, Torsten: Lessons from the Hare and the Tortoise: Legally imposed self-regulation, proportionality and the right to defence under the DMA – Part 2, NZKart 2021, S. 436–444.

Köster, Dieter: Was sind Netzprodukte? Eigenschaften, Definition und Systematisierung von Netzprodukten, WZB Discussion Paper Nr. FS IV 98–10, abrufbar unter: https://www.econstor.eu/bitstream/10419/51181/1/270221824.pdf, zuletzt aufgerufen am: 01.03.2024.

Krell, Paul: Kartellordnungswidrigkeiten- oder Kartellstrafrecht?, in: Festschrift für Karsten Schmidt zum 80. Geburtstag, Band 1, München 2019, hrsg. v. Boele-Woelki, Katharina u.a., S. 731–747 (zitiert: *Krell, in:* FS Schmidt, Band 1, S.).

Kreße, Bernhard: Die Auktion als Wettbewerbsverfahren, Tübingen 2014.

Kreße, Bernhard: Verarbeitung von Off-Facebook-Daten als Ausbeutungsmissbrauch, WuB 2021, S. 29–33.

Kreuter-Kirchhof, Charlotte: Die europäische Emissionshandelsrichtlinie und ihre Umsetzung in Deutschland, EuZW 2004, S. 711–717.

Kumkar, Lea Katharina: Klarnamenpflicht in sozialen Netzwerken unter der Datenschutz-Grundverordnung und § 19 TTDSG, ZUM 2022, S. 489–496.

Künstner, Kim Manuel / Franz, Benjamin: Preisalgorithmen und Dynamic Pricing: Eine neue Kategorie kartellrechtswidriger Abstimmungen?, K&R 2017, S. 688–693.

Künstner, Kim Manuel: Preissetzung durch Algorithmen als Herausforderung des Kartellrechts – Verhaltenskoordinierung über Algorithmen und Systeme Künstlicher Intelligenz, GRUR 2019, S. 36–42.

Laue, Philip / Kremer, Sascha: Das neue Datenschutzrecht in der betrieblichen Praxis, 2. Auflage, Baden-Baden 2019, (zitiert: *Bearbeiter, in:* Laue/Kremer, Das neue Datenschutzrecht in der betrieblichen Praxis, § Rn.).

Loewenheim, Ulrich / Meessen, Karl M. / Riesenkampff, Alexander / Kersting, Christian / Meyer-Lindemann, Hans J. (Hrsg.): Kartellrecht – Kommentar zum Deutschen und Europäischen Recht, 4. Aufl. München 2020, (zitiert: LMRKM/*Bearbeiter*, Art./§ Rn.).

Lohse, Andrea: Facebook und die Verarbeitung der off-Facebook-Daten nach der DSGVO: Ein Fall für die kartellrechtliche Missbrauchsaufsicht?, NZKart 2020, S. 292–300.

Louven, Sebastian: Datenmacht und Zugang zu Daten, NZKart 2018, S. 217–223.

Lübbig, Thomas: Der Less Economic Approach, in: Festschrift für Gerhard Wiedemann zum 70. Geburtstag, München 2020, hrsg. v. Klose, Tobias u.a., S. 37–45 (zitiert: *Lübbig, in:* FS Wiedemann, S.).

Luchetta, Giacoma: Is the Google platform a two-sided market, 23rd European Regional Conference of the International Telecommunication Society, 2012, abrufbar unter: https://www.econstor.eu/bitstream/10419/60367/1/720236207.pdf, zuletzt aufgerufen am: 01.03.2024.

Ludwigs, Markus: Die Rolle der Kartellbehörden im Recht der Regulierungsverwaltung, WuW 2008, S. 434–550.

Mackenrodt, Mark-Oliver / Wiedemann, Klaus: Zur kartellrechtlichen Bewertung der Datenverarbeitung durch Facebook und ihrer normativen Kohärenz mit dem Datenschutzrecht und dem Datenschuldrecht, ZUM 2021, S. 89–103.

Mai, Stefan / Oelmann, Mark: Elektronischer Handel im Lichte der Bestreitbarkeit von Märkten, IWP Discussion Paper, Nr. 2001/1, abrufbar unter: https://www.econstor.eu/bitstream/10419/39253/1/378721739.pdf, zuletzt aufgerufen am: 01.03.2024.

Maier-Rigaud, Frank / Heller, C.-Philipp / Hanspach, Philip: Zur Weiterwälzung von Preisaufschlägen in regulierten Industrien, NZKart 2019, S. 650–659.

Malirsch, Martin: Big Data, Remscheid 2013.

Mankiw, Gregory N. / Taylor, Mark P.: Grundzüge der Volkswirtschaftslehre, Stuttgart, 8 Aufl. 2021.

Martens, Bertin: An Economic Policy Perspective on Online Platforms, JRC Technical Report 2016/05, European Commission, abrufbar unter: https://joint-research-centre.ec.europa.eu/document/download/6ca8d6d3-4845-4fab-964b-5005e18f4eee_en?filename=JRC101501.pdf, zuletzt aufgerufen am: 01.03.2024.

Martini, Mario: Blackbox Algorithmus – Grundfragen einer Regulierung Künstlicher Intelligenz, Wiesbaden 2019.

Mayen, Thomas: Marktabgrenzung auf den Märkten der Telekommunikation, MMR 2001, S. 496–500.

McColgan, Peter: lex Apple Pay – Technikregulierung am kartellrechtlichen Limit, NZKart 2020, S. 515–521.

Mendelsohn, Juliane: Die „normative Macht" der Plattformen – Gegenstand der zukünftigen Digitalisierung?, MMR 2021, S. 857–862.

Mestmäcker, Ernst-Joachim / Schweitzer, Heike: Europäisches Wettbewerbsrecht, 3. Aufl. München 2014, (zitiert: *Mestmäcker/Schweitzer*, Europäisches Wettbewerbsrecht, § Rn.).

Metzger*, *Axel: Dienst gegen Daten: Ein synallagmatischer Vertrag, AcP 216 (2016), S. 817–865.

Metzger, Axel: Digitale Mobilität – Verträge über Nutzerdaten, GRUR 2019, S. 129–136.

Mischau, Lena: Daten als „Gegenleistung" im neuen Verbrauchervertragsrecht, ZEuP 2020, S. 335–366.

Mohr, Jochen: Das Verhältnis von Wettbewerbsrecht und Ökonomie im digitalen 21. Jahrhundert – Zugleich ein Beitrag zur Intel-Entscheidung des Europäischen Gerichtshofs und zum Facebook-Verfahren des Bundeskartellamts, ORDO 2018, Band 69 Heft 1, S. 259–308.

Mohr, Jochen: Kartellrechtlicher Konditionenmissbrauch durch datenschutzwidrige Allgemeine Geschäftsbedingungen – Die Facebook-Entscheidung des Bundeskartellamts v. 6.2.2019, EuZW 2019, S. 265–273.

Mohr, Jochen: Sicherung der Vertragsfreiheit durch Wettbewerbs- und Regulierungsrecht, Tübingen, 2015.

Monopolkommission: DMA stärker auf marktübergreifende Ökosysteme ausrichten! – Policy Brief der Monopolkommission Ausgabe 8, Juli 2021, abrufbar unter: https://www.monopolkommission.de/images/Policy_Brief/MK_Policy_Brief_8.pdf, zuletzt aufgerufen am: 01.03.2024.

Monopolkommission: Empfehlungen für einen effektiven und effizienten Digital Markets Act, Sondergutachten 82 gemäß § 44 Abs. 1 Satz 4 GWB abrufbar unter: https://www.monopolkommission.de/images/PDF/SG/sg_dma_volltext.pdf, zuletzt aufgerufen am: 01.03.2024.

Monopolkommission: Wettbewerb 2018, XXII Hauptgutachten gemäß § 44 Abs. 1 Satz 1 GWB, abrufbar unter: https://monopolkommission.de/images/HG22/HGXXII_Gesamt.pdf, zuletzt aufgerufen am: 01.03.2024.

Monopolkommission: Wettbewerbspolitik: Herausforderung digitale Märkte, Sondergutachten 68 gemäß § 44 Abs. 1 Satz 4 GWB abrufbar unter: https://www.monopolkommission.de/images/PDF/SG/SG68/S68_volltext.pdf, zuletzt aufgerufen am: 01.03.2024.

Müller, Thomas: Vorbemerkungen zur Wettbewerbsverfassung – Begriff, System, Kernfragen, in: Festschrift für Günter H. Roth zum 70. Geburtstag, München 2011, hrsg. v. Altmeppen, Holger u.a., 499–517, (zitiert: *Müller, in:* FS Roth, S.).

Münchener Kommentar zum Bürgerlichen Gesetzbuch, Bd. 3 Schuldrecht – Allgemeiner Teil II, §§ 311–432, hrsg. v. Säcker, Franz Jürgen u.a., 9. Auflage, München 2022, (zitiert: MüKoBGB/*Bearbeiter,* BGB § Rn.).

Münchener Kommentar zum Bürgerlichen Gesetzbuch, Bd. 4 Schuldrecht – Allgemeiner Teil II, §§ 481–534, hrsg. v. Säcker, Franz Jürgen u.a., 8. Auflage, München 2019, (zitiert: MüKoBGB/*Bearbeiter,* BGB § Rn.).

Münchener Kommentar zum Bürgerlichen Gesetzbuch, Bd. 7 Schuldrecht – Besonderer Teil IV, §§ 705–853, hrsg. v. Säcker, Franz Jürgen u.a., 9. Auflage, München 2022, (zitiert: MüKoBGB/*Bearbeiter,* BGB § Rn.).

Münchener Kommentar zum Bürgerlichen Gesetzbuch, Bd. 13 Internationales Privatrecht II, Art. 50–253, hrsg. v. Säcker, Franz Jürgen u.a., 8. Auflage, München 2020, (zitiert: MüKoBGB/*Bearbeiter,* Art. Rn.).

Mundt, Andreas: Die Facebook-Entscheidung des Bundeskartellamtes, NZKart 2019, S. 117–118.

Mundt, Andreas: Mehr Markt wagen, in: Körber, Torsten (Hrsg.), Wettbewerbsbeschränkungen auf staatlich gelenkten Märkten 2015, Baden-Baden 2015, S. 67–72, (zitiert: *Mundt,* in: Körber, Wettbewerbsbeschränkungen auf staatlich gelenkten Märkten, S.).

Mundt, *Andreas:* Verbraucherschutz braucht eine stärkere behördliche Komponente, WRP Editorial 9/2018, erste Seite.

Nagel, Stephan Manuel / Horn, Stefan: Die Facebook-Entscheidung des BGH – ein neuer Kompass für die Missbrauchskontrolle?, ZWeR 2021, S. 78–120.

Nothhelfer, Wolfgang: Wann behindern konglomerate Fusionen den Wettbewerb?, EuZW 2007, S. 332–336.

Nuys, Marcel: „Big Data" – Die Bedeutung von Daten im Kartellrecht, WuW 2016, S. 512–523.

Paal, Boris P. / Kumkar, Lea Katharina: Wettbewerbsschutz in der Digitalwirtschaft – Die wichtigsten Neuerung der 10. GWB-Novelle im Überblick, NJW 2021, S. 809–815.

Paal, Boris P. / Pauly Daniel A. (Hrsg.): Datenschutz-Grundverordnung – Bundesdatenschutzgesetz, 3. Auflage, München 2021, (zitiert: Paal/Pauly/*Bearbeiter,* 3. Aufl. 2021, Art. Rn.).

Paal, Boris P.: Entflechtungstatbestand, Medienvielfalt und Kartellgesetz: Medienkartellrecht auf dem Prüfstand, JZ 2010, S. 647-654.

Paal, Boris P.: Missbrauchstatbestand und Algorithmic Pricing – Dynamische und individualisierte Preise im virtuellen Wettbewerb, GRUR 2019, S. 43–53.

Paal, Boris P.: Suchmaschinen, Marktmacht und Meinungsbildung, Baden-Baden 2012.

Parker, Geoffrey G. / van Alstyne, Marshall W.: Two-Sided Effects: A Theory of Information Product Design, Management Since, Band 51, Nr. 10, 2005, S. 1494–1504.

Paschke, Marian / Berlit, Wolfgang / Meyer, Claus / Kröner, Lars (Hrsg.): Hamburger Kommentar Gesamtes Medienrecht, Baden-Baden, 4. Auflage 2021, (zitiert: Paschke/Berlit/Mayer/Kröner – *Bearbeiter,* Hamburger Kommentar Gesamtes Medienrecht, § Rn.).

Pechstein, Matthias / Nowak, Carsten / Häde, Ulrich (Hrsg.): Frankfurter Kommentar zu EUV, GRC und AEUV, Band 1, 2. Auflage Tübingen 2023, (zitiert: *Bearbeiter,* in: Pechstein/Nowak/Häde, Frankfurter Kommentar EUV/GRC/AEUV/, EUV Art. Rn.).

Pechstein, Matthias / Nowak, Carsten / Häde, Ulrich (Hrsg.): Frankfurter Kommentar zu EUV, GRC und AEUV, Band 3, 2. Auflage Tübingen 2023, (zitiert: *Bearbeiter,* in: Pechstein/Nowak/Häde, Frankfurter Kommentar EUV/GRC/AEUV/, AEUV Art. Rn.).

Peitz, Martin / Schweitzer, Heike: Suchmaschinen unter der Lupe, Informationsherrschaft und ihre Schranken, Wirtschaftsdienst 2016 Jg. 96, Heft 11, S. 825–829.

Podszun, Rupprecht / Bongartz, Philipp / Kirk, Alexander: Digital Markets Act – Neue Regeln für Fairness in der Plattformökonomie, NJW 2022, S. 3249-3255.

Podszun, Rupprecht / Bongartz, Philipp / Langenstein, Sarah: The Digital Markets Act: Moving from Competition Law to Regulation for Large Gatekeepers, EuCML 2021, S. 60–67.

Podszun, Rupprecht / Bongartz, Philipp: B2B-Marktplätze und IoT-Plattformen in der kartellbehördlichen Praxis, BB 2020, S. 2882–2891.

Podszun, Rupprecht / Franz, Benjamin: Was ist ein Markt? – Unentgeltliche Leistungsbeziehungen im Kartellrecht, NZKart 2015, S. 121–127.

Podszun, Rupprecht / Kersting, Christian: Eine Wettbewerbsordnung für das digitale Zeitalter. Wie lässt sich die kartellrechtliche Missbrauchsaufsicht modernisieren?, ZRP 2019, S. 33–60.

Podszun, Rupprecht / Schwalbe, Ulrich: Digitale Plattformen und GWB-Novelle: Überzeugende Regeln für die Internetökonomie?, NZKart 2017, S. 98–106.

Podszun, Rupprecht: Der Verbraucher als Marktakteur: Kartellrecht und Datenschutz in der „Facebook"-Entscheidung des BGH, GRUR 2020, S. 1268–1276.

Podszun, Rupprecht: Google und das Leistungsschutzrecht für Presseverleger aus kartellrechtlicher Perspektive, veröffentlicht unter SSRN Electronic Journal, abrufbar unter: https://ssrn.com/abstract=2504153, zuletzt aufgerufen am: 01.03.2024.

Podszun, Rupprecht: Handwerk in der digitalen Ökonomie – Rechtlicher Rahmen für den Zugang zu Daten, Software und Plattformen, Baden-Baden 2021.

Podszun, Rupprecht: Should Gatekeepers Be Allowed to Combine Data? Ideas for Art. 5(a) of the Draft Digital Markets Act, GRUR Int. 2022, S. 197–206.

Podszun, Rupprecht: Empfiehlt sich eine stärkere Regulierung von Online-Plattformen und anderen Digitalunternehmen?, NJW-Beil. 2022, S. 56–60.

Pohlmann, Petra / Lindhauer, Ansgar / Peter, Christian: Das Leistungsschutzrecht für Presseverleger und die qualifizierte News-Aggregation von Google News Showcase: Ein Fall für § 19 und § 19a GWB? – Teil 1, NZKart 2021, S. 466–480.

Pohlmann, Petra / Lindhauer, Ansgar / Peter, Christian: Das Leistungsschutzrecht für Presseverleger und die qualifizierte News-Aggregation von Google News Showcase: Ein Fall für § 19 und § 19a GWB? – Teil 2, NZKart 2021, S. 544–551.

Pohlmann, Petra: Algorithmenbasiertes Marktverhalten als Missbrauch einer marktbeherrschenden Stellung *in:* Zimmer, Daniel (Hrsg.), Regulierung für Algorithmen und Künstliche Intelligenz 2021, S. 311-339, (zitiert: *Pohlmann, in:* Zimmer, Regulierung für Algorithmen und Künstliche Intelligenz 2021, S.).

Polley, Romina / Kaup, Rieke: Paradigmenwechsel in der deutschen Missbrauchsaufsicht – Der Referentenentwurf zur 10. GWB-Novelle, NZKart 2020, S. 113–119.

Polley, Romina / Pesch, Tobias / Tönnies, Hans: Die P2B-Verordnung und ihre Bedeutung für das Kartellrecht, WuW 2019, S. 494-591.

Poosch, Phil: Bing bekommt ChatGPT: Ist das das Ende der Suchmaschinenoptimierung?, BC 2023, S. 143–145.

Richter, Heiko: „Open Government Data“ für Daten des Bundes – Die Open-Data-Regelung der §§ 12a, 19 E-Government-Gesetz, NVwZ 2017, S. 1408–1414.

Riehm, Thomas: Daten als Gegenleistung?, in: Festschrift für Jürgen Taeger anlässlich des 65. Geburtstags – IT-Recht in Wissenschaft und Praxis, Frankfurt am Main 2020, hrsg. v. Specht-Riemenschneider, Louisa u.a., S. 55–79 (zitiert: *Riehm, in:* FS Taeger, S.).

Rifkin, Jeremy: Die dritte industrielle Revolution – Die Zukunft der Wirtschaft nach dem Atomzeitalter, Frankfurt am Main 2011.

Robertson, Viktoria: A new era for antitrust market definition, February 2021, Concurrences Nr. 1 – 2021, Art. Nr. 98669, S. 84–92.

Rochet, Jean-Charles / Tirole, Jean: Cooperation among Competitors: Some Economics of Payment Card Associations, RAND Journal of Economics, Band 33, Heft 4, 2002, S. 549–570.

Rochet, Jean-Charles / Tirole, Jean: Platform Competition in Two-Sided Markets, Journal of the European Economic Association 2003, Band 1 (4), S. 990–1029.

Rochet, Jean-Charles / Tirole, Jean: Two-sided markets: a progress report, RAND Journal of Economics, 2006, Band 37, Heft 3, S. 645–667.

Ronteau, Sébastien / Muzellec, Laurent / Saxena, Deepak / Trabucchi, Daniel: Digital Business Models, Berlin/Boston 2023.

Roson, Roberto: Two-Sided Markets: A Tentative Survey, Review of Network Economics 2005, Band 4, Heft 2, S. 143–160.

Säcker, Franz Jürgen: Die Konvergenz von unionsrechtlicher und mitgliedstaatlicher Verfassung der Wirtschaft gemäß der Zielvorgabe in Art. 3 Abs. 3 EUV, in: Festschrift für Günter H. Roth zum 70. Geburtstag, München 2011, hrsg. v. Altmeppen, Holger u.a., S. 671–687, (zitiert: *Säcker, in:* FS Roth, S.).

Säcker, Franz Jürgen: Schriftenreihe Kartell- und Regulierungsrecht, Freiheit durch Recht, hrsg. v. Körber, Torste u.a., Band 16, Baden-Baden 2016.

Säcker, Franz Jürgen / Bien, Florian / Meier-Beck, Peter / Montag, Frank (Hrsg.): Münchener Kommentar zum Wettbewerbsrecht, Band 1: Europäisches Wettbewerbsrecht, 4. Aufl., München 2023 (zit.: MüKoEUWettbR/*Bearbeiter,* Art. Rn.).

Satzky, Horst: Konditionenmissbrauch durch Facebook?, in: Festschrift für Karsten Schmidt zum 80. Geburtstag, Band 2, München 2019, hrsg. v. Boele-Woelki, Katharina u.a., S. 303–315, (zitiert: *Satzky, in:* FS Schmidt, Band 2, S.).

Schanze, Erich: Konsens bei Verträgen – Konsumentenrecht und Wirtschaftstransaktion, in: Festschrift für Karsten Schmidt zum 80. Geburtstag, Band 2, München 2019, hrsg. v. Boele-Woelki, Katharina u.a., S. 359–369, (zitiert: *Schanze, in:* FS Schmidt, Band 2, S.).

Scherer, Joachim: Das Bronner-Urteil des EuGH und die Essential facilities-Doktrin im TK-Sektor, MMR 1999, S. 315–322.

Schneider, Nadine / Kremer, Sascha: Ein zweiter, kritischer Blick auf die P2B-Verordnung: Nachhaltige Veränderung des Plattformökosystems? WRP 2020, S. 1128–1136.

Schmidtchen, Dieter: Der „more economic approach“ in der Wettbewerbspolitik, WuW 2006, S. 6–17.

Schröder, Hermann-Dieter: Anzeigen-Auflagen-Spirale, Medien von A bis Z, 2006, S. 25–27.

Schröter, Helmuth / Jakob, Thinam / Klotz, Robert / Mederer, Wolfgang (Hrsg.): Europäisches Wettbewerbsrecht, Großkommentar, 2. Aufl., Baden-Baden 2014, (zitiert: *Bearbeiter, in:* Schröter/Jakob/Klotz/Mederer, Art. AEUV Rn.).

Schulte, Josef L. (Hrsg.): Handbuch Fusionskontrolle, 3. Aufl. Köln 2020, (zitiert: *Bearbeiter*, Handbuch Fusionskontrolle, 2020, Kap., Rn.).

Schulze, Reiner / Hoeren, Thomas (Hrsg.): Dokumente zum Europäischen Recht, Band 3, Kartellrecht (bis 1957), Heidelberg 2000.

Schulze, Reiner / Staudenmayer, Dirk: EU Digital Law, Article-by-Article Commentary, Baden-Baden 2020, (zitiert: *Bearbeiter, in:* EU Digital Law 2020, S.).

Schwalbe, Ulrich / Zimmer, Daniel: Kartellrecht und Ökonomie, 3. Aufl. Frankfurt am Main 2021.

Schwartmann, Rolf / Benedikt, Kristin / Reif, Yvette: Entwurf zum TTDSG: Für einen zeitgemäßen Online-Datenschutz? – Ein Zwischenruf, MMR 2021, S. 99–102.

Schwartmann, Rolf / Hermann, Maximilian / Mühlenbeck, Robin L.: Eine Medienordnung für Intermediäre – Das Zwei-Säulen-Modell zur Sicherung der Vielfalt im Netz, MMR 2019, S. 498–503.

Schweitzer, Heike / Fetzer, Thomas / Peitz, Martin: Digitale Plattformen: Bausteine für einen künftigen Ordnungsrahmen, ZEW Discussion Paper Nr. 16–042, 29.5.2016, abrufbar unter: https://ftp.zew.de/pub/zew-docs/dp/dp16042.pdf, zuletzt aufgerufen am: 01.03.2024.

Schweitzer, Heike / Haucap, Justus / Kerber, Wolfgang / Welker, Robert***:*** Modernisierung der Missbrauchsaufsicht für marktmächtige Unternehmen, 29.08.2018, abrufbar unter: https://www.bmwi.de/Redaktion/DE/Publikationen/Wirtschaft/modernisierung-der-missbrauchsaufsicht-fuer-marktmaechtige-unternehmen.pdf?__blob=publicationFile&v=15, zuletzt aufgerufen am: 01.03.2024.

Schweitzer, Heike / Peitz, Martin: Ein neuer europäischer Ordnungsrahmen für Datenmärkte?, NJW 2018, S. 275–280.

Schweitzer, Heike: Datenzugang in der Datenökonomie: Eckpfeiler einer neuen Informationsordnung, GRUR 2019, S. 569–580.

Schweitzer, Heike: Digitale Plattformen als private Gesetzgeber: Ein Perspektivwechsel für die europäische „Plattform-Regulierung“, ZEuP 2019, S. 1–12.

Schweitzer, Heike: Gemeinwohl und Wettbewerb unter Bedingungen der Digitalisierung: Zur Rolle des Marktes und zum Beitrag des Staates, in: Zimmer, Daniel / Kühling, Jürgen (Hrsg.), Neue Gemeinwohlherausforderungen – Konsequenzen für Wettbewerbsrecht und Regulierung, Baden-Baden 2020, S. 41–66, (zitiert: *Schweitzer*, in: Zimmer/Kühling, Neue Gemeinwohlherausforderungen – Konsequenzen für Wettbewerbsrecht und Regulierung, S.).

Schweitzer, Heike: Neue Machtlage in der digitalen Welt?, Das Beispiel unentgeltlicher Leistungen, in: Körber/Kühling (Hrsg.), Regulierung – Wettbewerb – Innovation, Baden-Baden 2017, S. 296–306, (zitiert: *Schweitzer*, in: Körber, Torsten / Kühling, Jürgen, Regulierung – Wettbewerb – Innovation, S.).

Schweitzer, Heike: The Art to Make Gatekeeper Positions Contestable and the Challenge to Know What Is Fair: A Discussion of the Digital Markets Act Proposal, ZEuP 2021, S. 503–544.

Schweitzer, Heike: Vertragsfreiheit, Marktregulierung, Marktverfassung: Privatrecht als dezentrale Koordinationsordnung, AcP 220 (2020), S. 544–586.

Schwickert, Axel C. / Pfeiffer, Elen: Elektronische Marktplätze – Formen, Beteiligte, Zutrittsbarrieren, Arbeitspapiere WI Nr. 5/2000, Johannes-Gutenberg-Universität, Mainz.

Seip, Fabian / Berberich, Matthias: Der Entwurf des Digital Markets Act, GRUR-Prax 2021, S. 44–47.

Shy, Oz: A Short Survey of Network Economics, Review of Industiral Organization, Band 38, Nr. 2, 2011, S. 119–149.

Song, Minjae: Estimating Platform Market Power in Two-Sided Markets with an Application to magazine Advertising, American Economic Journal: Microeconomics 2021, Band 13, Nr. 2, S. 35–67.

Spindler, Gerald / Schuster, Fabian (Hrsg.): Recht der elektronischen Medien – Kommentar, 4. Aufl. München 2019, (zitiert: *Bearbeiter*, in: Spindler/Schuster/Gersdorf, § Rn.).

Spindler, Gerald: Der Vorschlag für ein neues Haftungsregime für Internetprovider – der EU-Digital Services Act – Teil 2: Große und besonders große Plattformen, GRUR 2021, S. 653–662.

Spindler, Gerald / Seidel, Andreas: Die Regulierung von Online-Plattformen, NJW 2022, S. 2730–2734.

Stähler, Patrick: Geschäftsmodelle in der digitalen Ökonomie. Merkmale, Strategien und Auswirkungen, Köln 2. Aufl., 2002.

Stäuber, Richard / Burger, Andreas: Einführung der relativen Marktmacht in der Schweiz. Ein taugliches Instrument gegen hohe Schweizer Preise?, ZWeR 2021, S. 235–272.

Steinrötter, Björn: Gegenstand und Bausteine eines EU-Datenwirtschaftsrechts, RDi 2021, S. 480–486.

Stender-Vorwachs, Jutta / Steege, Hans: Wem gehören unsere Daten? Zivilrechtliche Analyse zur Notwendigkeit eines dinglichen Eigentums an Daten, der Datenzuordnung und des Datenzugangs, NJOZ 2018, S. 1361–1400.

Stopper, Martin: Instrumente europäischer Wettbewerbspolitik, Tübingen, 2007.

Streinz, Rudolf (Hrsg.): EUV/AEUV: Vertrag über die Europäische Union, Vertrag über die Arbeitsweise der Europäischen Union, Charta der Grundrechte der Europäischen Union, München 2018, 3. Auflage, (zitiert: Streinz/*Bearbeiter,* Art. Rn.).

Surblytė, Gintarė: Competition Law at the Crossroads in the Digital Economy: is it all about Google?, EuCML 2015, S. 170–179.

Täuscher, Karl / Hilbig, Romy / Abdelkafi, Nizar: Geschäftsmodellelemente mehrseitiger Plattformen, in: Schallmo, Daniel R. A. u.a. (Hrsg.), Digitale Transformation von Geschäftsmodellen, Geschäftsmodellelemente mehrseitiger Plattformen, Wiesbaden, 2017, (zitiert: *Täuscher/Hilbig/Abdelkafi*, in: Schallmo, Digitale Transformation von Geschäftsmodellen, Geschäftsmodellelemente mehrseitiger Plattformen, S.).

Thomas, Stefan: Die digitale Ökonomie zwischen vertikaler und horizontaler Wettbewerbsbeschränkung, ZHR 2020, S. 222–248.

Thomas, Stefan: Wettbewerb in der digital economy: Verbraucherschutz durch AGB-Kontrolle im Kartellrecht?, NZKart 2017, S. 92–98.

Tirole, Jean: The Analysis of Tying Cases: A Primer, Competition Policy International, Spring 2005, Band 1 Nr. 1, S. 1–25.

Topel, Julia: Unentgeltliche Marktleistungen nach § 18 Abs. 2a GWB, in: Festschrift für Gerhard Wiedemann zum 70. Geburtstag, München 2020, hrsg. v. Klose, Tobias u.a., S. 57–71 (zitiert: *Topel, in:* FS Wiedemann, S.).

Ulmer, Peter / Brandner, Hans Erich / Hensen, Horst-Diether: AGB-Recht, Kommentar zu den §§ 305-310 BGB und UKlaG, 13 Aufl. Köln 2022, (zitiert: *Bearbeiter,* in: Ulmer/Brandner/Hensen, § Rn.).

Vögele, Alexander / Borstell, Thomas / Bernhardt, Lorenz (Hrsg.): Verrechnungspreise, 2. Aufl, München 2020, (zitiert: *Bearbeiter,* in: Vögele/Borstell/Bernhardt Verrechnungspreise, Kap. Rn.).

Voigt, Paul / Reuter, Wiebke: Plattform-to-Business-Verordnung (P2B-VO): Checkliste für die Überarbeitung der AGB von Online-Vermittlungsdiensten, DB 2020, S. 1393–1398.

Völcker, Sven / Benditz, Robert: Die Entwicklung des europäischen Kartellrechts in den Jahren 2018 und 2019, EuZW 2020, S. 259–270.

Völcker, Sven / Benditz, Robert: Die Entwicklung des europäischen Kartellrechts im Jahr 2020, EuZW 2021, S. 461–472.

Völkle, Christof: Ehereum 2.0 – Grundbaustein der weiterentwickelten Digitalisierung des Rechts, MMR 2021, S. 539–543.

Volmar, Maximilian: Die Intermediationsmacht von Competitive Bottlenecks, NZKart 2020, S. 170–176.

Völzmann-Stickelbrock, Barbara: Schöne neue (zweite) Welt? – Zum Handel mit virtuellen Gegenständen im Cyberspace, in: Festschrift für Ulrich Eisenhardt zum 70. Geburtstag, München 2007, hrsg. v. Wackerbarth, Ulrich u.a., S. 327–347, (zitiert: *Völzmann-Stickelbrock, in:* FS Eisenhardt, S.).

Von der Groeben, Hans / Schwarze, Jürgen / Hatje, Armin (Hrsg.): Europäisches Unionsrecht, Vertrag über die Europäische Union – Vertrag über die Arbeitsweise der Europäischen Union – Charta der Grundrechte der Europäischen Union, Bände 1–4, 7. Auflage 2015, (zitiert: Von der Groeben/Schwarze/Hatje/*Bearbeiter,* Art. Rn.).

Von Dietze, Philipp / Janssen, Helmut: Kartellrecht in der anwaltlichen Praxis, 6. Aufl. München 2023.

Von Hagen, Prisca / Völzmann, Lisa: Datenaltruismus aus datenschutzrechtlicher Perspektive – Wechselwirkung zwischen DGA und DS-GVO, MMR 2022, S. 176–181.

Von Weizsäcker, Carl Christian: Warum Effizienz?, in: Schmidt-Preuß/Körber (Hrsg.), Regulierung und Gemeinwohl 2015, Baden-Baden 2016, S. 255–261, (zitiert: *Von Weizsäcker,* in: Schmidt-Preuß, Matthias / Körber, Torsten, Regulierung und Gemeinwohl 2015, S.).

Wagner, Tobias / Zenger, Ralph: Vertragsschluss bei eBay und Angebotsrücknahme – Besteht ein „Loslösungsrecht" vom Vertrag contra legem?, MMR 2013, S. 343–348.

Wambach, Achim: Soziale Marktwirtschaft – Herausforderung Digitalisierung, WPZ Analyse Nr. 14, 2017, abrufbar unter: http://www.wpz-fgn.com/wp-content/uploads/PA14DigitalisierungMarktwirtschaftWambach.pdf, zuletzt aufgerufen am: 01.03.2024.

Wandtke, Artur-Axel / Ohst, Claudia (Hrsg.): Medienrecht Praxishandbuch, De Gruyter 3. Auflage 2014, (zitiert: *Bearbeiter, in:* Wandtke/Ohst, Medienrecht Praxishdb., 3. Aufl. 2014, S.).

Wandtke, Artur-Axel: Ökonomischer Wert von persönlichen Daten – Diskussion des „ „Warencharakters“ von Daten aus persönlichkeits- und urheberrechtlicher Sicht, MMR 2017, S. 6–12.

Weigert, Martin: Mächtige Digitale Ökosysteme: Der Reichweitenvorteil der Netzgiganten, in: Medienwandel Kompakt 2011–2013, Kappes, Christoph u.a. (Hrsg.) Wiesbaden 2014, S. 265–269, (zitiert: *Weigert,* in: Kappes, Medienwandel Kompakt 2011–2013, 2014, S.).

Wen, Wen / Zhu, Feng: Threat of platform-owner entry and complementor Responses: Evidence from the mobile app market, Strategic Management Journal, Band 40, Heft 9, S. 1331–1514.

Werden, Gregory J.: Market Delineation under the Merger Guidelines: Monopoly Cases and Alternative Approaches, Review of Industrial Organization, Band 16, Nr. 2 (2000), S. 211–218.

Wiebe, Andreas: Datenschutz in sozialen Netzwerken, in: Festschrift für Christian Kirchner zum 70. Geburtstag, Tübingen 2014, hrsg. v. Kaal, Wulf A. u.a., S. 423–441, (zitiert: *Wiebe, in*: FS Kirchner, S.).

Wiedemann, Gerhard (Hrsg.): Handbuch des Kartellrechts, 4. Aufl. München 2020, (zitiert: *Bearbeiter*, in: Wiedemann KartellR-HdB, § Rn.).

Windrum, Paul / Swann, G. M. Peter: Networks, Noise and Navigation: Sustaining Metcalfe’s Law through Technological Innovation, MERIT Working Paper, The University of Maastricht, Nr. 9. 1999, abrufbar unter: https://www.merit.unu.edu/publications/rmpdf/1999/rm1999-009.pdf, zuletzt aufgerufen am: 01.03.2024.

Wurmnest, Wolfgang / Lund, Nils: Die internationale Reichweise der europäischen Wettbewerbsregeln nach dem Intel-Urteil des EuG, NZKart 2015, S. 73–78.

Zäch, Roger / Tuchschmid, Felix: Umstellung relativ marktmächtiger Unternehmen unter die schweizerische Missbrauchsaufsicht, ZWeR 2021, S. 217–234.

Zech, Herbert: Data as a Tradable Commodity, in: De Franceschi, Alberto (Hrsg.), European Contract Law and the Digital Single Market, 2016, S. 51–80, (zitiert: *Zech*, in: De Franceschi, European Contract Law and the Digital Single Market, 2016, S.).

Zimmer, Daniel / Göhsl, Jan-Frederick: Vom New Competition Tool zum Digital Markets Act: Die geplante EU-Regulierung für digitale Gatekeeper, ZWeR 2021, S. 29–62.

Zimmer, Daniel: Die Verantwortung des Gatekeepers für den Wettbewerb im Internet: Überlegungen zu einer Rechtsfortbildung, in: Festschrift für Karsten Schmidt zum 80. Geburtstag, Band 2, München 2019, hrsg. v. Boele-Woelki, Katharina u.a., S. 685–693 (zitiert: *Zimmer, in:* FS Schmidt, Band 2, S.).

Zurth, Patrick: Die kartellrechtliche Bändigung von Preisalgorithmen, ZWeR 2021, S. 361–393.

Übersetzungen von fremdsprachigen Quellen erfolgten durch die Verfasserin.

www.ingramcontent.com/pod-product-compliance
Ingram Content Group UK Ltd.
Pitfield, Milton Keynes, MK11 3LW, UK
UKHW021843290926
8980IPUK00005B/618

9 783631 908488